Wirtschaftlichkeit und Effektivität verbesserter ambulant-stationärer Verzahnung durch Case Management

Europäische Hochschulschriften
Publications Universitaires Européennes
European University Studies

Reihe V
Volks- und Betriebswirtschaft

Série V Series V
Sciences économiques, gestion d'entreprise
Economics and Management

Bd./Vol. 3125

PETER LANG
Frankfurt am Main · Berlin · Bern · Bruxelles · New York · Oxford · Wien

Tanja C. Wiedemann

Wirtschaftlichkeit und Effektivität verbesserter ambulant-stationärer Verzahnung durch Case Management

Eine Fall-Kontroll-Studie der Versorgung Früh- und Risikogeborener durch den *Bunten Kreis*

PETER LANG
Europäischer Verlag der Wissenschaften

Bibliografische Information Der Deutschen Bibliothek
Die Deutsche Bibliothek verzeichnet diese Publikation in der Deutschen Nationalbibliografie; detaillierte bibliografische Daten sind im Internet über <http://dnb.ddb.de> abrufbar.

Zugl.: Augsburg, Univ., Diss., 2004

D 384
ISSN 0531-7339
ISBN 3-631-53678-X

www.peterlang.de

Vorwort

Mein besonderer Dank gilt Frau Prof. Dr. Anita B. Pfaff (Erstgutachterin), Institut für Volkswirtschaftslehre der Universität Augsburg, die mich stets gefördert und das Projekt wie auch die Dissertation mit innovativen Ideen und konstruktiver Kritik begleitet hat. Weiterhin bedanke ich mich bei Herrn Prof. Dr. Fritz Böhle (Zweitgutachter) sowie bei Herrn Prof. Dr. Axel Tuma (Vorsitzender der Disputation). Ein herzliches Dankeschön auch an Herrn Prof. Dr. Martin Pfaff für seine kurzfristige Bereitschaft als stellvertretendes Mitglied bei der mündlichen Prüfung mitzuwirken.

Weiterhin möchte ich mich sehr bei Herrn Horst Erhardt – Geschäftsführer des Kooperationspartners beta Institut für sozialmedizinische Forschung und Entwicklung – bedanken. Erst durch sein Engagement kam das Forschungsprojekt, das dieser Arbeit zugrunde liegt, zustande. Für die Geduld beim Erklären der medizinischen Hintergründe und für die freundliche Unterstützung danke ich außerdem Herrn Dr. Friedrich Porz, Oberarzt der II. Kinderklinik für Kinder und Jugendliche des Klinikums Augsburg. Außerdem bedanke ich mich sehr herzlich bei meinem Kollegen Herrn Dipl. oec. Florian M. Mamberer für die gute Zusammenarbeit während der gesamten Laufzeit des Projektes.

Die Studie wurde in enger Zusammenarbeit u. a. mit der Nachsorgeeinrichtung des *Bunten Kreises* in Augsburg sowie dem *Bunten Kreis*, Zweigstelle Bonn, der II. Klinik für Kinder und Jugendliche Augsburg (unter der Leitung des ehemaligen Chefarztes Prof. Dr. Ulrich Bernsau), der Abteilung Neonatologie am Zentrum für Kinderheilkunde, Universitätsklinikum Bonn (Chefarzt Prof. Dr. Dr. Peter Bartmann) sowie der Klinik für Kinder und Jugendliche des Klinikums Nürnberg Süd (Chefarzt Prof. Dr. Helfried Gröbe) durchgeführt. Bei den Mitarbeitern dieser Einrichtungen wie auch bei den jeweiligen Klinikverwaltungen möchte ich mich auf diesem Wege nochmals sehr für ihre Mithilfe – vor allem während der Phase der Datenerhebung – bedanken. Mein Dank gilt außerdem den betroffenen Familien, die an der empirischen Studie teilgenommen und so erst diese Arbeit ermöglicht haben.

Die wichtige, aber unangenehme Aufgabe des Korrekturlesens übernahmen mein Vater und Frau Daniela Wörner, denen ich für die wertvollen redaktionellen Beiträge ganz besonders danke. Außerdem möchte ich mich bei allen Personen – insbesondere bei Frau Andrea Nagl – bedanken, die bei der Publikation der Dissertation mitgeholfen haben. Vielen Dank dem *beta Institut für sozialmedizinische Forschung und Entwicklung* sowie der *betapharm Nachsorgestiftung* für die großzügige finanzielle Unterstützung im Zusammenhang mit der Veröffentlichung dieses Buches.

Ein herzliches Dankeschön auch meiner Familie, die mich stets unterstützt wie auch ermutigt hat und – gerade in der Schlussphase der Arbeit – sehr nachsichtig mit mir war. Schließlich bedanke ich mich bei all den anderen fleißigen Helfern, die nicht alle namentlich genannt werden können, mir aber in den vergangenen Jahren in vielfacher Weise behilflich waren.

Augsburg, im Dezember 2004 Tanja C. Wiedemann

Inhaltsverzeichnis

Abbildungsverzeichnis

Tabellenverzeichnis

Abkürzungsverzeichnis

°	Grad
Abs.	Absatz
AMPV	Arzneimittelpreisverordnung
Anm.	Anmerkung
AOK	Allgemeine Orts-Krankenkasse
APflS	Abteilungspflegesatz
AR-DRG	Australian Refined Diagnosis Groups
BAG	Bundesarbeitsgericht
BMG	Bundesministerium für Gesundheit
BPD	Bronchopulmonale Dysplasie
BPflS	Basispflegesatz
BPflV	Bundespflegesatzverordnung
BSHG	Bundessozialhilfegesetz
bspw.	beispielsweise
bzgl.	bezüglich
bzw.	beziehungsweise
C	Celsius
CCL	Clinical Complexity Level
CVM	Contingent-Valuation-Methode
DCE	Discrete-Choice-Experimente
d. h.	das heißt
G-DRG	Diagnosis Related Groups
EBM	Einheitlicher Bewertungsmaßstab
EStG	Einkommensteuergesetz
etc.	et cetera
evtl.	eventuell
f.	folgende
FB	Fragebogen
ff.	fort folgende
FG	frühgeborene (und risikogeborene) Kinder
FP	Fallpauschale
F&E	Forschung und Entwicklung
g	Gramm
G-DRG	German (refined) Diagnosis Related Groups
GKV	Gesetzliche Krankenversicherung
GOÄ	Gebührenordnung Ärzte

GSG	Gesundheits-Strukturgesetz
HNO-Ärzte	Hals-Nasen-Ohren-Ärzte
Hrsg.	Herausgeber
ICD	International Classification of Diseases (Diagnoseschlüssel)
i. e. S.	im engeren Sinne
i. V. m.	in Verbindung mit
i. w. S.	im weiteren Sinne
KG	Krankengymnastik
KHBV	Krankenhaus-Buchführungsverordnung
km	Kilometer
KHG	Krankenhausfinanzierungsgesetz
KV	Kassenärztliche Vereinigung
m	männlich
MDC	Major Diagnostic Category
Mio.	Million
Mte.	Monate
N	Stichprobengröße
NIPS	Neonatologische Intensivpflegestation
OPS	Operationsschlüssel
p	Kritisches Signifikanzniveau
QALY	Quality adjusted life years
r_S	Rangkorrelations-Koeffizient von SPEARMAN
s	Standardabweichung
SGB	Sozialgesetzbuch
SP	stated preferences
SSW	Schwangerschaftswochen
Std.	Stunde(n)
SVR	Sachverständigenrat für die Konzertierte Aktion im Gesundheitswesen
u. a.	unter anderem
u. U.	unter Umständen
v. H.	von Hundert (Prozent)
VdAK	Kassen des Verbands der Angestellten-Krankenkassen
Vgl.	Vergleiche
w	weiblich
WHO	World Health Organization
z. B.	Zum Beispiel
z. T.	zum Teil
zit.	zitiert
ZVFK	Zentrum für Versorgungsforschung Köln

1 Problemstellung

Die demographische Entwicklung und die Veränderung des Krankheitsspektrums haben in Verbindung mit einem enormen Fortschritt in den Bereichen Medizintechnik, Pharmazie und Biotechnologie zu einem massiven Kostenanstieg im Gesundheitswesen geführt. Diese Zunahme der Gesundheitsausgaben zwingt die Verantwortlichen - insbesondere im Hinblick auf eine langfristige Gewährung der Beitragsstabilität in der gesetzlichen Krankenversicherung (GKV) - zu grundlegenden strukturellen Reformen. Ein wichtiges Strukturproblem, das sich nachteilig auf die Wirtschaftlichkeit und Qualität der gesundheitlichen Versorgung auswirkt, stellt u. a. „die unzureichende professionen-, institutionen- und sektorenübergreifende Verzahnung"[1] dar. Auch wenn in diesem Zusammenhang vorwiegend auf das fehlende Zusammenwirken von ambulanter und stationärer Versorgung Bezug genommen wird, kann (laut dem Sachverständigenrat für die Konzertierte Aktion im Gesundheitswesen) Verzahnung darüber hinaus „jede Kooperation der gesundheitlichen Versorgung vom ersten Arztkontakt z. B. mit dem Hausarzt über den ambulant tätigen Facharzt zur stationären Grundversorgung bis zur spezialisierten Versorgung an den Universitätskliniken sowie darüber hinaus auch mit anderen Leistungsbereichen wie Gesundheitsförderung, Prävention, Pflege oder Rehabilitation bedeuten. Dabei ist zwischen der Koordination innerhalb des gleichen Sektors, z. B. innerhalb des niedergelassenen Bereiches, zwischen ambulantem und stationärem Sektor sowie mit Bereichen außerhalb der direkten kurativen Krankenversorgung, z. B. mit der Rehabilitation, zu unterscheiden."[2]

Durch die starke Segmentierung der einzelnen Leistungsbereiche wie auch durch die rigide Trennung des ambulanten und stationären Sektors besteht die Gefahr, dass die Leistungen der einzelnen Sektoren nicht mehr in Bezug zueinander stehen und die Kontinuität der Versorgung verloren geht. Dieses mangelnde Zusammenwirken kann wiederum als Ursache für folgende Probleme angeführt werden:[3]

- Überversorgung im Sinne von Versorgungsleistungen, die über die individuelle Bedarfsdeckung hinausgehen und keinen hinreichend gesicherten (Zu-

---

[1] BUNDESMINISTERIUM FÜR GESUNDHEIT 2002:46;

[2] SACHVERSTÄNDIGENRAT FÜR DIE KONZERTIERTE AKTION IM GESUNDHEITSWESEN (SVR) 1995:Ziffer 212;

[3] Vgl. dazu auch BUSCH/BRUNS/PFAFF 2000:11 f.; RICHARD 2001:8 ff.; SVR 1994:Ziffer 353; SVR 2002:Ziffern 40, 143;

satz-)Nutzen aufweisen - z. B. durch Doppeluntersuchungen, Doppeltherapien oder zu lange Verweildauern im Krankenhaus.

- Unterversorgung, etwa durch schlecht abgestimmte Behandlungsverläufe.

- Fehlversorgung, durch die z. B. infolge ungenügender Kommunikation zwischen Klinikärzten und niedergelassenen Ärzten oder aufgrund mangelnder Zusammenarbeit von Ärzten unterschiedlicher Fachrichtungen vermeidbare Schäden entstehen.

Eine bessere Verzahnung der Sektoren dient somit der Verbesserung der Behandlungsqualität sowie der Erhöhung der Wirtschaftlichkeit durch einen effizienteren Ressourceneinsatz und eine gesteigerte Kosteneffektivität. Gemäß dem Sachverständigenrat beinhaltet das deutsche Gesundheitswesen „vor allem im Hinblick auf eine bessere Kooperation und Koordination zwischen den einzelnen Versorgungsbereichen noch beachtliche Wirtschaftlichkeitsreserven. Diese betreffen sowohl Qualitätsdefizite als auch bisher ungenutzte Möglichkeiten zur Kostensenkung.“[4]

Bereits das *Gesundheits-Strukturgesetz (GSG)*, das am 01. Januar 1993 in Kraft trat und dessen Auswirkungen als die „einschneidenste Reform auf diesem Gebiet nach dem zweiten Weltkrieg bezeichnet“[5] wird, intendierte unter dem Gebot der Kosteneffizienz eine bessere Verzahnung von stationärer und ambulanter Versorgung (geregelt in den §§ 76 Abs. 1, 115 Abs. a, b, 122 SGB V). Die Leistungen im Kliniksektor sollen dabei in enger Kooperation mit den jeweils vor- und nachgeschalteten Instanzen der Gesundheitsversorgung erbracht werden.[6]

Aufgrund der Regelungen zur Durchführung von Modellvorhaben (§§ 63 bis 65 SGB V) und zum Abschluss von Strukturverträgen (§ 73 a SGB V) besteht seit den *GKV-Neuordnungsgesetzen* von 1997 außerdem die Möglichkeit zur Erprobung neuer Versorgungsmodelle.[7]

Bei der *GKV-Gesundheitsreform 2000*, die das grundsätzliche Ziel verfolgte, die Qualität und die Wirtschaftlichkeit im deutschen Gesundheitswesen dauerhaft zu fördern, stellte die Verbesserung der Kooperation zwischen dem ambulanten und dem stationären Bereich im Sinne einer integrierten Versorgung schließlich eine wichtige Maßnahme dar (§§ 140 a bis h SGB V). Mit dem Instrument der

---

4 SVR 2003:Ziffer 674;

5 ARNOLD 1993:133;

6 Vgl. PFAFF/BUSCH/RINDSFÜßER 1994:107; WASSENER 1995:49;

7 Vgl. BECKER-BERKE 1999:96 f.; BUNDESMINISTERIUM FÜR GESUNDHEIT 2002:46;

integrierten sektorenübergreifenden Versorgungsverträge erhielten die Krankenkassen die Möglichkeit, ihren Versicherten eine abgestimmte Versorgung anzubieten, bei der Haus- und Fachärzte, ärztliche und nicht-ärztliche Leistungserbringer, ambulanter und stationärer Bereich koordiniert zusammenwirken.[8] Integrierte Versorgung bedeutet in diesem Kontext eine Reorganisation der medizinischen Versorgungsstrukturen sowie der präventiven, diagnostischen und therapeutischen Prozesse. Die einzelnen Leistungen des Systems sollen wie Zahnräder ineinander greifen um so die Behandlungs- und Betreuungskontinuität sicherzustellen. Die damit verbundene Vermeidung von Fehl-, Doppel- oder auch Minderversorgung der Patienten aufgrund geringerer Informationsverluste hilft die Qualität und Wirtschaftlichkeit der Gesundheitsversorgung zu verbessern. Folgende Übersicht veranschaulicht die grundsätzlichen, im Sozialgesetzbuch verankerten Möglichkeiten, die integrierte Versorgung zu konzipieren und auszugestalten:

Abbildung 1.0-1: Gesetzliche Grundlagen integrierter Versorgung

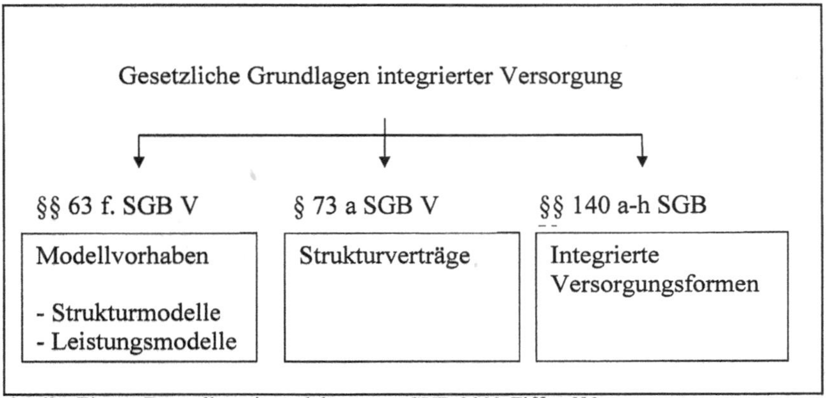

Quelle: Eigene Darstellung in Anlehnung an SVR 2003:Ziffer 683;

Das Gesundheitswesen der Bundesrepublik weist jedoch nach wie vor in zahlreichen Bereichen eine unzureichende Integration der Versorgung im Sinne des Gesundheits-Strukturgesetzes sowie der dritten Stufe der Gesundheitsreform auf. So zeigte etwa eine vom Sachverständigenrat durchgeführte Befragung von Selbsthilfegruppen zur Über-, Unter- und Fehlversorgung „gravierende Mängel an den Schnittstellen, die zu verminderter Kontinuität der Versorgung führen. In erheblichem Umfang wurde von Brüchen in der Versorgungskette berichtet. Die nahtlose Weiterleitung in eine bedarfsgerechte Anschlussbehandlung blieb den

[8] Vgl. BUNDESMINISTERIUM FÜR GESUNDHEIT 2001; DIALOG GESUNDHEIT 1999; KRÖGER/HENDRISCHKE 2002:13 ff.;

Patienten, mangels Kooperation der Leistungserbringer, häufig selbst überlassen."[9]

Ein potentieller Ansatz zur Förderung der integrierten Versorgung stellt in diesem Kontext das so genannte fallorientierte und ganzheitliche *Case Management* dar. Diese Fallbetreuung ist ein aus der klassischen Methode des *Social Case Work*, der US-amerikanischen Sozialarbeit, entwickeltes, vielseitig einsetzbares Managementkonzept, das sich in Deutschland vor allem im Rahmen innovativer Versorgungskonzepte des Sozial- und Gesundheitswesens immer mehr etabliert.[10] Das übergeordnete Ziel von *Case Management* ist eine Verbesserung der Versorgungsqualität bei bestmöglichem Einsatz der zur Verfügung stehenden Ressourcen zu erreichen, wobei die Kosten stabil gehalten oder sogar gesenkt werden sollen. Die Grundidee liegt dabei in der Unterstützung des Patienten und seiner Angehörigen mittels Beratung sowie in der Koordination der Versorgung durch einen festen Ansprechpartner über Institutionen und Fachdisziplinen hinweg: „Case Management is a collaborative process which assesses, plans, implements, coordinates, monitors and evaluates options and services to meet an individual´s health needs through communication and available resources to promote quality, cost-effective outcomes."[11]

Im Sinne dieses *Case Management*-Konzeptes wurde in Augsburg mit dem modellhaften Nachsorgeprogramm des *Bunten Kreises* ein neuer Weg beschritten um die Versorgungskontinuität nach der Entlassung der Kinder aus der Kinderklinik zu gewährleisten. Die angebotenen Maßnahmen sollen als sozialintegrative Lösung wie eine Brücke zwischen der stationären Behandlung in der Kinderklinik und der ambulanten Versorgung zu Hause wirken, da häufig Familien mit hochrisikoerkrankten, chronisch kranken oder von Behinderung bedrohten Kindern während und vor allem nach einer stationären Behandlung mit ihren vielschichtigen und schwerwiegenden Problemen auf sich selbst gestellt sind. Die familienorientierte Nachsorge soll dabei zu einer stabilen Vernetzung aller für den einzelnen Fall notwendigen Helfer führen um so das Defizit der unzureichenden Verknüpfung der pflegerischen, medizinischen und psychosozialen Versorgung von Kind und Familie zu überwinden.[12]

Im Rahmen der mobilen Nachsorge im häuslichen Umfeld der Patienten stehen neben der Kinder-Diätberatung, der psychosozialen wie auch der psychologischen Betreuung und Beratung der Familienangehörigen, die Anleitung zur

---

9 Vgl. SVR 2003:Ziffer 675; zu den bisherigen Barrieren einer erfolgreichen Umsetzung integrierter Versorgungskonzepte siehe auch SVR 2003:Ziffer 690 ff.;

10 Vgl. NEUFFER 2002:38; RAIFF/SHORE 1997:18 ff., 22;

11 CASE MANAGEMENT SOCIETY OF AMERICA (CMSA) 2002:8;

12 Vgl. FÖRDERKREIS KINDERKLINIK AUGSBURG 1998:21 ff.;

häuslichen Pflege und deren Koordination im Vordergrund. Die Nachsorge soll einerseits einen möglichst reibungslosen Verlauf der nachstationären Versorgung sicherstellen (was unter Umständen eine frühere Entlassung aus der Kinderklinik ermöglicht) und die Notwendigkeit stationärer Folgeaufenthalte der jungen Patienten reduzieren, andererseits eine deutliche Verbesserung des Outcomes (z. B. hinsichtlich der Verbesserung der Lebensqualität von Kindern und Eltern) bewirken. So kann gegebenenfalls die Art und die Qualität des Problembewältigungsverhaltens der betroffenen Familien verbessert werden.[13] Zudem wird erwartet, dass vor allem durch eine Reduktion der stationären Aufenthalte beziehungsweise eine Verkürzung der Verweildauer im Krankenhaus im Verbund mit einer Verbesserung der selbstpflegerischen Kapazitäten und des Empowerments der Eltern sowohl die langfristigen als auch die kurzfristigen Kosten der institutionellen Träger gesenkt werden.

Mit Hilfe des *Gesetzes zur Modernisierung der gesetzlichen Krankenversicherung (GKV-Modernisierungsgesetz - GMG)*, das ab 01. Januar 2004 gültig ist, wurde durch die Initiative der Gründer des *Bunten Kreises* diese Art von Nachsorge für schwerkranke Kinder bis zu 12 Jahren sogar in den Leistungskatalog der GKV aufgenommen. § 43 SGB V (Ergänzende Leistungen zur Rehabilitation) wird durch folgenden Absatz 2 ergänzt:

> „(2) Die Krankenkasse kann aus medizinischen Gründen in unmittelbarem Anschluss an eine Krankenhausbehandlung oder stationäre Rehabilitation erforderliche sozialmedizinische Nachsorgemaßnahmen für chronisch kranke oder schwerstkranke Kinder, die das zwölfte Lebensjahr noch nicht vollendet haben, erbringen oder fördern, wenn die Nachsorge wegen der Art, Schwere und Dauer der Erkrankung notwendig ist, um den stationären Aufenthalt zu verkürzen oder die anschließende ambulante ärztliche Behandlung zu sichern. Die Nachsorgemaßnahmen umfassen die im Einzelfall erforderliche Koordinierung der verordneten Leistungen sowie Anleitung und Motivation zu deren Inanspruchnahme. Angehörige und ständige Betreuungspersonen sind einzubeziehen, wenn dies aus medizinischen Gründen erforderlich ist. Die Spitzenverbände der Krankenkassen bestimmen gemeinsam und einheitlich das Nähere zu den Voraussetzungen sowie zu Inhalt und Qualität der Nachsorgemaßnahmen.“[14]

Außerdem wurde bezüglich der Beziehungen zu sonstigen Leistungserbringern in § 132 c SGB V neu eingefügt, dass die Krankenkassen oder deren Landesverbände für die bedarfsgerechte Versorgung mit geeigneten Personen oder Institu-

---

13 Vgl. SARIMSKI 1996:28 ff.; VONDERLIN 1999:77;

14 BUNDESGESETZBLATT 2003:2196;

tionen Verträge über die Erbringung der sozialmedizinischen Nachsorgemaßnahmen schließen können.[15]

Da, wie bereits beschrieben, der massive Kostenanstieg die Krankenkassen zu einer Optimierung der Wirtschaftlichkeit und zu einer effizienten Ressourcenallokation zwingt, ist es jedoch notwendig, dass sowohl die Kosten als auch die Nutzen der Nachsorgeleistung erkannt, erfasst, bewertet und gegeneinander abgewogen werden. Im Sinne des SGB V kann eine Versorgungsleistung dann als bedarfsgerecht und wirtschaftlich bezeichnet werden, wenn sie u. a. einen hinreichend gesicherten positiven Nettonutzen (das heißt eine Verbesserung des Gesundheitszustands) aufweist und die Leistung fachgerecht sowie mit einer akzeptablen Kosten-Nutzen-Relation erbracht wird.[16] Wie bei Modellversuchen (im Sinne des § 63 Abs. 1 und 2 SGB V) gemäß des § 65 SGB V erforderlich, soll deshalb für die Versorgungsform des *Bunten Kreises* – die allerdings kein formales Modellprojekt ist – eine umfassende gesundheitsökonomische Evaluation durchgeführt werden. Dabei sollen in der mehrdimensionalen, interdisziplinären Wirtschaftlichkeitsanalyse nicht nur direkte, monetär bewertbare Kosten- und Nutzenkomponenten (die unmittelbar mit der Versorgung der Kinder verbunden sind), sondern auch die externen Effekte sowie intangible (psychosoziale) Effekte dieser Gesundheitsleistung betrachtet werden.[17] Da ferner gefordert wird, Aspekte des individuellen Patientennutzens gemäß § 70 SGB V als Evaluationsparameter intensiver in gesundheitsökonomische Untersuchungen einzubeziehen, werden insbesondere auch Aspekte des psychosozialen Konstrukts der *gesundheitsbezogenen Lebensqualität* Berücksichtigung finden.[18] Auch wenn das Augsburger Nachsorgemodell diagnosespezifische Leistungen für Hochrisikokinder mit den unterschiedlichsten Erkrankungen anbietet, konzentriert sich die hier vorliegende gesundheitsökonomische und sozialwissenschaftliche Analyse aus folgenden Gründen auf die Versorgung früh- und risikogeborener Kinder:

- Die häufigste der im *Bunten Kreis* behandelten Diagnosegruppen stellen Früh- und Risikogeborene mit einem Anteil von 35 % dar[19], wobei in der Bundesrepublik Deutschland gegenwärtig etwa 7 % aller Schwangerschaften mit einer Frühgeburt enden[20].

---

15 Vgl. BUNDESGESETZBLATT 2003:2221
16 Vgl. BUNDESMINISTERIUM FÜR GESUNDHEIT 2002:6;
17 Vgl. dazu BAPST 1986:3 ff.; DRUMMOND et al. 2000:23 f.; GREINER 2002:162 ff.; RYCHLIK 1999:35;
18 Vgl. z. B. GLAESKE 1997:30, 34;
19 Diese Angabe bezieht sich auf die Ergebnisse einer retrospektiven Vorstudie zur Versorgungs-, Organisations- und Personalstruktur des *Bunten Kreises*.
20 Vgl. STATISTISCHES BUNDESAMT 2002; GARBE 2002:47;

- Aufgrund enormer Fortschritte auf dem Gebiet der Frühgeborenenversorgung können inzwischen selbst extrem unreife Frühchen gerettet werden. Die Frühgeburt eines Kindes bedeutet jedoch für die betroffenen Familien eine Periode großer psychischer und physischer Belastung als zwangsläufige Folgeerscheinung: Nach einer verkürzten Schwangerschaft findet die Entbindung im Allgemeinen in einer sterilen Notfallatmosphäre statt, Sorge um das Überleben des Frühgeborenen und Zukunftsängste prägen die Situation.[21] „Daraus folgt, dass Kinder mit hoher biologischer und psychosozialer Belastung wie Frühgeborene und kranke Neugeborene [mit ihren Familien; Anm. der Autorin] einer früh einsetzenden, fachlich qualifizierten, multidisziplinären Nachsorge bedürfen."[22]

- Ferner ist diese Zielgruppe (z. B. im Vergleich zu Kindern mit Krebs- oder Stoffwechselerkrankungen) verhältnismäßig homogen. Im Rahmen der empirischen Arbeit kann somit das Augsburger Nachsorgemodell mit Hilfe einer Fall-Kontroll-Studie relativ gut mit der herkömmlichen stationären sowie ambulanten Versorgung von Früh- und Risikogeborenen bezüglich Kosten und Nutzen verglichen werden.

Nun noch einige Anmerkungen zur Wortwahl: Auch wenn im Text fast ausschließlich von Familien mit einem früh- beziehungsweise risikogeborenen Kind die Rede ist, sind darunter auch Familien mit früh- oder risikogeborenen Mehrlingskindern zu subsumieren. In den folgenden Ausführungen wird außerdem zugunsten der besseren Lesbarkeit überwiegend die maskuline Formulierung, z. B. von „Patienten" oder „Ärzten", verwendet, trotz der Tatsache, dass damit sowohl Personen männlichen wie auch weiblichen Geschlechts gemeint sind.

---

21 Vgl. PORZ/VONDERLIN/FREUD 1998:90;
22 PORZ 2003 b:32;

2 Zielsetzung und Aufbau der Arbeit

2.1 Untersuchungsziel und zentrale Forschungsfragen

Mit dem Ziel die Wirtschaftlichkeit und Effektivität verbesserter ambulant-stationärer Verzahnung durch *Case Management* am Beispiel des Augsburger Nachsorgemodells *Bunter Kreis* zu analysieren, soll anhand gesundheitsökonomischer und sozialwissenschaftlicher Indikatoren und Methoden ein Vergleich zwischen der Nachsorgeform des *Bunten Kreises* und herkömmlichen Nachsorgeformen speziell für die Zielgruppe der früh- und risikogeborenen Kinder durchgeführt werden. Um verschiedene Versorgungsformen einander gegenüberstellen zu können, wird im Rahmen einer Fall-Kontroll-Studie das Augsburger Nachsorgemodell mit der herkömmlichen stationären sowie ambulanten Versorgung von Früh- und Risikogeborenen bezüglich Kosten und Nutzen verglichen. Im Rahmen der Studie werden, unter Berücksichtigung unterschiedlicher Analyseperspektiven, folgende Fragestellungen untersucht:

- Wie häufig wird der *Bunte Kreis* in Augsburg in Anspruch genommen und wie hoch sind die Kosten der Nachsorge?
- Wie wirkt sich die Nachsorge des *Bunten Kreises* auf die Kosten der stationären, ambulanten und häuslichen Versorgung der nach Gestationsaltersgruppen differenzierten früh- und risikogeborenen Kinder aus?
- Können positive Auswirkungen der Nachsorge im Hinblick auf die gesundheitsbezogene Lebensqualität der betroffenen Eltern festgestellt werden?
- Wie verändert sich die Lebensqualität der betroffenen Eltern im Laufe der Zeit?
- Wie hoch ist der Informationsgrad beziehungsweise der Informationsbedarf der Eltern bezüglich der Versorgung ihrer Kinder?
- Gibt es bestimmte Bereiche, in denen sich die Eltern besonders unsicher fühlen und sich Sorgen um ihr Kind machen? Reduziert die Nachsorge in diesem Zusammenhang die Belastung der Eltern?

- Werden durch das Case-Management des *Bunten Kreises* Brüche im Behandlungsablauf vermieden und die Kontinuität des Versorgungsprozesses verbessert?

- Sind die Eltern mit der Versorgung ihrer früh- und risikogeborenen Kinder und insbesondere mit der Nachsorge durch den *Bunten Kreis* zufrieden?

- Welchen Einfluss haben Bewertungsgrößen auf die Ergebnisse der Evaluation?

Um diese Forschungsfragen fundiert beantworten zu können, werden nun im ersten Teil dieser Arbeit die wesentlichen Aspekte des Untersuchungsgegenstandes sowie die methodischen Grundlagen für eine gesundheitsökonomische und sozialwissenschaftliche Evaluation der Nachsorgeleistungen des *Bunten Kreises* erarbeitet.

2.2 Aufbau der Arbeit

Die Arbeit gliedert sich in zwei Teilbereiche – in eine theoretische Betrachtungsweise des Forschungsgegenstandes mit wissenschaftlicher Fundierung der Evaluationsmethoden (Kapitel 3 bis 7) sowie in eine Darstellung der Durchführungsmethodik mit den Ergebnissen der empirischen Untersuchung (Kapitel 8 und 9).

So werden in *Kapitel 3* in einem Überblick zentrale Gesichtspunkte des Untersuchungsgegenstandes vorgestellt: Neben der Darlegung medizinischer Aspekte zum Thema Früh- und Risikogeburt und einiger statistischer Fallzahlen, werden vor allem der Versorgungsablauf und die Situation, mit der die Eltern nach der Geburt konfrontiert sind, kurz geschildert. Daran anschließend wird die Organisation sowie das Nachsorgeangebot des *Bunten Kreises* erläutert. In einem weiteren Abschnitt werden außerdem grundlegende Ergebnisse von Untersuchungen vorgestellt, die für eine umfassende Betrachtung des Evaluationsgegenstandes von Bedeutung sind. Da der Schwerpunkt des Augsburger Nachsorgemodells in der ganzheitlichen familienorientierten Nachsorge mit Vernetzung sämtlicher an der Versorgung der Kinder beteiligten Leistungsanbieter liegt, widmet sich ein weiterer Abschnitt den theoretischen Grundlagen des zugrunde liegenden Case Management-Konzeptes. Das Kapitel schließt mit einem Ausblick auf die mit der Einführung des fallbezogenen Vergütungssystems für Krankenhausleistungen – den *Diagnosis Related Groups (DRG)* – einhergehenden möglichen Veränderungen im deutschen Gesundheitssystem.

In *Kapitel 4* werden aus wohlfahrtstheoretischer Sicht die ökonomischen Besonderheiten von Gesundheitsgütern und die damit verbundene Notwendigkeit einer staatlichen Regulation und Koordination beschrieben. Daran anschließend wird der Zweck von Wirtschaftlichkeitsuntersuchungen im Gesundheitsbereich näher erläutert. Den Hauptteil dieses Kapitels bildet die allgemeine Darstellung der Analyseverfahren, die zur ökonomischen Evaluation von Gesundheitsleistungen zur Verfügung stehen. In weiteren Abschnitten werden schließlich methodische Einzelaspekte vorgestellt, die die Ergebnisse von Wirtschaftlichkeitsstudien wesentlich beeinflussen – die potentiellen Analyseperspektiven wie auch die zu berücksichtigenden Kosten- und Nutzenkomponenten.

In *Kapitel 5* werden schließlich mögliche Verfahrensweisen zur adäquaten Bewertung der einzelnen Kosten- und Nutzenkomponenten vorgestellt wie auch jeweils deren methodische Schwächen aufgezeigt. Im Rahmen der Bewertung indirekter und intangibler Effekte wird in diesem Kontext die so genannte Humankapitalmethode sowie der Ansatz der Zahlungs- beziehungsweise Akzeptanzbereitschaft erläutert und deren Einsatzmöglichkeiten diskutiert.

Nachdem zu Beginn des *Kapitels 6* die Beziehung zwischen ökonomischem Nutzen und intangiblen Effekten erörtert wird, erfolgt eine allgemeine Darstellung der Lebensqualität mit ihren Anwendungsgebieten. Anschließend werden ausgewählte Dimensionen zur Operationalisierung des komplexen Konstrukts theoretisch erarbeitet und relevante methodische Grundlagen zur Lebensqualitätsanalyse vorgestellt.

Kapitel 7 fungiert schließlich als Verbindung zwischen dem Theorie- und dem Praxisteil dieser Arbeit: Um die Nachvollziehbarkeit der Ergebnisse zu gewährleisten, wird die Verfahrensweise, die bei der empirischen Evaluation der Nachsorgeleistungen des *Bunten Kreises* angewendet wurde, ausführlich beschrieben. Der Kernpunkt dieses Kapitels liegt dabei in der Offenlegung der konkret berücksichtigten Kosten- und Nutzenkomponenten mit ihren Bewertungsgrößen.

Auf diese theoretischen Grundlagen baut der empirische Teil der Arbeit auf. Bevor die Ergebnisse und Befunde der Untersuchung ausführlich erläutert werden, erfolgt in *Kapitel 8* eine Dokumentation der methodischen Grundlagen. Nach der Darstellung des Beitrags dieser Arbeit zur Versorgungsforschung, werden in den folgenden Abschnitten das Studiendesign (mit Diskussion verschiedener Studientypen, Einschluss-Ausschluss-Kriterien, Untersuchungszeitraum und Beschreibung des Samples sowie Festlegung der Kontrollen), die Datenerhebung sowie die Auswertungsverfahren detailliert veranschaulicht.

Die Darstellung der empirischen Ergebnisse in *Kapitel 9* beginnt mit den ermittelten monetär bewertbaren Kosten- wie auch Nutzenkomponenten der Nachsorge des *Bunten Kreises* aus gesamtgesellschaftlicher Sicht. Nach einer Gegenüberstellung dieser direkten wie auch indirekten Kosten und Nutzen, erfolgt die Beschreibung der intangiblen Effekte dieser Nachsorgeleistungen. Am Ende dieser Ausführungen werden schließlich ergänzende Ergebnisse aus der Perspektive der Krankenkassen vorgestellt.

Nach der Zusammenfassung und der Diskussion der wichtigsten Ergebnisse in *Kapitel 10* endet die Arbeit schließlich mit einem Ausblick auf weitere Forschungsansätze.

3 Die Versorgung Früh- und Risikogeborener als Untersuchungsgegenstand der Arbeit

Um einen Überblick über die zentralen Aspekte des Untersuchungsgegenstandes zu gewähren, werden in den folgenden Abschnitten medizinische Aspekte der Früh- und Risikogeburt, die Situation nach diesem Ereignis und insbesondere das Nachsorge-Angebot des *Bunten Kreises Augsburg* vorgestellt. Im Anschluss werden ausgewählte Untersuchungen zum Thema sowie der *Case Management*-Ansatz, welcher dem Augsburger Nachsorgemodell zugrunde liegt, illustriert. Ein Ausblick auf die potentiellen Auswirkungen der Einführung der *German refined Diagnosis Related Groups* auf die Versorgung dieser Zielgruppen schließt die Ausführungen zum Forschungsgegenstand ab.

3.1 Die Früh- beziehungsweise Risikogeburt

In diesem Abschnitt werden Gesichtspunkte der Situation nach einer verfrühten oder einer mit Komplikationen verbundenen Geburt sowie die damit einhergehenden Konsequenzen für das betroffene Kind und seine Eltern beschrieben. Die Familie wird durch dieses Ereignis mit vielfältigen Anforderungen konfrontiert, deren Bewältigung mit einer hohen emotionalen Belastung verbunden ist.

3.1.1 Kennzeichen, Ursachen und Häufigkeit

Die Weltgesundheitsorganisation (WHO) definiert Frühgeburt (lat. *partus praematurus*) als eine Beendigung der Schwangerschaft vor der vollendeten 37. Schwangerschaftswoche (SSW) oder vor dem 259. Tag post menstruationem[23]. Für die Überlebenschance des Babys spielt die Schwangerschaftsdauer[24] eine entscheidende Rolle, da durch die vorzeitige Entbindung der Reifungsprozess noch nicht vollständig abgeschlossen ist. Frühgeborene werden des Weiteren nach ihrem Geburtsgewicht klassifiziert. Dabei unterscheidet man Neugeborene unter 1.500 g („very low birthweight infants") und unter 1.000 g („extremly low birthweight infants").[25] Das Bundesarbeitsgericht (BAG) hat hinsichtlich der Relevanz für Mutterschutzregelungen neben dem Gestationsalter auch das Geburtsgewicht als eine Definitionsbasis für Frühgeborene herangezogen. Das

[23] Vgl. HOFFMANN-LA ROCHE/URBAN & SCHWARZENBERG 1984:554;

[24] Der errechnete Geburtstermin wird auf vierzig Wochen nach der letzten Menstruation festgesetzt (vgl. SCHILTE/AUZOUY 1993:46);

[25] Vgl. GARBE 2002:47;

BAG hat in diesem Zusammenhang festgestellt, dass ein „Frühgeborenes" ein Kind ist, das mit einem Gewicht von 2.500 g und weniger lebend geboren wird[26].

Als Risikogeburt wird dagegen prinzipiell ein Geburtsverlauf bezeichnet, „bei dem es aufgrund bekannter Schwangerschaftsrisiken oder Komplikationen unter der Geburt zu mütterlichen und/oder kindlichen Gefahrensituationen kommt. Nach Befunden aus den Perinatalerhebungen kann es bei bis zu einem Drittel aller befundfreien Schwangerschaften zu intrapartalen Komplikationen kommen“[27].

Die Ursachen einer verfrühten Geburt können dabei sehr unterschiedlicher Natur sein. So kann eine Frühgeburt durch gesundheitliche Probleme der Mutter, wie beispielsweise chronische Krankheiten, gynäkologische Fehlbildungen oder Infektionen bedingt sein – sie kann aber ebenso als Folge von Anlage- und Entwicklungsstörungen des Feten auftreten. Ein erhöhtes Risiko besteht darüber hinaus bei sehr jungen Müttern, deren Organismus noch nicht ausgereift ist, bei älteren Erstgebärenden über 35 Jahren sowie bei Mehrlingsschwangerschaften. Übermäßiger Genuss von Nikotin oder Alkohol können ebenso zu einer vorzeitigen Beendigung der Schwangerschaft beitragen wie schlechte Ernährung oder unzureichende medizinische Versorgung. Zusätzlich zu den körperlichen Problemen müssen psychische Belastungsfaktoren der werdenden Mutter, wie z. B. Angst oder Anspannung, berücksichtigt werden. Ein Zusammenhang zwischen psychischem Stress und verfrühter Geburt ist zwar empirisch noch nicht bewiesen, wird aber von vielen Geburtshelfern für plausibel gehalten. Trotz der kurz aufgeführten möglichen Gründe für eine vorzeitige Entbindung, ist bei etwa der Hälfte aller Frühgeburten die Ursache nicht eindeutig zu klären.[28]

In der Bundesrepublik Deutschland kommt es – gemessen an der Zahl der Lebendgeborenen[29] des Jahres 2001 (734.478 Kinder) – in rund 7 % der Fälle zu einer Frühgeburt[30]. Wie folgende Abbildung zeigt, ist im Hinblick auf die Entwicklung der Frühgeborenenquote zudem festzustellen, dass sich dieser Prozentsatz seit 1985 nur minimal erhöht hat:

---

26 Vgl. BAG-Urteil vom 12.03.1997 (5 AZR 329/96), in Anlehnung an Pschyrembel, 255. Auflage 1986;

27 WOLFF/ROTH 1997:10;

28 Vgl. BRÜGGEMANN 1993:18; GARBE 2002:12; SARIMSKI o. J. b:6 ff.;

29 Unter „Lebendgeborenem“ versteht man in diesem Zusammenhang ein Kind, das nach dem Verlassen des Mutterleibes Lebenszeichen (wie z. B. Herzschlag, Atmung oder Nabelschnurpulsation) erkennen lässt (vgl. HOFFMANN-LA ROCHE 1999).

30 Vgl. STATISTISCHES BUNDESAMT 2002; GARBE 2002:47;

Abbildung 3.1-1: Absolute Anzahl Frühgeborener und Anteil der Frühgeburten an allen Lebendgeburten (bis 1990 nur früheres Bundesgebiet)

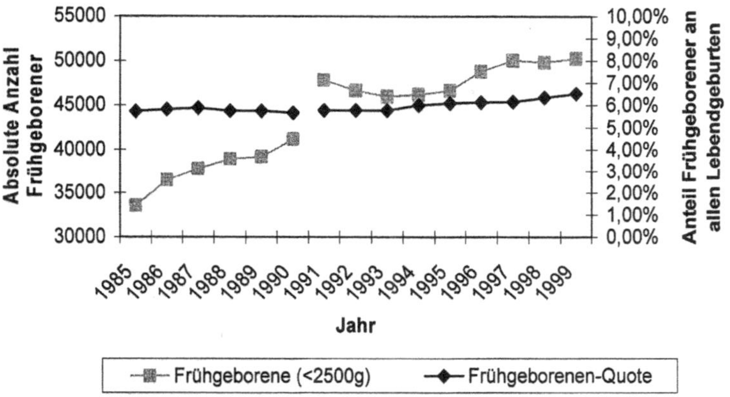

Quelle: Eigene Darstellung – Datengrundlage: STATISTISCHES BUNDESAMT 2002

Im Hinblick auf die Geschlechterverteilung ist interessant, dass sowohl absolut wie auch relativ (im Verhältnis zu den Neugeborenen) seit 1980 mehr Mädchen als Jungen vorzeitig entbunden wurden.[31]

3.1.2 Chancen und Risiken früh- und risikogeborener Kinder

Durch die technische Entwicklung der neonatologischen Intensivmedizin liegt die Überlebensrate von Kindern mit einem Reifealter von 24 SSW heute bei 50 % bis 60 %. Allerdings muss bei $^{2}/_{3}$ bis $^{3}/_{4}$ dieser überlebenden Frühgeborenen mit erheblichen behandlungsbedürftigen Beeinträchtigungen des Gesundheitszustandes gerechnet werden. Mit einem Gestationsalter von 25 SSW liegt die Überlebensrate bereits bei 70 % bis 80 %, zwischen der 27. und 30. SSW frühgeborene Kinder mit einem Geburtsgewicht von 1000 g bis 1500 g haben bereits eine Überlebenswahrscheinlichkeit von 90 %. Auch weist später nur ein relativ kleiner Anteil der Frühgeborenen (10 % bis 25 %) Entwicklungsstörungen auf. Kommt das Kind erst nach der 30. SSW mit einem Gewicht von 1.500 g oder mehr auf die Welt, so hat es sehr hohe Chancen zu überleben und sich normal zu entwickeln. Doch selbst in diesen Fällen kann das so genannte „Atemnotsyndrom“ nicht völlig ausgeschlossen werden.[32]

---

31 Vgl. STATISTISCHES BUNDESAMT 1997: Fachserientabelle 9.28; (unveröffentlicht);

32 Vgl. GARBE 2002: 50; SARIMSKI o. J. b:9 f.;

Die Prognosen bezüglich der Überlebenswahrscheinlichkeit des Kindes beziehungsweise den möglicherweise auftretenden Schwierigkeiten können allerdings nur als Orientierungshilfe verstanden werden. Wie die weitere Entwicklung des einzelnen Frühgeborenen verlaufen wird und welche gesundheitlichen Probleme noch auftreten können, lässt sich im Normalfall unmittelbar nach der Entbindung kaum vorhersagen. Zudem können die diversen medizinischen Komplikationen bei jedem einzelnen Frühgeborenen die unterschiedlichsten Auswirkungen haben. Für die meisten Eltern sind somit statistische Aussagen wenig hilfreich – sie müssen sich auf eine längere Zeit der Unsicherheit über die zukünftige Entwicklung ihres Kindes einstellen.[33] Um sich eine Vorstellung machen zu können, welche Probleme (und damit verbundene Belastungen) nach einer Frühgeburt auftreten können, soll nun ein Überblick über die wesentlichsten potentiellen Folgekomplikationen gegeben werden:

50 % aller Kinder mit einem Geburtsgewicht unter 1.500 g erleiden *Hirnblutungen*, deren Schwere sich sonographisch in vier verschiedene Grade einteilen lässt. Dabei kommt es aufgrund eines Blutdruckanstieges zum Platzen der zarten Blutgefäße um die Hohlräume im Gehirn (Ventrikel).[34] In vielen Fällen handelt es sich um kleinere, symptomlose Blutungen des Grades I oder II, die nur aufgrund der sonographischen Routineuntersuchungen festgestellt werden. Erst bei Hirnblutungen des III. und IV. Grades besteht ein höheres Risiko für Folgeschäden und spätere Entwicklungsstörungen.[35] Auch kann sich bei schweren Blutungen infolge von Zirkulationsstörungen der Hirnflüssigkeit (Liquors) ein so genanntes „Wasserköpfchen" (Hydrozephalus) bilden. Um zu vermeiden, dass das Gehirn zusammengepresst wird und so dauerhafte Hirnschädigungen entstehen, muss in der Regel eine Operation durchgeführt werden. Die Frage, ob das Kind geistig oder körperlich behindert sein wird, ist gerade in den ersten Lebenswochen in der Regel nicht zu beantworten.[36]

Die Lunge wird im Entwicklungsprozess des Fetus zuletzt ausgebildet. Obwohl vor der Geburt durch die Verabreichung von Cortisonpräparaten versucht wird die Lunge des Ungeborenen vorzeitig reifen zu lassen, haben Frühgeborene häufig eine *unzureichende Atemfunktion*. Ein typisches, nicht selten zu beobachtendes Atemproblem von Frühchen sind Atemaussetzer von mehr als zwanzig Sekunden (*Apnoen*) sowie periodische Herztonabfälle unter achtzig Schläge pro Minute (*Bradykardien*).[37] Aufgrund des noch nicht hinreichend gebildeten Oberflächenfaktors „Surfactant", welcher für einen ungestörten Gasaustausch erfor-

33 Vgl. SARIMSKI o. J. b:9 ff.
34 Vgl. SARIMSKI o. J. b:11;
35 Vgl. BRÜGGEMANN 1993:202 ff.;
36 Vgl. BRÜGGEMANN 1993:202 ff.; GARBE 1997:83;
37 Vgl. BRÜGGEMANN 1993:20; 96 f.; 166 ff.; SARIMSKI o. J. c:18 f.;

derlich ist, kann sich weiterhin in manchen Fällen die Lunge nach der Entbindung nicht richtig entfalten oder fällt in den Phasen des Ausatmens in sich zusammen. Zusätzlich bilden sich in den nicht entfalteten Lungenbläschen feine Häutchen aus Eiweiß, die eine normale Atmung beeinträchtigen. Diese Erkrankung wird als „Atemnotsyndrom" oder „Hyalines Membransyndrom" bezeichnet, welche zu einer unzureichenden Sauerstoffaufnahme führt.

Um in diesen Fällen die Sauerstoffversorgung des Kindes zu sichern, kann z. B. der Sauerstoffanteil der Atemluft im Inkubator (Brutkasten) gesteigert werden oder es erfolgt eine maschinelle Beatmung mittels eines dünnen Schlauches (Tubus) durch die Nase in die Luftröhre. Ergänzend können zudem Surfactant-Präparate durch den Tubus in die Lunge injiziert werden.[38] Bei mehrtägig beatmeten Frühchen können jedoch unter Umständen weitere Folgekomplikationen auftreten wie z. B. das Reißen von Lungenbläschen mit Luftansammlung im Brustkorb (*Pneumothorax*) oder „*Bronchopulmonale Dysplasie*" (BPD). Hierbei verändert sich die Zellstruktur der Lunge mit einem damit einhergehenden Versteifungsprozess, ausgelöst durch längerfristige Beatmung.[39] Tabelle 3.1–1 verdeutlicht die Häufigkeit des Auftretens von Atemproblemen bei Neugeborenen. Die Werte beziehen sich auf das Bundesland Bayern im Zeitraum vom 01.01.2001 bis 31.12.2001.

Falls die Schwangerschaft wegen einer manifesten oder drohenden Infektion der Mutter vorzeitig beendet werden musste bzw. Krankheitserreger eine Frühgeburt auslösten, können möglicherweise bereits Keime auf das Baby übertragen worden sein (*pränatale Infektion*). Ebenso ist eine Ansteckung während der Geburt mit Bakterien, Pilzen oder Viren nicht ausgeschlossen (*perinatale Infektion*). Die höchste Infektionsgefahr besteht jedoch für die Säuglinge während ihres stationären Klinikaufenthaltes. Dies resultiert aus dem noch unreifen Immunsystem der Frühgeborenen, der häufigen Intubation, den zentralen Venenkathedern, etc.. Infolge von Infektionskrankheiten wie auch aufgrund der noch fehlenden Lungenreife und anderer Ursachen können zusätzlich Kreislaufprobleme auftreten[40].

---

38 Vgl. BRÜGGEMANN 1993:166 ff.; GARBE 1997:65; SARIMSKI o. J. b:9;

39 Folgende Beatmungsparameter spielen dabei eine Rolle: Druck und Dauer der Beatmung sowie Konzentration und Dauer der Sauerstoffzufuhr (vgl. GARBE 2002:74; SARIMSKI o. J. b:10).

40 Vgl. BRÜGGEMANN 1993:79, 150, 158, 182 ff; GARBE 2002:66;

Tabelle 3.1-1: Statistische Übersicht über das Auftreten von Atemproblemen bei Neugeborenen in Bayern 2001

	GESTATIONSALTER			
	bis 27 SSW	28 – 31 SSW	ab 32 SSW	Summe
Anzahl der Geburten / Aufnahmen	462	1010	12642	14114
davon Apnoe-/ Bradykardieanfälle	174	495	2510	3179
Maschinell beatmet	370	452	939	1761
BPD	118	41*	k. A.	k. A.

*bis zur 29. SSW;
Quelle: Eigene Darstellung in Anlehnung an die Gesamtstatistik der Kommission für Perinatologie und Neonatologie

Auch wenn sich frühgeborene Babys in der Regel normal entwickeln, besteht bei ihnen ein erhöhtes Risiko für *körperliche und geistige Entwicklungsstörungen*. Dabei erhöht sich die Wahrscheinlichkeit peri- und postnataler Probleme mit dem Maß an Unausgereiftheit und Untergewichtigkeit des Kindes bei der Geburt.[41] SARIMSKI betont, dass sich Frühchen „in zahlreichen Verhaltensmerkmalen und im Tempo der motorischen, z. T. auch der kognitiven und sprachlichen Entwicklung anfänglich von zeitgerecht geborenen Babys"[42] unterscheiden. Deshalb wird bei der Entwicklungsbeurteilung von dem errechneten statt dem tatsächlichen Geburtstermin ausgegangen: dem so genannten korrigierten Alter. Frühgeborene sind zudem vulnerabel für ungünstige psychosoziale Bedingungen.[43] Kinder mit einem hohen Entwicklungsrisiko sollten daher regelmäßig Verlaufskontrollen unterzogen werden – im ersten Lebensjahr durch einen Kinderneurologen, später unter Umständen zusätzlich durch einen Entwicklungspsychologen. Falls erforderlich, kann so eine möglichst frühzeitige Therapie eingeleitet und eine problemadäquate Förderung gewährleistet werden.[44]

41 Vgl. SARIMSKI o. J. a: 6; WOLKE/MEYER 1999;
42 SARIMSKI o. J. a:10;
43 Vgl. LAUCHT et al. 1998; siehe hierzu z. B. auch die Artikel von McCORMICK et al. 1993:380 ff.; McGAUHEY et al. 1991:943 ff.; PERRIN et al. 1989:355 ff.;
44 Vgl. SARIMSKI o. J. a:10 ff.;

3.1.3 Die Situation der Familie während und nach dem Klinikaufenthalt des Kindes

Sind Frühgeburtsbestrebungen vorhanden, die sich trotz aller Gegenmaßnahmen nicht unterbinden lassen, ist es ratsam, die werdende Mutter in eine Schwerpunktklinik mit *Neonatologie* (Medizin des neugeborenen und des frühgeborenen Kindes[45]) zu verlegen. Bei der *Geburt*, sei es durch Kaiserschnitt oder spontan, ist unter anderem ein Neonatologe im Kreißsaal präsent, welcher die Erstversorgung des Frühchens übernimmt. Nach der Stabilisierung von Atmung und Kreislauf wird das Kind den Eltern gezeigt oder, wenn es sein Zustand gestattet, sogar einem Elternteil in den Arm gelegt. Anschließend wird das Neugeborene im Inkubator (Brutkasten), gewöhnlich in Begleitung des Vaters, auf die *Neugeborenen-Intensivpflegestation* (NIPS) gebracht.[46]

> „Der erste Blick auf ein Baby in der Intensivstation ist für jeden bedrückend. ... Sein Anblick wird beherrscht von dem es umgebenden Brutkasten (Inkubator) und den Geräten, an die es über Schläuche und Drähte angeschlossen ist.“[47]

Diese emotionale und subjektive Beschreibung kann jeder bestätigen, der einmal eine entsprechende Station betreten hat. Die Instrumente dienen zum einen der Überwachung der Körperfunktionen des Frühgeborenen (z. B. der Herz- und Atemmonitor), zum anderen gibt es Geräte welche das Frühchen (bei Bedarf) bei der Ausführung seiner Körperfunktionen unterstützt, wie z. B. die Beatmungsmaschine. Weil bei vielen sehr unreifen Babys der Saug-Schluck-Vorgang noch nicht korrekt gesteuert werden kann, ist bei diesen zusätzlich eine Magensonde nötig. Durch die Sonde können dem Kind genau dosierte Mengen Nahrung – wenn möglich abgepumpte Muttermilch – und Medikamente verabreicht werden.[48] Selbstverständlich gibt es noch weit mehr Apparate auf der NIPS, die hier aber nicht weiter aufgeführt werden.

Hat sich der Zustand des Kindes stabilisiert, wird es auf die *Frühgeborenenstation* verlegt. Auf dieser Überwachungsstation werden die Babys bis zu ihrer Entlassung versorgt und behandelt. Wenn sie stabil genug sind, kommen sie aus dem Inkubator heraus in ein so genanntes Wärmebettchen. Die Kinderkrankenschwestern sind auf dieser Station ebenso ausgebildet wie auf den Intensivstationen, lediglich die Anzahl der Patienten pro Pflegekraft ist deutlich höher.[49]

---

45 Vgl. LOEWENICH 1995:122;
46 Vgl. PORZ et al. 1998:91;
47 SARIMSKI o. J. b:13;
48 Vgl. BRÜGGEMANN 1993:63 f.;
49 Vgl. GARBE 2002:89;

Bis ca. 1985 galt ein Gewicht des Kindes von 2.500 g als untere Grenze für die *Entlassung* aus der stationären Betreuung. Heute werden aber in den meisten Kliniken auch schon Babys mit geringerem Gewicht nach Hause verabschiedet – abhängig von deren Zustand, der Tatsache, dass sie gut trinken und die Eltern davon überzeugt sind, die häusliche Pflege zu bewältigen.[50] Die Entlasskriterien der Kliniken können sich jedoch durchaus unterscheiden, was nicht unwesentlich zu unterschiedlich langen durchschnittlichen Verweildauern beiträgt.

Mit der Entlassung ist für das frühgeborene Baby eine völlige Veränderung seiner Reizumwelt verbunden. Da zusätzlich die so genannte Selbstregulation fehlt, reagieren viele dieser Kinder irritiert auf die Reize ihrer neuen Umgebung und geraten leicht aus ihrem Gleichgewicht: Es fällt ihnen zuweilen schwer, sich an der Außenwelt zu orientieren und gleichzeitig eine stabile Kontrolle über die Atmung und andere endogene Funktionen zu bewahren. Daneben treten häufig Probleme beim Füttern (vor allem beim Stillen) auf, weil dies für die Frühchen eine äußerst anstrengende und ermüdende Prozedur darstellt. Es ist folglich von großer Bedeutung, dass die Eltern auf Symptome physiologischen Stresses achten um ihr Kind nicht zu überfordern.[51]

„Die Entwicklung der Eltern-Kind-Interaktion im ersten Lebensjahr besteht aus aufeinander folgenden Anpassungen, die die Eltern an die reifungs- und entwicklungsbedingten Veränderungen ihrer Kinder vollziehen."[52] Diese Anpassung an jede neue Entwicklungsstufe kann sich bei Frühgeborenen langwieriger und mühsamer gestalten als bei reifgeborenen Kindern. SARIMSKI betont zudem, dass der Erfolg dieses Prozesses maßgeblich davon abhängt, ob die Mütter mit ihrer neuen sozialen Rolle zufrieden sind und von ihrem Partner wie auch von ihrem sozialen Netzwerk Unterstützung erfahren.[53]

Um sicher zu stellen, dass ernsthafte motorische Handicaps beziehungsweise eine wesentliche Abweichung der kognitiven Fähigkeiten von Altersgleichen frühzeitig erkannt werden, sind regelmäßige Nachuntersuchungen erforderlich. Entwicklungstests durch einen Kinderneurologen gewährleisten, dass bei Bedarf unverzüglich individuell abgestimmte Therapien und Frühfördermaßnahmen mit dem betroffenen Kind durchgeführt werden. Für Babys mit zentralen Koordinationsstörungen ihrer Bewegungsmuster gibt es daneben spezielle Formen der Kranken- und Säuglingsgymnastik. Ebenso ist nach der Entlassung der Frühchen nochmals eine Augenuntersuchung notwendig, da gewöhnlich zu diesem Zeitpunkt die Gefäßbildung des Augenhintergrundes noch nicht abgeschlossen ist

50 Vgl. GARBE 2002:91; siehe dazu auch Kapitel 3.3.1!
51 Vgl. SARMISKI o. J. c:8, 11 ;
52 SARIMSKI o. J. c:21;
53 Vgl. SARIMSKI o. J. c:21 f.;

und daher die Gefahr einer Schädigung der optischen Funktionen nicht ausgeschlossen werden kann.[54]

Weiterhin ist bei Kindern mit unregelmäßiger Atmung sowie Abfällen in der Sauerstoffsättigung des Blutes auch nach der Entlassung eine Überwachung mit einem Heimmonitor sinnvoll um die Gefahr eines plötzlichen Säuglingstods zu minimieren. Der häusliche Monitor wird vielfach für den Zeitraum des ersten Lebensjahres empfohlen, weil das Risiko des plötzlichen Kindstods zwischen dem dritten und fünften Lebensmonat und erneut zwischen dem achten und zehnten am höchsten ist.[55] Gelegentlich werden zudem Babys nach Hause entlassen, die auf eine zusätzliche Sauerstoffversorgung angewiesen sind. Das ist der Fall, wenn die Entwöhnung des Kindes von der Beatmung sehr lange dauert, das Früh- beziehungsweise Risikogeborene ansonsten aber gesund ist.[56]

Da die Struktur der gesundheitsökonomischen und sozialwissenschaftlichen Analyse in Anlehnung an den Behandlungsprozess der Kinder erfolgt, gibt folgende Abbildung einen zusammenfassenden Überblick über den Versorgungsablauf:

[54] Vgl. GARBE 2002:87 ff., 95 ff.; BRÜGGEMANN 1993:203; SARIMSKI o. J. c:19;
[55] Vgl. GARBE 2002:91 f.;
[56] Vgl. BRÜGGEMANN 1993:170 f.; SARIMSKI o. J. c:17;

Abbildung 3.1-2: Struktur des Behandlungsprozesses bei früh- und risikogeborenen Kindern

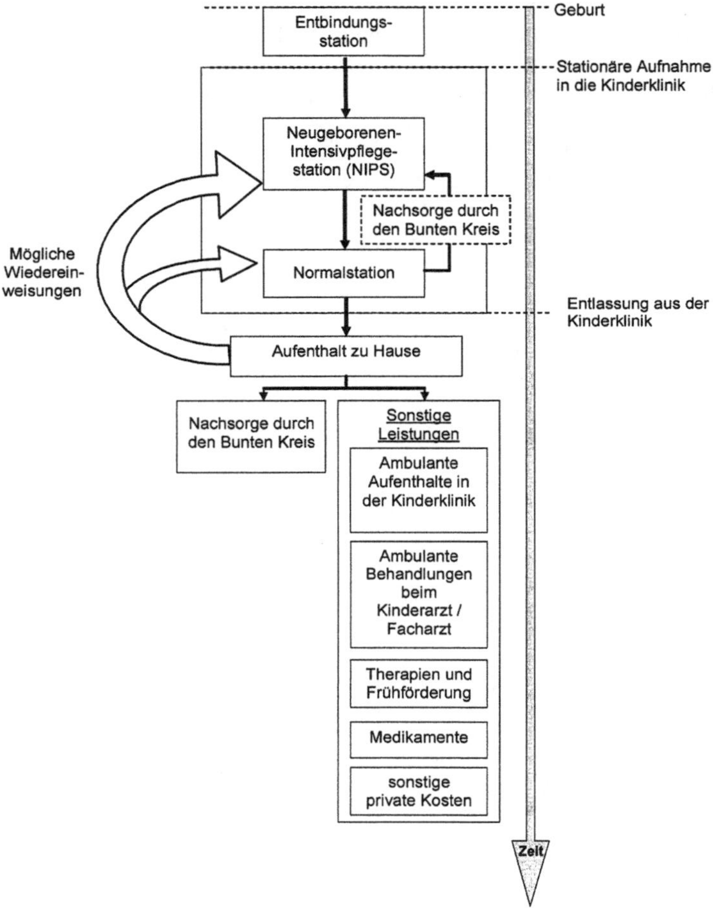

Quelle: Eigene Darstellung – Gesundheitsökonomische Evaluation *Bunter Kreis*

3.2 Das Nachsorgeangebot des „Bunten Kreises" im Kontext dieser Arbeit

Das modellhafte Nachsorgeprogramm des *Bunten Kreises* kann – als sozialintegrative Lösung – wie eine Brücke zwischen stationärer Versorgung, häuslicher Pflege und ambulanten Diensten im Sinne einer unterstützenden Nachsorge wirken. Das Ziel der angebotenen Maßnahmen besteht darin, im Sinne der *Case Management*-Idee[57] betroffene Familien mit Hochrisikokindern (z. B. sehr kleinen Frühgeborenen oder chronisch erkrankten Kindern) nach der medizinischen Akutversorgung bei den speziellen Pflegeanforderungen sowie bei der Bewältigung der psychosozialen Belastungen zu unterstützen. Gleichzeitig sollen diese präventiven Angebote Wiedereinweisungen in die Kinderklinik möglichst vermeiden.

3.2.1 Organisation

Der *Bunte Kreis* in Augsburg ist ein Zusammenschluss von Mitgliedern unterschiedlichster Eltern-Selbsthilfegruppen, dem psychosozialen Dienst, den Ärzten und Schwestern der Kinderklinik sowie der Evangelischen und Katholischen Kinderklinikseelsorge. Im Jahr 1992 wurde die Arbeitsgemeinschaft gegründet um betroffene Familien gemeinsam wirkungsvoller betreuen zu können – 1994 entstand aus dieser Vereinigung der Trägerverein „Verein zur Familiennachsorge *Bunter Kreis* e. V.". Gleichzeitig wurde ein Nachsorgeprojekt für Familien mit chronisch-, krebs- oder schwerstkranken Kindern initiiert, welches in seiner Komplexität bis jetzt in der Bundesrepublik einmalig ist[58]. Abbildung 3.2-1 verdeutlicht die Arbeitsbereiche des *Bunten Kreises* als Förderverein und Nachsorgeeinrichtung.

Der Förderverein *Bunter Kreis* fungiert unter anderem als Interessenvertretung der Selbsthilfegruppen um die Lobby der Elternarbeit zu stärken. Außerdem vergibt er an die angeschlossenen Gemeinschaften, entsprechend ihrer Bedürftigkeit, Fördermittel zur Sicherung ihrer Aufgaben. Die im *Bunten Kreis* integrierten Gruppen (darunter auch der Förderkreis für Früh- und Risikogeborene e. V.) sind in Tabelle 3.2-1 wiedergegeben.

---

[57] Vgl. dazu Kapitel 3.4;

[58] Vgl. PORZ/ERHARDT 2000:65 ff.; PORZ/ERHARDT 2003:15 f.;

Abbildung 3.2-1: Arbeitsbereiche des *Bunten Kreises*

Quelle: beta Institut für sozialmedizinische Forschung und Entwicklung gGmbH

Tabelle 3.2-1: Der *Bunte Kreis* als Verband der Selbsthilfegruppen

- Förderkreis für Früh- und Risikogeborene Augsburg e. V.
- Eltern SHG – Kinder mit Diabetes
- Elterninitiative Herzkind Augsburg/Donauwörth
- Intensivpflichtige Kinder
- Eltern SHG Spina bifida und/oder Hydrocephalus
- MUKO-AKTIV Augsburg e. V., Verein zur Unterstützung von an Mukoviszidose erkrankten Kindern, Jungendlichen und Erwachsenen
- Stoffwechsel- und Immungestörte Kinder
- Kinder mit Kartagener-Syndrom und primäre ciliäre Dyskinesie e. V.
- Ullrich-Turner-Syndrom Gruppe Augsburg
- Förderkreis für krebskranke Kinder im Allgäu e. V.
- Kontaktstelle für trauernde Eltern und Angehörige
- Verwaiste Eltern Augsburg
- SHG für trauernde Eltern, die ein Kind durch Frühgeburt, Fehlgeburt oder bald nach der Geburt verloren haben
- Villa Kunterbunt – Eltern-SHG für Angehörige behinderter und blinder/sehbehinderter Kleinkinder
- SHG für Eltern mit hörgeschädigten Kindern
- SHG von betroffenen Eltern für betroffene Eltern der Kinderkrebsstation – Kinderklinik Augsburg
- Frühchen-Gruppe Landsberg/Lech

Quelle: Eigene Darstellung in Anlehnung an PORZ/ERHARDT 2000:42

Weiterhin gibt es einen Sozialfonds für unbürokratische Soforthilfe zur finanziellen Unterstützung bedürftiger Eltern. Aus diesem Sondervermögen, das sich komplett aus Spendenmitteln finanziert, werden etwa Zuschüsse zur kliniknahen Unterbringung von Eltern, zu Fahrtkosten, zu Beerdigungskosten usw. gewährt.

Der wesentliche Aufgabenschwerpunkt der *Nachsorgeeinrichtung gGmbH* ist demgegenüber die ganzheitliche Familiennachsorge im Sinne des Augsburger Nachsorgemodells. Sie beinhaltet Pflegeplanung, Erstbegleitung aus der stationären Versorgung (mit sozialrechtlicher Beratung, in Zusammenarbeit mit Krankenkassen, Ämtern, Hilfseinrichtungen, Sozialstationen, Rehabilitationskliniken etc.) wie auch die Pflege im häuslichen Bereich (bestehend aus Anleitung zur Pflege und deren Koordination). Die Nachsorgeleistung erfolgt, wie folgende Abbildung zeigt, durch ein interdisziplinäres, sich fachlich ergänzendes Team:

Abbildung 3.2-2: Das interdisziplinäre Nachsorgeteam

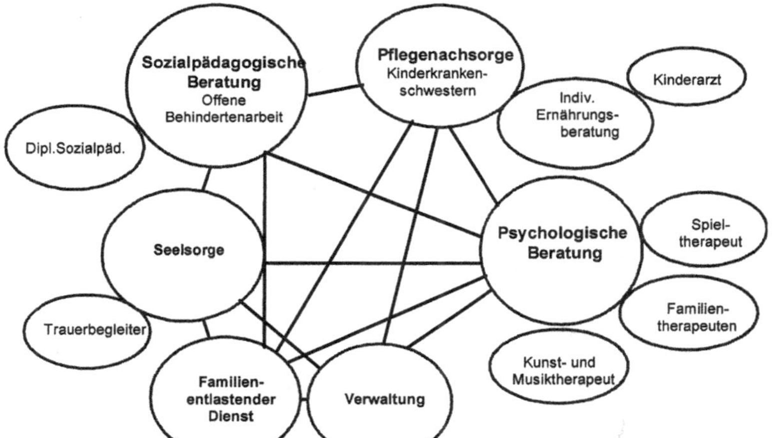

Quelle: Eigene Darstellung in Anlehnung an Vorlage des beta Instituts

Im Rahmen der empirischen Untersuchung wurde vorab eine retrospektive Vorstudie über die Versorgungs-, Organisations- und Personalstruktur des *Bunten Kreises* durchgeführt. Bei Betrachtung dieser Stichprobe – differenziert nach Diagnosegruppen – wird deutlich, warum die gesundheitsökonomische Evaluation speziell für die Zielgruppe der früh- und risikogeborenen Kinder durchgeführt wird: Mit einem Anteil von rund 35 % (56 von 162 Kindern, die in der Vorstudie berücksichtigt wurden) stellen Früh- und Risikogeborene die häufigste der im *Bunten Kreis* betreuten Diagnosegruppen dar, welche außerdem (z. B. im Gegensatz zu Kindern mit Krebserkrankungen oder Stoffwechselerkrankungen) relativ homogen und somit besser vergleichbar ist:[59]

Abbildung 3.2-3: Kinder, welche durch den *Bunten Kreis* betreut werden – differenziert nach Diagnosegruppen

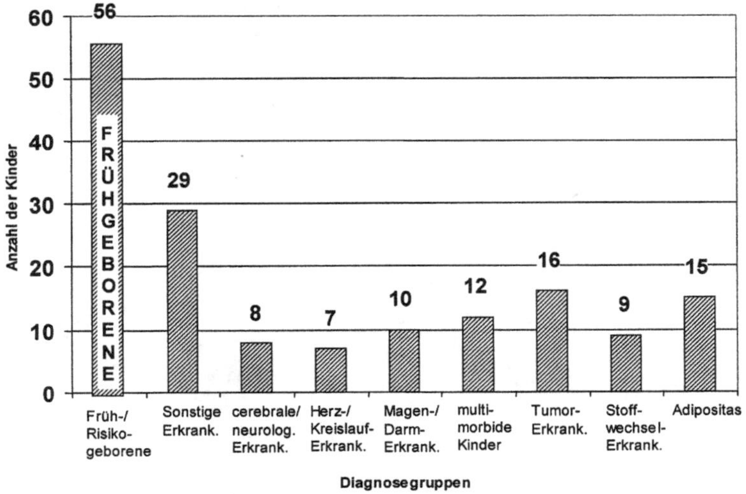

Quelle: Eigene Darstellung – Datengrundlage: Stichprobe der retrospektiven Vorstudie

3.2.2 Das Nachsorgemodell

Im Rahmen des „Augsburger Nachsorgemodells" bietet der *Bunte Kreis* Nachsorgemaßnahmen in verschiedenen Leistungsbereichen an. So werden bei der Akuthilfe die Eltern der jungen Patienten, meist noch am Krankenbett des Kindes, von Mitarbeitern der Klinikseelsorge sowie von psychosozialen Fachkräften angesprochen. Damit soll den Eltern das Gefühl vermittelt werden, dass sie und ihr Kind in der bestehenden Situation nicht alleine gelassen werden. Darauf aufbauend setzt (bei entsprechendem Bedarf) die Nachsorgetätigkeit des *Bunten Kreises* ein – bestehend aus den nachfolgend beschriebenen Angeboten „Pflegenachsorge", „Ernährungsberatung" und „psychosozialer Therapie". Die Eltern

59 Vgl. dazu auch den Endbericht der empirischen Studie;

werden dabei, vor allem nach der Entlassung des Patienten aus der Kinderklinik, bei der Bewältigung der auftretenden rechtlichen und organisatorischen Probleme unterstützt:

- Zur *Pflegenachsorge* zählt insbesondere die Vorbereitung und Vernetzung aller erforderlichen Maßnahmen für die häusliche Pflege der Kinder. Die Pflegenachsorge wird – entsprechend der Erkrankung des Kindes – von speziell geschulten Fachkinderkrankenschwestern geleistet. Diese beraten die Eltern und weitere in die Versorgung des Patienten eingebundenen Personen in Fragen der erkrankungsgerechten Gestaltung des heimischen Umfelds und der Pflege des Kindes. Sie helfen außerdem bei der Koordination der unterschiedlichen institutionellen Hilfsangebote und vermitteln den Eltern die erforderliche Kompetenz, damit diese ihr Kind möglichst frühzeitig und selbstständig zu Hause versorgen können.[60]

- Bei der *Ernährungsberatung* beziehungsweise *Kinderdiätberatung* schulen die hierfür zuständigen Diätassistentinnen Kinder mit Stoffwechselerkrankungen, wie Diabetes oder Adipositas, und deren Eltern. Sie informieren über die Zubereitung von erkrankungsgerechten Mahlzeiten und über den Umgang mit der Krankheit, geben situationsspezifische Tipps und leisten weitergehende Hilfe, indem sie beispielsweise individuell abgestimmte Ernährungspläne erstellen.[61]

- Im Rahmen der *psychologischen und sozialtherapeutischen Betreuung* wird den betroffenen Familien geholfen, mittels Beratungsgesprächen und verschiedenen Therapieangeboten, die neue Lebenssituation zu bewältigen. Spezielle Aspekte der psychosozialen Betreuung stellen die Geschwisterbetreuung, die offene Behindertenarbeit und, im Falle des Ablebens eines Kindes, die Trauerbegleitung für die Eltern dar. Seelsorgeangebote zur Bewältigung existenzieller Krisen in Folge von Diagnoseschocks der Eltern nach ihrer Information über die Erkrankung ihres Kindes oder nach dem Tod eines Kindes runden das Nachsorgeangebot des *Bunten Kreises* ab[62].

Die Nachsorge für Familien mit Früh- und Risikogeborenen wird durch ein spezielles „Frühgeborenenteam", bestehend aus Kinderkrankenschwestern, Sozialpädagoginnen, Psychologinnen und einer Kinderärztin, bereits während des Klinikaufenthalts des Kindes angeboten. Während dieser Zeit stehen insbesondere

60 Vgl. PORZ/ERHARDT 2003:21 ff.;

61 Vgl. PORZ/ERHARDT 2003:23;

62 Vgl. PORZ/ERHARDT 1999:41 ff.; PORZ/ERHARDT 2003:23 f.; BUNDESVERBAND „DAS FRÜHGEBORENE KIND" E. V. 1997:13 ff.;

die beziehungsfördernde Begleitung, Beratungsgespräche und die psychosoziale Unterstützung der betroffenen Eltern im Mittelpunkt des Augsburger Modells.[63]

Die daran anschließende nachstationäre Betreuung beinhaltet, wie bereits erwähnt, folgende Leistungsbereiche:[64]

- die Pflegeplanung,
- die Organisation und die Koordination der nach der Entlassung erforderlichen Maßnahmen im Rahmen des Entlassungsmanagements,
- die Vernetzung der an der Versorgung beteiligten Personen und Institutionen,
- die Informationsvermittlung sowie die Anleitung zur Pflege im häuslichen Bereich.

Im Hinblick auf die Übernahme der Kosten durch die Krankenkassen werden u. a. folgende konkrete Nachsorgeleistungen für die Zielgruppe angeboten: Häusliche Sauerstoff- oder Beatmungstherapie, parenterale Ernährung, aufwändige Hautpflege / Lagerungsmaßnahmen, spezielle Katheter- / Drainage- / Sondenpflege, häusliche Schmerztherapie, Tracheo-, Ileo-, Nephrostoma-Versorgung / -Pflege, häusliche Versorgung mit Überwachungsgeräten, Monitorauswertung, Sondenernährung / Esstraining, Spezialdiäternährung, häusliche Antibiotikatherapie und sozialtherapeutische Maßnahmen. Seit August 1999 wird zudem für die Zielgruppe der früh- und risikogeborenen Kinder die Nachsorge formal in zwei verschiedenen Leistungskategorien, die sich hinsichtlich des zeitlichen Umfanges unterscheiden, angeboten: erstens die so genannten *Kurzzeitnachsorge* (bis zu 10 Stunden) und zweitens die *Langzeitnachsorge* (mehr als 10 Stunden).

Die Finanzierung der Nachsorgeleistungen erfolgt aus einer Reihe von Quellen.[65] So stellen etwa *Spenden* eine bedeutende Einnahmequelle des *Bunten Kreises* dar. Neben Spenden von Privatpersonen veranstalten insbesondere Firmen und Vereine z. B. Aktionstage oder Vereinsfeiern zu Gunsten des *Bunten Kreises*. Im Gegensatz zum schwer abschätzbaren und schwankenden Spendenaufkommen stellen *Mitgliedsbeiträge* eine konstante Größe dar. Zudem kommen *Bußgelder*, die von Gerichten verhängt werden, gemeinnützigen Einrichtungen – wie auch dem *Bunten Kreis* – zugute. Weiterhin bilden *Stiftungserträge* eine Basis für die

63 Vgl. PORZ 2003 b:32 ff.;
64 Vgl. PORZ 2003 b:33 f.;
65 Vgl. dazu PORZ/ERHARDT 2000:44 ff.; PORZ/PODESWIK/ERHARDT 2003:50 ff.;

langfristige Finanzierung der Nachsorgearbeit. Eine Stiftung wird von einem Stifter (Privatperson oder Firma, etc.) durch Einlage seines Kapitals errichtet, welches gewinnbringend angelegt wird. Ein Teil der Gewinne dient der Erhaltung des Stiftungsvermögens, der Rest fließt dem Stiftungszweck zu.

Die bedeutendsten Finanzierungsquellen der laufenden Arbeit stellen jedoch *staatliche Zuschüsse* sowie Mittel der *Krankenkassen* dar. Staatliche Zuschüsse erhält der *Bunte Kreis* insbesondere im Rahmen der offenen Behindertenarbeit (OBA), welche eine Eingliederungshilfe gemäß dem Bundessozialhilfegesetz (BSHG) darstellt. Mit den Krankenkassen rechnet außerdem der *Bunte Kreis* seit 01. Januar 1998 die Nachsorgeleistungen im engeren Sinne als „ergänzende Leistungen zur Rehabilitation" gemäß § 43 SGB V ab. Im Zentrum steht die Verbesserung der Lebenssituation, also weder die Pflege noch die Wiederherstellung der Gesundheit. Das Verhältnis dieser beiden bedeutendsten Finanzierungsquellen beträgt ca. 45 % zu 55 %, wobei die Krankenkassen den höheren Anteil aufbringen[66].

Die Bemühungen um eine reguläre Finanzierung der Nachsorgearbeit werden durch den Anspruch der Ganzheitlichkeit der Nachsorge im Rahmen des Augsburger Nachsorgemodells erschwert. Die vom *Bunten Kreis* erbrachten Leistungen sind weder eindeutig der Gesundheitsversorgung noch der Jugendhilfe noch der Behindertenarbeit zuzuordnen. Sie enthalten Elemente von jedem der genannten Bereiche und gehen zudem in einigen Aspekten über diese hinaus. Das vom *Bunten Kreis* erbrachte Leistungsspektrum ist somit auch im Rahmen der gesetzlich konstituierten Gebührenordnungen nur schwerlich abrechenbar. Der steigende Kostendruck im gesetzlichen Krankenversicherungswesen erschwert zusätzlich die in diesem Fall erforderlich werdende Etablierung neuer Leistungen.[67]

Mit dem *Gesetz zur Modernisierung der gesetzlichen Krankenversicherung (GKV-Modernisierungsgesetz - GMG)* traten des Weiteren am 01. Januar 2004 Normen in Kraft, die den gesetzlichen Rahmen von Case Management in der ambulanten Nachsorge fixieren. Welche Wirkung diese Neuregelung in der Praxis haben wird, kann zum Zeitpunkt des Abschlusses dieser Arbeit jedoch noch nicht gesagt werden. Allerdings können die Ergebnisse dieser Studie Anhaltspunkte für die Krankenkassen liefern, welche Konsequenzen im Bereich der ne-

---

[66] So erhielt der Bunte Kreis im Jahr 2001 320.000 € von den Krankenkassen und 257.000 € an staatlichen Zuschüssen. Die entspricht einem Verhältnis von 56,07 % zu 43,93 %. Im Jahr 2002 betrugen dieselben Werte 324.000 € und 265.000 €, d.h. 55,01 % und 44,99 %, verhielten sich also weitgehend konstant (Quelle: interne Angaben des Bunten Kreises).

[67] Vgl. PORZ/PODESWIK/ERHARDT 2003:50;

onatologischen Versorgung mit den Regelungen der §§ 43 Absatz 2 und 132 c SGB V verbunden sind.

3.3 Untersuchungen zum Thema

Bei Durchsicht der einschlägigen Literatur im Hinblick auf den Untersuchungsgegenstand zeigte sich, dass neben zahlreichen Veröffentlichungen zu medizinischen Aspekten der Früh- beziehungsweise Risikogeburt vor allem psychosoziale Studien hinsichtlich der mit diesem Ereignis verbundenen Belastungen durchgeführt werden. Außerdem findet man im Rahmen der Versorgungsforschung[68] inzwischen eine Reihe modellhafter Interventionsprogramme zur Optimierung der Betreuung dieser Zielgruppe, welche bezüglich ihrer Wirksamkeit wissenschaftlich überprüft wurden. Allerdings existieren speziell für die Nachsorge von früh- und risikogeborenen Kindern keine Evaluationsstudien, die multidimensional ökonomische und soziale Aspekte analysieren.

Im Folgenden werden deshalb grundlegende Erkenntnisse verschiedener Forschungsdisziplinen, die für eine umfassende Betrachtung des Untersuchungsgegenstandes von Interesse sind, überblicksartig vorgestellt. Da die vollständige Illustration der vorliegenden Forschungsergebnisse den Rahmen dieser Arbeit sprengen würde, werden exemplarisch einzelne Befunde von entwicklungspsychologischen und medizinischen Untersuchungen wie auch von Belastungs- und Interventionsstudien dargestellt.

3.3.1 Entwicklungsstudien und medizinische Untersuchungen

Zur kognitiven Entwicklung frühgeborener Kinder gibt es zahlreiche Studien, die allerdings divergierende Ergebnisse präsentieren. Dies ist einerseits darauf zurückzuführen, dass zwischen früheren und aktuellen Untersuchungen eine Verbesserung der medizinischen Technologie zu verzeichnen ist und dadurch immer weniger Frühchen unter schweren Beeinträchtigungen leiden. Andererseits liegt die Ursache in der großen individuellen Variabilität zwischen den einzelnen Kindern und damit verbundenen methodischen Problemen der Untersuchungen: Viele Studien basieren nur auf kleinen Stichproben, in denen entweder alle Frühgeborene einer Klinik oder aber bestimmte Teilpopulationen[69] in die

---

[68] Vgl. dazu Kapitel 8.1;

[69] In einigen Studien wurden die Daten zum Beispiel nur auf Kinder ohne zusätzliche Komplikationen bezogen, in anderen auf Kinder die maschinell beatmet werden mussten (vgl. SARIMSKI o. J. a:14).

Analyse mit einbezogen werden. Außerdem liegen häufig sehr unterschiedliche Kriterien zur Beurteilung der Entwicklungsauffälligkeiten zugrunde.[70]

Bei einer Teiluntersuchung der komplexen Längsschnittuntersuchung „Bayerische Entwicklungsstudie II" wurden beispielsweise in Südbayern u. a. extrem Frühgeborene (Schwangerschaftsdauer unter 32 Wochen) während ihrer ersten neun Lebensjahre hinsichtlich verschiedener Aspekte nachuntersucht und auch befragt. Zum Vergleich wurde zusätzlich eine Kontrollgruppe reifgeborener Kinder getestet. Folgende Befunde beziehen sich auf die Nachuntersuchung nach 6,3 bzw. 8,5 Jahren: Es manifestierte sich, dass extrem Frühgeborene ein „bis zu 30fach erhöhtes Risiko für schwere kognitive Defizite haben und viel häufiger phonetische Kodierungs- und Sprachprobleme (Legasthenie) sowie Verhaltensauffälligkeiten, insbesondere Aufmerksamkeits- und Kontaktstörungen, aufweisen."[71] Ferner wurde 8,5 Jahre nach Geburt ermittelt, dass weniger als die Hälfte der sehr früh Geborenen (44,6 %) die altersentsprechende Klasse einer Regelschule, dafür 22,3 % die Sonderschule besuchten. Im Vergleich dazu befanden sich lediglich 1,2 % der Kontrollkinder in ihrem neunten Lebensjahr in der Sonderschule.[72]

Die Universitätskinderklinik Ulm hat sich ferner zum Ziel gesetzt, Frühgeborene – falls bestimmte medizinische Kriterien erfüllt sind[73] – möglichst früh nach Hause zu entlassen, da so eventuell die Eltern-Kind-Beziehung verbessert und Gesundheitskosten eingespart werden können. In einer retrospektiven Kohortenstudie sollte in diesem Zusammenhang die Morbidität der zeitig entlassenen Kinder während ihres ersten Lebensjahres sowie die Zufriedenheit der Eltern mit dem Entlassungszeitpunkt analysiert werden.[74] Bei dieser Untersuchung wurde die Vermutung bestätigt, dass eine frühe Entlassung die Morbiditätsrate der Frühgeborenen nicht beeinflusst, sondern diese vor allem mit folgenden Faktoren korreliert:[75]

- Gestationsalter und Geburtsgewicht: je geringer/niedriger diese Größen waren, desto höher war die Morbidität;

---

70 Vgl. SARIMSKI o. J. a:14; WOLKE/MEYER 1994:121;

71 WOLKE 1996:75;

72 Vgl. WOLKE 1996:71 ff; WOLKE/MEYER 1994:121 ff.;

73 Wenn z. B. die Kinder ihre Köpertemperatur über 36,5° C halten können, genug trinken und keine behandlungsbedürftigen Apnoen haben und sich die Eltern die häusliche Pflege ihrer Kinder zutrauen, werden Kinder bereits mit einem Körpergewicht von unter 1.800 g entlassen (vgl. BERNECKER et al. 2000:1080).

74 Vgl. BERNECKER et al. 2000:1079;

75 Vgl. BERNECKER et al. 2000:1081 ff.

- Dauer der postnatalen Aufenthaltszeit: je länger diese war, desto kränker waren die Frühgeborenen;
- Dauer der Beatmung/Sauerstofftherapie: je länger diese war, desto morbider waren die Kinder;
- Geschlecht: Jungen wiesen eine höhere Rehospitalisierungsrate auf;
- Schulbildung der Mutter: je niedriger der Schulabschluss war, desto häufiger waren die Rehospitalisierungen sowie die Konsultationen beim ambulant betreuenden Kinderarzt und desto länger war die Gesamtdauer der stationären Aufenthalte.

Weiterhin wurde dabei gezeigt, dass durch diese Entlassungsstrategie, trotz der Notwendigkeit einer intensiveren ambulanten Nachbetreuung der Frühchen, Gesundheitskosten eingespart werden können. Außerdem waren 86 % der Eltern mit dem Entlassungszeitpunkt ihrer Kinder zufrieden, auch wenn sie sich unterschiedlich gut auf die häusliche Versorgung vorbereitet fühlten![76]

3.3.2 Untersuchungen zur elterlichen Belastung

Die überstürzte und oftmals dramatisch verlaufende Geburt und die meist lange Trennung von ihrem Kind, verbunden mit Schuldgefühlen, vielfältigen Ängsten und Sorgen hinsichtlich des Überlebens und der Entwicklung des Früh- beziehungsweise Risikogeborenen bedeuten eine große emotionale Belastung für die Eltern.[77]

In einer Untersuchung von SARIMSKI (1996) wurde z. B. diesbezüglich deutlich, dass (obwohl die Frühgeborenen zum Befragungszeitpunkt bereits im Durchschnitt zwei Jahre alt waren) noch 20 % bis 25 % der Mütter sich in der Interaktion mit ihrem Kind anhaltend hoch belastet fühlten und sich noch mit lebhaften Erinnerungen emotional auseinandersetzen mussten. Ein weiteres Er-

---

[76] 29 % fühlten sich sehr gut, 39 % gut, 23 % mäßig, 12 % eher schlecht und 6 % sehr schlecht auf die Entlassung vorbereitet (vgl. BERNECKER et al. 2000:1084).

[77] Vgl. PORZ/VONDERLIN/FREUD 1998:89;

gebnis war, dass nur ein Teil der Eltern das Gefühl hatte, kurz nach der Entlassung ihres Kindes aus der Kinderklinik von ihrem niedergelassenen Kinderarzt sowie von Freunden und Verwandten gut unterstützt worden zu sein. Weiterhin waren die Väter, im Vergleich zu ihren Partnerinnen, weniger psychisch belastet, wobei dies nach SARIMSKI unter Umständen auch auf ein nicht „ganz offenes" Antwortverhalten dieser Befragten zurückgeführt werden kann.[78]

Vergleichbare Resultate ergaben sich bei einer Internetbefragung von JOTZO und SCHMITZ, welche das Ziel verfolgte, die Traumatisierung der Eltern nach einer Frühgeburt empirisch zu belegen und diesbezügliche Schutzfaktoren zu identifizieren. Die Ergebnisse zeigten, dass eine Frühgeburt für Eltern und insbesondere für Mütter traumatisierend wirken kann, wobei Faktoren wie z. B. eine geringes Reifealter des Kindes, eine lange stationäre Aufenthaltsdauer, eine erforderliche Intensivbehandlung sowie das Auftreten von Komplikationen die traumatisierende Wirkung verstärken können. Darüber hinaus wurde deutlich, dass sich die Eltern nach der Entbindung am häufigsten psychologische Betreuung, Elterngruppen und Informationen zum Thema Frühgeburt wünschen.[79]

3.3.3 Interventionsstudien

Nach WOLKE und VONDERLIN können die bestehenden Interventionsprogramme für Familien mit früh- und risikogeborenen Kindern gemäß Abbildung 3.3–1 klassifiziert werden.

Nach VONDERLIN konnten bei wissenschaftlichen Untersuchungen bezüglich der Wirksamkeit dieser Programme, in Abhängigkeit von ihrer jeweiligen Zielsetzung, durchaus positive Effekte nachgewiesen werden.[80] Dabei war die Effektivität der Maßnahmen speziell von der aktiven Einbeziehung der Eltern in die Versorgung ihres Kindes und von der kontinuierlichen Betreuung der Familie durch eine feste, vertraute Kontaktperson über einen längeren Zeitraum hinweg abhängig. Ferner wurde wiederholt deutlich, dass vor allem Familien mit eher niedrigem sozialen Status, mit kleinen (im Sinne von unreifen) Frühgeborenen und Eltern mit Risikokindern am meisten von den Betreuungsangeboten profitieren.[81]

---

78 Vgl. SARIMSKI 1996:28 ff.;

79 Vgl. JOTZO/SCHMITZ 2002; JOTZO et al. 2003:67 f.;

80 Einen Überblick über einzelne Interventionsstudien und deren Ergebnisse findet sich z. B. in VONDERLIN 1999:78 ff.;

81 Vgl. VONDERLIN 1999:77 ff.;

Abbildung 3.3-1: Interventionsprogramme für Familien mit früh- und risikogeborenen Kindern

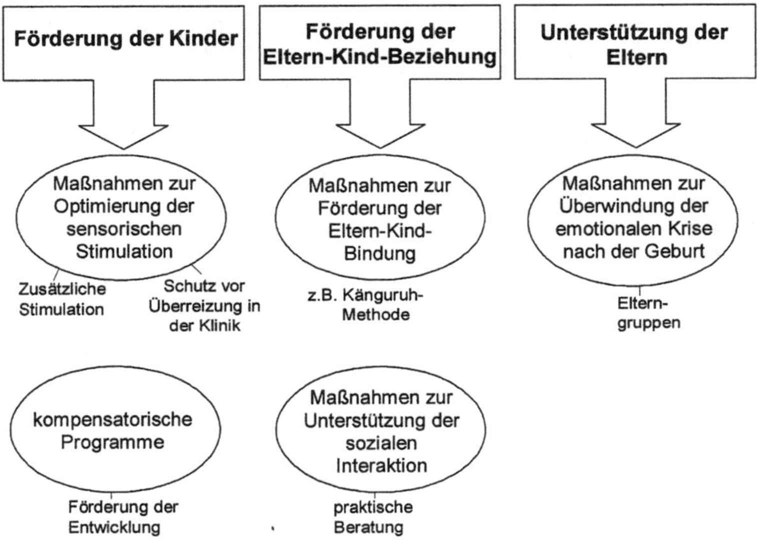

Quelle: Eigene Darstellung – Datengrundlage: VONDERLIN 1999:72 ff.; WOLKE 1991:480;

Analog dazu zeigten etwa STEIN/JESSOP[82], dass ein umfassendes häusliches Versorgungsprogramm für Familien mit chronisch kranken Kindern, im Vergleich zur herkömmlichen Versorgung, die sozialen Outcomevariablen (wie etwa die psychische Befindlichkeit des Kindes wie auch der Mutter und die Zufriedenheit mit der Betreuung) positiv beeinflusst. Das hier evaluierte „*Pediatric Home Care Program*" bietet seit 1970 mit Hilfe eines Teams von Pädiatern, Kinderkrankenschwestern und Sozialarbeitern biomedizinische und psychosoziale Leistungen an: z. B. Erstversorgung, Koordination der erforderlichen Behandlungsmaßnahmen oder auch Lobbyarbeit bzw. Patientenanwaltschaft für die betroffenen Familien („*patient advocacy*"[83]): [84] „Home care in this situation is a mix of inpatient and outpatient services in an integrated comprehensive approach delivered by a multidisciplinary team."[85] Bei der randomisierten, kontrollierten Studie zeigte sich erneut, dass das Interventionsprogramm bei Familien mit

[82] Department of Pediatrics, Albert Einstein College of Medicine des Bronx Municipal Hospitals Centers, Bronx, New York

[83] STEIN/JESSOP 1991:491;

[84] Vgl. STEIN/JESSOP 1991:490 f.;

[85] STEIN/JESSOP 1991:491:

relativ geringer krankheitsbedingter Belastung[86], welche aber nur über wenige personale und soziale Bewältigungsressourcen verfügen, den größten Nutzen stiftet.[87]

Schließlich kann als weiteres nationales Projekt das so genannte „*Ulmer Modell*" – ein psychotherapeutisches Interventionsprogramm für Eltern von sehr kleinen Frühgeborenen (≤ 1.500 g Geburtsgewicht) – angeführt werden. Mit dem Ziel, den elterlichen Bewältigungsprozess, die Eltern-Kind-Bindung und -Interaktion zu fördern, wird (noch während die Kinder auf der Intensivstation liegen) den Eltern Gruppeninterventionen zur akuten Bewältigung der Frühgeburt sowie psychotherapeutische Einzelgespräche zur Reflexion eigener Bindungs- und Trennungserlebnisse angeboten. Außerdem wird nach der Entlassung des Kindes aus der Kinderklinik ein Hausbesuch mit dem Ziel durchgeführt, mittels Aufklärung der Eltern und ergänzenden Informationen die Kompetenz und das Selbstvertrauen zu steigern, sowie nach einigen Wochen ein „Feinfühligkeitstraining" zur Verbesserung der Eltern-Kind-Interaktion offeriert.[88]

Diese unterschiedlichsten Interventionsstudien und Projekte verdeutlichten zwar die Wirksamkeit von Betreuungsprogrammen für chronisch kranke Kinder und ihre Familien, nach PORZ existiert jedoch kein mit dem Nachsorgemodell des *Bunten Kreises* vergleichbares interdisziplinäres, integrierendes und fachübergreifendes Konzept.[89]

3.4 Case Management und Vernetzung in der Neonatologie

Das Gesundheitssystem der BRD ist durch eine einschneidende Segmentierung der verschiedenen Leistungsbereiche gekennzeichnet. Durch die Trennung besteht die Gefahr, dass die Versorgungsleistungen der einzelnen Sektoren nicht mehr in Bezug zueinander stehen und die Kontinuität der Versorgung verloren geht. Kommt es beispielsweise zum Informationsverlust an der Schnittstelle zwischen stationärer und ambulanter Versorgung, kann dies eine schwerwiegende Fehl-, Doppel- oder Minderversorgung der Patienten zur Folge haben. „Die

---

86 Als krankheitsbedingte Belastung wurden bei dieser Untersuchung u. a. die medizinischen und pflegerischen Aufgaben, welche die Eltern leisten müssen, die Störungen im familiären Alltag, welche wegen der Versorgung des Kindes auftreten, die Abhängigkeit des Kindes von seinen Eltern, falls es nicht altersgerecht tägliche Aufgaben (wie Essen oder Waschen) übernehmen kann wie auch die psychische Belastung der Eltern berücksichtigt (vgl. JESSOP/STEIN 1991:499).

87 Vgl. JESSOP/STEIN 1991:497;

88 Vgl. BRISCH et al. 1996:1206 ff.; BRISCH et al. 2003:120 ff.;

89 Vgl. PORZ 2003 a:9;

Fragmentarisierung [sic!] des Gesundheitswesens in ambulante, stationäre und rehabilitative Bereiche und die sektorale Abgrenzung der Kostenträger führt zu schweren Belastungen der betroffenen Familien“[90].

Bereits im Gesundheitsstrukturgesetz (GSG) 1992 wurde unter dem Gebot der Kosteneffizienz eine bessere Verzahnung von ambulanter und stationärer Versorgung gefordert. In der GKV-Gesundheitsreform 2000 ist die integrierte Versorgung gemäß § 140 SGB V sogar ein Kernelement mit dem Ziel, die medizinischen Versorgungsstrukturen und Versorgungsprozesse so zu reorganisieren, dass die Leistungen wie Zahnräder ineinander greifen.[91]

Um diese Vernetzung zu fördern, besteht der Schwerpunkt des Augsburger Nachsorgemodells in der ganzheitlichen familienorientierten Nachsorge, wobei die Vernetzung sämtlicher an der Versorgung der Kinder beteiligten Leistungsanbieter im Vordergrund steht. Der Grundgedanke ist dabei die zentrale, fallorientierte, interdisziplinäre Koordination aller zur Gesundung und Befindlichkeitsverbesserung des Kindes erforderlichen Maßnahmen im Sinne der Case-Management-Idee.[92] Den Eltern wird dabei eine Hauptansprechpartnerin zur Seite gestellt, die je nach Bedarf notwendige Experten hinzuziehen kann:

Abbildung 3.4-1: Die Situation der Familie mit und ohne Betreuung durch einen Case Manager

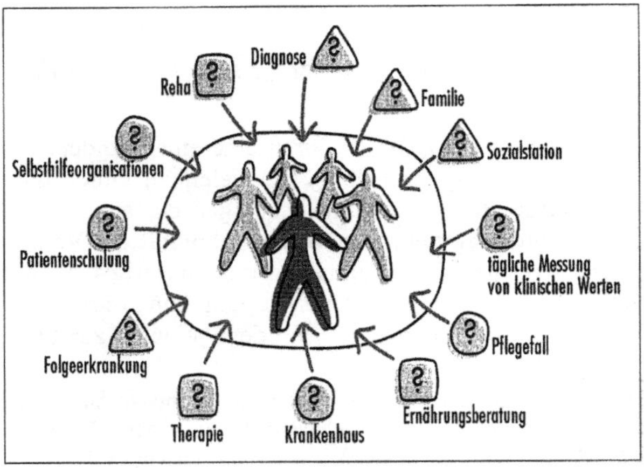

90 THYEN 2003:13;
91 Vgl. dazu auch KRÖGER/HENDRISCHKE 2002:13 ff.;
92 Vgl. dazu PORZ 2003 a:5 f.; PORZ/ERHARDT 1999:26 ff.;

Quelle: beta Institut für sozialmedizinische Forschung und Entwicklung gGmbH

Im Folgenden werden nun die theoretischen Grundlagen dieses bedeutenden Themenkomplexes vorgestellt.

3.4.1 Case Management in Abgrenzung zu Managed Care und Disease Management

Case Management ist ein aus der klassischen Methode des *Social Case Work*, der US-amerikanischen Sozialarbeit, entwickeltes, vielseitig einsetzbares Managementkonzept, das sich in Deutschland vor allem im Rahmen innovativer Versorgungskonzepte des Sozial- und Gesundheitswesens immer mehr etabliert.[93] Die Grundidee besteht dabei in der „Unterstützung von Einzelnen, Familien, Kleingruppen"[94] mittels Beratung und Koordination der Versorgung durch einen festen Ansprechpartner (Case Manager) über Fachdisziplinen und Institutionen hinweg. Für dieses Konzept, welches im angelsächsischen Raum bereits seit den siebziger Jahren im Gesundheitsbereich Anwendung findet, wurden zudem 1992 im Rahmen einer Zertifizierung für Case Manager national anerkannte Standards eingeführt. Die in diesem Kontext entwickelte und in Amerika weitgehend anerkannte Definition verdeutlicht die Grundelemente des *Case Managements*: „Case Management is a collaborative process which assesses, plans, implements, coordinates, monitors and evaluates options and services to meet an indi-

[93] Vgl. NEUFFER 2002:38; RAIFF/SHORE 1997:18 ff., 22;
[94] NEUFFER 2002:19;

vidual's health needs through communication and available resources to promote quality, cost-effective outcomes."[95]

Auch wenn im allgemeinen Sprachgebrauch „*Case Management*" und „*Care Management*" (wegen der Mehrdeutigkeit der Begriffe) oftmals synonym verwendet werden[96], so kennzeichnen sie doch organisationstechnisch unterschiedliche Prinzipien. *Managed Care* kann in diesem Kontext als übergeordnete Bezeichnung für die Anwendung von Managementprinzipien im Gesundheitswesen verstanden werden, wobei es „dem *Case Management* sowohl übergeordnet wie auch ihm unter- bzw. nachgeordnet werden"[97] kann: Mit dem Ziel, durch Management-Strategien der Wirtschaftsunternehmen eine möglichst kostengünstige medizinische Versorgung auf hohem Qualitätsniveau sicherzustellen, beeinflusst der US-amerikanische *Managed Care*-Ansatz auch die Reformdebatte des deutschen Gesundheitswesens. Um Gesundheitsdienste leistungsfähiger und Kosten sparender zu gestalten, wurden u. a. Ansätze des *Case Managements* wie auch des *Disease Managements* gefördert.[98]

Weiterhin gibt es zwischen *Disease Management* und *Case Management* ebenfalls wesentliche Unterschiede: Im Rahmen des *Disease Managements* wird versucht, populationsbezogen durch Programme für standardisierte Behandlung und Prävention von großen Patientengruppen mit weit verbreiteten chronischen „Volkskrankheiten" (wie etwa Diabetes, Asthma etc.) eine generelle Verbesserung der Gesundheitsversorgung zu erreichen. Demzufolge wird primär auf individuelle Besonderheiten und Bedürfnisse der einzelnen Patienten keine Rücksicht genommen. Dagegen stellt das *Case Management*-Konzept die persönlichen Bedürfnisse des Einzelnen in den Mittelpunkt: Hier wird ein spezielles Versorgungsprogramm für jeden einzelnen Fall erarbeitet. Abbildung 3.4–2 verdeutlich überblicksartig die Unterschiede zwischen *Case Management* und *Disease Management*.

Schließlich können für das *Case Management* in der Gesundheitsversorgung, im Hinblick auf den Einsatz dieser Methode in den USA, drei generelle Anwendungsbereiche unterschieden werden[99]:

---

95 CASE MANAGEMENT SOCIETY OF AMERICA (CMSA) 2002:8;

96 Vgl. WENDT 2001:50 f.; PORZ 2003 a:1;

97 WENDT 2001:51;

98 Vgl. z. B. WENDT 2001:22 ff.; SEITZ/KÖNIG/STILLFRIED Graf von 1997:5 f.;

99 Im Hinblick auf den Untersuchungsgegenstand wird der Einsatz des Case Managements im industriellen und „rein sozialen" Bereich außer Acht gelassen.

Einsatz des Case Managements…

1. …bei Katastrophen oder bei äußerst kostenintensiven medizinischen Ereignissen;
2. …in der Primärversorgung, wobei hierbei in der Regel ein Arzt die Aufgabe des Case Managers übernimmt;
3. …für den komplexen Versorgungsbedarf von chronisch Kranken und Langzeitpatienten an der Schnittstelle von Gesundheits- und Sozialsystem.

Case Management im Sinne des Nachsorgemodells des *Bunten Kreises* entspricht dabei konkret dem letztgenannten Konzept, da medizinische, pflegerische und psychosoziale Unterstützungsleistungen verknüpft werden sollen.[100]

Abbildung 3.4-2: Unterschiede zwischen *Case Management* und *Disease Management*

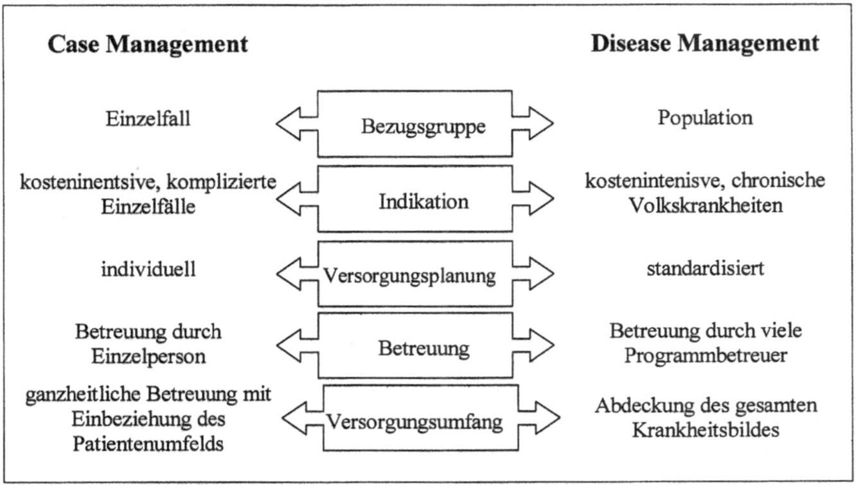

Quelle: Eigene Darstellung in Anlehnung an SZATHMARY 1999:167 f.

[100] Vgl. PORZ 2003 a:4;

3.4.2 Ziele und Aufgaben des Case Mangements

Das übergeordnete Ziel von *Case Management* ist, wie bereits beschrieben, eine verbesserte Versorgungsqualität bei bestmöglichem Einsatz der zur Verfügung stehenden Ressourcen zu erreichen, wobei die Kosten stabil gehalten oder sogar gesenkt werden sollen.[101] Diese gewünschten Auswirkungen auf Kosten und Qualität der Versorgung können dabei hinsichtlich der gesundheitsökonomischen Fragestellung der vorliegenden Arbeit in eine Vielzahl von Teilzielen ausdifferenziert werden: So sollen etwa mit Hilfe dieser Fallbetreuung und Anleitung der Betroffenen stationäre Krankenhausaufenthalte verkürzt, akute Notfälle vermieden sowie Ausgaben für Fachpersonal, Arznei- und Hilfsmittel reduziert werden. Das Ziel der verbesserten Versorgungsqualität kann weiterhin (in Abhängigkeit von der Erkrankung) das Erreichen bestimmter medizinischer Parameter wie auch die Steigerung der gesundheitsbezogenen Lebensqualität und Patientenzufriedenheit beinhalten.[102]

Eine optimale Betreuung im Einzelfall kann allerdings nur dann dauerhaft durchgesetzt werden, wenn die erforderlichen organisatorischen und finanziellen Rahmenbedingungen dafür vorhanden sind.[103] Ein weiteres Ziel des *Case Managements* besteht daher in der Übermittlung der auf der Mikroebene gewonnenen Erkenntnisse über die Bedürfnisse der Patienten und über die Mängel in der Versorgung an eine höhere Ebene, um dort eine bedarfsorientierte Planung der Gesundheitsversorgung zu ermöglichen![104]

Die mit den (hohen) Zielsetzungen verbundenen Unterstützungs- und Vernetzungsaufgaben führen folglich dazu, dass der *Case Manager* zahlreiche Funktionen und soziale Rollen im Rahmen seines Dienstes übernehmen muss. Diese sind in Abbildung 3.4-3 zusammenfassend dargestellt.

Während die direkten Interventionen im persönlichen Kontakt mit dem Patienten (beziehungsweise der „Patientenfamilie") stattfinden, werden bei den indirekten Interventionen andere am Versorgungs- und Behandlungsprozess beteiligte Personen und Institutionen mit einbezogen. Dabei kommt, neben der Versorgung und der Vermittlung von Informationen und (krankheitsbezogenem) Wissen zur Stärkung der „Selbstmanagementfähigkeit" des Patienten und seiner Angehörigen, der Vernetzungsfunktion eine sehr große Bedeutung zu.

---

101 Vgl. dazu Kapitel 3.4.1;

102 Vgl. FRIES 2002:102 ff.; LEIDL 2003:465, 473;

103 Vgl. WENDT 2001:13 f.;

104 Vgl. SMITH/BROOKS 1999:203;

Abbildung 3.4-3: Soziale Rollen des *Case Managers*

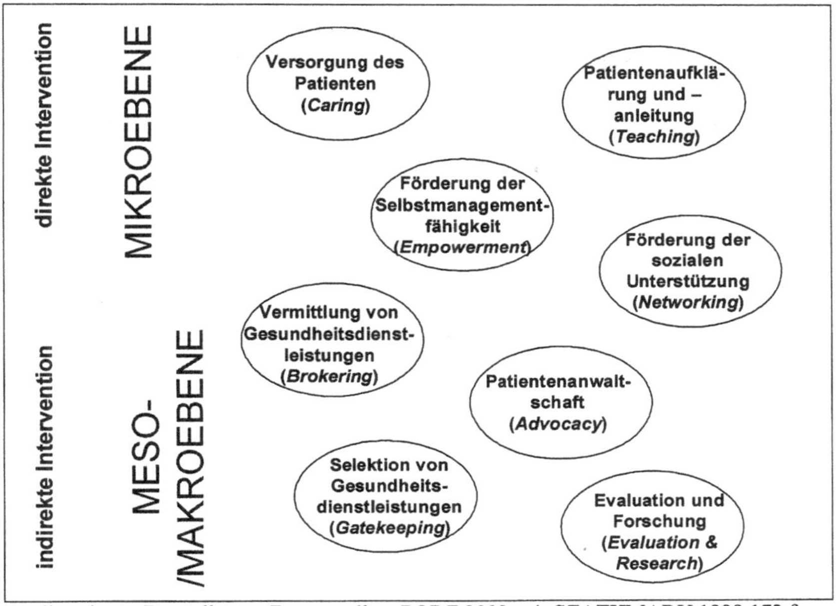

Quelle: Eigene Darstellung – Datenquellen: PORZ 2003 a:4; SZATHMARY 1999:172 f.

Durch die Vielfalt der Aufgaben und den damit verbundenen Anforderungen, benötigt der *Case Manager* eine umfassende Qualifikation im Sinne von Sach-, Methoden-, Sozial- und Selbstkompetenz. Um diesen ganzheitlich-interdisziplinären Ansatz kompetent anwenden zu können, absolvieren die *Case Manager* des *Bunten Kreises* eine berufsbegleitende, modular aufgebaute Weiterbildung mit dem Titel „Klinischer Case-Manager Schwerpunkt Nachsorge".[105]

3.4.3 Die Phasen des Case Mangements

Anhand der individuellen Bedürfnisse des Patienten und seiner Familie wird zu Beginn der Betreuung ein Maßnahmenplan erstellt, der im weiteren Verlauf kontinuierlich überprüft und evaluiert wird. Die Ablauforganisation des *Case Managements*, welche auch als Regelkreis verstanden werden kann, ist generell durch zeitlich aufeinander folgende Phasen gekennzeichnet. Mit Hilfe dieser strukturierten Vorgehensweise wird zudem die Komplexität dieses Unterstüt-

[105] Vgl. BETA INSTITUT 2001; HAHN/ERHARDT 2003:53 f.; PORZ/PODESWIK/ERHARDT 2002:90 f.;

zungs- und Vernetzungskonzeptes reduziert.[106] In Anlehnung an MOXLEY[107], können folgende Phasen unterschieden werden:[108]

1. *Assessment* (Einschätzung): Multiaxiale Erfassung des individuellen Versorgungsbedarfs des Patienten (oder seiner Familie), seiner aktuellen Situation sowie der zur Verfügung stehenden Bewältigungsressourcen.

2. *Planning* (Hilfeplanung): Auf Grundlage des Bedarfs werden in dieser Phase die individuellen Versorgungsziele definiert, die dazu notwendigen Maßnahmen geplant und die Aufgabenverteilung mit den jeweiligen Verantwortlichkeiten festgelegt.

3. *Intervention* (i. S. v. Durchführung): Schließlich werden die vereinbarten Maßnahmen durchgeführt – der Case Manager fungiert hierbei entweder als Koordinator oder ist auch selbst in die Betreuung mit eingebunden.

4. *Monitoring* (Überwachung): Zeitgleich mit der Intervention beginnen die Kontrolle der Leistungserbringung und deren Dokumentation. Sie beabsichtigen, den Zielerreichungsgrad festzustellen, vorhandene Qualitätsmängel zu erkennen sowie Daten für den Leistungsnachweis und die statistische Auswertung zu erfassen. Unter Umständen können hier diagnostizierte Mängel auch zu einer Revision des Hilfeplans führen. Wenn z. B. aufgrund einer Veränderung in der persönlichen Situation des Patienten die Planungen überprüft und aktualisiert werden müssen, kann es während des *Case Management*-Prozesses durchaus notwendig werden, auf bereits zurückliegende Schritte zurückzugreifen. Diese phasenorientierte Struktur besteht folglich aus flexibel anwendbaren und auf den individuellen Fall anzupassende Teilschritte und ist nicht als ein strikt einzuhaltender Arbeitsablauf zu verstehen.

5. *Evaluation* (Be- und Auswertung): Abschließend wird über die Beendigung oder die Fortführung der Unterstützungsleistungen entschieden sowie der Interventionserfolg samt dem dafür benötigten Aufwand überprüft.

Mit jeder der sich gegenseitig bedingenden Komponenten sind schließlich wiederum eigenständige methodische Vorgehensweisen und Handlungsempfehlun-

---

106 Vgl. z. B. NEUFFER 2002:49; WENDT 2001:96 ff.;

107 Auch wenn in der Literatur zum Teil unterschiedliche Begriffe für die Phasen des Case Managements verwendet werden, „so besteht doch Einigkeit über seine *Kernfunktionen*"(WENDT 2001:97).

108 Vgl. MOXLEY 1989:20 ff.; WENDT 2001:97; PORZ 2003 a:2;

gen verbunden, die jedoch im Hinblick auf die eigentliche Zielsetzung dieser Arbeit – der gesundheitsökonomischen und sozialwissenschaftlichen Evaluation der Nachsorge – nicht näher ausgeführt werden. Folgende Grafik verdeutlicht nochmals zusammenfassend die Phasen des *Case Management*-Prozesses:

Abbildung 3.4-4: Phasen des *Case Managements*

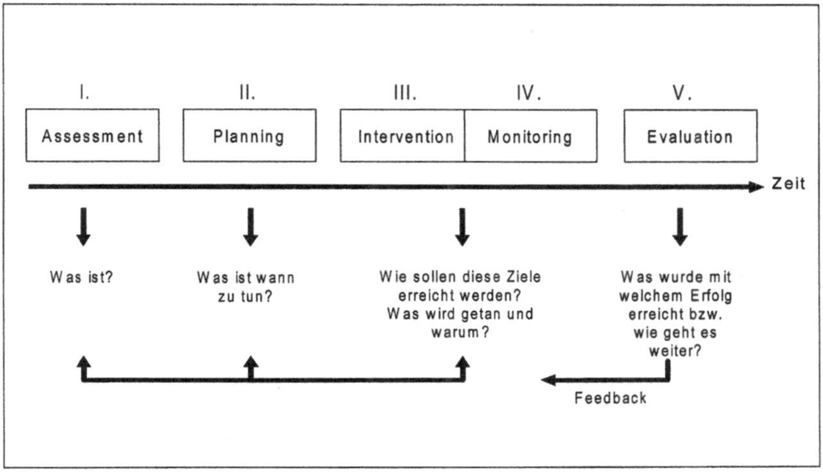

Quelle: Eigene Darstellung – Datenquelle: PORZ/ERHARDT 2003:18;

3.5 *Exkurs: Was ändert sich mit Einführung der Diagnosis Related Groups (DRG)?*

Seit Januar 2003 wird in Deutschland stufenweise bis zum Jahr 2005 ein neues pauschalierendes Entgeltsystem für allgemeine voll- und teilstationäre Krankenhausleistungen – das System der *German refined Diagnosis Related Groups* (kurz: G-DRG) – eingeführt. Der Grundsatz dieses neuen Vergütungssystems berücksichtigt nicht mehr die individuellen Kostenstrukturen der Kliniken wie das bisherige - in verschiedenen Schritten bereits modifizierte - Selbstkostendeckungsprinzip, sondern lautet vereinfacht: „gleiches Geld für gleiche Leistung“[109]. Wie Abbildung 3.5-1 verdeutlicht, erfolgt die Bewertung des Einzel-

[109] BUSCHNER/FOCKE/HANSIS 2001:22;

falls durch dessen Eingruppierung in eine DRG unter Berücksichtigung der Hauptdiagnose, der Behandlungsmethode und den Nebendiagnosen[110]:

Abbildung 3.5-1: Grobskizze der Eingruppierung von Krankenhausfällen im DRG-System

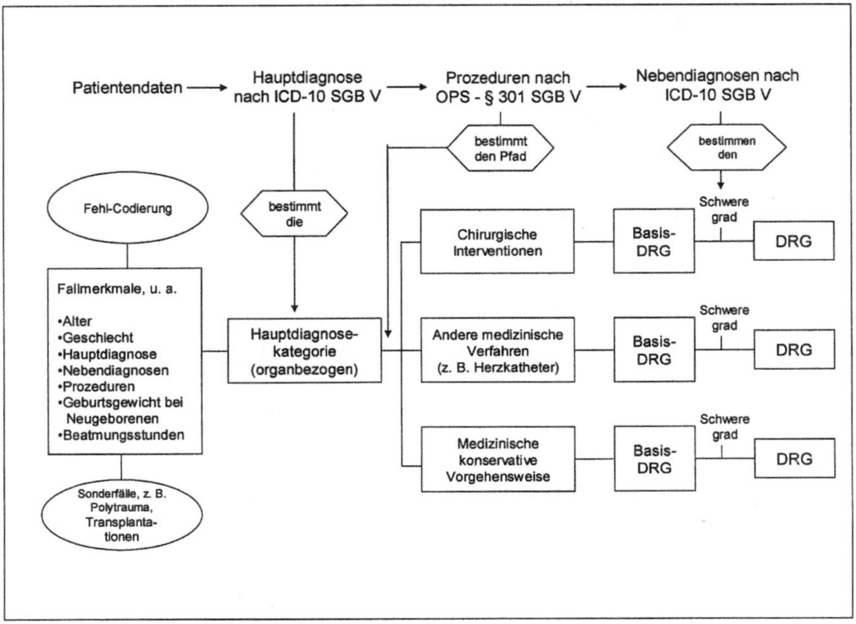

Quelle: Eigene Darstellung – Datenquelle: BUSCHNER/FOCKE/HANSIS 2001:23;

Die G-DRG basieren auf den australischen AR-DRG (Version 4.1) und bestimmen – mit Ausnahme der Psychiatrie – die Abrechnung sämtlicher stationärer Behandlungsfälle. Sie haben zudem erhebliche Auswirkungen auf die internen Organisationsstrukturen und das Qualitätsmanagement der Krankenhäuser (im Sinne von Produktivitätsverbesserung durch Ablaufoptimierung, Kostensenkung etc.) zur Folge.[111] Weiterhin liegt die Vermutung nahe, dass durch eine Vergütung nach diagnosebezogenen Fallpauschalen die Kliniken in Zukunft bestrebt sein werden, möglichst viele Patienten zu behandeln, da für die Erlössituation der Einrichtungen die Anzahl der nach DRG abgerechneten vollstationären Pati-

110 In Kapitel 4.6.1 werden im Rahmen der Bewertungsmethoden für die Kostenkomponenten die DRG für Neugeborene genauer vorgestellt.

111 Vgl. KEUN 2001:94; SCHWARTZ/KLEIN-LANGE 2003:286;

enten maßgeblich ist. Da die DRG-Fallpauschalen zudem unabhängig von der Dauer des stationären Aufenthaltes sowie unabhängig von Anzahl und Art der Einzelleistungen gezahlt werden, kann der damit verbundene Kostendruck letztendlich auch zu drastischen Verkürzungen der Verweildauern[112] beziehungsweise zu Unterlassungen von medizinischen Leistungen aus wirtschaftlichen Gründen führen.[113] Beide Maßnahmen sind aus wirtschaftlicher Sicht verständlich, aus der Perspektive des behandelnden Arztes aber unter Umständen nicht immer vertretbar.

Durch diese starken ökonomischen Anreize ist somit die Gefahr einer qualitativen Verschlechterung der Patientenversorgung und vor allem das Problem des so genannten „Drehtür-Effektes" wegen erneuter, medizinisch notweniger Wiedereinweisungen in die Klinik gegeben. Durch die damit auch verbundene Verschiebung der Behandlungsfälle (und gleichzeitig der Kosten) in den ambulanten oder rehabilitativen Sektor ist unter anderem eine zunehmende Verzahnung des stationären und des ambulanten Sektors gefordert.

Infolgedessen kann sich ein Nachsorgekonzept wie das des *Bunten Kreises* auch im Hinblick auf diese aktuell noch nicht vollständig abschätzbaren Entwicklungen als äußerst hilfreich erweisen. Gerade die interdisziplinäre, familienorientierte Betreuung und die Unterstützung von Familien mit chronisch-, krebs- und schwerstkranken Kindern wie auch die systemintegrierende Vernetzung der an der Versorgung beteiligten Personen und Institutionen kann unter Umständen ein früher und störungsfreier Übergang von der stationären zur ambulanten beziehungsweise häuslichen Behandlung und Pflege im Sinne einer patientenorientierten, qualitativ hochwertigen Versorgung gewährleisten.

---

112 2001 dauerten in Deutschland ca. 9,3 % aller Krankenhausaufenthalte nur einen Tag, in Australien, dessen Variante des DRG-Systems ja übernommen werden soll, haben diese Kurzaufenthalte dagegen bereits einen Anteil von 48 % (vgl. DIETEL 2001:369)!

113 Vgl. BUSCHNER/FOCKE/HANSIS 2001:24; DIETEL 2001:369;

4 Gesundheitssicherung als ökonomisches Problem

> „Die Gesundheit sei das höchste Gut, sie habe keinen Preis und dürfe daher nicht Gegenstand ökonomischer Betrachtungen sein, lautet ein gängiges Argumentationsmuster.“[114]

Da jedoch die finanziellen Mittel, die in Deutschland dem Gesundheitswesen zur Verfügung stehen zum einen von den Gesamteinkünften des Staates abhängen, zum anderen diese Ressourcen mit den weiteren Positionen des Staatshaushaltes konkurrieren, sind die Finanzmittel auch für die Erhaltung des höchsten Guts – der Gesundheit – limitiert. Diese Knappheit ist insbesondere durch die Festsetzung der Beitragsstabilität für die GKV im Sozialgesetzbuch (SGB V[115]) bedingt, wobei gleichzeitig die Bedürfnisse der Bevölkerung – unter anderem auf Grund des demographischen Wandels, einer Änderung des Krankheitsspektrums und nicht zuletzt durch den medizinischen Fortschritt – wachsen. Auf die Problematik steigender Gesundheitsausgaben weist auch die zunehmende Tendenz der absoluten Pro-Kopf-Ausgaben hin:[116]

Abbildung 4.0-1: Entwicklung der Pro-Kopf-Ausgaben für das deutsche Gesundheitswesen in Euro von 1992 – 2001[117]

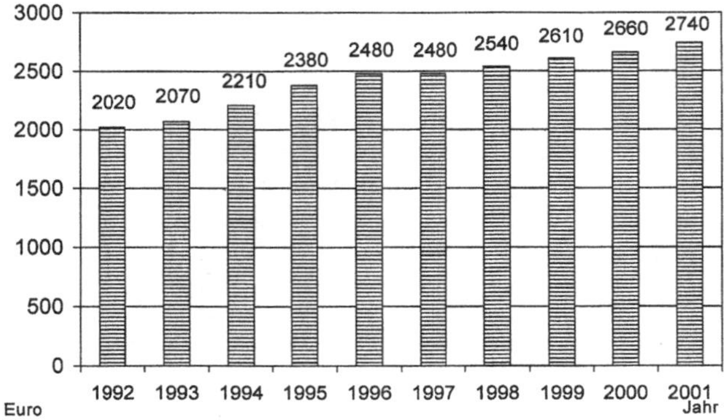

Quelle: Eigene Darstellung – Datenquelle: Statistisches Bundesamt 2002

---

114 OBERENDER/ECKER 2001:3;

115 Vgl. § 141, Abs. 2 i. V. m. § 71 SGB V;

116 Vgl. SCHULZE-GATTERMANN 2000:6; DEUTSCHER BUNDESTAG 2002:387 f., 394 f.;

117 Die Bezeichnung „Ausgaben- oder Kostenexplosion“ sind allerdings seit 1975 nicht mehr ganz korrekt, da der Anteil der Ausgaben für das Gesundheitswesen am Volkseinkommen nahezu konstant blieb (vgl. etwa GREINER 1999:21).

Da die knappen Ressourcen zusätzlich auch innerhalb des Gesundheitsbereichs für unterschiedliche Zwecke eingesetzt werden können, stellt sich, neben der Effektivität, der Qualität und der (medizinischen) Akzeptierbarkeit, die Frage nach einer optimalen Ressourcenallokation unter Berücksichtigung des ökonomischen Prinzips[118]. Im Sinne der ökonomischen Wohlfahrtstheorie wird theoretisch mit solch einer effizienten Allokation eine bestmögliche Versorgung mit Gesundheitsgütern auf Grundlage des Pareto-Optimums[119] erreicht.

Ausgehend von einer Beschreibung der ökonomischen Besonderheiten von Gesundheitsgütern und der damit verbundenen Notwendigkeit einer staatlichen Regulation und Koordination (Abschnitt 4.1), wird anschließend der Zweck von Wirtschaftlichkeitsuntersuchungen im Gesundheitsbereich näher erläutert (Abschnitt 4.2). Im Anschluss an diese allgemeine Darstellung werden konkrete Analyseverfahren, die zur ökonomischen Evaluation von Gesundheitsleistungen zur Verfügung stehen, vorgestellt (Abschnitt 4.3) sowie verschiedene methodische Einzelaspekte, welche die Ergebnisse von Wirtschaftlichkeitsstudien wesentlich beeinflussen aufgezeigt: die potentiellen Analyseperspektiven (Abschnitt 4.4) wie auch die zu berücksichtigenden Kosten- und Nutzenkomponenten (Abschnitt 4.5).

4.1 Die Besonderheiten des Gesundheitswesens aus ökonomischer Sicht

Ein grundlegendes Prinzip funktionsfähiger Märkte ist die implizite Abwägung von Kosten und Nutzen durch den nachfragenden Konsumenten, wodurch für jedes Gut eine individuelle Preis-Nutzen-Kombination entsteht. Der Preis der einzelnen Güter (und auch Dienstleistungen) dient dabei als Entscheidungskriterium, der bei einem wettbewerblichen Preisbildungsprozess unter anderem die wirtschaftlichen Funktionen der Koordination, Selektion und Rationierung erfüllt.[120] Aufgrund von besonderen Merkmalen der Gesundheitsgüter, welche die Menschen im Laufe ihres Lebens zur Gesundheitssicherung (also zur Aufrechterhaltung und Verbesserung ihrer Gesundheit) benötigen[121], ist jedoch das auf

---

118 „Ökonomisches Prinzip“: Erzielung eines maximalen Outputs/Erfolgs bei gegebenem Input (Maximalprinzip) beziehungsweise bei gegebenem Output/Ziel der Einsatz eines minimalen Inputs/Aufwands (Minimalprinzip). (Vgl. OBERENDER/BÜCHNER/DINKEL 1988:5;)

119 „Im Pareto-Optimum kann kein Konsument besser gestellt werden, ohne daß nicht mindestens ein anderer schlechter gestellt wird.“ (LEIDL 2003:464)

120 Vgl. z. B. FRITSCH/WEIN/EWERS 1999:6 f.; OBERENDER/BÜCHNER/DINKEL 1988:6;

121 Vgl. HERDER-DORNEICH 1994:1;

Preise ausgerichtete Marktmodell nicht in vollem Umfang auf das Gesundheitswesen[122] übertragbar:

Ausgewählte Besonderheiten auf der Angebotsseite

- Da einerseits die Nachfrage an bestimmten medizinischen Leistungen nicht oder nur schwer kalkulierbar ist, aber andererseits (bei Eintritt des Bedarfsfalls) höchste Dringlichkeit bestehen kann, ist eine Bereitstellung von Reservekapazitäten erforderlich. In diesem Zusammenhang werden Gesundheitsleistungen auch als *Optionsgüter* charakterisiert.[123]

- Da weiterhin die Notwendigkeit, für den zukünftigen Bedarf ausreichend vorzusorgen, bei den Konsumenten im allgemeinen zu gering geschätzt wird[124], übernehmen staatliche Institutionen die Nachfragesteuerung. Hinzu kommt eine Diskrepanz zwischen medizinisch wünschenswerter und tatsächlich vorhandener Nachfrage (z. B. im Hinblick auf die Impfbereitschaft oder die Inanspruchnahme von Vorsorgeleistungen). In diesem Sinne stellen Gesundheitsgüter auch *meritorische Güter* dar.[125] Nach PFAFF können Gesundheitsleistungen als *Mischgüter* mit privaten, öffentlichen und meritorischen Gutseigenschaften definiert werden.[126]

- Bei den Gütern im Gesundheitsbereich handelt es sich in der Regel um so genannte *Kollektivgüter* von deren Nutzung kein Konsument ausgeschlossen werden und somit jeder (auch ohne Gegenleistung) mit einer Versorgung rechnen kann.[127] In diesem Zusammenhang wird von HERDER-DORNEICH ebenfalls der meritorische Charakter von Gesundheitsgütern bestätigt: "Immer dann, wenn die Gemeinschaft Nichtausschließbarkeit gewährt und nach

---

122 Das Gesundheitswesen als die „Gesamtheit der Einrichtungen und Personen, welche die Gesundheit der Bevölkerung fördern, erhalten und wiederherstellen sollen"(BESKE/HALLAUER 2001:45).

123 Vgl. MÖSER 1997:14;

124 Vgl. BÖHM-BAWERK 1921 a:318 ff. i. V.m. BÖHM-BAWERK 1921 b:226 ff.: „Gesetz von der Minderschätzung zukünftiger Güter";

125 „Meritorische Güter werden durch den Markt innerhalb der Grenzen, die die wirksame Nachfrage auferlegt, befriedigt und gelangen in den Bereich öffentlicher Bedürfnisse, wenn sie als so bedeutend angesehen werden, daß für ihre Befriedigung durch das öffentliche Budget über das hinaus Sorge getragen wird, was der Markt zur Verfügung stellt und was von privaten Käufern bezahlt wird." (KRÜGER/MÜLLER/STEGEMANN 1998:47); vgl. z. B. auch HERDER-DORNEICH 1994:256 f., 664 ff.;

126 Vgl. PFAFF 1982:50;

127 Vgl. HERDER-DORNEICH 1994:644 ff.;

dem Prinzip der sozialen Zubilligung verfährt, erhalten zur Verfügung gestellte Gesundheitsgüter meritorischen Charakter."[128]

- Die bestehende asymmetrische Informationsverteilung zugunsten der Leistungsanbieter (z. B. der Ärzte) und die damit verbundene Anbieterdominanz kann außerdem zu einer *angebotsinduzierten Nachfrage* führen: So z. B. durch die Anordnung vermehrter Arztkonsultationen pro Patient beziehungsweise durch die Durchführung von zusätzlich abrechenbaren medizinischen Leistungen.[129]

- Schließlich handelt es sich bei den meisten Gesundheitsgütern um *Dienstleistungen*[130], deren spezielle Eigenschaften auch Auswirkungen auf die Angebotsstruktur haben: So kann eine Produktion nur bei einem Zusammenwirken von Anbieter und Nachfrager erfolgen, d. h. die Gesundheitsleistung kann beispielsweise vom Arzt nur im Beisein und unter Mitwirkung des Patienten erbracht werden. („Uno-actu-Prinzip").[131] Außerdem sind Dienstleistungen (im Gegensatz zu Sachgütern) weder lager- noch transportfähig, was temporär zu Über- oder Unterauslastungen der vorhandenen Kapazitäten führen kann. Zusätzlich sind Dienstleistungen äußerst arbeitsintensiv, d. h. mit relativ hohen Personalkosten verbunden.[132]

Ausgewählte Besonderheiten auf der Nachfrageseite

- Das Solidaritätsprinzip als wesentliches Strukturprinzip der Gesetzlichen Krankenversicherung (GKV) gewährt allen Versicherten, unabhängig von ihren geleisteten Beiträgen (die sich nach der finanziellen Leistungsfähigkeit des einzelnen Mitglieds richten) je nach medizinischer Notwendigkeit Anspruch auf die gleiche Leistung. Dieser volle Versicherungsschutz (zumindest der Versicherten der GKV, die ca. 90 %[133] der deutschen Gesamtbevölkerung ausmachen) führt zu einer *geringen Preiselastizität der Nachfrage*, wodurch der Konsum ausgedehnt wird, bis der Grenznutzen für den Patienten gleich null ist.[134]

---

128 1994:671 f.:

129 Vgl: dazu GREINER 1999:22; PFAFF 1982:64 f.; SCHULENBURG; Graf v. d./GREINER 2000:4, 110, 157 ff.;

130 Davon eher ausgenommen ist z. B. der Arzneimittelsektor.

131 Vgl: HERDER-DORNEICH 1994:24, 638;

132 Vgl. HERDER-DORNEICH 1994:24, 632 ff.; SCHULENBURG; Graf v. d./GREINER 2000:109 ff.;

133 Vgl. DEUTSCHER BUNDESTAG 2002:388;

134 Vgl. dazu BESKE/HALLAUER 2001:81; SVR 1995:40;

- Durch die sehr *eingeschränkte Konsumsouveränität*, d. h. durch fehlende Information und mangelnde Transparenz über die Notwendigkeit, Angemessenheit und Qualität der einzelnen Gesundheitsleistungen, trifft unter anderem das am Markt übliche „trial-and-error"-Verhalten[135] nur sehr eingeschränkt zu. Hinzu kommt die *fehlende Rationalität* von Patienten, besonders in (medizinischen) Notsituationen.[136]

- Der umfangreiche Versicherungsschutz verursacht unter Umständen auch eine negative Verhaltensänderung der Versicherten („*Moral-Hazard-Verhalten*") – das heißt, die Patienten konsultieren unter Umständen öfter den Arzt oder nehmen eine umfangreichere Behandlung als bei Eigenfinanzierung in Anspruch.[137] Die Versicherten werden somit (vor allem bei Leistungen ohne Selbstbeteiligung) „zu einer übermäßigen und damit suboptimalen Ausdehnung ihrer Nachfrage"[138] veranlasst.

- Die Nachfrage wird außerdem von *persönlichen Präferenzen* stark beeinflusst: Insbesondere durch den Dienstleistungscharakter der Gesundheitsgüter spielt bei der Beurteilung einer Leistung auch die Persönlichkeit des Leistungserbringers (z. B. behandelt ein fremder Arzt oder der vertraute Hausarzt) eine Rolle.[139]

All diese Gesichtspunkte können das Verhalten der Akteure und damit auch das Marktergebnis erheblich beeinflussen: Zum einen ist der Preis als Nachfrageparameter uninteressant beziehungsweise unbrauchbar, zum anderen ist der Preis als Knappheitsindikator weitgehend außer Kraft gesetzt. Aus diesem Grund findet in den meisten Bereichen des Gesundheitswesens, anstatt einer rein marktmäßigen Allokation der Ressourcen, eine staatliche Regulierung und Koordination zwischen Angebot und Nachfrage nach gesundheitsbezogenen Gütern und Dienstleistungen statt.[140]

Erfahrungen und Verfahren der Finanzwissenschaften, die sich - losgelöst von der einfachen Anwendung marktwirtschaftlicher Prinzipien und der Nutzung von Preisen als Koordinierungs- und Zuteilungsmechanismus - in vielen Bereichen mit der Bereitstellung von Gütern befassen, wurden außerdem auf die Ent-

---

135 Falls ein Leistungsanbieter die Kundenwünsche nicht befriedigt wird er nicht wieder in Anspruch genommen (vgl. dazu auch DICHTL/ISSING 1993 b:2114);
136 Vgl. GREINER 1999:22;
137 Vgl. z. B. auch PFAFF 1982:63 f.; SCHULENBURG; Graf v. d./GREINER 2000:55 ff.;
138 SCHULENBURG; Graf v. d./GREINER 2000:139 f.
139 Vgl. HERDER-DORNEICH 1994:24;
140 Vgl. BREYER/ZWEIFEL/KIFMANN 2003:167 ff.; GREINER 1999:22 f.;

scheidungen zugunsten alternativer Versorgungsformen im Gesundheitswesen übertragen.

4.2 Die ökonomische Bewertung medizinischer Maßnahmen

Zur Beurteilung der Effektivität und Effizienz[141] von Investitionsvorhaben wenden Unternehmen und auch der öffentliche Sektor Wirtschaftlichkeitsanalysen an, um entscheidungsrelevante Informationen zu verdichten und dem Output den erforderlichen Mitteleinsatz (Input) gegenüberzustellen. Im Rahmen der staatlichen und parafiskalischen Regulierung dienen ökonomische Evaluationen insbesondere als Ersatz für individuelle Entscheidungen bei marktwirtschaftlichen Gegebenheiten, bei denen der einzelne Akteur (bei rationalem Verhalten) zwischen zusätzlichem Nutzen (= Grenznutzen) und zusätzlichen Kosten (= Grenzkosten) seines Verhaltens abwägt und der Preis der einzelnen Wirtschaftsgüter als Entscheidungskriterium dient.[142] Die Wirtschaftlichkeitsuntersuchungen sind dabei nicht als Ersatz für Urteilsbildungen, sondern zur Entscheidungsvorbereitung als Informationsbasis zu verstehen: „benefit-cost-analysis cannot be the sole basis for intelligent decision making. It can inform; it cannot substitute for judgement."[143]

Gemäß § 7 Abs. 2 Bundeshaushaltsordnung sowie § 6 Abs. 2 Haushaltsgrundgesetz müssen im öffentlichen Sektor Kosten-Nutzen-Untersuchungen für öffentliche Projekte mit erheblicher finanzieller Bedeutung (z. B. für den Bau eines Flughafens) durchgeführt werden[144]. Während demzufolge diese Methodik, die aus dem Instrument der einzelbetrieblichen Investitionsrechnung entwickelt wurde[145], in Deutschland vor allem durch die Bewertung öffentlicher Großprojekte, eine lange Tradition hat, ist diese Form der Entscheidungsfindung im Gesundheitswesen noch nicht sehr etabliert. Dies zeigt sich auch an der sehr uneinheitlichen Terminologie: So findet man bei Durchsicht der Literatur beispiels-

---

141 Vom Europäischen Regionalbüro der Weltgesundheitsorganisation wurden im Rahmen der Festsetzung von Evaluationskriterien zur Beurteilung gesundheitlicher Versorgung (Programm-) Effektivität, als „das Ergebnis des Programms im Verhältnis zu seinen gesetzten Zielen" (BOESE et al. 1979:12) und Effizienz als „die Beziehung zwischen dem erreichten Effekt und den eingesetzten Mitteln" (BOESE et al. 1979:12) definiert.

142 Vgl. BAPST 1986:5; OBERENDER/ECKER 2001:60 f.; WASEM/HESSEL 2000:319 f.;

143 WEISBROD 1983:59;

144 Vgl. KRÜGER/MÜLLER/STEGEMANN 1998:12 f.;

145 Häufige (betriebswirtschaftliche) Einsatzbereiche ökonomischer Evaluationen sind beispielsweise: Preisermittlung für neue Produkte, Marketinginstrument, Grundlage für F&E-Entscheidungen, Zulassungs- oder Rationierungsentscheidungen etc.(vgl. etwa KRÜGER/MÜLLER/STEGEMANN 1998:21 ff. oder OBERENDER/ECKER 2001:61).

weise als Synonyme für den allgemeinen Begriff „*Gesundheitsökonomische Evaluation*" Begriffe wie „*Wirtschaftlichkeitsuntersuchung im Gesundheitswesen*", „*Kosten-Nutzen-Analyse*" oder entsprechende englische Äquivalente.[146]

Um eine Erhöhung der Wirtschaftlichkeit sowie eine optimale Ressourcenallokation im Gesundheitswesen zu fördern, dienen ökonomische Evaluationen folglich dazu, durch die Zusammenführung medizinischer, epidemiologischer und ökonomischer Informationen, sowohl Kosten als auch Nutzen konkurrierender Leistungen zu messen, zu bewerten und gegeneinander abzuwägen.[147] Abbildung 4.2-1 verdeutlicht in diesem Zusammenhang die verschiedenen Zuteilungsebenen von knappen Mitteln in einer Volkswirtschaft:

Abbildung 4.2-1: Zuteilungsebenen von knappen Ressourcen einer Volkswirtschaft

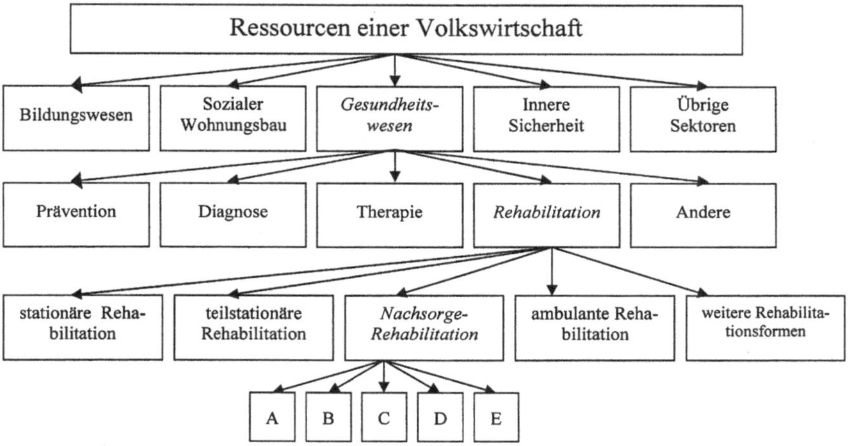

Quelle: Eigene Darstellung in Anlehnung an FRICKE/SCHÖFFSKI 2002:102

Gesundheitsökonomische Studien dienen außerdem als parafiskalische Steuerungsgrundlage für die Entscheidungsträger der *Krankenkassen*: Im Rahmen ihres Wettbewerbs mit konkurrierenden gesetzlichen Krankenkassen und privaten Krankenversicherungen müssen diese Leistungserstatter darauf achten, dass sie (gemäß dem ökonomischen Prinzip) ein möglichst attraktives, qualitativ hochwertiges Leistungsangebot zu einem bestimmten Beitragssatz beziehungsweise ein bestimmtes Leistungsangebot zu einem wettbewerbsfähigen Beitrags-

[146] Vgl. BAPST 1986:5 f.; SCHÖFFSKI 2002 a:6;
[147] Vgl. RYCHLIK 1999:15, 17 f.; SCHULZE-GATTERMANN 2000:6;

satz anbieten können. Zudem hat der Bundesausschuss der Ärzte und Krankenkassen seit 1997 die gesetzliche Verpflichtung, „neue wie bereits etablierte diagnostische und therapeutische Verfahren auf Wirksamkeit und Wirtschaftlichkeit zu vergleichen – und gegebenenfalls aus der Leistungspflicht der gesetzlichen Krankenversicherungen auszuschließen."[148]

Aufgrund der angespannten Finanzlage und dem damit verbundenen politischen Druck (z. B. durch die Ausgabenbudgetierung), sind Ärzte ebenfalls zu einer wirtschaftlichen Versorgung ihrer Patienten verpflichtet. Im Hinblick darauf können gesundheitsökonomische Evaluationen bei den *Leistungserbringern* (z. B. Krankenhäuser, niedergelassene Ärzte und Therapeuten) zur internen Analyse der Kosten- und Ertragssituation von Diagnose- und Therapiemaßnahmen eingesetzt werden. Mit Hilfe dieser Informationen lassen sich unter anderem theoretisch Diagnose- und Therapieentscheidungen optimieren. Ebenso wird die Anpassung an veränderte Knappheitsrelationen ermöglicht, wobei gesundheitsökonomische Instrumente auch dem Controlling des Dienstleistungsprozesses in der Arztpraxis dienen können.[149]

Es gibt noch weitere Personen und Institutionen, die Nutzen aus gesundheitsökonomischen Informationen ziehen können: z. B. betroffene *Patienten* und deren Angehörige, welche auf das Angebot einer effektiven und effizienten Therapie angewiesen sind, *pharmazeutische Unternehmen*, *Rentenversicherer* und nicht zuletzt auch *Arbeitgeber*. FRICKE fordert in diesem Zusammenhang, dass im Interesse des Gemeinwesens Entscheidungen im Gesundheitswesen prinzipiell auf einer ökonomisch fundierten Basis getroffen werden müssen: „Der sorgsame Umgang mit knappen Ressourcen auch im Gesundheitswesen sollte ein ethisches wie ökonomisches Gebot sein. ... Gesundheitsökonomische Studien dienen dem effizienten Einsatz knapper Ressourcen im Gesundheitswesen und sind damit für alle Beteiligten interessant und sollten für alle Entscheidungsträger auch relevant sein."[150]

4.3 Grundformen der ökonomischen Bewertung von Gesundheitsleistungen

Grundsätzlich lassen sich unterschiedliche Verfahren zur Messung und Bewertung des Inputs und Outputs (beziehungsweise des medizinischen Outcomes) von Gesundheitsleistungen unterscheiden. Die Auswahl der passenden Methodik

---

148 § 135 SGB V; vgl. dazu auch SCHÖFFSKI 2002 a:10 f.;

149 Vgl. FRICKE 2002:478; OBERENDER 1991:144;

150 FRICKE 2002:480;

ist dabei sowohl vom Untersuchungsgegenstand als auch vom Studienziel abhängig.[151] Im Wesentlichen lassen sich die in Abbildung 4.3-1 dargestellten methodischen Grundformen der Wirtschaftlichkeitsuntersuchungen unterscheiden, die sich danach klassifizieren lassen, ob sie verschiedene Maßnahmen vergleichen oder nicht und inwieweit Nutzenkomponenten berücksichtigt werden:

Abbildung 4.3-1: Wichtigste Grundformen der Wirtschaftlichkeitsuntersuchungen

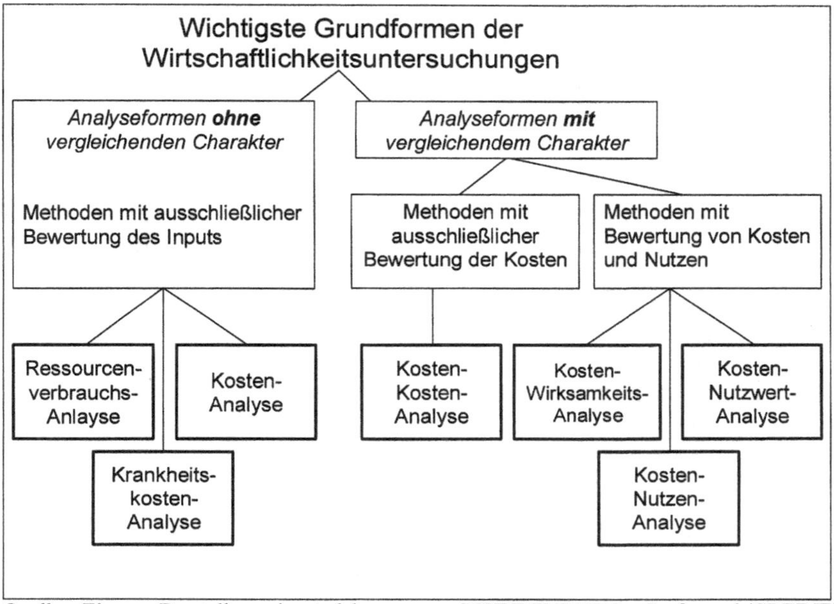

Quelle: Eigene Darstellung in Anlehnung an SCHULENBURG, Graf v. d./GREINER 2000:252 sowie SCHÖFFSKI/UBER 2002:175

In den folgenden Abschnitten werden diese wesentlichen Evaluationsverfahren sowie ihre Anwendungsmöglichkeiten unter Berücksichtigung der methodischen Schwierigkeiten kurz erläutert.

4.3.1 Analyseformen ohne vergleichenden Charakter

Analysearten ohne vergleichenden Charakter sind die einfachsten Formen ökonomischer Evaluationen, da lediglich der Ressourceneinsatz bei einer Gesund-

[151] Vgl. HOFFMANN/SCHÖFFSKI/SCHULENBURG, Graf v. d. 2002:427;

heitsleistung deskriptiv analysiert wird – also weder der Outcome noch alternative Behandlungsmethoden berücksichtigt werden.[152]

Während bei der so genannten *„Ressourcenverbrauchs-Analyse"* ausschließlich der unbewertete Verbrauch an Ressourcen für die Erbringung von Gesundheitsgütern erfasst wird, erfolgt bei der *„Kosten-Analyse"* eine zusätzliche monetäre Bewertung des Inputs einer Maßnahme. Dadurch wird zumindest eine gemeinsame, vergleichbare Bezugsbasis für die unterschiedlichen Ressourcenarten geschaffen. Als Ergebnis erhält man folglich Kenntnis darüber, was die evaluierte Gesundheitsleistung kostet, wobei sich mit dieser Information – ohne den Vergleich mit Alternativen – noch keine Entscheidung für oder gegen eine Maßnahme treffen lässt. Weiterhin kann auch die Wirkung der untersuchten Behandlung nicht abschließend beurteilt werden, da eine Messung des Outcomes nicht stattfindet.[153]

Bei der *Krankheitskosten-Analyse* (engl. *cost-of-illness-study*) werden die Kosten eines fest definierten Krankheitsbildes aus volkswirtschaftlicher Sicht analysiert. Die in der BRD relativ häufig angewendete, besondere Form der Kosten-Analyse evaluiert sämtliche direkten und indirekten Kosten[154] einer Krankheit oder bestimmter Beschwerden mit dem primären Ziel, die gesamtgesellschaftliche Bedeutung einer Erkrankung zu ermitteln und aufzuzeigen. Dabei werden mit Standardmethoden der Epidemiologie und Gesundheitsökonomie die Kosten – also sowohl die volkswirtschaftliche Belastung wie auch die voraussichtlichen Folgen – verschiedener Krankheiten ganzheitlich ermittelt, welche so als Grundlage für effiziente Allokationsentscheidungen im Gesundheitswesen dienen können.[155]

Bei diesen Ansätzen zur Kostenhochrechnung wird insbesondere die zu einseitige Auskunft der Absolutbeträge für die Gesundheitspolitik kritisiert sowie die Anwendung des Humankapitalansatzes zur Quantifizierung der indirekten Kosten als methodisch problematisch beurteilt.[156]

---

[152] Vgl. WASEM/HESSEL 2000:327;

[153] Vgl. FISCHER/BÖLSCHER/SCHULENBURG, Graf v. d. 2001:71; OBERENDER/ECKER 2001:53 ff.; SCHÖFFSKI/UBER 2002:176;

[154] Zur Definition dieser Kostenkategorien – siehe Kapitel 4.5;

[155] Vgl. FISCHER/BÖLSCHER/SCHULENBURG, Graf v. d. 2001:72; SCHÖFFSKI/UBER 2002:176 ff.;

[156] Vgl. SCHULENBURG/GREINER 2000:256. Die Vorgehensweise und methodischen Probleme des Humankapitalansatzes sind im Rahmen der Ausführungen über die Bewertungsmöglichkeiten indirekter Kostenkomponenten in Abschnitt 5.2.1 erläutert.

4.3.2 Analyseformen mit vergleichendem Charakter

Auch wenn für bestimmte Fragestellungen nicht vergleichende Studien ihre Berechtigung haben, werden für eine Optimierung der Ressourcenallokation im Gesundheitswesen generell vergleichende Studien gefordert.[157]

So werden etwa bei der *Kosten-Kosten-Analyse* – auch Kostenvergleichs- beziehungsweise Kostenminimierungs-Analyse genannt (engl. *cost-cost-analysis, cost-minimization-analysis, CMA*) – separate Kosten-Analysen für zwei oder mehrere alternative Gesundheitsmaßnahmen durchgeführt um die kostengünstigste Alternative zu ermitteln. Um eine sinnvolle Interpretation der Ergebnisse (ohne Verzerrungen) zu gewährleisten, muss einerseits diese einfachste Form des Vergleichs im gleichen Kontext und unter gleichen Annahmen durchgeführt werden. Andererseits muss bei den betrachteten Maßnahmen die gleiche Wirksamkeit voraussetzbar sein, da nur bei Vorliegen eines äquivalenten Outcomes eine Aussage über die Überlegenheit einer Maßnahme getroffen werden kann. Die Situation, dass alternative Gesundheitsleistungen die gleiche medizinische oder pflegerische Wirksamkeit aufweisen, ist aber eher selten anzutreffen: So geht man z. B. davon aus, dass neu entwickelte Diagnose- oder Therapieformen im Vergleich zu bisherigen Maßnahmen zu überlegenen Ergebnissen führen. In diesem Zusammenhang ist allerdings mit Hilfe der Kostenvergleichsanalyse nur dann eine eindeutige Entscheidung zugunsten einer neuen Alternative möglich, wenn die bessere Wirkung dieser Maßnahme von vorneherein bekannt ist und sich bei der Analyse zeigt, dass überdies weniger Kosten als bei der Vergleichsmaßnahme anfallen.[158]

Grundsätzlich sind jedoch Bewertungsverfahren zu präferieren, bei denen neben den Kosten auch die Nutzen der Gesundheitsleistung einbezogen werden. Nur so sind auch adäquate Aussagen über die Wirtschaftlichkeit von Maßnahmen möglich, wenn mit höheren Kosten auch ein größerer Nutzen einhergeht, also ein zusätzlicher Aufwand aus volkswirtschaftlicher Sicht durchaus gerechtfertigt sein kann.

Wie beispielhaft Tabelle 4.3-1 verdeutlicht, lassen sich, je nachdem mit welchen Mess- und Bewertungsverfahren die Input- und Outcomegrößen erfasst werden, die unterschiedlichsten Input-Output-Relationen konstruieren:

---

[157] Vgl. etwa SCHÖFFSKI/UBER 2002:175;

[158] Vgl. unter anderem FISCHER/BÖLSCHER/SCHULENBURG, Graf v. d. 2001:72 f.; SCHÖFFSKI/UBER 2002:189 f.; SCHULZE-GATTERMANN 2000:9; TELSER 2002:11 ff.;

Tabelle 4.3-1: Ökonomische Evaluationsverfahren als Ergebnis diverser Input-Output-Relationen

Input / Output	Ressourcen-verbrauchs-Analyse	Kosten-Analyse	Krankheitskosten-Analyse
Wirksamkeits-Analyse	Ressourcen-verbrauchs-Wirksamkeits-Analyse	Kosten-Wirksamkeits-analyse	Krankheitskosten-Wirksamkeits-Anaylse
Nutzwert-Analyse	Ressourcen-verbrauchs-Nutzwert-Analyse	Kosten-Nutzwert-Analyse	Krankheitskosten-Nutzwert-Analyse
Nutzen-Analyse	Ressourcen-verbrauchs-Nutzen-Analyse	Kosten-Nutzen-Analyse	Krankheitskosten-Nutzen-Analyse

Quelle: Eigene Darstellung in Anlehnung an OBERENDER/ECKER 2001:57

Im Folgenden werden die drei wichtigsten Verfahren mit praktischer Bedeutung – die „*Kosten-Wirksamkeits-Analyse*", die „*Kosten-Nutzwert-Analyse*" sowie die „*Kosten-Nutzen-Analyse*", auch im Hinblick auf ihre Stärken und Schwächen, charakterisiert. Diese Evaluationsverfahren berücksichtigen alle den Ressourcenverbrauch als monetär bewertete Kosten, unterscheiden sich aber bezüglich den Maßeinheiten bei der Bewertung der Wirkungen der untersuchten Gesundheitsleistungen.

4.3.2.1 Kosten-Wirksamkeits-Analyse

Bei der Kosten-Effektivitäts-Analyse (*Kosten-Wirksamkeits-Analyse*; engl. *cost-effectiveness-analysis, CEA*), der derzeit am häufigsten durchgeführten gesundheitsökonomischen Evaluationsform, wird auf eine monetäre Bewertung des Outcomes vollständig verzichtet. Die einzelnen Wirkungen werden lediglich als physische Einheiten (z. B. Auswirkungen auf adäquate medizinische Messgrößen wie Senkung des Blutdrucks) oder auch als globale biologische oder epidemiologische Erfolgsgrößen (z. B. Verminderung der Arbeitsunfähigkeitstage oder gewonnene Lebensjahre) erfasst.[159] Werden verschiedene (miteinander un-

[159] In der Literatur findet man auch die Unterscheidung zwischen „finalem" Wirkungsparameter, welcher direkt auf die Gesundheit Bezug nimmt (z. B. Anzahl der gewonnenen Lebensjahre), und „intermediärem" Wirkungsparameter, welcher die Wirkung mit Hilfe

vereinbare) Maßnahmen verglichen, so ist diejenige Alternative mit der günstigsten Input-Output-Relation – also die Gesundheitsleistung mit dem maximalen volkswirtschaftlichen Nutzen, gemessen an der maximalen Zahlungsbereitschaft – vorzuziehen.[160] Falls die Situation auftritt, dass eine Alternative zwar höhere Kosten verursacht, aber auch zu besseren Ergebnisse führt, ist zusätzlich eine Inkrementalanalyse notwendig. Diese inkrementale Kosten-Effektivitäts-Relation verdeutlich das Verhältnis der Grenzkosten zum Grenzergebnis, es werden also die zusätzlichen Effekte den Zusatzkosten gegenübergestellt.[161]

Das Ergebnis der Kosten-Effektivitäts-Analyse ist aber nur dann aussagekräftig, wenn „die zu vergleichenden Alternativen … lediglich eine einzige, qualitativ identische spezifische Wirkung und keine Nebenwirkungen haben“[162]. Sobald aber Alternativen mit unterschiedlichen Wirkungsgrößen beziehungsweise mehrdimensionale Effekte einer Maßnahme mit verschiedenen Outcomeeinheiten zu berücksichtigen sind, kann aufgrund der Aggregationsproblematik kein eindeutiges Ergebnis als gesundheitspolitische Entscheidungsgrundlage erzielt werden. Die Kosten-Wirksamkeits-Analyse ist folglich nur bei dem Vergleich von Therapiealternativen innerhalb eines spezifischen Indikationsgebietes (mit Erfolgsgrößen in fest definierten physischen Einheiten) beziehungsweise bei der Gegenüberstellung von Maßnahmen für deren Outcome sich ein bestimmter globaler Parameter ermitteln lässt sinnvoll einsetzbar.[163] Durch die fehlende Bewertung der Maßnahmeneffekte bleibt zudem die grundsätzliche Frage, ob eine bestimmte Gesundheitsleistung überhaupt durchgeführt werden soll, unbeantwortet. Man erhält nämlich lediglich „eine Rangordnung der relativen Vorzugswürdigkeit von sich gegenseitig ausschließenden Maßnahmen“[164]. Zusätzlich wird als weiterer Kritikpunkt angeführt, dass sich die Kosten-Effektivitäts-Analyse eher auf medizinisch-technisch definierte Erfolgskriterien stützt (also aus Sicht der Leistungserbringer durchgeführt wird) und für den Patienten subjektiv bedeutende Kriterien (wie etwa seine Lebensqualität oder die durch eine Behandlung erzielbare Schmerzreduktion) vernachlässigt.[165]

---

eines zum Gesundheitszustand in Beziehung stehenden Indikators misst (z. B. Blutdruck).(Vgl. DRUMMOND et al. 2000:98; 102 f.)

160 Vgl. FISCHER/BÖLSCHER/SCHULENBURG, Graf v. d 2001:74; RYCHLIK 1999:49 f.; SCHÖFFSKI/UBER 2002:192, 200; SCHULENBURG; Graf v. d./GREINER 2000:258 f.;

161 Ein Beispiel für diese methodische Verfahrensweise ist detailliert in SCHÖFFSKI/UBER 2002:193 ff. dargestellt.

162 BREYER/ZWEIFEL/KIFMANN 2003:21;

163 Vgl. OBERENDER/ECKER 2001:58;

164 BREYER/ZWEIFEL/KIFMANN 2003:22;

165 Vgl. SCHÖFFSKI/UBER 2002:200;

4.3.2.2 Kosten-Nutzwert-Analyse

Mit dem Verfahren der Kosten-Nutzwert-Analyse (engl. *cost-utility-analysis, CUA*) wird schließlich versucht, die bei der Kosten-Effektivitäts-Analyse auftretenden Probleme bezüglich der Bewertung der Wirksamkeitsdimensionen zu lösen: Während die Kosten des Ressourcenverzehrs weiterhin in Geldeinheiten dargestellt werden, finden bei dieser Evaluationsmethode alle (auch unterschiedlich dimensionierte) Wirkungen, einschließlich Effekte wie Lebensqualität und Lebenserwartung, einer Maßnahme Berücksichtigung.[166]

Um mehrdimensionale Zielbündel vergleichbar zu machen, wird am häufigsten das so genannte „QALY-Konzept" angewandt, mit dessen Hilfe aus den unterschiedlichen Ergebnisgrößen ein einziger normierter Nutzwert ermittelt wird.[167] Wie Abbildung 4.3-2 verdeutlicht, können mit Hilfe einer normierten kardinalen Nutzenfunktion alle denkbaren Gesundheitszustände, welche die quantitative Dimension der Lebenserwartung wie auch den qualitativen Aspekt der Lebensqualität berücksichtigen, auf einer Skala bewertet werden. Dabei wird der optimalen Lebensqualität bei vollständiger Gesundheit ein Nutzwert von eins, dem Tod der Wert null zugeordnet.

Anschließend werden diese mit der Lebensqualität gewichteten Gesundheitszustände zu einem Index aufsummiert, dessen Wert als *„quality-adjusted life years"* (kurz: QALYs), also als Zuwachs an qualitätskorrigierten Lebensjahren interpretiert werden kann.[168] Das Ergebnis der *Kosten-Nutzwert-Analyse* wird schließlich als Quotient aus Kosten pro Nutzwert (QALY) dargestellt, womit weitreichender Vergleiche, auch über Indikationen hinweg, ermöglicht werden. So ist es theoretisch denkbar, die Gesamtheit der diagnostischen und therapeutischen Programme eines Gesundheitssystems in einer Rangliste (*League Table*) nach ihren Kosten-Nutzwert-Relationen zusammenzufassen.[169]

---

[166] Vgl. SCHÖFFSKI/UBER 2002:201; BREYER/ZWEIFEL/KIFMANN 2003:22;

[167] Vgl. FISCHER/BÖLSCHER/SCHULENBURG, Graf v. d. 2001:74 f.; SCHÖFFSKI/UBER 2002:201;

[168] Vgl. SCHÖFFSKI/GREINER 2002:369;

[169] Vgl. TELSER 2002:22; detailliertere Ausführungen des QALY-Konzeptes sind z. B. in DRUMMOND et al. 2000:165 ff., GREINER 1999:148 ff. oder auch in NORD 1999:18 ff. dargestellt.

Abbildung 4.3-2: Kardinale Nutzenfunktion zur Ermittlung der QALYs

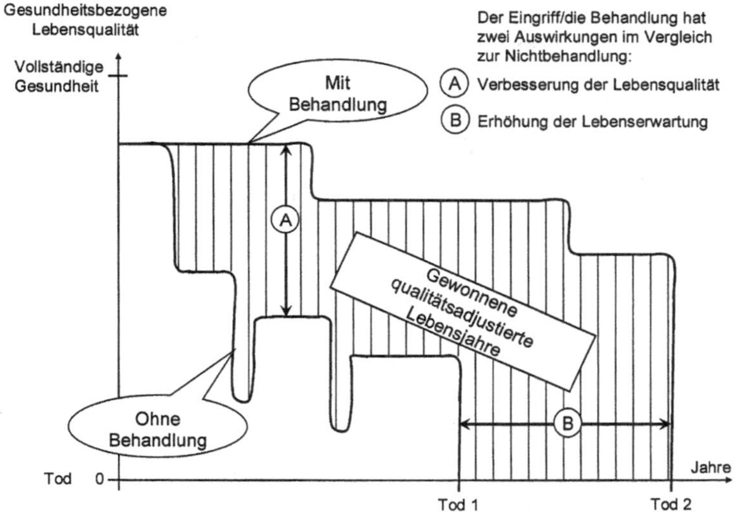

Quelle: Eigene Darstellung in Anlehnung an DRUMMOND et al. 2000:16/SCHULZE-GATTERMANN 2000:11

Alternative Konzepte zur Gewinnung einer einheitlichen Maßeinheit, welche die Komponenten Lebensqualität und Lebenszeit berücksichtigen, sind z. B. das so genannte „SAVE-Konzept“ (*saved young life equivalent*), die „Methode der Äquivalente gesunder Lebensjahre“ (*healthy years equivalents; HYEs*) oder das Konzept der „behinderungsbereinigten Lebensjahre“ (*disability-adjusted life-years; DALYs*). [170] An dieser Stelle wird auf eine weitere Beschreibung dieser Alternativmethoden verzichtet, da diese relativ selten angewendet werden und deren Einsatz im Rahmen der empirischen Untersuchung nicht in Betracht gezogen wurde.

Durch die Schaffung einer einheitlichen Bewertungsbasis für die Evaluation des Outcomes einer Gesundheitsleistung ist der Einsatz dieses Verfahrens besonders angebracht, wenn mehrere Erfolgsgrößen einer Maßnahme bei der Bewertung berücksichtigt und zudem auch die (besonders aus Patientensicht relevante) Lebensqualität der Betroffenen als ein wichtiger Ergebnisparameter einbezogen werden sollen.

[170] Eine Darstellung dieser Alternativmethoden finden sich z. B. in DRUMMOND et al. 2000:176 ff. (insbesondere das HYE-Konzept) oder auch in SCHÖFFSKI/GREINER 2002:390ff.;

Allerdings stehen die in der Literatur aufgeführten Nachteile der *Kosten-Nutzwert-Analyse* fast ausschließlich mit der Ermittlung des qualitätskorrigierten Nutzwertes in Zusammenhang: Die Nutzwerte, welche eine subjektive Wirkungseinschätzung im Hinblick auf die Veränderung der Lebensqualität enthalten, müssten theoretisch für jeden Patienten individuell erhoben werden, wodurch allerdings ein Vergleich über mehrere Personen hinweg sehr problematisch wäre. Vor allem wird der Erfolg einer Maßnahme lediglich auf einen Wirkungsparameter, den QALY, reduziert.[171] Ein weiterer Kritikpunkt ist, dass diese Methode wiederum nur „eine Rangordnung der relativen Vorzugswürdigkeit von sich gegenseitig ausschließenden Maßnahmen“[172] liefert, aber keine Aussage darüber trifft, bis zu welchen Kosten pro Nutzwert eine Maßnahme überhaupt durchgeführt werden sollte.

4.3.2.3 Kosten-Nutzen-Analyse

Auch wenn der Ausdruck „Kosten-Nutzen-Analyse“ im Gesundheitsbereich häufig als allgemeiner Terminus für ökonomische Evaluationsstudien angewendet wird[173], handelt es sich bei der Kosten-Nutzen-Analyse (engl. *cost-benefit-analysis; CBA*) im engeren Sinne um ein klassisches Instrument der ökonomischen Evaluation, bei der sowohl sämtliche Kosten- als auch alle Nutzenkomponenten einer Maßnahme monetär bewertet und gegenübergestellt werden. Somit können mehrere Wirkungsparameter problemlos aggregiert sowie die Wirtschaftlichkeit einer Gesundheitsleistung direkt, auch ohne den Vergleich mit anderen Alternativen, beurteilt werden. Werden mehrere Maßnahmen miteinander verglichen, so entspricht der (direkte) Nutzen der zu bewertenden Maßnahme den Kosten der alternativen Leistung, die vermieden werden konnten.[174] Das Entscheidungskriterium zur Durchführung einer Maßnahme lautet dabei unter Berücksichtigung des wohlfahrtsökonomischen „Kaldor-Hicks-Kriteriums“[175]:

[171] Vgl. z. B. GREINER 1999:66; SCHULZE-GATTERMANN 2000:11; weitere Kritikpunkte sind auch in GREINER 1999:152 ff. oder SCHÖFFSKI/GREINER 2002:383 ff. dargestellt.

[172] BREYER/ZWEIFEL/KIFMANN 2003:23;

[173] Vgl. SCHÖFFSKI/UBER 2002:190; SCHULENBURG, Graf v. d./GREINER 2000:257;

[174] Vgl. HANUSCH 1994:1; SCHÖFFKSI/UBER 2002:191;

[175] Kompensationskriterium von KALDOR und HICKS (auf Grundlage des *Pareto-Prinzips*): Wenn die Gewinner in der Lage sind, aus ihrem Gewinn die Verlierer hinreichend zu entschädigen, können auch Maßnahmen, bei denen es Gewinner und Verlierer gibt, legitimiert werden. Vgl. dazu HANUSCH 1994:19; SCHÖFFSKI 2002 b:296;

Abbildung 4.3-3: Entscheidungskriterium zur Durchführung einer Kosten-Nutzen-Analyse

$$\frac{\text{Kosten in Geldeinheiten}}{\text{Nutzen in Geldeinheiten}} < 1; \text{ bzw. Nettonutzen} > 0;$$

(mit Nettonutzen = Nutzen in Geldeinheiten – Kosten in Geldeinheiten;)

Quelle: Eigene Darstellung in Anlehnung an BREYER/ZWEIFEL/KIFMANN 2003: 24; HANUSCH 1994:118

Die methodischen Schwierigkeiten der Kosten-Nutzen-Analyse liegen allerdings bei der monetären Bewertung des Nutzens, da insbesondere im Gesundheitsbereich auch qualitative Effekte (wie etwa die Änderung des Gesundheitszustandes oder die Verbesserung der Lebensqualität) auftreten und zu berücksichtigen sind. „Insbesondere die Zuweisung eines bestimmten Geldbetrags für ein menschliches Lebensjahr oder ein menschliches Leben insgesamt wird in der Öffentlichkeit häufig als Provokation angesehen."[176] Trotzdem wird die Kosten-Nutzen-Analyse immer häufiger eingesetzt, weil sie zum einen wesentlich komplexer und breiter als die anderen vergleichenden Evaluationsverfahren angelegt ist und zum anderen bei der Entwicklung von Methoden zur Bewertung der Nutzenkomponenten in letzter Zeit große Fortschritte erzielt werden konnten. Folgende generellen Ansätze stehen dabei unter anderem zur Bewertung dieser Nutzenkomponenten in Geldeinheiten zur Verfügung:

- Humankapitalansatz
- Ansatz der Zahlungsbereitschaft oder Akzeptanzbereitschaft

Die methodischen Grundlagen und die damit verbundenen Probleme dieser Verfahrensweisen werden im Rahmen der Ausführungen über die Bewertung der Kosten- und Nutzenkomponenten dargestellt.

Nachfolgende Tabelle verdeutlicht zusammenfassend die wichtigsten Merkmale der vergleichenden Analyseformen, welche Kosten und Nutzen in die Bewertung einbeziehen:

[176] SCHÖFFSKI/UBER 2002:191;

Tabelle 4.3-2: Vergleichende Analyseformen mit Bewertung von Kosten und Nutzen

	Maßeinheit der Kosten	Maßeinheit der Nutzen	*Methodische Mängel*
Kosten-Wirksamkeits-Analyse (CEA)	Geldeinheiten	Physische Größen	• Aggregations-problematik • keine Bewertung der einzelnen Maß-nahmen
Kosten-Nutzwert-Analyse (CUA)	Geldeinheiten	Qualitätskorrigierte Wirksamkeitsein-heit (QALY)	• Reduzierung der Wirkungspara-meter auf QALY
Kosten-Nutzen-Analyse (CBA)	Geldeinheiten	Geldeinheiten	• Problematik der monetären Bewer-tung

Quelle: Eigene Darstellung

4.4 Wahl der Perspektive

Bei der Durchführung einer Wirtschaftlichkeitsuntersuchung hängt einerseits die Analyseform, andererseits die berücksichtigten Kosten- und Nutzenarten sowie deren Bewertung entscheidend von der gewählten Perspektive ab. So kann in Abhängigkeit von der Betrachtungsweise das Ergebnis der Evaluation sehr unterschiedlich ausfallen.

Der umfassendste Ansatz, der das allgemeine Ziel der Wohlfahrtsmaximierung der gesamten Gesellschaft verfolgt, ist die Analyse aus der *gesamtwirtschaftlichen (gesamtgesellschaftlichen* oder *volkswirtschaftlichen) Perspektive*, bei der sämtliche Kosten und Nutzen – auch privat entstandene Kosten sowie Aspekte der Lebensqualität – einbezogen werden.[177] Weiterhin sind Evaluationsstudien auf der mikroökonomischen Ebene (z. B. aus den Perspektiven der in Abschnitt 4.2 aufgeführten Interessenten von Wirtschaftlichkeitsuntersuchungen) denkbar, bei welchen verkürzt nur bestimmte Arten von Kosten- und Nutzenkomponenten in die Betrachtung einbezogen werden:

- Bei einer Analyse aus der Perspektive der *Leistungserstatter* (etwa der Krankenkassen) sind z. B. ausschließlich die kassenrelevanten Kosten von Belang.

- Aus Sicht der *Leistungserbringer* (z. B. Krankenhaus, niedergelassene Ärzte) sind dagegen insbesondere die Auswirkungen der untersuchten Gesundheits-

---

[177] Vgl. GREINER 1999:27;

leistung auf die Rentabilität der Klinik beziehungsweise der Praxis von Interesse.

- Bei einer Untersuchung aus Sicht der betroffenen *Patienten* und deren Angehörigen sind schließlich (vorausgesetzt, sie haben einen Krankenversicherungsschutz mit hundertprozentigem Deckungsgrad) die direkten Kosten und Nutzen, welche unmittelbar mit der Anwendung beziehungsweise Ausführung der Gesundheitsleistung verbunden sind, ohne Bedeutung. Für diese Gruppe sind lediglich die Höhe der Selbstbeteiligung sowie vor allem intangible Effekte, wie etwa die Auswirkungen einer Maßnahme auf ihre eigene Person oder ihr persönliches Umfeld (z. B. eine Verbesserung ihrer Lebensqualität) von Bedeutung.[178]

Es hängt also vom primären Interesse des Betrachters einer Studie ab, welche Kosten und Effekte einer Gesundheitsleistung in die Analyse einbezogen werden. Zur besseren Vergleichbarkeit der Ergebnisse verschiedener Untersuchungen sowie um den „vergleichsweise umfassendste[n] Ansatz zur Maximierung des Nutzens für die gesamte Gesellschaft“[179] zu ermöglichen, ist jedoch im allgemeinen Konsens die *gesamtgesellschaftliche Perspektive* zu bevorzugen bei der Kosten und Nutzen der medizinischen, sozialen und ökonomischen Dimension berücksichtigt werden.[180] Sie orientiert sich normativ am globalen Optimum, dem *optimum optimorum*, während es bei der Betrachtung aus Sicht von einzelnen Wirtschaftssubjekten beim Vorliegen von Marktfehlern und Marktversagen zu einer Teil- und Suboptimierung kommt.

4.5 Kosten- und Nutzenkomponenten im Gesundheitswesen

Im Zusammenhang mit dem festgelegten Anwendungsgebiet einer Maßnahme und den Analysedimensionen sind darüber hinaus die zu berücksichtigenden Kosten- und Nutzenkomponenten abzuleiten. Dabei ist es üblich, zwischen mehreren Kategorien von Kosten und Nutzen zu unterscheiden, denen auch die korrespondierende Menge an Ressourcenverbräuche zugeordnet wird. Die in der Literatur beschriebenen Systematiken weisen lediglich geringfügige Unterschiede auf und orientieren sich in erster Linie an der gesellschaftlichen Perspektive,

---

[178] Vgl. dazu etwa FISCHER/BÖLSCHER/SCHULENBURG, Graf v. d. 2001:64 f.; GREINER 2002:162;

[179] WASEM/HESSEL 2000:321;

[180] Vgl. DRUMMOND et al. 2000:53; HOFFMANN/SCHÖFFSKI/SCHULENBURG, Graf v. d. 2002:435; OBERENDER/BÜCHNER/DINKEL 1988:9 f.;

bei der (wie bereits erwähnt) sämtliche Kosten- und Nutzenkategorien Berücksichtigung finden. Im Wesentlichen gibt es drei umfassende Typen von ökonomischen Kosten und Nutzen – die direkten Kosten und Nutzen, die indirekten Kosten und Nutzen und die intangiblen Effekte.[181] Im Folgenden werden diese Komponenten zunächst prinzipiell erläutert, bevor in Kapitel 7 – im Rahmen der Anwendung des theoretischen Konstruktes auf den Untersuchungsgegenstand – die in der empirischen Studie berücksichtigten Ressourcen mit ihrer Bewertung konkret aufgezeigt werden.

4.5.1 Direkte Kosten und Nutzen

Zu den direkten Kosten wird derjenige bewertete Ressourcenverzehr gezählt, der unmittelbar mit der Anwendung beziehungsweise Ausführung der Behandlung verbunden ist. Das sind im Wesentlichen so genannte medizinische Kosten, die durch die Erstellung der Gesundheitsleistung entstehen beziehungsweise durch die weitere Behandlung hervorgerufen werden. Dazu gehören z. B. Aufwendungen für stationäre Krankenhausleistungen, ärztliche und andere therapeutische ambulante Leistungen, Pflegeleistungen, Kur/Rehabilitation, Arznei- und Hilfsmittel etc..[182]

Es sind aber auch direkte nicht-medizinische Kosten zu berücksichtigen, die zwar durch die Erkrankung oder die Intervention bedingt sind, jedoch nicht zur medizinischen Behandlung selbst gehören. Hierzu zählen etwa Fahrtkosten, krankheitsbedingte Anschaffungen, erkrankungsbedingte Haushaltshilfen oder auch Verwaltungskosten. Zu den direkten nicht-medizinischen Kosten gehört ebenfalls der Ressourcenverbrauch, der vom Patienten selbst beziehungsweise von dessen Angehörigen getragen wird – auch Zeitaufwand, soweit dieser kein Arbeitsausfall darstellt.[183]

Die Identifikation der möglicherweise auftretenden direkten Kosten sowie die Erfassung der verbrauchten Ressourcenmengen lassen sich (verglichen mit den indirekten und intangiblen Kosten) relativ problemlos definieren, wobei jedoch keine einheitlichen, etablierten und validierten Instrumente zur Kostenerfassung existieren. Die Relevanz und damit die Berücksichtigung einer einzelnen Leistung hängt zum einen von den methodischen Rahmenbedingungen (wie z. B. der Perspektive, dem Zeithorizont und auch dem angestrebten Detaillierungsgrad),

---

181 Vgl. dazu etwa DRUMMOND et al. 2000:23 f.; GREINER 2002:162 ff.; RYCHLIK 1999:35;

182 Vgl. dazu etwa DRUMMOND et al. 2000:24; FISCHER/BÖLSCHER/SCHULENBURG, Graf v. d. 2001:65 f.; GREINER 2002:163;

183 Vgl. GLENNIE et al. 1999:464; WASEM/HESSEL 2000:325;

zum anderen von der Häufigkeit der erbrachten Einzelleistungen und ihrem relativen Anteil am Gesamtressourcenverbrauch ab.

Wie bereits erwähnt, können – analog zu den Kosten – auch beim Nutzen drei Bewertungskategorien unterschieden werden. Der *direkte Nutzen* einer Maßnahme besteht dabei aus den bewerteten Ressourceneinsparungen, die durch den Einsatz einer Gesundheitsleistung möglich werden – also Aufwendungen, die unmittelbar mit der Durchführung der Maßnahme eingespart werden. Dazu gehören z. B. Personalkosten, Medikamenten- oder auch Verwaltungskosten, die durch die untersuchte Intervention im Moment oder auch zukünftig vermieden werden können. Hinzu kommen unter anderem auch Nutzen durch nicht erforderliche Behandlungen, welche aufgrund von Informationen, die durch die evaluierte Behandlungsmethode gewonnen werden, nicht zur Anwendung kommen. Die Erfassungsmethoden für diese Effekte unterscheiden sich dabei grundsätzlich nicht von der Ermittlung der direkten Kosten.[184]

4.5.2 Indirekte Kosten und Nutzen

Neben den direkten Kosten und Nutzen einer Gesundheitsleistung werden in ökonomischen Evaluationsstudien auch die negativen und positiven externen Effekte einer Gesundheitsleistung bei den Berechnungen berücksichtigt, die nur mittelbar durch die Behandlung beziehungsweise Erkrankung verursacht werden.[185] So entstehen etwa einer Volkswirtschaft zusätzlich Krankheitskosten durch jene Tage, an denen der Patient oder seine Angehörigen aufgrund der Krankheit (beziehungsweise aufgrund der Versorgung des Kranken) nicht ihrer normalen Beschäftigung resp. ihrer Erwerbstätigkeit nachgehen können. Als *indirekte Kosten* werden folglich Verluste bei der volkswirtschaftlichen Wertschöpfung bezeichnet, die durch den krankheits- und interventionsbedingten Arbeitsausfall des Patienten oder seiner Angehörigen verursacht wurden, unabhängig davon, ob oder durch wen eine Lohnersatzleistung gezahlt wird. Zu den indirekten Kosten gehören allerdings keine Transferzahlungen (wie z. B. Krankengeld), da diese „lediglich der sozialpolitisch motivierten Umverteilung dienen“[186] und es sich deswegen aus volkswirtschaftlicher Sicht bei diesen Zahlungen nicht um das Entgelt für einen Ressourcenverbrauch handelt.

---

184 Vgl. GREINER 2002:163, 172;
185 Vgl. z. B. HANUSCH 1994:9;
186 GREINER 2002:166;

Demgegenüber ergeben sich *indirekte Nutzen* aus der Verminderung des Produktionsausfalls – stellen also generell positive externe Effekte der evaluierten Behandlungsform dar.[187]

Im Rahmen der empirischen Untersuchung ist im Hinblick auf den Untersuchungsgegenstand insbesondere der Verlust an (beziehungsweise die durch die Nachsorge wiedergewonnene) Produktionskapazität der betroffenen Eltern aufgrund des durch die verfrühte Geburt bedingten besonderen Betreuungsbedarfs ihrer Kinder von Bedeutung.

4.5.3 Intangible Effekte

Für die umfassende Beurteilung einer Gesundheitsleistung ist es schließlich wichtig, auch den Einfluss der Maßnahme auf das Wohlbefinden des Patienten transparent zu machen. Die Kosten und Nutzen können sich also zusätzlich auf verschiedene medizinische, epidemiologische oder soziale Aspekte beziehen – wie etwa Komplikationen, psychische Belastungen durch Angst, Kummer, Leid oder Schmerz (als negative Effekte) beziehungsweise symptomfreie Zeit, gewonnene zusätzliche Lebensjahre oder Zufriedenheit (als positive Resultate) – die allerdings nicht beziehungsweise nur problematisch in monetären Größen ausgedrückt werden können. Bei diesen *intangiblen (oder psychosozialen)* Effekten richtet sich die Betrachtungsweise damit auf die patientenbezogen-subjektive Beurteilung und Bewertung einer bestimmten Maßnahme.[188] Da diese intangiblen Kosten und Nutzen auch aus gesundheitsökonomischer Sicht bedeutsam sind, wird in Kapitel 6 exemplarisch das „Konzept der Lebensqualität" näher vorgestellt – ein auch in der Literatur viel diskutiertes Verfahren intangible Effekte im Sinne von Auswirkungen auf die Lebensqualität abzuschätzen.

4.5.4 Zusammenfassende Übersicht

Nachfolgende Aufstellung verdeutlicht konkret und zusammenfassend mögliche Kosten- und Nutzenkomponenten, die in eine gesundheitsökonomische Evaluation einbezogen werden können:

---

[187] Vgl. GREINER 2002:162, 165; FISCHER/BÖLSCHER/SCHULENBURG, Graf v. d. 2001:70; WASEM/HESSEL 2000:325;

[188] BAPST 1986:14; FISCHER/BÖLSCHER/SCHULENBURG, Graf v. d. 2001:69 f.; GREINER 2002:169, 172;

Tabelle 4.5-1: Kosten- und Nutzenkomponenten einer gesundheitsökonomischen Evaluation

	Kosten	Nutzen
direkte	• Behandlungskosten (z. B. Aufwendungen für stationäre Krankenhausleistungen, ärztliche und andere therapeutische, ambulante Leistungen etc.) • „private" Kosten, die direkt mit der Behandlung oder Erkrankung in Zusammenhang stehen (z. B. Fahrtkosten, krankheitsbedingte Anschaffungen etc.)	• Einsparungen, die unmittelbar mit der Ausführung der Maßnahme in Verbindung stehen (z. B. eingesparte Behandlungskosten, private Kosten oder auch Kosten vermiedener zukünftiger Behandlungen)
indirekte	• Verdienstausfall • Arbeitszeitverlust • Produktionsausfall (Opportunitätskosten)	• vermiedene Arbeitszeitverluste • erhöhte Produktivität
intangible	• unerwünschte Begleiterscheinungen (z. B. negativ veränderte Lebensweise, psychische Belastungen etc.)	• psychische und physische Erleichterung • Verbesserung der Lebensqualität • Zufriedenheit

Quelle: Eigene Darstellung in Anlehnung an OBERENDER/BÜCHNER/DINKEL 1998:11

4.6 Fazit

Bei Betrachtung des deutschen Gesundheitssystems zeigt sich zunehmend die Notwendigkeit ökonomischer Betrachtungen. Gesundheitsökonomische Evaluationen liefern in diesem Zusammenhang wichtige Informationen zur adäquaten Allokation knapper Ressourcen. Das Ergebnis einer Wirtschaftlichkeitsuntersuchung hängt dabei im Wesentlichen von der Analyseform sowie von der gewählten Perspektive ab, wodurch die verschiedenen Kosten- und insbesondere Outcomekomponenten ganz unterschiedlich berücksichtigt werden. Falls der Outcome alternativer Maßnahmen nicht annähernd gleich ist, sind Methoden, die neben den Kosten auch die Nutzen von Gesundheitsleistungen mit berücksichtigen, als Entscheidungsgrundlage geeigneter. Der umfassendste Ansatz der gewählt werden kann, berücksichtigt sämtliche Kosten und Nutzen aus gesamtgesellschaftlicher Sicht, welche mit Hilfe des am breitesten angelegten Instruments – der *„Kosten-Nutzen-Analyse“* – in Relation gesetzt werden.

Prinzipiell lassen sich weiterhin jeweils drei umfassende Typen von ökonomischen Kosten beziehungsweise Nutzen unterscheiden – die direkten Kosten und Nutzen, die indirekten Kosten und Nutzen sowie die intangiblen Effekte. Diese Auflistung der *Kostenarten*, die direkt mit der Effektivität und der Qualität einer Gesundheitsmaßnahme in Zusammenhang stehen, verdeutlicht, dass in Anlehnung an BAPST eine mehrdimensionale, interdisziplinäre Analyse unter Berücksichtigung medizinischer, ökonomischer, aber auch sozialer Aspekte anzustreben ist.[189]

Angesichts dieser Komplexität und den potentiellen Entscheidungsspielräumen wie auch bedingt durch die methodischen Schwierigkeiten, die mit den einzelnen Erfassungsinstrumenten (wie auch Bewertungsstrategien – siehe dazu folgendes Kapitel) verbunden sind, konnte bis jetzt noch kein „Goldstandard“[190] für die Evaluation von Gesundheitsmaßnahmen entwickelt werden. Mit dem Ziel die Methoden zu vereinheitlichen, um so eine bessere Vergleichbarkeit der Studien zu erreichen, wurden aber internationale und nationale Guidelines erarbeitet, die auch in der vorliegenden empirischen Untersuchung Berücksichtigung fanden[191].

189 Vgl. dazu BAPST 1986:3 ff.;

190 WASEM/HESSEL 2000:333;

191 Eine kurze Darstellung über verschiedene (internationale) Guidelines finden sich in HOFFMANN/SCHÖFFSKI/SCHULENBURG, Graf v. d. 2002:421 ff.;

5 Möglichkeiten und Grenzen zur monetären Bewertung der Kosten- und Nutzenkomponenten

Neben der möglichst exakten Ermittlung des Mengengerüstes sind für eine korrekte Erfassung der Kosten und Nutzen adäquate Bewertungsgrößen notwendig. In diesem Kapitel werden deshalb die grundsätzlichen Ansatzmöglichkeiten sowie die aktuell zur Verfügung stehenden Verfahren zur adäquaten Bewertung der einzelnen Kosten- und Nutzenkomponenten in Geldeinheiten dargestellt sowie deren methodische Schwierigkeiten aufgezeigt.

5.1 Bewertung direkter Kosten- und Nutzenkomponenten

Die „Hannoveraner Konsensgruppe" empfiehlt in diesem Zusammenhang direkte (und auch indirekte) Kosten idealerweise als Opportunitätskosten mit Hilfe von Fremdbezugspreisen zu bewerten.[192] „Auf diese Weise wird festgestellt, welchen Nutzen die eingesetzten Mittel in der nächstbesten Alternative erreicht hätten."[193]

GREINER fordert zudem bei einer umfassenden volkswirtschaftlichen Analyse, sämtliche anfallende Kosten detailliert zu erfassen und mit einzubeziehen. Demnach müssen die konkret anfallenden Personal- und Sachkosten sowohl der stationären wie auch der ambulanten Versorgung der früh- und risikogeborenen Kinder umfassend berücksichtigt werden, indem der Ressourcenverzehr exakt dokumentiert und mit den entsprechenden realitätsgetreuen Preisen bewertet wird.[194] Diese theoretisch zu befürwortende Vorgehensweise ist allerdings in der Realität, wenn überhaupt, nur unter größten Schwierigkeiten durchführbar: Zum einen werden die notwendigen Informationen der Kliniken wie auch der ambulanten Leistungsanbieter oftmals nur unzureichend und mit einem geringeren Detaillierungsgrad als erforderlich dokumentiert, zum anderen sind solche internen Informationen normalerweise nicht öffentlich zugänglich und somit in einer „klinik- beziehungsweise praxisexternen" Untersuchung nicht ausweisbar. Infolgedessen sind die Verfügbarkeit und die Qualität der Daten weitere wichtige Kriterien für das Miteinbeziehen bestimmter Kostenarten in eine Studie.[195]

---

192 Vgl. HOFFMANN/SCHÖFFSKI/SCHULENBURG, Graf v. d. 2002:429, 448;
193 HOFFMANN/SCHÖFFSKI/SCHULENBURG, Graf v. d. 2002:429;
194 Vgl. GREINER 2002:163 f.;
195 Vgl. dazu WASEM/HESSEL 2000:324;

Werden die Leistungen in Gesundheitsbetrieben (vor allem Krankenhausleistungen) wegen fehlender Marktpreise mit den betrieblichen Selbstkosten angesetzt, stellt sich zusätzlich folgendes Problem: Während die *Einzelkosten*[196] bei Vorliegen einer detaillierten Dokumentation unter Umständen noch erfassbar sind, gestaltet sich die Zurechnung der *Gemeinkosten*[197] (*Overhead*-Kosten) äußerst schwierig, wenn nicht sogar unmöglich. Um die anteiligen Gemeinkosten pro Patient oder Behandlung berechnen zu können, bedarf es nämlich innerbetrieblich einer „Kostenträgerrechnung"[198]. Ein moderneres Instrument zur Quantifizierung der Gemeinkosten wäre auch die so genannte auf Vollkostenbasis beruhende „Prozesskostenrechnung" (engl. *activity-based-costing*), die Leistungsprozesse in Einzeltätigkeiten aufgliedert, welchen dann die Gemeinkosten anhand geeigneter „Kostentreiber" (z. B. Zahl der Patientenaufnahmen oder Anzahl der Laboruntersuchungen) direkt zugeordnet werden können. Da allerdings die deutsche Krankenhaus-Buchführungsverordnung (§§ 8, 9 KHBV) für Kliniken ab einhundert Betten lediglich die „Kostenstellenrechnung"[199] vorschreibt, ist eine Berechnung der vollen betrieblichen Selbstkosten pro Patient nur in Einzelfällen möglich.[200]

Angesichts der vielfältigen Probleme, die mit dieser exakten Bewertung verbunden sind, werden in gesundheitsökonomischen Evaluationen häufig administrative Entgeltwerte auf Grundlage von Gebührenordnungen oder Durchschnittswerte verwendet.[201] Diese Vorgehensweise, die auch in den nationalen Guidelines als Alternativmethode zur monetären Bewertung von Kosten und Nutzenkomponenten empfohlen wird, ist zwar nur bedingt ein Maßstab für die volkswirtschaftliche Ressourcenbewertung[202], definiert aber relativ exakt die finan-

---

[196] Einzelkosten, z. B. Einzellohnkosten, können einer Leistung direkt zugeordnet werden (vgl. DICHTL/ISSING 1993 a:535).

[197] *Gemeinkosten* (wie z. B. Verwaltungskosten), die auch im Gesundheitswesen stark angestiegen sind, können nicht ohne weiteres einer spezifischen Intervention zugerechnet werden (vgl. GREINER 1999:50; TELSER 2002:14).

[198] Die *Kostenträgerrechnung* ist ein Teilgebiet der Kostenrechnung, in dem die Stückkosten der einzelnen Leistungen berechnet werden („Wofür sind welche Kosten in welcher Höhe angefallen" DICHTL/ISSING 1993 a:1231).

[199] Bei der *Kostenstellenrechnung* werden die (Gemein-) Kosten den einzelnen Betriebsbereichen zugeordnet (vgl. DICHTL/ISSING 1993 a:1229).).

[200] Vgl. dazu DICHTL/ISSING 1993 b:1747); DRUMMOND et al. 2000:62 ff., 74 ff.; GREINER 1999:50 f.; GREINER 2002:164; KEUN 2001:192 ff.; LEIDL 2003:470; TELSER 2002:14;

[201] Vgl. LEIDL 2003:469; GREINER 2002:163, 171; HOFFMANN/SCHÖFFSKI/SCHULENBURG, Graf v. d. 2002:429;

[202] SCHWARTZ kritisiert in diesem Zusammenhang: „Diese Gebührenordnungen entstammen nach außen völlig untransparenten Verhandlungsprozessen, die man karikiert so charakterisieren könnte, daß bekannte Verhandlungspartner mit unterschiedlichen, nach außen unbekannten Berechnungsgrundlagen die Sitzung betreten und nach irgendeiner Frist mit

ziellen Belastungen für die jeweiligen Kostenträger (z. B. Krankenkassen). Die Bewertung mit Hilfe von Gebührenordnungen wird zudem durch die Tatsache gerechtfertigt, dass im Gesundheitssystem die Preisbildung häufig nicht durch das Zusammenwirken von Angebot und Nachfrage, sondern durch Verhandlungen zwischen staatlichen und halbstaatlichen Organisationen erfolgt[203].

Vor diesem Hintergrund gibt es im *stationären Bereich*, gemäß der Bundespflegesatzverordnung (BPflV; Stand 1995) sowie dem Sozialgesetzbuch (SGB) V, im Hinblick auf den Untersuchungsgegenstand unter anderem folgende gültige Entgeltformen:

Tabelle 5.1-1: Mögliche Entgeltformen gemäß Bundespflegesatzverordnung[204]

Entgeltform	Festlegung der Entgelthöhe	Gesetzesgrundlage
Fallpauschalen	landesweit	§ 11 BPflV
Sonderentgelte	landesweit	§ 11 BPflV
Abteilungspflegesätze	individuell	§ 13 BPflV
Basispflegesätze	individuell	§ 13 BPflV
Vor-/Nachstationäre Behandlung	landesweit	§ 115a SGB V

Quelle: Eigene Darstellung

Fallpauschalen (FP), deren Abrechnung Vorrang vor Sonderentgelten und tagesgleichen Pflegesätzen haben, vergüten sämtliche Krankenhausleitungen im Rahmen der Behandlung eines Patienten von dessen Aufnahme bis zur Entlassung, soweit hierfür ein Entgelt in dem bundesweiten Entgeltkatalog für Fallpauschalen und Sonderentgelte nach § 17 Abs. 2 a Krankenhausfinanzierungsgesetz (KHG) bestimmt ist. Eine Fallpauschale ist abzurechnen, wenn folgende Voraussetzungen erfüllt sind:

- Die Behandlungsleistung entspricht der Definition einer FP, die im bundesweiten Fallpauschalenkatalog aufgeführt ist,
- die FP muss die Hauptleistung darstellen,
- der Operationsschlüssel (OPS-301) und der Diagnoseschlüssel (ICD-10-SGB V) müssen mit der jeweiligen Definition im Katalog übereinstimmen,

einem Kompromiß wieder verlassen. Wir haben es im Gesundheitswesen also weiterhin mit fiktiven, jedenfalls nichtmarktlichen `Preisen´ zu tun.“ (SCHWARTZ 1992:21).

[203] Vgl. dazu Kapitel 4.1 und 4.2;

[204] Vgl. hierzu KEUN 2001:55 ff.;

- die Leistung muss im Rahmen des Versorgungsauftrages erbracht werden und
- der Patient muss in der Regel am Tag der Aufnahme das 14. Lebensjahr vollendet haben. Eine Berechnung bei jüngeren Kindern ist nur in Ausnahmefällen möglich – etwa bei den FP 07.01, 11.04, 11.05 und 11.06.[205]

Im Hinblick auf den Untersuchungsgegenstand wird diese Vergütungsform lediglich bei Früh- und Neugeborenen abgerechnet, die *nach* dem 225. Schwangerschaftstag (33 SSW) geboren wurden *und* nach der Geburt bis zu ihrer internen oder externen pädiatrischen Verlegung zunächst auf der Säuglingsstation, im Säuglingszimmer oder im Rahmen des so genanten „Rooming-In" versorgt wurden[206]. Bei der Verlegung eines bei oder nach der Geburt erkrankten Neugeborenen (Frühgeborenen) wird das Kind zum eigenständigen Patienten (Fall) in der aufnehmenden Abteilung (z. B. der Pädiatrie, der Intensiveinheit) – die Abrechnung erfolgt dann nach tagesgleichen Pflegesätzen (Abteilungs- und Basispflegesätzen).

Bei der stationären Versorgung früh- und risikogeborener Kinder wurden deshalb, trotz einschneidender Änderungen bei dem Vergütungssystem von Krankenhäusern, in der Durchführungsphase der empirischen Studie noch überwiegend tagesgleiche Pflegesätze abgerechnet[207]: Dabei werden mit dem *Basispflegesatz (BPflS)* alle nicht ärztlichen und nicht pflegerischen Leistungen eines Krankenhauses abgegolten – also z. B. alle Kosten für Unterkunft und Verpflegung.[208] Demgegenüber stellt der *Abteilungspflegesatz (APflS)* das „Entgelt für ärztliche und pflegerische Tätigkeit und die durch diese veranlassten Leistungen ... für jede organisatorisch selbständige [sic!] bettenführende Abteilung, die von einem fachlich nicht weisungsgebundenen Arzt mit entsprechender Fachgebietsbezeichnung geleitet wird"[209] dar. Zusätzlich werden mit Hilfe von *Sonderentgelten* eigenständige Therapie- und Diagnostikleistungen (so genannte Komplexleistungen) innerhalb eines stationären Aufenthaltes vergütet, die im bundesweiten Entgeltkatalog für Fallpauschalen und Sonderentgelte (gemäß

205 NEUBERT/ROBBERS 2001:75 ff;

206 Vgl. FP 16.01/FP 16.02 im bundesweiten Fallpauschalen- beziehungsweise Sonderentgeltkatalog für Krankenhäuser (Gültig für alle ab dem 01.01.2002 aufgenommenen Patienten).

207 Vgl. GREINER 2002:163;

208 Vgl. § 13 Abs. 3 BPflV; KEUN 2001:69 f.

209 § 13 Abs. 2 Satz 1 BPflV;

§ 15 Abs. 1 Nr. 1 i. V. m. § 16 Abs. 2 BPflV) bestimmt sind. So z. B. alle direkten Kosten (Personal- und Sachkosten) für besonders kostenintensive und außerordentlich zeitaufwändige operative Eingriffe.[210]

Die im Rahmen der *nachstationären Behandlung* durchgeführten medizinischen Leistungen ohne Unterkunft und Verpflegung werden vom Krankenhaus pro Behandlungstag maximal sieben Tage lang mit einer leistungsorientierten, fachabteilungsbezogenen Pauschale abgerechnet.[211] Das Ziel dieser Versorgungsform ist, im Anschluss an die vollstationäre Pflege den Behandlungserfolg zu sichern beziehungsweise zu festigen.[212]

Im *ambulanten Sektor* erfolgt eine Erfassung des Ressourcenverzehrs häufig über die abgerechneten Gebührenordnungsziffern auf Grundlage der *Gebührenordnung Ärzte (GOÄ*; bei Privatpatienten) oder dem *Einheitlichen Bewertungsmaßstab (EBM*; bei Kassenpatienten), die anschließend mit dem aktuellen Punktwert bewertet werden. Die Vergütung der Leistungen erfolgt auf der Grundlage arztgruppenbezogener fallzahlabhängiger Praxisbudgets, deren Höhe sich aus dem Produkt der Fallpunktzahlen und der Anzahl der Behandlungsfälle ergeben. Somit sind die im Budget enthaltenen Leistungen (pro Arztpraxis und Abrechnungsquartal) jeweils nur bis zu einer begrenzten Gesamtpunktzahl abrechnungsfähig. Die jeweiligen Fallpunktzahlen werden dabei nach folgender Formel berechnet:

Abbildung 5.1-1: Formel zur Berechnung der EBM-Fallpunktzahlen für das Praxisbudget

$$\text{Fallpunktzahl} = \frac{(a \times b + c) \times d}{e} \times \frac{100}{8{,}82};$$

wobei

a	=	durchschnittlicher Umsatz des Jahres 1994 der betreffenden Arztgruppe in DM[213], je Arzt:
b	=	bundesdurchschnittlicher arztgruppenbezogener prozentualer Kostensatz des Jahres 1994;

---

[210] Vgl. z. B. KEUN 2001:63 ff.; alle sonstigen Leistungen werden in der Regel über Abteilungs- und Basispflegesätze abgegolten. Sonderentgelte sind eine Teilmenge der Fallpauschalen und beruhen wegen der ausschließlichen Berücksichtigung der direkten Kosten auf Teilkostenrechnung.

[211] Vgl. § 115 a, Abs. 2 SGB V;

[212] Vgl. KEUN 2001:77 ff.;

[213] Auf eine Umrechnung in Euro wird verzichtet, da die Angaben in DM sich ausschließlich auf das Jahr 1994 beziehen und für die Ermittlung der Fallpunktzahlen keine Relevanz haben (vgl. MUNDENBRUCH/BECHTOLD 2003:247).

c	=	verbleibender Anteil aus den Einkünften aus dem auf die budgetierten Ärzte entfallenden Anteil der Gesamtvergütung des Jahres 1994 nach Abzug der Gesamtsumme der durchschnittlichen Betriebsausgaben dieser Ärzte (je Arzt);
d	=	Anteil vom Gesamtleistungsbedarf der in die Praxisbudgets aufgenommenen Leistungen der ersten beiden Quartale des Jahres 1996 in Prozent;
e	=	durchschnittliche Anzahl der kurativ-ambulanten Behandlungsfälle des Jahres 1995 der betreffenden Arztgruppe (je Arzt);
8,82	=	rechnerischer bundesdurchschnittlicher GKV-Punktwert;

Quelle: Eigene Darstellung in Anlehnung an MUNDENBRUCH/BECHTOLD 2003:247

Das Entgelt berücksichtigt demnach die durchschnittlichen Betriebsausgaben (Parameter b – je Arztgruppe) sowie ein fiktives Arzteinkommen auf Grundlage der durchschnittlichen Fallzahlen. So stehen etwa hausärztlichen Kinderärzten ein Praxisbudget von 675 Punkten je Behandlungsfall als Bundeswert zur Verfügung[214].

Auch die *Arzneimittelpreise* werden zwar nicht staatlich bestimmt, jedoch bundeseinheitlich festgelegt. So regelt etwa die so genannte Arzneimittelpreisverordnung (AMPV; Stand 1980) die Preisspannen für Medikamente, die im pharmazeutischen Großhandel und in Apotheken abgegeben werden. Grundlage für die Berechnung der medikamentösen Kosten können daher die entsprechenden Apothekenverkaufspreise sein.[215]

Bei Einführung des neuen DRG-Entgeltsystems stellen Neugeborene eine eigene Hauptgruppe (MDC = *„major diagnostic category“*) dar. Dafür sind 25 verschiedene DRG vorgesehen. Für eine erfolgreiche Eingruppierung eines früh- beziehungsweise risikogeborenen Kindes ist das Aufnahmegewicht des Neugeborenen von entscheidender Bedeutung. Im neuen DRG-System sind für Neugeborene sieben verschiedene Geburtsgewichtklassen vorgesehen: Unter 750 g, 750 g – 999 g, 1.000 g – 1.249 g, 1.250 g – 1.499 g, 1.500 g – 1.999 g, 2.000 g – 2.499 g und über 2.499 g. Als Besonderheit im AR-DRG-System, das, wie bereits beschrieben, als Grundlage für das deutsche DRG-System dient, ist bei Neugeborenen zudem der CCL (*„complication and comorbidity level “*) einer Nebendiagnose gänzlich unabhängig von der Basisfallgruppe, dem Geschlecht und der Entlassungsart.[216]

---

214 Die regional gültigen Fallpunktzahlen werden von der jeweiligen Kassenärztlichen Vereinigung bekannt gegeben (vgl. MUNDENBRUCH/BECHTOLD 2003:14).

215 Vgl. BESKE/HALLAUER 2001:169;

216 Vgl. KEUN 2001:XVII, XIX, 20;

Tabelle 5.1-2: Übersicht der geplanten DRG für Neugeborene[217]

	MDC15 Neugeborene und sonstige Frühgeborene
P01Z	Neugeborenes, verstorben oder nach weniger als 5 Tagen verlegt, mit bedeutsamen Operationen
P02Z	Kardiothorakale und vaskuläre Eingriffe bei Neugeborenen
P03Z	Neugeborenes, Geburtsgewicht 1.000 - 1.499 g, mit bedeutsamen Operationen
P04Z	Neugeborenes, Geburtsgewicht 1.500 - 1.999 g, mit bedeutsamen Operationen
P05Z	Neugeborenes, Geburtsgewicht 2.000 - 2.499 g, mit bedeutsamen Operationen
P06A	Neugeborenes, Geburtsgewicht über 2.499 g, mit bedeutsamen Operationen, mit mehreren schwerwiegenden Problemen
P06B	Neugeborenes, Geburtsgewicht über 2.499 g, mit bedeutsamen Operationen, ohne schwerwiegenden Problemen
P60A	Neugeborenes, verstorben oder nach weniger als 5 Tagen verlegt, ohne bedeutsame Operation im aufnehmenden Krankenhaus geboren
P60B	Neugeborenes, verstorben oder nach weniger als 5 Tagen verlegt, ohne bedeutsame Operation außerhalb des aufnehmenden Krankenhauses geboren
P61Z	Neugeborenes, Geburtsgewicht unter 750 g
P62Z	Neugeborenes, Geburtsgewicht 750 - 999 g
P63Z	Neugeborenes, Geburtsgewicht 1.000 - 1.249 g, ohne bedeutsame Operationen
P64Z	Neugeborenes, Geburtsgewicht 1.250 - 1.499 g, ohne bedeutsame Operationen
P65A	Neugeborenes, Geburtsgewicht 1.500 - 1.999 g, ohne bedeutsame Operationen, mit mehreren schwerwiegenden Problemen
P65B	Neugeborenes, Geburtsgewicht 1.500 - 1.999 g, ohne bedeutsame Operationen, mit einem schwerwiegenden Problem
P65C	Neugeborenes, Geburtsgewicht 1.500 - 1.999 g, ohne bedeutsame Operationen, mit sonstigen Problemen
P65D	Neugeborenes, Geburtsgewicht 1.500 - 1.999 g, ohne bedeutsame Operationen, ohne Probleme
P66A	Neugeborenes, Geburtsgewicht 2.000 - 2.499 g, ohne bedeutsame Operationen, mit mehreren schwerwiegenden Problemen
P66B	Neugeborenes, Geburtsgewicht 2.000 - 2.499 g, ohne bedeutsame Operationen, mit einem schwerwiegenden Problem
P66C	Neugeborenes, Geburtsgewicht 2.000 - 2.499 g, ohne bedeutsame Operationen, mit sonstigen Problemen
P66D	Neugeborenes, Geburtsgewicht 2.000 - 2.499 g, ohne bedeutsame Operationen, ohne Probleme
P67A	Neugeborenes, Geburtsgewicht über 2.499 g, ohne bedeutsame Operationen, mit mehreren schwerwiegenden Problemen
P67B	Neugeborenes, Geburtsgewicht über 2.499 g, ohne bedeutsame Operationen, mit einem schwerwiegenden Problem

Quelle: http://www.imc-net.de/pdf/ar-drg_mdc_korrigiert.pdf, Stand: April 2001

[217] Anmerkung: Als nicht bedeutsame Operationen gelten Herniotomie oder Zirkumzision.

5.2 Bewertung indirekter und intangibler Kosten und Nutzenkomponenten

Wie in Abschnitt 4.5 dargestellt, werden insbesondere im Rahmen der volkswirtschaftlichen Betrachtungsweise auch indirekte und intangible Kosten- und Nutzenkomponenten berücksichtigt. Im Hinblick auf die monetäre Bewertung des volkswirtschaftlichen Ressourcenverlustes resp. der durch die Gesundheitsleistung ermöglichten erhöhten Produktivität liegt jedoch das grundsätzliche Problem darin, dass kein Markt für diese positiven externen Effekte existiert und sie somit auch nicht mit Marktpreisen bewertet werden können. Auch entziehen sich die intangiblen Effekte zunächst völlig einer monetären Evaluation.[218] Versuche, menschliches Leben im Rahmen einer ökonomischen Evaluation monetär zu bewerten, werden zudem häufig als ethische Provokation angesehen und als moralisch verwerflich abgelehnt. Die wichtigste Begründung, die zur Rechtfertigung der Entwicklung und Anwendung entsprechender ökonomischer Bewertungsverfahren angeführt werden kann, formuliert OBERENDER, BÜCHNER und DINKEL folgendermaßen:

> „In diesem Zusammenhang muß bedacht werden, dass jede (Nicht-) Entscheidung dem Leben und der Gesundheit von Menschen einen endlichen Wert beimißt. Entscheidungen beispielsweise für oder gegen die Anwendung eines Medikaments, für oder gegen einen bestimmten Umfang von Infrastruktur (Gesundheitseinrichtungen, Bildungseinrichtungen, Verkehrswege), für oder gegen politische oder militärische Aktionen, sozial- und gesellschaftspolitische Maßnahmen beinhalten immer eine Evaluation (Bewertung) von Leben und Gesundheit."[219]

Mit dem Ziel dem menschlichen Leben einen Wert zuzuordnen, um damit z. B. auch den Gesundheitszustand bewerten zu können, wurden unter anderem die im Folgenden dargestellten methodischen Ansätze entwickelt.

5.2.1 Humankapitalansatz

Beim *Humankapitalansatz* (engl. *human-capital-approach*) wird unter Anwendung des kaufmännischen Ertragswertprinzips der „Wert einer Sache … daran bemessen, welche finanzielle Einbuße der Eigentümer erleidet, wenn er sie ver-

---

[218] Vgl. dazu z. B. HANUSCH 1994:71; OBERENDER/BÜCHNER/DINKEL 1988:12 f.;
[219] OBERENDER/BÜCHNER/DINKEL 1988:13; siehe dazu auch HANUSCH 1994:93 ff.;

liert“[220]. Der Wert menschlichen Lebens entspricht dabei dem möglichen Potential zur Produktion von Gütern und Dienstleistungen, da untersucht wird, was der Betroffene (im Falle seines Arbeitseinsatzes) zur Wertschöpfung beigetragen hätte. Indirekte Kosten resultieren folglich (gemäß dem Opportunitätskostenprinzip) aus dem Verlust an Arbeitspotential durch krankheitsbedingtes Fernbleiben oder verminderter Leistungsfähigkeit am Arbeitsplatz. Analog dazu entspricht der indirekte Nutzen der Steigerung des Humankapitals, die mit einer bestimmten Gesundheitsleistung einhergeht.[221] Die monetäre Bewertung erfolgt bei diesem Verfahren im Allgemeinen mit Hilfe des individuellen periodenbezogenen Einkommens der betroffenen Personen oder mit Hilfe des durchschnittlichen Arbeitseinkommens.[222]

Aufgrund folgender ethischer und methodischer Mängel gilt jedoch heute die (wegen der relativ leichten Operationalisierbarkeit) in der Vergangenheit häufig angewandte Humankapitalmethode als überholt:[223]

- Durch die ausschließliche Berücksichtigung der Produktivität werden einerseits Erwerbstätige systematisch bevorzugt, andererseits Personen, die keiner entlohnten Tätigkeiten nachgehen (wie z. B. Hausfrauen, Kinder, Studenten, Arbeitslose oder Rentner) prinzipiell nicht berücksichtigt. Der Wert des zukünftigen Lebens dieses Personenkreises ist demnach bei Anwendung des Humankapitalansatzes gleich null.

- Durch die ausschließliche Berücksichtigung der Produktivitätsverluste wird nur ein Teil der indirekten Kosten in die Evaluation einbezogen, was eine Unterschätzung des Ressourcenverlustes zur Folge hat.

- Ein Hauptkritikpunkt dieses Ansatzes liegt außerdem in der Annahme der Voll-Beschäftigung und der Produktion zu (Lohn-) Grenzkosten. Das heißt, es wird nicht bedacht, dass bei Abwesenheit des Betroffenen seine Aufgaben entweder von Kollegen zusätzlich erledigt werden, die Arbeit (bei kurzer Ausfallzeit) einfach liegen bleibt oder (bei längerfristiger Abwesenheit) ersatzweise eine neue Arbeitskraft eingestellt wird. Somit erfolgt hierbei eine „nicht unerhebliche Überschätzung der tatsächlichen Kosten“[224].

---

220 BREYER/ZWEIFEL/KIFMANN 2003:41;

221 Vgl. BREYER/ZWEIFEL/KIFMANN 2003:41 f.; FISCHER/BÖLSCHER/SCHULENBURG, Graf v. d. 2001:66 ff.; GREINER 2002:165;

222 Vgl. GREINER 1999:35; HOFFMANN/SCHÖFFSKI/SCHULENBURG, Graf v. d. 2002:430;

223 Vgl. dazu BREYER/ZWEIFEL/KIFMANN 2003:41 f.; GREINER 1999:36 ff.; GREINER 2002:166 f.; OBERENDER 1991:148 f.;

224 GREINER 2002:168;

Mit Hilfe des *„Friktionskostenansatzes“* wird deshalb eine reale Marktsituation mit dem Ziel einbezogen, die Überbewertung von Produktionsverlusten zu vermeiden. Bei dieser Weiterentwicklung des Humankapitalansatzes wird pro Patient und Krankheitsperiode ein Produktivitätsverlust unterstellt, der maximal der durchschnittlichen Vakanz unbesetzter Stellen entspricht. Dabei wird als Näherungswert für eine Friktionsperiode die durchschnittliche Laufzeit aller offener Stellen, die den Arbeitsämtern gemeldet werden, angesetzt. Dieses Verfahren wird auch in den Guidelines empfohlen, da gerade auch vor dem Hintergrund der aktuellen Arbeitsmarktsituation lediglich die Bewertung der Periode bis zur Neubesetzung des Arbeitsplatzes realitätsgetreu ist.[225] Allerdings sind auch bei dieser Methode einige Schwachpunkte zu beachten:[226]

- Bei der Berechnung des Produktivitätsverlustes wird nicht differenziert bewertet, ob der Patient nach seinem Ausfall wieder an seinen Arbeitsplatz zurückkehrt oder nicht, obwohl eine erforderliche Neueinstellung im Normalfall wesentlich höhere indirekte Kosten verursachen würde.

- Dem Friktionskostenansatz liegt außerdem die Annahme zugrunde, dass bei einer Neueinstellung der Arbeitsplatz stets durch eine bis dahin arbeitslose Person besetzt wird. Die durchaus denkbare Möglichkeit, dass jemand aus ungekündigter Stellung seinen Arbeitsplatz wechselt wird demnach von vorne herein ausgeschlossen.

- Ein weiterer, berechtigter Einwand besteht darin, dass nach Ablauf dieser Friktionsperiode keine weiteren indirekten Kosten mehr in die Analyse einbezogen werden.

- Schließlich gilt es auch die statistische Datengrundlage zu verbessern. GREINER fordert in diesem Zusammenhang, in Zukunft regelmäßige Erhebungen bezüglich der Dauer von einzelnen Friktionsperioden für offene Stellen, differenziert nach Branchen und Regionen, durchzuführen.

5.2.2 Ansatz der Zahlungs- beziehungsweise Akzeptanzbereitschaft

Eine weitere methodische Vorgehensweise zur monetären Bewertung menschlichen Lebens ist der „Ansatz der Zahlungsbereitschaft oder Akzeptanzbereitschaft“ (engl. *concept of willingness-to-pay*). Auf der Basis eines subjektiven Nutzenkonzeptes wird hierbei die Höhe der Kosten betrachtet, die ein Indivi-

[225] Vgl. GREINER 2002:168 f.; HOFFMANN/SCHÖFFSKI/SCHULENBURG, Graf v. d. 2002:430;

[226] Vgl. dazu GREINER 2002:168 f.;

duum zu zahlen bereit wäre, um eine Krankheit oder (in letzter Konsequenz) den Tod zu vermeiden. Der Geldwert dieser Reduktion des Erkrankungs- beziehungsweise Sterberisikos wird demgemäß durch die Grenzrate der Substitution zwischen Vermögen und Überlebenswahrscheinlichkeit bestimmt.[227] Somit entspricht der Nutzen einer Gesundheitsleistung dem monetären Wert, den eine Person maximal dafür zu zahlen bereit wäre. Die Zahlungsbereitschaft wird durch das Alter wie auch durch das Vorliegen einer (lebensbedrohenden) Krankheit – also durch die subjektiv empfundene Begrenzung der Lebenserwartung – stark beeinflusst. Somit bezieht der willingness-to-pay-Ansatz (anders als die Humankapitalmethode) neben der Bewertung der Einkommenssituation auch Faktoren der persönlichen Lebensqualität mit in die Analyse ein. Darüber hinaus wird die mögliche Bereitwilligkeit von Menschen bedacht, mehr zu bezahlen als ihr erwartetes verlorenes Einkommen (im Sinne des Humankapitalansatzes), wenn sie so die Krankheit beziehungsweise den Tod vermeiden könnten.[228]

Zur Quantifizierung dieser Zahlungs- beziehungsweise Akzeptanzbereitschaft lassen sich, wie in Abbildung 5.2–1 abgebildet, folgende Verfahren unterscheiden:

Contingent-Valuation-Methode (CVM)
Bei diesem (bislang vorherrschenden) Verfahren, das in der Umweltökonomie zur Bewertung öffentlicher Güter entwickelt wurde, werden Personen mit Hilfe eines hypothetischen Szenarios direkt nach ihrer maximalen Zahlungsbereitschaft für die zu evaluierende Gesundheitsleistung befragt. Bei Anwendung der „*Open-Ended Technique*“ wird der Proband entweder offen gefragt, wie viel er maximal für das hypothetische Szenario zahlen würde oder es werden ihm als Hilfestellung bestimmte Materialien (z. B. Zahlkarten) angeboten. Im Gegensatz dazu werden bei der (eher einer Marktsituation entsprechenden) „*Closed-Ended Technique*“ die Probanden mit einer vertrauten Situation und einem bestimmten Geldbetrag konfrontiert – sie können also lediglich binär mit „ja“ oder „nein“ ihre Zahlungsbereitschaft äußern. Indem den verschiedenen Befragten variierende Geldbeträge vorgelegt werden, kann durch den Anteil an „Ja-Stimmen“ mit Hilfe statistischer Verfahren eine aggregierte Nachfragefunktion für die zu evaluierende Gesundheitsleistung berechnet werden. Bei Untersuchungen hat sich allerdings gezeigt, dass in Abhängigkeit von der jeweiligen Befragungsmethode

---

[227] Gemäß einem entscheidungstheoretischen Modell nach ROSEN, nimmt die marginale Zahlungsbereitschaft eines Individuums für eine Verringerung des jeweiligen Sterberisikos zu, wenn das Ausgangsniveau des Sterberisikos oder das Vermögen erhöht wird (vgl. BREYER/ZWEIFEL/KIFMANN 2003:43 ff.; ROSEN 1988:285 ff.;).

[228] Vgl. BREYER/ZWEIFEL/KIFMANN 2003:42 ff.; BRÜGGENJÜRGEN 1994:21; GREENBERG et al. 1993:406; TELSER 2002:3, 25;

der Wert der Zahlungsbereitschaft erheblich differieren kann und die CVM sehr anfällig für Verzerrungen ist.[229]

Abbildung 5.2-1: Methoden zur Ermittlung der Zahlungsbereitschaft

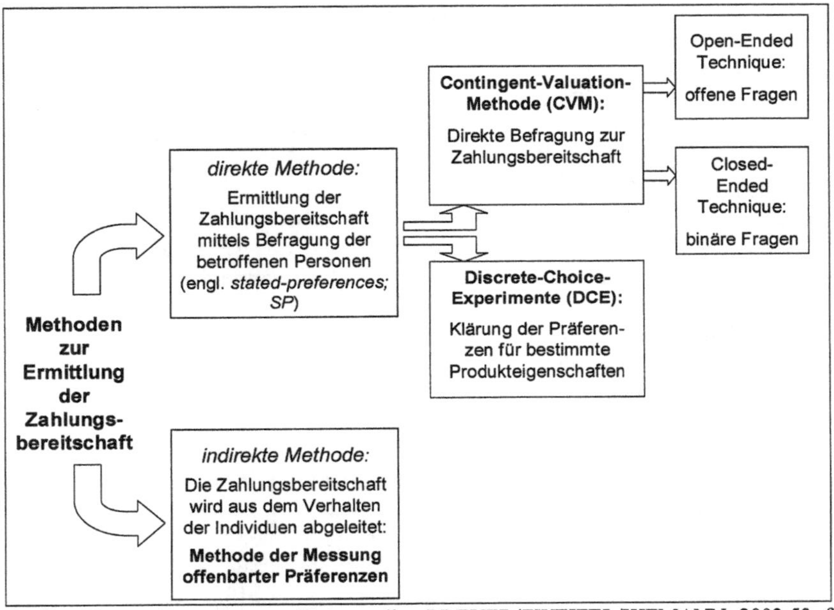

Quelle: Eigene Darstellung – Datenquelle: BREYER/ZWEIFEL/KIFMANN 2003:53 ff.; TELSER 2002:25 ff.

Discrete-Choice-Experimente (DCE)

Das DCE-Verfahren, im Bereich der Psychologie entwickelt, beschreibt den Untersuchungsgegenstand durch geeignete Eigenschaften (z. B. erzielbare Wirkungen, Leistungskomponenten etc.). Durch die Kombination der unterschiedlichen Ausprägungen dieser Charakteristika lassen sich sodann verschiedene (hypothetische) Produkte konstruieren. Diese werden zu Entscheidungssets mit mindestens zwei Wahlmöglichkeiten aggregiert, welche bei der Durchführung des Experimentes den Probanden vorgelegt werden, wobei die Befragten jeweils eine Alternative (mit ihren präferierten Produkteigenschaften) auswählen müssen. Schließlich kann mit einem entscheidungstheoretischen Modell auf Basis der

229 Vgl. BREYER/ZWEIFEL/KIFMANN 2003:55; DRUMMOND et al. 2000:213 ff.; TELSER 2002:27 ff.;

vorliegenden diskreten Entscheidungen der Probanden die zugrunde liegende Nutzenfunktion geschätzt werden.[230]

Die aus der *Conjoint-Analyse* entwickelten DCE werden in den verschiedensten ökonomischen Bereichen eingesetzt – z. B. in der Verkehrsökonomie, der Umweltökonomie und seit Mitte der 90er-Jahre zudem immer häufiger in der Gesundheitsökonomie. Wenn auch bezüglich der Präferenzstruktur der Betroffenen relativ einschränkende Annahmen getroffen werden müssen[231], stellt dieses Verfahren eine valide und zuverlässige Methode zur Ermittlung von Präferenzen dar.[232]

Methode der Messung „offenbarter Präferenzen"
(engl. revealed preferences)
Bei dieser indirekten Methode zur Ermittlung der Zahlungsbereitschaft wird auf reale Situationen Bezug genommen, indem das Verhalten der Individuen auf Märkten, welche zum Untersuchungsgegenstand in Beziehung stehen, untersucht wird. Das hierfür bekannteste Beispiel ist die Ermittlung der Zahlungsbereitschaft für Risikoreduktion anhand der Wahl (oder Nichtwahl) eines Berufes: Mit jedem Beruf ist ein unterschiedliches Risiko der Gesundheits- und Lebensgefährdung verbunden, welches mit einem Lohnzuschlag kompensiert werden sollte. So lassen sich anhand der Differenz der Lohnsätze zwischen Berufen mit unterschiedlicher Lebensgefahr die Kompensationsforderungen der Personen für die Übernahme eines erhöhten Risikos ableiten.[233]

Wie problematisch die Quantifizierung der Zahlungsbereitschaft mittels der indirekten Methode allerdings ist, zeigt sich an der mit dem Konzept verbundenen Kritik:[234]

- Es ist nicht erkennbar, ob die Individuen überhaupt die objektiven Werte der Alternativen kennen und diese bei ihrer Entscheidungsfindung zugrunde legen.[235]

---

230 Vgl. BREYER/ZWEIFEL/KIFMANN 2003:58 ff.; genauere Ausführungen zu DCE insbesondere in TELSER 2002;

231 Existenz eines repräsentativen Konsumenten, damit sich überhaupt eine Nutzenfunktion darstellen lässt und spezifische Strukturannahmen, wie etwa eine Linearität der Nutzenfunktion (vgl. BREYER/ZWEIFEL/KIFMANN 2003:59).

232 Vgl. BRYAN et al. 2000:385 ff.; TELSER 2002:37 f.;

233 Wenn man also beispielsweise den Elektriker mit einem Bergmann oder Rennfahrer vergleicht (vgl. BREYER/ZWEIFEL/KIFMANN 2003:61 f.).

234 Vgl. BREYER/ZWEIFEL/KIFMANN 2003:62 f.; DRUMMOND et al. 2000:213; TELSER 2002:25 f., 32;

235 Z. B. kann das subjektiv geschätzte Unfallrisiko bei einem Beruf wesentlich von dem tatsächlichen abweichen!

- Die Entscheidungsfindung wird von vielen verschiedenen Faktoren beeinflusst, weshalb es fast unmöglich ist, den Einfluss eines bestimmten Aspekts isoliert zu betrachten.[236]

- Die Marktpreise der Vergleichsgüter variieren unter Umständen nur sehr gering oder auch gar nicht, sodass es nicht möglich ist, eine maximale Zahlungsbereitschaft herzuleiten.

- Bei der Ermittlung der Zahlungsbereitschaft für neu entwickelte Güter kann die Situation auftreten, dass noch kein in Beziehung stehender realer Markt als Vergleichsgrundlage zur Verfügung steht und somit kein Marktverhalten beobachtbar ist.

Besonders im Zusammenhang mit den ökonomischen Besonderheiten der Gesundheitsgüter[237], erlauben es daher oftmals diese und noch weitere Schwierigkeiten nicht, im Bereich des Gesundheitswesens für neu entwickelte Maßnahmen oder Medikamente die entsprechende maximale Zahlungsbereitschaft mit Hilfe der indirekten Methode zu ermitteln.

Ein weiteres Instrument zur Erfassung intangibler Effekte, das in den vergangenen Jahren große Bedeutung erlangt hat, ist das *„Konzept der gesundheitsbezogenen Lebensqualität“*. Auch wenn weitere psychosoziale Aspekte, wie z. B. die Zufriedenheit der Familien mit der Versorgung ihrer Kinder, in der empirischen Untersuchung berücksichtigt werden, soll aufgrund der Aktualität und der Komplexität des multidimensionalen psychologischen Lebensqualitäts-Konstrukts, das eine interdisziplinäre Betrachtungsweise erfordert, dieses Instrument im Folgenden in einem gesonderten Kapitel vorgestellt werden.

[236] Verschiedene Berufe unterscheiden sich z. B. durch folgende Faktoren, die sich auch auf die Lohnhöhe auswirken: das Risiko, die physischen und psychischen Anforderungen, die Ausbildungsdauer etc..

[237] Vgl. dazu Kapitel 4.1;

6 Die Erfassung intangibler Effekte am Beispiel der gesundheitsbezogenen Lebensqualität

Schmerz, Freude oder wieder gewonnenen Lebensmut sind Beispiele für Auswirkungen, die sich einerseits nur bedingt objektiv quantifizieren und monetär messen lassen, andererseits als Folge von Gesundheitsmaßnahmen auch aus gesundheitsökonomischer Sicht bedeutsam sind. Zudem wird gefordert, dass Indikatoren wie Lebensqualität und Humanität, also Aspekte des individuellen Patientennutzens gemäß § 70 SGB V, zukünftig bei den Krankenkassen als Evaluationsparameter mehr Berücksichtigung finden sollten.[238] Eine umfassende Beurteilung des Nutzens ist aber auch im Hinblick auf die Nachsorgemaßnahmen des *Bunten Kreises* erforderlich, deren Auswirkungen sicherlich eher das Wohlbefinden (und damit indirekt die Morbidität der betroffenen Familien und weniger die Mortalität) positiv beeinflussen können.

Im Rahmen der empirischen Untersuchung der intangiblen Effekte sollen deshalb ebenfalls psychosoziale Parameter – wie die subjektiv empfundene gesundheitsbezogene Lebensqualität der durch den *Bunten Kreis* betreuten Eltern von früh- und risikogeborenen Kinder sowie die Veränderung der elterlichen Lebensqualität im Laufe des Untersuchungszeitraums – in der Analyse berücksichtigt werden.

Nachdem in Abschnitt 6.1 zunächst die Beziehung zwischen ökonomischem Nutzen und intangiblen Effekten erörtert wird, erfolgt in Abschnitt 6.2 eine allgemeine Darstellung der Lebensqualität mit ihren Anwendungsgebieten. Anschließend werden ausgewählte Dimensionen mit zu berücksichtigenden Indikatoren zur Operationalisierung des komplexen Konstrukts der gesundheitsbezogenen Lebensqualität theoretisch erarbeitet. Abschnitt 6.3 widmet sich schließlich den methodische Grundlagen, wie z. B. mögliche Vorgehensweisen bei der Datenerhebung, relevante wissenschaftliche Gütekriterien sowie Klassifikationskategorien zur Einteilung der vorhandenen Messverfahren, bevor ein Fazit das Kapitel abschließt.

6.1 Zur ökonomischen Bedeutung psychosozialer Nutzenkomponenten

Unter Berücksichtigung der normativen Vorstellungen der Wohlfahrtsökonomie, werden als Referenzmaße bei ökonomischen Evaluationen (insbesondere aus der

---

238 Vgl. z. B. GLAESKE 1997:30, 34;

gesamtgesellschaftlichen Perspektive) die positiven und negativen Beiträge der zu bewertenden Maßnahme zur gesellschaftlichen Wohlfahrt herangezogen. Konkret sollen demnach Projekte, die einen positiven Nettobeitrag zur sozialen Wohlfahrt leisten, durchgeführt werden. Soziale Wohlfahrt wird dabei, in Anlehnung an HANUSCH, als die *Aggregation des individuellen Nutzens* definiert, wobei jedoch die Operationalisierung des Nutzenbegriffs ein Kernproblem der ökonomischen Wissenschaft darstellt.[239] Unter Berücksichtigung der Schwierigkeit einer exakten Definition, zeigt etwa MÖLLER folgende möglichen Bedeutungskategorien des Nutzens auf:[240]

1. Nutzen als formales Wertprädikat:

   In diesem Kontext bedeutet z. B. der rein begriffliche Ausdruck „höherer Nutzen", dass das Evaluierte im Vergleich bessere Eigenschaften aufweist, unabhängig davon worin dieser Vorteil besteht.

2. *Nutzen als die physische Eigenschaft von Gütern (oder Personen):*

   Bei diesem ältesten Nutzenverständnis wird die „Nützlichkeit", z. B. von Gegenständen, rein physisch bestimmt (objektive Nützlichkeit) oder als die Eigenschaften eines Gutes bezeichnet, „bestimmte (menschliche) Empfindungen zu erzeugen"[241] (subjektive Nützlichkeit).

3. N*utzen als psychische Eigenschaft:*

   Als „Nutzen" wird jedoch in den meisten Fällen – auch in der Ökonomie – ein psychischer Zustand bezeichnet, wobei Nutzen entweder als Präferenzintensität (Bevorzugung) oder als „Grad der Bedürfnisbefriedigung, den ein Wirtschaftssubjekt aus dem Konsum eines Gutes zieht"[242] verstanden werden kann.[243] Dabei stehen diese beiden Bedeutungsalternativen, wie Abbildung 6.1–1 verdeutlicht, in einem engen theoretischen Zusammenhang:

   Bedürfnisbefriedigung, als psychischer, unbeobachtbarer Zustand von Individuen, kann demnach als Konsequenz von intentionalem Verhalten (wie etwa dem Konsum eines bestimmten Gutes) beschrieben werden, das durch die dahinter stehenden Bedürfnisse und Präferenzen bedingt wird. Die Antezedensmerkmale „Bedürfnisse" und „Präferenzen" können unter Umständen

[239] Vgl. HANUSCH 1994:1 f.; WERNER 1996:114 ff.; MÖLLER 1983:89;
[240] Vgl. MÖLLER 1983:89 ff.;
[241] MÖLLER 1983:90;
[242] DICHTL/ISSING 1993 b:1541;
[243] Unter Bedürfnis wird in diesem Zusammenhang ein individuelles Mangelgefühl mit dem Streben nach Beseitigung bezeichnet (vgl. DICHTL/ISSING 1993 a:206).

wiederum durch frühere Bedürfnisbefriedigungen (positive Erfahrungen) determiniert werden.[244]

Abbildung 6.1-1: Theoretischer Zusammenhang zwischen Präferenzen, intentionalem Verhalten und Bedürfnisbefriedigung

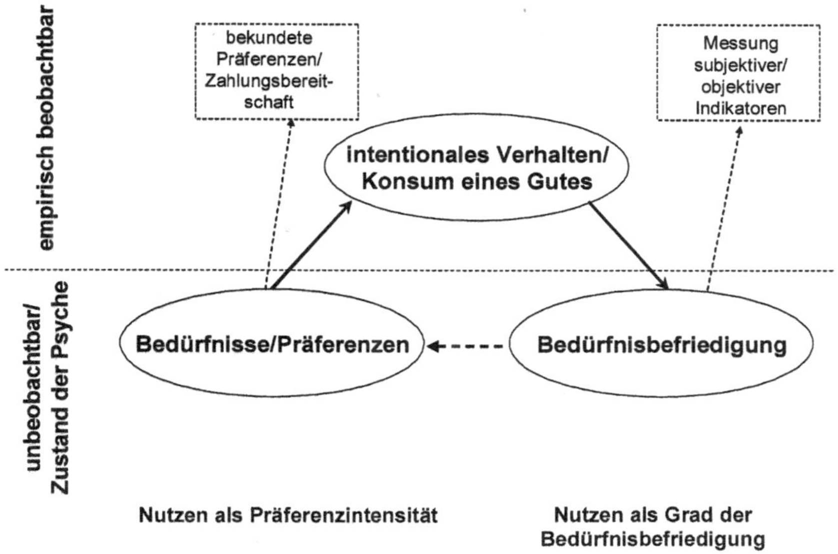

Quelle: Eigene Darstellung in Anlehnung an MÖLLER 1983:93

Wichtig für die empirische Evaluation des Nutzens (in diesem Fall des Einzelnutzens einer Gesundheitsleistung) ist hierbei die Tatsache, dass der Nutzen als psychische Eigenschaft nicht direkt beobachtbar ist, sondern nur mit Hilfe objektiver und subjektiver Indikatoren oder auch durch die Erfassung von beobachtbarem Verhalten (bekundete Präferenzen) gemessen werden kann.

Die Beziehung zwischen Bedürfnis/Präferenz, Verhalten und Bedürfnisbefriedigung ist weiterhin das zentrale Element eines größeren Modells, da mit diesem Kreislauf weitere beobachtbare und unbeobachtbare Entitäten verknüpft sind:[245]

244 Vgl. MÖLLER 1983:92 ff.;
245 Vgl. hierzu DICHTL/ISSING 1993 b:1541; MÖLLER 1983:93 ff.;

- Bedürfnisse und Präferenzen und somit der individuelle Nutzen eines Gutes hängen zum einen von der subjektiven Bedürfnisstruktur, also der Gesamtheit der Bedürfnisse eines Wirtschaftssubjekts, ab und werden zum anderen durch die Präferenzstruktur (die Ordnung der Bedürfnisse nach der Dringlichkeit[246]), den Wünschen, Interessen und persönlichen Motiven eines Individuums bestimmt.

- Weiterhin wird das Nutzenniveau von der verfügbaren Menge beziehungsweise durch die Knappheit des spezifischen Gutes wie auch durch soziale Faktoren (wie z. B. der soziale Status des beurteilenden Individuums)[247] beeinflusst.

- Die Bedürfnisbefriedigung hat wiederum Auswirkungen auf den emotionalen Zustand eines Menschen, wie z. B. auf seine Zufriedenheit, sein Glücksgefühl wie auch auf sein subjektives Wohlbefinden. „The amount of satisfaction ... depends partly on the state of ... desires and partly on how much of the commodity is available“[248]. Subjektives Wohlbefinden und somit auch Lebensqualität können folglich als Produkt der komplementären Faktoren Bedürfnis/Präferenz und Verhalten verstanden werden.[249]

Nachfolgendes Schema verdeutlicht nochmals zusammenfassend das Verhältnis des ökonomischen Nutzens zu psychosozialen Effekten unter Berücksichtigung der Grenze zwischen empirisch beobachtbaren und unbeobachtbaren Komponenten des Modells:

[246] Vgl. DICHTL/ISSING 1993 b:1675);
[247] Vgl. dazu z. B auch die Ausführungen in Kapitel 3.3.3!
[248] PIGOU 1951:293;
[249] Vgl. MÖLLER 1983:91 ff.;

Abbildung 6.1-2: Modell zur ökonomischen Bedeutung psychosozialer Effekte

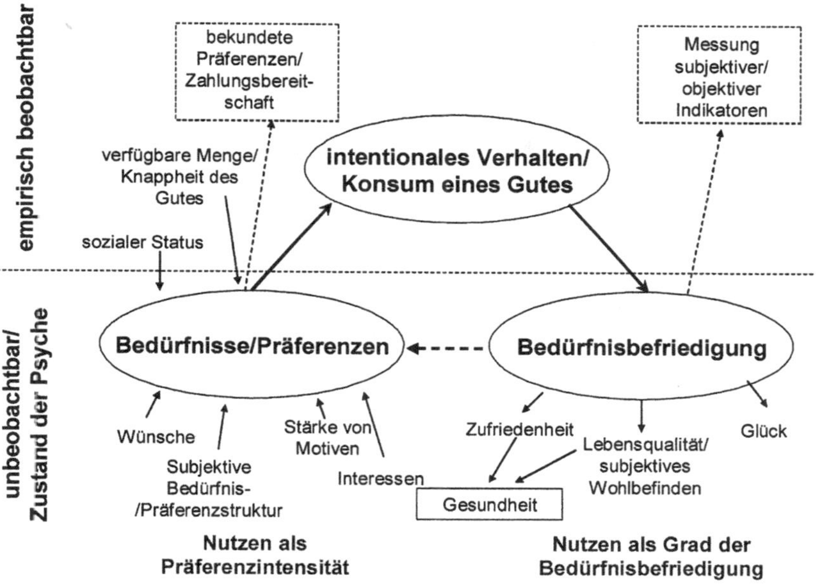

Quelle: Eigene Darstellung in Anlehnung an MÖLLER 1983:96

6.2 Das Konstrukt der gesundheitsbezogenen Lebensqualität

Trotz zahlreicher Publikationen zum Thema existiert bis heute keine einheitliche, allgemein anerkannte nominale Definition der Lebensqualität. Dies liegt unter anderem darin begründet, dass neben dem persönlich empfundenen Gesundheitsstatus zahlreiche weitere Faktoren das Wohlbefinden einer Person beeinflussen. So z. B. die Gestaltung des täglichen Lebens (wie Wohnqualität und Ernährung), das private und berufliche Umfeld, persönliches Glück, kulturelle, politische und auch religiöse Gegebenheiten, das Einkommen etc.. Aufgrund dieser vielfältigen Facetten und Bedeutungsmöglichkeiten wird seit etwa zwanzig Jahren in den verschiedensten Forschungsbereichen versucht, das Konstrukt der Lebensqualität zu definieren und zu operationalisieren[250]:

[250] Vgl. BRÜGGENJÜRGEN 1994:7; BULLINGER 2002:331 f.; HOFFMANN/SCHÖFFSKI 2002:247 f.;

Während in der *Philosophie* „die historische Suche nach dem glücklichen, guten Leben eng mit dem Konstrukt Lebensqualität verbunden“[251] ist, sind insbesondere Aspekte wie die Lebenszufriedenheit und das subjektives Wohlbefinden methodische Forschungsschwerpunkte der *Psychologie*. Aus der *soziologischen* Perspektive ist indessen der Zusammenhang zwischen Sozialindikatoren und Lebensqualität von Interesse, wobei Fragestellungen wie z. B. “Gibt es einen Zusammenhang zwischen sozialer Lage und (gesundheitsbezogener) Lebensqualität?“ untersucht werden.[252]

Im Bereich der *Medizin* wird ebenfalls zunehmend versucht, Lebensqualitäts-Indikatoren als Kriterium zur Planung und zur Bewertung von Therapien heranzuziehen. Diese Tendenz liegt vor allem darin begründet, dass durch die noch immer steigende Lebenserwartung auch die Zahl der chronisch kranken Menschen zunimmt. Da in diesen Fällen medizinische Interventionen und auch Arzneimittel „weder die volle Arbeitsfähigkeit wiederherstellen noch die Mortalität spürbar beeinflussen“[253], jedoch das Wohlbefinden und die Lebenszufriedenheit[254] des Patienten deutlich steigern können, stößt hier die herkömmliche Therapieevaluation an ihre Grenzen. Zudem gibt es neben den chronischen Krankheitsbildern weitere Diagnosegruppen, die zwar nicht die Lebenserwartung, aber das Wohlbefinden der Menschen nachhaltig einschränken können (z. B. Hautkrankheiten oder Schmerzzustände).[255] Das Konstrukt der Lebensqualität wird im Bereich der *Epidemiologie* auch zur Planung des Behandlungsbedarfs unter Zuhilfenahme des aktuellen Lebensqualitätsstatus besonders schwer erkrankter Individuen genutzt. Epidemiologische Forschungen haben zudem gezeigt, dass das subjektive Befinden und Handlungsvermögen als eigenständige Parameter zur Prognose des zukünftigen Morbiditäts- und Mortalitätsrisikos herangezogen werden können.[256]

Schließlich werden, wie bereits erwähnt, im Rahmen der Evaluation von Gesundheitsmaßnahmen auch in der *Gesundheitsökonomie* (als wirtschaftswissenschaftliches Fachgebiet) immer häufiger intangible Effekte – wie z. B. die Lebensqualität der Betroffenen – bei einer qualitätsorientierten, gesamtgesellschaftlichen Betrachtungsweise berücksichtigt. Der gesundheitsökonomischen Verwendung von Lebensqualitätsindikatoren attestiert BULLINGER/RAVENS-

---

251 BRÜGGENJÜRGEN 1994:7;

252 Vgl. z. B. SIEGRIST et al. 2000:307 ff.;

253 HOFFMANN/SCHÖFFSKI 2002:248;

254 Lebenszufriedenheit wird als ein Indikator für Lebensqualität verstanden (vgl. etwa BULLINGER/KIRCHBERGER/STEINBÜCHEL 2000:120).

255 Vgl. hierzu z. B. FRICKE/SCHÖFFSKI 2002:111; GREINER/SCHULNEBURG, Graf v. d. 1995:79;

256 Vgl. BULLINGER 2000 a:21; PORZSOLT/RIST 1997:20; SIEGRIST et al. 2000:308;

SIEBERER/SIEGRIST zudem in Zukunft eine „steigende Bedeutung für die Begründung von Entscheidungen über knappe, zu verteilende Mittel im Gesundheitswesen sowie für die Gesundheitsplanung“[257].

Im medizinischen Bereich wie auch in der gesundheitsökonomischen Forschung sind allerdings nicht alle globalen menschlichen Lebensbedingungen, welche die Lebensqualität beeinflussen, von Bedeutung. Für den Gesundheitsbereich und die damit verbundenen Forschungsschwerpunkte stehen insbesondere Aspekte im Mittelpunkt des Interesses, welche mit dem Gesundheitszustand des Menschen direkt in Wechselwirkung stehen.[258] Bei diesem eingegrenzten theoretischen Konstrukt – der so genannten *gesundheitsbezogenen Lebensqualität* – wird die Betrachtung unter anderem auf Dimensionen fokussiert, welche bereits von der WHO 1946 im Kontext der ideellen Definition von Gesundheit angeführt wurden: Gesundheit wird im Rahmen ihrer Konstitution als ein Zustand vollkommenen körperlichen, geistigen und sozialen Wohlbefindens definiert und nicht allein durch das Fehlen von Krankheiten und Gebrechen.[259] Zur Konkretisierung der gesundheitsbezogenen Lebensqualität sollen demzufolge in dieser Arbeit folgende (auch international anerkannte) Dimensionen zur Operationalisierung dieses multidimensionalen theoretischen Konstrukts berücksichtigt werden:[260]

- die physische Gesundheit,
- das psychische beziehungsweise emotionale Wohlbefinden sowie
- die soziale Eingebundenheit der beteiligten Probanden.

6.3 Die Dimensionen der gesundheitsbezogenen Lebensqualität

Um die gesundheitsbezogene Lebensqualität als Outcomegröße in der Evaluation berücksichtigen zu können, muss diese erfasst (und unter Umständen auch bewertet) werden. Da eine Messung oder Beobachtung allerdings auf direktem Wege nicht möglich ist, soll anhand der ausgewählten Dimensionen das theoretische Konstrukt operationalisiert und über die Verwendung geeigneter Indikatoren messbar gemacht werden.

---

[257] BULLINGER/RAVENS-SIEBERER/SIEGRIST 2000:18;
[258] Vgl. z. B. WASEM/HESSEL 2000:328 f.; BRÜGGENJÜREN 1994:9;
[259] ORGANISATION MONDIALE DE LA SANTÉ (WELTGESUNDHEITSORGANISATION) 1946:3;
[260] Vgl. z. B. BUCHBORN 1993:19, 25; BULLINGER 2000 a:14; WALKER 1988:153;

6.3.1 Die physische Dimension

Auf der Ebene der somatischen Gesundheit sind Aspekte, wie z. B. Behinderungen jeglicher Art, das Vorliegen akuter beziehungsweise chronischer Krankheitssymptome, Schmerzen, Schlafmangel (der so die erforderliche körperliche Regeneration beeinträchtigen kann) oder anderer Beschwerden, von Interesse.[261]

Da unter Umständen somatisch bedingte Belastungen zu einer subjektiv schlechteren Einschätzung des Wohlbefindens führen können, sind meines Erachtens bei der empirischen Untersuchung auch Indikatoren der physischen Dimension zu berücksichtigen, welche durch die Nachsorgemaßnahmen des *Bunten Kreises* nicht direkt beeinflusst werden können (etwa das Vorliegen einer Behinderung oder einer chronischen Erkrankung).

6.3.2 Die psychische Dimension

Gesundheitsbezogene Lebensqualität wird außerdem entscheidend dadurch beeinflusst, wie die Familie die kritische Lebenssituation[262] der verfrühten beziehungsweise mit Komplikationen verbundenen Geburt wahrnehmen und auch verarbeiten.[263] Die Entbindung ihres früh- oder risikogeborenen Kindes stellt einen plötzlichen Einschnitt im Lebenslauf der Eltern dar, der eine Anpassung des Person-Umwelt-Gefüges erfordert. Zudem können solche kritischen Lebensereignisse potentiell als stresserzeugend angesehen werden.[264]

Folglich ist es zur Erfassung des psychischen Wohlbefindens notwendig, neben der individuellen Wahrnehmung und Einschätzung dieses Ereignisses durch die Eltern (unter Berücksichtigung ihrer aktuellen psychischen Befindlichkeit sowie negativer und positiver Emotionen), auch den subjektiven Prozess der Bewältigung dieser Situation zu erfassen. Weiterhin sind meines Erachtens Faktoren zu beachten, die auf den Ablauf des Bewältigungsprozesses maßgeblich Einfluss nehmen können: z. B. das Kontrollbewusstsein, das persönliche Erfahrungswis-

---

261 Vgl. hierzu BORBÉLY 1991:168 ff.; BUCHBORN 1993:25;

262 Als *kritische Lebensereignisse* (critical life events) werden, in Anlehnung an CLAUß et al., einschneidende Veränderungen in der Lebenssituation einer Person bezeichnet, die für sie emotional bedeutsam sind und eine Neuanpassung des Verhaltens erfordern. Charakteristisch ist, daß diese sowohl als positiv wie auch als negativ empfunden werden können (vgl. CLAUß et al. 1995:258).

263 Vgl. KUPSCH/KERN/HALLAUER 1998:142;

264 Vgl. FILIPP 1995 a:23 f.. Insbesondere SEYLE führte den Ausdruck „Stress" als psychophysiologische Bezeichnung für erhöhte psychische und physische Belastungen, die im Organismus bestimmte Reaktionen auslösen, in die Psychologie ein (vgl. dazu BAILER 1989:11; CLAUß et al. 1995:449).

sen und weitere so genannte *personale Copingressourcen*, die in der Persönlichkeit des Individuums begründet sind.[265] Außerdem gibt es Merkmale der Umwelt, die helfen, Probleme und Belastungen erfolgreich zu bewältigen und somit die gesundheitsbezogene Lebensqualität positiv beeinflussen. Auf diese *sozialen Copingressourcen* wird im Rahmen der Darstellung der sozialen Dimension der gesundheitsbezogenen Lebensqualität in Gliederungspunkt 6.3.4 detailliert eingegangen.

6.3.3 Exkurs: Das transaktionale Konzept für Stress und Stressbewältigung nach LAZARUS

In Anlehnung an BAILER lassen sich innerhalb der psychologischen Stressforschung nach dem Schwerpunkt der Beschreibungsebene im Wesentlichen drei verschiedene Ansätze unterscheiden:[266]

1. *Stimuluskonzepte*, welche die externen, auslösenden Bedingungen (unabhängig von Personen) als Stress definieren. Zu diesem Forschungsbereich gehören z. B. Untersuchungen zum Stress am Arbeitsplatz und die Live-event-Forschung.

2. *Reaktions- und Aktivationskonzepte*, die bestimmte mentale und biologische Reaktionen des Organismus als Stress betrachten, wobei die Stressursache unberücksichtigt bleibt. In diesem Zusammenhang sind das biologische Modell von SEYLE und die ebenso von ihm eingeführte Unterscheidung zwischen „Eustress“ und „Distress“ zu erwähnen.

3. *Transaktionale Stresskonzepte* bezeichnen den gesamten Prozess der Auseinandersetzung der betroffenen Person mit stressauslösenden Bedingungen als Stress. Dabei werden sowohl die Stimuli (Umwelt) als auch die Reaktionen (Person) berücksichtigt. Dieses von LAZARUS und seiner Forschungsgruppe an der Berkeley-Universität entwickelte transaktionale, psychologische Stressmodell soll in diesem Exkurs kurz vorgestellt werden, weil die differenzierte theoretische Konzeption wesentliche Variablen für die vorliegende Thematik beinhaltet.

LAZARUS und Mitarbeiter[267] vertreten in diesem Zusammenhang prinzipiell folgende Auffassung:

---

[265] Vgl. DANISH/D'AUGELLI 1995:163 f.; FILIPP 1995 a:19;
[266] Vgl. 1989:11 ff.;
[267] Zu der Gruppe um LAZARUS gehören unter anderem LAUNIER und FOLKMAN.

> „Psychischer Streß gründet weder in der Situation noch in der Person, obschon er von beiden abhängt. Er entsteht vielmehr aus der Art, wie die Person die adaptive Beziehung einschätzt. Diese Beziehung läßt sich am Besten als *Transaktion* bezeichnen.“[268]

Jedes beliebige Ereignis kann demnach durch die Bewertung der Person zu einem Stressor werden. Es handelt sich somit um eine prozesshafte, wechselseitige Person-Umwelt-Auseinandersetzung, in der die Beziehungen zwischen Person und Umwelt durch verschiedene Formen der Wahrnehmung und Bewertung seitens der Person definiert werden. Dabei können verschiedene Phasen kognitiver Einschätzung unterschieden werden: Zunächst erfolgt eine primäre Einschätzung (*primary appraisal*) bei der eine Situation als irrelevant, angenehm positiv oder als potentieller Stressor bewertet werden kann. Wird ein Ereignis als stressrelevant eingestuft – was besagt, dass es bedeutsam und nicht mit einer normalen Alltagsreaktion beantwortbar ist – findet eine weitere Differenzierung nach folgenden Kategorien statt (*secondary appraisal*):

- *Schädigung oder Verlust* – hierbei muss aber bereits eine Beeinträchtigung real erfolgt sein, wie beispielsweise Trauer der Eltern wegen der verfrühten Geburt ihres Kindes;
- *Bedrohung* – eine Beeinträchtigung wird erwartet oder
- *Herausforderung*, worunter eine Gelegenheit für Wachstum, Gewinn, Erfolg usw. gesehen wird.

Im Prozess dieser sekundären Einschätzung, der auch simultan zu der ersten Bewertungsstufe erfolgen kann, beurteilt das Individuum seine Möglichkeiten, wie es eine stressbezogene Auseinandersetzung erfolgreich bewältigen kann. Anschließend werden die ausgewählten Bewältigungsstrategien eingesetzt und in einem weiteren Bewertungsschritt (*reappraisal*) auf ihre Effektivität hin überprüft und gegebenenfalls korrigiert.[269]

Unter dem Begriff „Coping“ (Bewältigungsverhalten) werden in Anlehnung an LAZARUS/FOLKMAN weiterhin alle (kognitiven und verhaltensmäßigen) Bemühungen subsumiert, die Menschen unternehmen um spezifische externe und/oder interne Anforderungen zu bewältigen, welche als die Ressourcen der Person erschöpfend oder übersteigend beurteilt werden können:

---

[268] LAZARUS, zit. nach BRANDTSTÄDTER 1982:90;

[269] Vgl. dazu BRANDTSTÄDTER 1982:90 f.; LAZARUS 1995:212 ff.; LAZARUS/FOLKMAN 1984:22 ff.; SCHWARZER/WALSCHBURGER 1985:1 f.;

„We define coping as *constantly changing cognitive and behavioral efforts to manage specific external and/or internal demands that are appraisal as taxing or exceeding the resources of the person.*“[270]

Im Unterschied zum alltäglichen Problemlösungsverhalten stehen demnach keine routinemäßigen und automatisierten Reaktionsmuster zur Verfügung. Auch stellt die Bewältigung einer bestimmten Situation nie eine Einzelaktion dar, sondern ist „eine Konstellation aus vielen Handlungen und Gedanken“[271]. Ziel dieses Bewältigungsprozesses ist nun „die Wiederherstellung eines neuen Passungsgefüges zwischen Person und Umwelt“[272].

Schließlich entwickelten LAZARUS und Kollegen vier mögliche Kategorien von Bewältigungsstrategien, welche die spezifischen, individuellen Reaktionsformen subsumieren: Informationssuche, direkte Aktionen, Aktionshemmung sowie intrapsychische Bewältigungsformen, welche der Emotionsregulierung zur Verfügung stehen. Sie können sowohl der instrumentellen Problemlösung als auch der Emotionsregulierung dienen, sich auf die Umwelt oder das Individuum beziehen und auf vergangene, augenblickliche oder zukünftige Ereignisse gerichtet sein.[273]

Grafik 6.3-1 soll resümierend die Prozessstruktur des Konzeptes für Stress und Stressbewältigung nach LAZARUS verdeutlichen. Wie jedes theoretische Konzept weist jedoch auch dieser Bewältigungsansatz Schwachpunkte auf. Das zentrale Problem liegt darin, dass unzählige Faktoren und Interaktionen berücksichtigt sowie globale Reaktionsmöglichkeiten beschrieben werden, gleichzeitig aber präzise Aussagen fehlen.[274] Aufgrund dessen kann die Operationalisierung und Erfassung dieser Mechanismen ebenfalls Schwierigkeiten bereiten.[275]

---

[270] LAZARUS/FOLKMAN 1984:141;
[271] LAZARUS 1995:221;
[272] FILIPP 1995 a:39;
[273] Vgl. LAZARUS 1995:218 ff.;
[274] Vgl. ROSCH INGLEHART 1988:29;
[275] Genauere Ausführungen über methodische Probleme – siehe LAZARUS 1995:220 ff.;

Abbildung 6.3-1: Transaktionales Konzept für Stress und Stressbewältigung nach LAZARUS

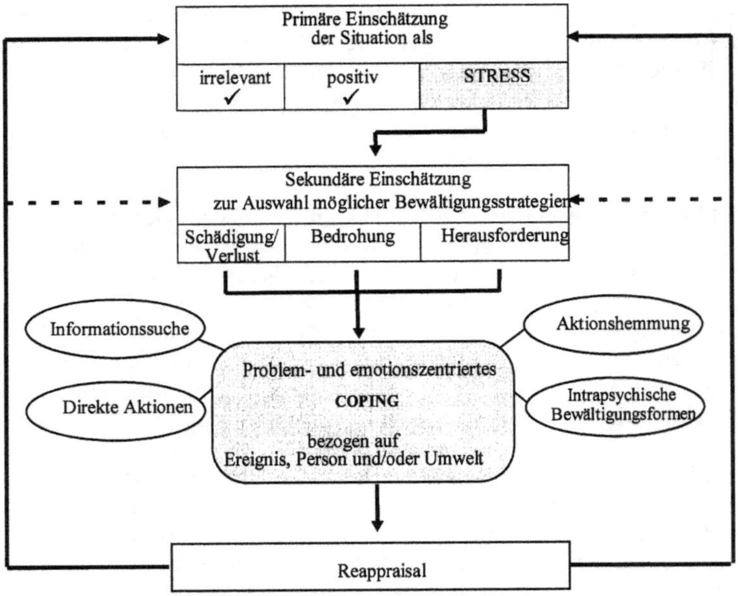

Quelle: Eigene Darstellung

6.3.4 Die soziale Dimension

> „Die sozialen Bindungen eines Individuums an seine Mitmenschen scheinen die wichtigste Determinante seiner Lebenserwartung, seiner psychischen und physischen Gesundheit und seines allgemeinen psychologischen Wohlbefindens."[276]

Da Lebensqualität eng mit der Qualität zwischenmenschlicher Beziehungen zusammenhängt[277], ist es für eine mehrdimensionale Betrachtung der gesundheits-

[276] WALTZ 1981:48;
[277] Vgl. z. B. WALTZ 1987:91:

bezogenen Lebensqualität notwendig, auch Indikatoren des sozialen Wohlbefindens der Familie mit zu berücksichtigen. Auch wenn die Begriffe „soziales Netzwerk“ und „soziale Unterstützung“ teilweise synonym verwendet werden, verkörpern sie unterschiedliche Aspekte des sozialen Umfelds einer Person: Während das soziale Netzwerk die *Struktur* der Beziehungen von Personen oder Personengruppen beschreibt, stellt soziale Unterstützung (engl. *social support*) potentielle *Inhalte* der Beziehungen in dem Netzwerk dar.[278] Da bei der empirischen Studie die Eltern bzw. die Kernfamilie der früh- und risikogeborenen Kinder im Mittelpunkt der Betrachtung stehen, ist hier eine Fokussierung auf den speziellen Typ des *persönlichen oder egozentrierten Netzwerkes* angebracht. Zu einem persönlichen Netzwerk können Familienmitglieder, Freunde und Nachbarn ebenso gehören wie professionelle Helfer oder Mitglieder von Selbsthilfegruppen.[279]

Der komplexe, prozesshaft aufzufassende Gegenstandsbereich „Soziale Unterstützung“ ist wiederum mit verschiedenen soziologischen und psychologischen Forschungstraditionen verknüpft, weshalb auch die verschiedensten Ansätze, Konzepte und Operationalisierungen zu finden sind. In sozialepidemiologischen Publikationen ist ebenfalls weder auf theoretischer noch auf operationaler Ebene eine einheitliche, konforme Definition von *social support* zu finden Es gibt Ansätze, welche die Befriedigung grundlegender menschlicher Bedürfnisse (wie emotionale Nähe oder Bestätigung des Selbstwertes) durch soziale Kontakte in den Mittelpunkt der Betrachtungen stellen. Dabei wird angenommen, dass sich soziale Unterstützung direkt und situationsungebunden förderlich auf das psychische und physische Wohlbefinden und die Lebensqualität einer Person auswirkt – unabhängig davon ob die Person Stressoren ausgesetzt ist oder nicht (Direkteffekt). Andere Konzepte beschäftigen sich dagegen mit sozialer Unterstützung als Copingressource, wobei die These vertreten wird, dass in Ausnahmesituationen oder bei spezifischen belastenden Ereignissen die Unterstützung die Belastung mildert bzw. „abfedert“ (Puffereffekt).[280]

Konkrete Arbeitshilfen (wie z. B. Unterstützung bei der Hausarbeit oder bei der Kinderbetreuung) und auch finanzielle Unterstützung können dabei nicht nur die Inzidenz von Erkrankungen reduzieren beziehungsweise (bei Vorliegen einer Erkrankung) die Genesung beschleunigen, sondern helfen auch durch die gezielte Entlastung Stress zu verringern.[281] Bei einer empirischen Überprüfung des Zusammenhanges zwischen sozialen Netzwerken, Stress und Mortalität zeigt zudem KLEIN et al., dass insbesondere die soziale Unterstützung und weniger

[278] Vgl. KLUSMANN 1989:17;
[279] Vgl. ANGERMEYER/KLUSMANN 1989:2;
[280] Vgl. DIEWALD 1991:91 ff.; EDER-DEBYE 1988:5;
[281] Vgl. COHEN/WILLS 1985:313;

die Menge der sozialen Beziehungen in einem sozialen Netzwerk das Mortalitätsrisiko positiv beeinflusst: „Ausschlaggebend für den Einfluss des sozialen Netzwerkes auf die Mortalität erscheinen eher die psychisch-emotionalen Auswirkungen sozialer Beziehungen und deren materiellen Unterstützungsleistungen als die bloße Integration in die Gesellschaft und die Abwesenheit von Anomie.“[282] Weiterhin ist die Unterscheidung zwischen *Quantität* (Anzahl der Helfer oder Häufigkeit der Unterstützung) und *Qualität* sozialer Unterstützung (bei der die Bewertung der Angemessenheit der zur Verfügung stehenden Unterstützungsleistungen im Vordergrund steht) von großer Bedeutung. Besonders bei der subjektiven Einschätzung durch die Zielperson einer Unterstützungsleistung kann es vorkommen, dass nicht alle Hilfestellungen, die ursprünglich in helfender Absicht angeboten wurden, vom Empfänger als hilfreich (sondern eher negativ) bewertet werden. Ursache dafür kann z. B. die mangelnde Kompatibilität von Unterstützungsbedürfnissen und Unterstützungsangeboten sein, das Gefühl des Hilfeempfängers, sich später revanchieren zu müssen oder auch die Minderung seines Selbstwertgefühles, weil er auf die Unterstützung anderer angewiesen ist.[283]

6.4 Methodische Grundlagen zur Erfassung der gesundheitsbezogenen Lebensqualität

Aufgrund des vielfältigen Interesses an der Erforschung der Lebensqualität, wurde im Laufe der Jahre auch eine entsprechend große Zahl unterschiedlichster Messinstrumente zur Erfassung dieses Konstruktes entwickelt. Angesichts der Fülle der vorhandenen Konzepte und methodischen Ansätze, ist es im Kontext dieser Arbeit deshalb nicht möglich, die vorhandenen Verfahrenweisen umfassend zu diskutieren. In den folgenden Ausführungen werden deshalb die erforderlichen methodischen Grundlagen zur Erfassung der gesundheitsbezogenen Lebensqualität vorgestellt um so einen einheitlichen theoretischen Bezugsrahmen für die empirische Untersuchung zu erhalten.

6.4.1 Mögliche Vorgehensweisen bei der Erhebung der gesundheitsbezogenen Lebensqualität

Bei der Erhebung der gesundheitsbezogenen Lebensqualität sind prinzipiell zwei unterschiedliche Strategien – Selbsteinschätzung oder Fremdeinschätzung – denkbar. Bei der *Fremdeinschätzung* beurteilen z. B. Familienangehörige,

[282] KLEIN et al. 2002:446;
[283] Vgl. DIEWALD 1991:81 f.; EDER-DEBYE 1988:9 f.; FILIPP/AYMANNS 1987:388 f.;

Freunde oder auch der betreuende Hausarzt mit Hilfe von Checklisten die Lebensqualität des Betroffenen. Insbesondere in den Anfängen der Lebensqualitätsforschung, in den vierziger Jahren, wurden diesbezüglich Ärztebefragungen mit dem Ziel durchgeführt, möglichst objektive Urteile angesichts der Kompetenz und Erfahrung dieses Personenkreises zu erhalten.[284] Bei dieser Vorgehensweise sind jedoch lediglich Aspekte der physischen, verhaltensbezogenen Dimension – also etwa die Einschränkungen bei Alltagsaktivitäten – zuverlässig erfassbar. Bereits bei der Einschätzung, welche Bedeutung der Betroffene diesen Beschwerden beimisst, stößt die Fremdeinschätzung aber an ihre Grenzen. Auch die subjektive Lebensqualität, insbesondere die psychische, emotionsbezogene Ebene ist durch Dritte (wenn überhaupt) nur mittelbar[285] und somit unzureichend einschätzbar.[286]

Vorausgesetzt die einzelnen Studienteilnehmer sind in der Lage und auch bereit, über ihre Lebensqualität Auskunft zu geben, können demgegenüber bei einer persönlichen *Selbsteinschätzung* – in diesem Fall der Eltern früh- und risikogeborener Kinder – umfassend die physischen, psychischen und sozialen Gesichtspunkte beurteilt werden. In diesem Zusammenhang ist auch erwähnenswert, dass bei Vergleichen von Fremd- und Selbsteinschätzungen erhebliche Abweichungen der Ergebnisse festgestellt wurden: Während bei der Fremdeinschätzung Beschwerden im somatischen Bereich eher überschätzt werden, erfolgt bei den Beeinträchtigungen auf der psychischen und sozialen Ebene eher eine Unterschätzung. Zudem zeigen sich auch Diskrepanzen zwischen den Ergebnissen von Fremdbeurteilungen verschiedener Bezugspersonen des sozialen Umfelds der Betroffenen.[287]

Somit hat sich im Hinblick auf die (gesundheitsbezogene) Lebensqualität die persönliche Befragung des Betroffenen auch auf internationaler Ebene durchgesetzt, da nur so die subjektive Einschätzung erfassbar ist. In Ausnahmefällen ist jedoch eine Fremdeinschätzung unumgänglich, wie z. B. bei eingeschränkter Urteilskraft des Betroffenen in psychischer oder auch physischer Hinsicht (etwa bei geistiger Behinderung, Bewusstlosigkeit, Demenz oder auch bei Babys und Kleinkindern!).[288]

---

284 Vgl. LEU/GERFIN/SPYCHER 1990:129;

285 Z. B. über Informationen, welche die Bezugspersonen in Gesprächen mit dem Betroffenen erworben haben.

286 Vgl. z. B. HOFFMANN/SCHÖFFSKI 2002:251 ff.; BITZER 2003:455;

287 Vgl. BRÜGGENJÜRGEN 1994:14; FAYERS/MACHIN 2000:15 f.;

288 Vgl. BULLINGER 2000 a:17, BULLINGER/RAVENS-SIEBERER/SIEGRIST 2000:12; RAVENS-SIEBERER 2000:279;

6.4.2 Gütekriterien zur Messung der Lebensqualität

Erhebungsinstrumente, insbesondere zur psychometrischen Erfassung der Lebensqualität, sollten unter anderem folgende grundsätzliche klassische Gütekriterien erfüllen:[289]

Objektivität:
Der Grad der Objektivität verdeutlicht, in welchem Maß ein Instrument, unabhängig von den an der Durchführung einer Studie beteiligten Personen, identische Ergebnisse liefert. Bei einer differenzierteren Betrachtung können dabei drei Arten von Objektivitätsmaßen unterschieden werden:

- Die *Durchführungsobjektivität* ist umso größer, je weniger z. B. der Interviewer die Probanden (etwa durch persönliche Meinungen, seine Mimik oder sein äußerliches Erscheinungsbild) beeinflusst.
- Die *Auswertungsobjektivität* misst die Unabhängigkeit der erzielten Ergebnisse von den mit der Auswertung befassten Personen. Die Gefahr einer zu geringen Auswertungsobjektivität kann jedoch mit Hilfe der Anwendung quantitativer, standardisierter Erhebungsnethoden weitgehend vermieden werden.
- Schließlich gibt es noch die so genannte *Interpretationsobjektivität*, die durch einen minimalen Interpretationsspielraum bei der Auswertung maximiert werden kann.

Reliabilität:
Die Reliabilität (Zuverlässigkeit) prüft die Präzision eines Instruments, also inwieweit unsystematische Abweichungen die Messung beeinflussen. Dies beinhaltet zum einen die Kontrolle der Messstabilität (also inwieweit wiederholte Messungen das gleiche Ergebnis reproduzieren) und zum anderen die Untersuchung der internen Konsistenz (also inwieweit die Einzelitems einer Dimension kohärieren)[290]. Folglich ist es sehr wichtig, die Indikatoren möglichst genau zu definieren und abzugrenzen.

---

[289] Vgl. dazu BRÜGGENJÜRGEN 1994:10 f.; DIEKMANN 1999:216 ff.; HEEL/STEINBÜCHEL 2000:245; KRAUTH/RIEGER 2000:358; SCHÖFFSKI 2002 b:265 f.;

[290] Die Reproduzierbarkeit kann z. B. mit Hilfe des PEARSONS-Korrelationskoeffizienten oder dem Intraklassenkoeffizienten gemessen werden (diese sollten größer als 0,70 sein), die interne Konsistenz dagegen mittels CRONBACH´s α (größer als 0,80) (vgl. dazu HEEL/STEINBÜCHEL 2000:245).

Validität:
Die Validität (oder auch Gültigkeit) ist ein Maß für die Fähigkeit eines Instruments, möglichst vollständig den zu untersuchenden Sachverhalt mit Hilfe der Daten zu erfassen. Es wird also kontrolliert, wie gewichtig systematische Fehler in der Befragung auftreten. Während die so genante *Inhaltsvalidität* erfüllt ist, „wenn das Befragungsinstrument ... das zu bewertende Objekt in seinen Bestandteilen erschöpfend abbildet“[291] (also wenn die Items möglichst aus einem umfangreichen Datenpool generiert wurden), fordert die *Kriteriumsvalidität*, dass die Messung mit mindestens einem externen Kriterium empirisch korrelieren sollte. Die *Konstruktvalidität* erlaubt schließlich auch eine Aussage im Hinblick auf „die Brauchbarkeit von Meßinstrumenten für die Entwicklung von Theorien“[292] sowie die Operationalisierung des theoretischen Konstruktes. So kann z. B. mit Hilfe der Faktorenanalyse oder von Gruppenvergleichen der mittleren Skalenwerte die Übereinstimmung zwischen dem zugrunde liegenden Objekt und den empirischen Daten gemessen werden.

Auch wenn objektive und reliable Instrumente nicht unbedingt valide sein müssen, so stehen diese drei Gütekriterien doch in einem engen, hierarchischen Verhältnis zueinander: Die Objektivität ist eine notwendige, wenn auch nicht hinreichende Bedingung für die Reliabilität, welche wiederum ein notwendige (aber ebenfalls nicht hinreichende Bedingung) für die Validität verkörpert. Demzufolge ist das eigentliche Ziel bei Methodenentwicklung, möglichst valide Messinstrumente zu konstruieren, wobei die Objektivität wie auch die Reliabilität Minimalvoraussetzungen darstellen.[293]

Neben den klassischen Qualitätskriterien sind unter anderem folgende weiteren Eigenschaften für die Messung des Konstruktes der gesundheitsbezogenen Lebensqualität von Bedeutung:

- *Sensitivität:* Die verwendeten Skalen sollten möglichst empfindlich gegenüber Veränderungen der gesundheitsbezogenen Lebensqualität durch die evaluierte Intervention sein, also auch geringfügige Unterschiede abbilden.[294]
- *Verständlichkeit und Praktikabilität*: Das Erhebungsinstrument sollte zwar einerseits erschöpfend das zu messende Konstrukt erfassen, andererseits aber (für die Interviewer wie auch für die Untersuchungsteilnehmer) einfach, problemlos und zeitsparend anwendbar sein. Deshalb sollte auch je nach

291 KRAUTH/RIEGER 2000:358;
292 DIEKMANN 1999:224;
293 Vgl. DIEKMANN 1999:227;
294 Vgl. z. B. BRÜGGENJÜRGEN 1994:11;

Feldzugang „der Erhebungsaufwand auf die unbedingt notwendigen Messdimensionen beschränkt werden“[295].[296]

6.4.3 Klassifizierung der Messinstrumente

Nach Berechnungen von BULLINGER, existierten bereits im Jahr 2000 an die 1.500 Messinstrumente zur Erfassung der Lebensqualität.[297] Wie in diesem Abschnitt überblicksweise vorgestellt wird, können die zahlreichen Konzepte und Verfahrensweisen zur Erfassung der gesundheitsbezogenen Lebensqualität nach folgenden Kriterien verschiedenen Subgruppen zugeordnet werden:

- Spezialisierungsgrad bezüglich der Indikation (Gliederungspunkt 6.4.3.1),
- Skalenniveau (Gliederungspunkt 6.4.3.2) oder auch
- Grad der Aggregation der erzielten Ergebnisse (Gliederungspunkt 6.4.3.3).

6.4.3.1 Spezialisierungsgrad der Instrumente bezüglich der Indikation

Im Hinblick auf den Spezialisierungsgrad bezüglich der Indikation können *diagnose- und problemübergreifende (generische)* Verfahren sowie *krankheitsspezifische* Messverfahren unterschieden werden. Generische Methoden erfassen dabei die Lebensqualität der Probanden unabhängig von ihrem aktuellen Gesundheitszustand beziehungsweise dem zugrunde liegenden Ereignis. Dazu zählen häufig angewandte Verfahren wie etwa der „Medical Outcome Study 36-Item Short Form Health Survey“ (SF-36), der „Health-Utility-Index Mark III“ (HUI Mark III) beziehungsweise der EuroQol-Fragebogen (EQ-5D).[298]

Demgegenüber sind diagnosespezifische Messverfahren eher auf die Erfassung von Lebensqualitätsänderungen fokussiert, welche z. B. durch eine spezifische Erkrankung ausgelöst werden. Dies hat zur Folge, dass solche Instrumente eine relativ hohe Sensitivität im Hinblick auf Veränderungen aufweisen, jedoch lediglich Vergleiche innerhalb einer begrenzten Patientenpopulation ermöglichen.[299]

---

295 KOHLMANN et al. 2000:12;

296 Vgl. z. B. BRÜGGENJÜRGEN 1994:11; KOHLMANN et al. 2000:12;

297 Vgl. BULLINGER 2000 a:17;

298 Vgl. dazu BULLINGER 2002:332 ff.; GREINER /UBER 2000:337 ff.; LEIDL 2003:475 f.;

299 Vgl. BULLINGER 2000 a:17; KOHLMANN et al. 2000:11 f.; WASEM/HESSEL 2000:331;

Zur Erfassung der Lebensqualität von Eltern früh- und risikogeborener Kinder erscheint diesbezüglich ein Verfahren als geeignet, das nicht nur bestimmte krankheitsspezifische Merkmale reduziert betrachtet, sondern die generellen Auswirkungen der familienorientierten Nachsorge auf das gesundheitsbezogene Wohlbefinden der Betroffenen allgemein erfasst. Das in der empirischen Analyse eingesetzte Instrument sollte aber auch spezifische Veränderungen der Lebensqualität im Laufe des Untersuchungszeitraums erfassen, um so z. B. auch Aussagen über den Bewältigungsprozess oder über die Auswirkungen der verfrühten Geburt auf das soziale Netzwerk treffen zu können.

6.4.3.2 Skalenniveau der Messinstrumente

Im Hinblick auf das Messniveau können weiterhin ordinal skalierte und kardinal skalierte Lebensqualitäts-Instrumente unterschieden werden. Mit Hilfe der zahlreich vorhandenen Ordinalskalen können Aussagen bezüglich der Rangordnung von verschiedenen Lebensqualitätszuständen getroffen werden[300]. Ordinale Verfahrensweisen sind zudem allgemein akzeptiert und können deshalb auch problemlos angewendet werden.[301]

Demgegenüber liefert eine kardinal skalierte Messung geringstenfalls auch Informationen über die relativen Abstände zwischen den einzelnen Zuständen.[302] Diese Verfahren werden für gesundheitsökonomische Analysen empfohlen, bei denen auch die Kosten der zu vergleichenden Therapiealternativen in die Evaluation mit einbezogen werden. Allerdings stehen dafür nur sehr wenige Instrumente zur Verfügung (deren Einsatz oftmals kritisch hinterfragt wird), da es sich hierbei um „komplexe und teilweise äußerst voraussetzungsreiche Verfahren zur Ermittlung und Bewertung von Health Outcomes“[303] handelt:

So gibt es nutzentheoretisch fundierte Instrumente, welche (durch Befragungen von medizinischen Experten oder von Betroffenen) den Gesundheits- beziehungsweise Lebensqualitätszuständen intervallskalierte *Nutzwerte* zwischen null und eins zuordnen. Dazu zählen Methoden, wie z. B. das Verfahren „der visuellen Analogskalen“ (*ratings scale*), das Bewertungsverfahren der Standardlotterie (*standard gamble*), die Methode der zeitlichen Abwägung (*time-trade-off*) oder *person-trade-off* (Abwägung zwischen der Behandlung von Personengruppen mit unterschiedlichen Lebensqualitätszuständen).[304] Diese Instrumente kommen

300 Ist eine bestimmte Lebensqualität besser oder schlechter als eine andere.

301 Vgl. HOFFMANN/SCHÖFFSKI 2002:258 f.;

302 Ist eine Lebensqualität wesentlich oder nur geringfügig besser beziehungsweise schlechter als eine andere. Vgl. HOFFMANN/SCHÖFFSKI 2002:258 f.;

303 KOHLMANN et al. 2000:12;

304 Genauere Ausführungen zu diesen Bewertungsmethoden finden sich z. B. in LEIDL 2003:477 ff.; SCHÖFFSKI 2002 b:268 ff. oder WASEM/HESSEL 2000:329 f.;

im Rahmen von Kosten-Nutzwert-Analysen[305] insbesondere dann zum Einsatz, wenn weder auf bereits existierende Werte zurückgegriffen noch mit Hilfe von „Plausibilitätsüberlegungen" eine entsprechende Bewertung vorgenommen werden kann.[306] Soll die gesundheitsbezogene Lebensqualität als Outcomekomponente jedoch monetär quantifiziert werden, bietet sich hier der Ansatz der Zahlungsbereitschaft an, wie er bereits in Gliederungspunkt 5.2.2 im Rahmen der möglichen Bewertungsmethoden indirekter und intangibler Kosten- und Nutzenkomponenten vorgestellt wurde.[307]

6.4.3.3 Einteilung der Instrumente nach dem Aggregationsgrad

Letztendlich können die vorhandenen Konzepte und Methoden auch nach der Anzahl der Ergebnisdimensionen in eindimensionale *Indexinstrumente* und mehrdimensionale *Profilinstrumente* differenziert werden.

Aufgrund der in Abschnitt 6.3 beschriebenen mehrdimensionalen Betrachtungsweise der gesundheitsbezogenen Lebensqualität sind die meisten psychometrischen Verfahren so ausgelegt, dass die Lebensqualität differenziert nach ihren einzelnen Dimensionen analysiert und beschrieben wird: Die Items einer Dimension werden separat zu einem Score zusammengefasst. Der Vorteil dieser Profilinstrumente besteht darin, dass sie sehr detailliert die Auswirkungen einer Gesundheitsmaßnahme auf die Lebensqualität der Betroffenen aufzeigen können. Die damit verbundene mangelnde Vergleichbarkeit der Ergebnisse (z. B. wegen der Wertung unterschiedlicher Dimensionen oder angesichts widersprüchlicher Resultate zwischen den betrachteten Dimensionen) wirkt sich allerdings negativ auf deren Einsatz bei Wirtschaftlichkeitsuntersuchungen aus.[308]

Bei den so genannten Indexinstrumenten werden dagegen die Messergebnisse der einzelnen Teilkomponenten (Dimensionen), welche anschließend gleich oder auch unterschiedlich gewichtet werden, zu einer einzigen Maßzahl zusammengefasst. Die Bildung eines solchen Indexwertes hat gerade auch in gesundheitsökonomischer Hinsicht den Vorteil, dass damit Vergleiche einfacher durchführbar sind und Ergebnisse sich auch leichter interpretieren lassen. Mit der Aggregation der Einzelkomponenten ist allerdings eine Minderung der Sensitivität wie auch ein Verlust an Detailinformationen verbunden. Zudem kann sich die Gewichtung der Teilkomponenten als problematisch erweisen.[309]

---

305 Vgl. dazu Kapitel 4.3.2.2;
306 Vgl. SCHÖFFSKI 2002 b:267;
307 Vgl. SCHÖFFSKI 2002 b:295;
308 Vgl. HOFFMANN/SCHÖFFSKI 2002:254 ff.; WASEM/HESSEL 2000:331;
309 Vgl. KOHLMANN et al. 2000:11 f.; KRÜGER/MÜLLER/STEGEMANN 1998:56; WASEM/HESSEL 2000:331;

6.5 Fazit

Im Kontext dieser Arbeit wird die gesundheitsbezogene Lebensqualität als ein psychosoziales Konstrukt verstanden, dessen somatische, psychische und soziale Dimension berücksichtigt wird. Im Hinblick auf den Untersuchungsgegenstand sollen, neben der physischen und emotionalen Befindlichkeit der betroffenen Eltern, konkret Faktoren der Auseinandersetzung mit der Situation, ein früh- beziehungsweise risikogeborenes Kind zu haben, und deren Bewältigung mit in die Evaluation einbezogen werden. Eine ganzheitliche Betrachtungsweise erfordert zudem die Beachtung personaler wie auch sozialer Copingressourcen.

Da es das ideale Lebensqualitäts-Messinstrument per se nicht gibt, muss im Hinblick auf die Erfassung der subjektiven gesundheitsbezogenen Lebensqualität der Eltern in Form einer Selbsteinschätzung zwischen zwei grundsätzlichen Vorgehensweisen gewählt werden:

Es kann ein bereits fertig entwickeltes und erprobtes Verfahren verwendet werden, dessen Indikatoren zur Erfassung der Lebensqualität ohne Veränderungen übernommen werden. Dabei ist es notwendig, aus den zahlreichen Messinstrumenten diejenigen auszuwählen, „die entsprechend dem Ziel der Studie die größtmögliche Kompatibilität [und Praktikabilität; Anm. der Autorin] aufweisen."[310] Diese Vorgehensweise hat zwar den Vorteil, dass die Methode bereits validiert ist und deshalb ohne viel Arbeits- und Zeitaufwand sofort eingesetzt werden kann. Um aber weitreichende Auskünfte über das Wohlbefinden und die Lebensqualität der Eltern früh- und risikogeborener Kinder zu erhalten, muss das Instrument auch tatsächlich alle relevanten Aspekte berücksichtigen.

Die zweite Möglichkeit besteht darin, ein Instrument zur Erfassung der gesundheitsbezogenen Lebensqualität der Eltern selbst zu entwickeln, wobei die für die Studie relevanten Indikatoren selbst definiert werden können. Vorausgesetzt, dass diese Verfahrensweise ebenfalls den wissenschaftlichen Kriterien genügt, können so grundlegende Aussagen über die Lebensqualität der Eltern und zusätzlich über die Veränderungen im Verlauf des Untersuchungszeitraums getroffen werden.

Da aufgrund der Spezifika des Untersuchungsgegenstandes (wie z. B. die Analyse des Einflusses einer konkreten Nachsorgemaßnahme auf das Wohlbefinden der Familie oder die Einbeziehung der Lebensqualität der Angehörigen und nicht der Patienten selbst) die vorhandenen psychometrischen Messmethoden

[310] FISCHER/BÖLSCHER/SCHULENBURG, Graf v. d. 2001: 81;

nur unzureichend die Realität abbilden, soll unter Berücksichtigung der methodischen Grundlagen für die empirische Evaluation dieser intangiblen Effekte ein eigenes Instrument generiert werden.[311]

[311] Vgl. dazu Gliederungspunkt 7.2.4!

7 Die ökonomische Bewertung der Nachsorgeleistungen des *Bunten Kreises*

Das Ergebnis und die Qualität einer Wirtschaftlichkeitsuntersuchung hängt u. a. von der Methodik ab, die bei der Datenerhebung sowie bei der Berechnung der Kosten und Nutzen verwendet wurde.[312] Um die Ergebnisse transparent, vergleichbar und nachvollziehbar zu machen, sollen deshalb in diesem Kapitel die der empirischen Untersuchung zugrunde liegenden Analyseform, die Studienperspektive und die berücksichtigten Leistungen mit ihren Bewertungsgrößen offen gelegt werden.

7.1 Die Wahl der Analyseform und der Analyseperspektiven

Unter Berücksichtigung der in Abschnitt 4.3 vorgestellten Grundformen von Wirtschaftlichkeitsuntersuchungen ist es, wie bereits erwähnt, notwendig, eine geeignete Analyseform im Hinblick auf das Studienziel, die Forschungsfragen und den Untersuchungsgegenstand auszuwählen. Da bei der empirischen Evaluation auch die Wirkungen der Nachsorgeleistungen des *Bunten Kreises* berücksichtigt werden sollen, ist auf jeden Fall ein Bewertungsverfahren empfehlenswert, bei dem der Outcome der Gesundheitsleistung einbezogen wird – also eine Analyseform mit vergleichendem Charakter.

Wägt man in diesem Kontext die Vor- und Nachteile der drei bedeutendsten Evaluationsverfahren – der Kosten-Wirksamkeits-Analyse, der Kosten-Nutzwert-Analyse und der Kosten-Nutzen-Analyse – ab, so wird deutlich, dass sich die Kosten-Nutzwert-Analyse durch die Erzeugung eines einheitlichen Bewertungsmaßstabes (z. B. mit Hilfe des QALY-Konzeptes) wohl weniger eignet. Zwar werden hierbei Lebensqualitätsaspekte im Sinne von intangiblen Effekten mit in die Bewertung einbezogen, durch die erforderliche Normierung des Outcomes werden jedoch die realisierbaren Effekte nur sehr reduziert betrachtet. Zudem wird m. E. die Lebenserwartung, als notwendige quantitative Dimension bei der Berechnung der QALY, durch die eher psychosozial ausgerichteten Nachsorgemaßnahmen (wenn überhaupt) nur unwesentlich beeinflusst.

Demgegenüber erscheint die Anwendung einer Kosten-Nutzen-Analyse durch die Möglichkeit der Berücksichtigung und Aggregation der unterschiedlichsten Wirkungsgrößen für die Evaluation des facettenreichen Nachsorgeprogramms

312 Vgl. dazu auch GREINER 2002:159;

des *Bunten Kreises* eher geeignet. Da jedoch bei diesem Untersuchungsgegenstand, wie bereits erwähnt, intangiblen (Kosten- und) Nutzenkomponenten eine entscheidende Bedeutung zukommt, ist eine Abwägung zwischen den mit einer kompletten Monetarisierung verbundenen methodischen Schwierigkeiten wie auch ethischen Konflikten (beziehungsweise einer lediglich reduzierten Betrachtung der problemlos zu bewertenden Komponenten) und der Gefahr einer nicht eindeutig zu treffenden Aussage bei der Darstellung einiger Teilkomponenten in ihren ursprünglichen physischen Einheiten notwendig:

Vor diesem Hintergrund ist meines Erachtens eine vollständige monetäre Bewertung aller zu berücksichtigenden Wirkungsparameter mit dem Ziel, eine einzige Maßzahl als Entscheidungsgrundlage zu gewinnen, weniger zweckmäßig als möglichst umfangreich und vielfältig die Kosten und Nutzen des Nachsorgemodells darzustellen. In der vorliegenden Studie wird deshalb das Instrument „Kosten-Nutzen-Analyse" insofern modifiziert, als es auf Grund der Spezifika des Untersuchungsgegenstandes erforderlich und sinnvoll ist, die Wirtschaftlichkeit nicht ausschließlich quantitativ (d.h. vor allem monetär) zu bewerten. Die Kosten-Nutzen-Analyse wird folglich als Evaluationsrahmen – innerhalb dessen die unterschiedlichsten Methoden angewendet werden – verstanden.

Weiterhin wird im Hinblick auf die zu berücksichtigenden Kosten- und Nutzenkomponenten und ihrer Bewertung bei der empirischen Evaluation primär der umfangreichste Ansatz – eine Analyse aus der gesamtwirtschaftlichen Perspektive – gewählt. Um möglichst umfassende Informationen zu gewinnen, werden sämtliche Arten von Kosten und Nutzen – auch privat entstandene Kosten sowie Aspekte der Lebensqualität der Eltern – in die Evaluation einbezogen.[313] Eine gewisse Selektion ist dabei allerdings aus Praktikabilitätsgründen unvermeidlich.

Ergänzend sollen im Rahmen einer vergleichenden Untersuchung einige monetäre Auswirkungen der Nachsorge betrachtet werden, die aus Sicht der Krankenkassen relevant sind. Sie haben als Hauptfinanzierungsträger im deutschen Gesundheitswesen das Gros der Ausgaben zu tragen. Bei dieser Sichtweise bleiben somit Aspekte, die für die Leistungsträger nicht von kurzfristiger Bedeutung sind (wie z. B. Folgekosten, subjektive Nutzenaspekte), außer Betracht. Nachfolgende Übersicht verdeutlicht nochmals die grundlegenden Unterschiede zwischen einer Analyse aus gesamtwirtschaftlicher Perspektive und einer Kosten-Nutzen-Betrachtung aus Sicht der Krankenkassen:

[313] Vgl. dazu auch die Ausführungen in Abschnitt 4.4;

Tabelle 7.1-1: Kosten- und Nutzenkomponenten aus gesamtwirtschaftlicher Perspektive und aus Sicht der Krankenkassen

„Gesamtwirtschaftliche“ Kosten-Nutzen-Analyse	Kosten-Nutzen-Analyse aus der Perspektive der Krankenkassen
Berücksichtigung sämtlicher Kosten, die bei der Versorgung früh- und risikogeborener Kinder anfallen. • Ansatz der tatsächlichen Kosten der stationären und ambulanten medizinischen Behandlung bzw. vergleichbare Näherungswerte. • Berücksichtigung privater Aufwendungen. • Darstellung der intangiblen Auswirkungen der Versorgung (z. B. auf die Lebensqualität der Eltern).	Es werden ausschließlich Kosten berücksichtigt, die aus Sicht der Krankenkasse relevant sind. • Erstattungsfähige, nicht tatsächlich anfallende Kosten werden betrachtet. • Private Aufwendungen sowie Auswirkungen der Versorgung auf die Lebensqualität der Eltern sind aus dieser Perspektive irrelevant.

Quelle: Eigene Darstellung

Mit Hilfe des beschriebenen Analysekonzeptes wird somit auf zwei elementare Aspekte Bezug genommen:

1. Die Analyse aus „gesamtwirtschaftlicher“ Perspektive liefert umfassende Auskünfte über sämtliche Kosten- und Nutzenaspekte, die im Zusammenhang mit der Versorgung und Nachsorge der früh- und risikogeborenen Kinder stehen, und ermöglicht zudem die Berücksichtigung von intangiblen Nutzenkomponenten.

2. Durch die spezifische Betrachtung aus Sicht der Krankenkassen können demgegenüber die Auswirkungen auf das Gesamtsystem der gesundheitlichen Versorgung unter gegebenen institutionellen Rahmenbedingungen erarbeitet werden.

7.2 Gesamtwirtschaftliche Analyse

In diesem Abschnitt werden anhand der theoretisch erarbeiteten Grundlagen die aus der gesamtgesellschaftlichen Perspektive zu berücksichtigenden Kosten- und Nutzenkomponenten detailliert vorgestellt sowie die geeigneten Bewertungsgrößen für die jeweiligen Leistungen festgelegt. Wie bereits in Abschnitt 4.5 dargestellt, hängt die Relevanz und somit die Berücksichtigung einer einzelnen Ressource u. a. von der Häufigkeit der Einzelleistungen und deren relativen Anteil am Gesamtressourcenverbrauch ab. Darüber hinaus sind die Qualität und die Verfügbarkeit der Daten wichtige Kriterien für das Miteinbeziehen bestimmter Kosten- beziehungsweise Nutzenarten.[314]

7.2.1 Direkte Kosten der Nachsorgeleistungen

Ausgangspunkt der folgenden Betrachtungen sind die tatsächlichen direkten medizinischen Kosten, die durch die Nachsorgeleistungen des *Bunten Kreises* verursacht werden. Potentielle private Aufwendungen werden in Gliederungspunkt 7.2.3 näher vorgestellt. Konkret konnten für jede der an der Untersuchung teilnehmenden Familien, die durch den *Bunten Kreis* betreut wurde, u. a. folgende Angaben erhoben werden:

- Die Leistungsbereiche (Pflegenachsorge, Ernährungsberatung oder Therapie[315]),
- Einzelleistungen, die im Rahmen der Antragsstellung bei den Krankenkassen angegeben wurden (z. B. häusliche Sauerstoff- oder Beatmungstherapie, aufwendige Hautpflege / Lagerungsmaßnahmen, spezielle Katheter- / Drainage- / Sondenpflege, häusliche Versorgung mit Überwachungsgeräten, Monitorauswertung etc),
- die tatsächlich erbrachten Nachsorgestunden,
- die gefahrenen Kilometer wie auch
- die Höhe der mit der zuständigen Krankenkasse abgerechneten Kosten.

Weiterhin erfolgt zur Dokumentation des Leistungsumfangs pro Patientenfamilie die differenzierte diagnoseunabhängige Zeiterfassung der Nachsorgeschwestern gemäß den folgenden sieben Kategorien:

314 Vgl. dazu WASEM/HESSEL 2000;
315 Siehe dazu die Ausführungen in Abschnitt 3.2!

Tabelle 7.2-1: Arten der Leistungserbringung im *Bunten Kreis*

Bezeichnung der Leistungsart	Beschreibung der Leistungsart	Anfallende Kostenarten
Hausbesuch (HB)	Besuch und persönliche Beratung der Familie durch die Nachsorgeschwester in deren heimischen Räumlichkeiten.	Personalkosten, Fahrtkosten
Sozialstation oder andere Förder- und Hilfeeinrichtung (SS)	Kontaktaufnahme zur oder Leistungserbringung in der Sozialstation oder anderen Förder- und Hilfeeinrichtungen.	Personalkosten, Telefongebühren
Behandelnder Arzt (A)	Kontaktaufnahme zu einem behandelnden Arzt.	Personalkosten, Telefongebühren
Kinderklinik (KK)	Kontaktaufnahme zur Kinderklinik oder Leistungserbringung ebendort.	Nur Personalkosten, da das Nachsorgezentrum direkt neben der Kinderklinik liegt.
Telefonische Beratung (T)	Telefonische Beratung der betreuten Familie durch die Nachsorgeschwester.	Personalkosten, Telefongebühren
Beratungsstelle / Nachsorgezentrum (B)	Persönliche Beratung der betreuten Familie durch die Nachsorgeschwester in den Räumlichkeiten des *Bunten Kreises*.	Personalkosten
Sonstiges (SO)	Leistungserbringung sonstiger Art. Dies umfasst beispielsweise Besuch und Beratung in Sanitätshäusern, Kontakt zum/-r Krankengymnasten/-in, Begleitung der Eltern und Gespräche in Kindergärten und Schulen, Vermittlung und Beschaffung von Kleidung und Hilfsmitteln von anderen als den üblichen Stellen, Recherchen im Internet, Organisation von Adressen von Fachpersonen und Spezialisten, Kontakt zu Spezialärzten (auch A), Treffen und Gespräche in der Kinderklinik mit anderem als medizinischem Personal (beispielsweise Kontakt zur Milchküche u. ä.).	Personalkosten, diverse Sachkosten

Quelle: Eigene Darstellung – Gesundheitsökonomische Evaluation *Bunter Kreis*

Somit können für die Kostenerfassung aus gesamtgesellschaftlicher Sicht die tatsächlich erbrachten Leistungsstunden je Leistungsart sowie die (meist durch Hausbesuche bedingte) gefahrenen Kilometer herangezogen werden. Außerdem können unter Umständen mit Hilfe der bei den Krankenkassen beantragten zielgruppenspezifischen Einzelleistungen ergänzende Informationen im Hinblick auf zusätzlich angefallene Sachkosten mit einbezogen werden.

Da die tatsächlichen Personal- wie auch Sachkosten aus betriebsinternen und datenschutzrechtlichen Gründen nicht erhoben werden konnten, werden bei der Bewertung pauschalierte Stundensätze angesetzt. Diese Bewertungsgrößen stellen, laut Auskunft des *Bunten Kreises*, relativ gute Näherungswerte zu den durchschnittlich anfallenden Personal- und Sachkosten (inklusive den anteiligen Verwaltungs- und Betriebskosten) dar. Konkret erfolgt in Augsburg die Vergütung der Nachsorgetätigkeit anhand von drei verschiedenen Pflegesatzkategorien gemäß den angebotenen Leistungsbereichen. Für die konkret erbrachten Leistungen in den verschiedenen Bereichen werden diesen Kategorien entsprechend unterschiedliche Stundensätze berechnet, wobei die Pflegenachsorge mit dem geringsten, die Therapie dagegen mit dem höchsten Stundensatz veranschlagt wird.[316]

Tabelle 7.2-2: Stundensätze der Leistungsbereiche des *Bunten Kreises*

Leistungsbereich	Stundensatz
Pflegenachsorge	67,80 DM = 34,67 €
Ernährungsberatung	68,61 DM = 35,08 €
Therapie	79,86 DM = 40,83 €
Kilometerpauschale	0,52 DM = 0,27 €

Quelle: Eigene Darstellung – Gesundheitsökonomische Evaluation *Bunter Kreis*

7.2.2 Direkte Nutzen der Nachsorge

Um die (positiven wie auch negativen) Auswirkungen der Nachsorge des *Bunten Kreises* quantifizieren zu können, werden in diesem Kapitel die zu berücksichtigenden medizinischen Kosten der stationären und ambulanten Versorgung früh- und riskogeborener Kinder vorgestellt. Die Kostenvergleiche werden, gemäß der in Abschnitt 3.1 aufgezeigten Struktur des Behandlungsprozesses, für folgende Versorgungsbereiche durchgeführt:

[316] Angaben, welche noch in DM erhoben wurden, werden mit dem amtlichen Wechselkurs von 1:1,95583 in Euro umgerechnet und arithmetisch gerundet.

- Stationärer Erstaufenthalt der Kinder in der Kinderklinik,
- Folgeaufenthalte in Kinderkliniken während des Untersuchungszeitraumes,
- ambulante Versorgung der Früh- und Risikogeborenen durch niedergelassene Pädiater,
- Facharzt-Konsultationen,
- Therapien und Fördermaßnahmen und
- Medikamente, Heil- und Hilfsmittel.

7.2.2.1 Eingesparte Leistungen der stationären Klinikversorgung

Die durch die Nachsorgemaßnahmen des *Bunten Kreises* eingesparten Kosten der stationären Versorgung der in die Untersuchung einbezogenen Kinder umfassen einerseits die monetären Einsparungen durch verkürzte Liegezeiten bei den Erstaufenthalten der Patienten in den jeweiligen Kooperationskliniken. Dabei werden die Liegezeiten in sämtlichen Stationen (Neonatologische Intensivpflegestationen wie auch diverse Normal-Pflegestationen) berücksichtigt. Andererseits werden die während des Untersuchungszeitraums entstandenen Kosten für erforderliche stationäre Wiedereinweisungen in die verschiedensten Kinderkliniken von Fall- und Kontrollgruppe in der Untersuchung analysiert.[317]

Falls die Kosten der Interventionsgruppe im Vergleich zur Kontrollgruppe höher ausfallen – also keine Kosteneinsparungen zu verzeichnen sind, werden diese ebenso vollständig ausgewiesen.

Aufgrund organisatorischer und kostenrechnerischer Probleme[318] konnten die tatsächlichen Kosten der stationären Versorgung der Kinder ebenfalls nicht ermittelt werden. Deshalb erfolgt die Bewertung des Ressourcenverzehrs in den Kliniken mit Hilfe der während des Untersuchungszeitraums gültigen Pflegesätze. Die Tatsache, dass die Studie multizentrisch angelegt ist, hat weiterhin zur Folge, dass die in den verschiedenen Kliniken erbrachten stationären Leistungen

---

[317] Die Früh- und Risikogeborenen wurden bei notwendigen Folgeaufenthalten entweder in Krankenhäusern, die in der Nähe des Wohnorts der Eltern liegen, oder auch in Spezialkliniken behandelt.

[318] Im Zentralklinikum Augsburg wird die Umstellung auf die Prozesskostenrechnung, mit deren Hilfe die Gemeinkosten auch einzelnen Interventionen zugerechnet werden können, voraussichtlich noch bis 2005 andauern. Bis dahin kann lediglich auf Angaben der Kostenstellenrechnung beziehungsweise der Leistungs- und Kalkulationsaufstellung zurückgegriffen werden, was sich allerdings im Hinblick auf die Ermittlung der tatsächlichen Kosten nicht als hilfreich erweist.

mittels unterschiedlicher Abrechnungsverfahren und auf Grundlage von (zum Teil stark) divergierenden Pflegesätzen abgerechnet wurden: So rechnet etwa die Kinderklinik des Zentralklinikums in Augsburg wie auch die Kinderklinik des Klinikums Süd in Nürnberg pro Tag jeweils einen tagesgleichen Basispflegesatz für vollstationäre Aufenthalte zuzüglich eines Abteilungspflegesatzes ab. In der Kinderklinik Bonn wird dagegen ein einziger so genannter Neointensiv-Pflegesatz berechnet. Dies hat somit zur Folge, dass die stationären Aufenthaltstage der Bonner Kinder nicht verschiedenen Stationen zugeordnet werden konnten.

Wegen dieser Heterogenität in den Abrechnungsmodalitäten und um zusätzlich diverse Pflegesatzerhöhungen im Laufe des Untersuchungszeitraums zu berücksichtigen, wird in einem ersten Schritt bei der Monetarisierung der erhobenen stationären Leistungsdaten ein vereinheitlichter Pflegesatz zugrunde gelegt. So kann eine ungleiche Bewertung vergleichbarer Leistungen aufgrund örtlich beziehungsweise zeitlich begründeter Unterschiede vermieden und eine Vergleichbarkeit der Daten gewährleistet werden.

Um die vereinheitlichten (gewichteten und standardisierten) Pflegesätze möglichst frei von Datenungenauigkeiten ermitteln zu können, wurden als Berechnungsgrundlagen nur die während des Untersuchungszeitraums in Augsburg gültigen Pflegesätze herangezogen:

Tabelle 7.2-3: Augsburger Pflegesätze, die als Berechnungsgrundlage für die vereinheitlichten Entgelte dienten (gültig ab 01.01.2002)

Pflegesatz-Kategorie	Wert
Basispflegesatz vollstationär	107,76 €
Abteilungspflegesatz II. Kinderklinik – Neonatologie –	236,90 €
Abteilungspflegesatz neonatologische Intensivbehandlung von Säuglingen	591,51 €

Quelle: Eigene Darstellung – Gesundheitsökonomische Evaluation *Bunter Kreis*

Weiterhin wurde bei der Berechnung nur auf die stationären Leistungsdaten der in Augsburg behandelten Kinder zurückgegriffen. Da zudem bei den stationären Folgeaufenthalten der Kinder in der Kinderklinik nur in sehr wenigen Ausnahmefällen ein weiterer Aufenthalt auf einer Intensivstation erforderlich war, werden die vereinheitlichten Pflegesätze für die Erstaufenthalte (mit verhältnismäßig hohen Anteilen der Intensivbehandlung an der Gesamtaufenthaltsdauer) und für die Folgeaufenthalte (mit geringen Anteilen der Intensivbehandlung an der Gesamtaufenthaltsdauer) separat bestimmt. Die Kalkulation erfolgt anschließend, nach Gestationsaltersgruppen getrennt[319], gemäß nachfolgend aufgezeigten Verfahren:

Abbildung 7.2-1: Formel zur Berechnung des vereinheitlichten tagesgleichen Pflegesatzes pro Tag

Für Erstaufenhalt:

$$VPfl^{Erst} = \frac{a^{Int} * Plf^{Int} + a^{Norm} * Pfl^{Norm} + (a^{Int} + a^{Norm}) * Pfl^{Basis}}{a^{Int} + a^{Norm}}$$

Wobei gilt:

$VPfl^{Erst}$ = vereinheitlichter Pflegesatz der betrachteten Gestationsaltersgruppe für den Erstaufenthalt;

Plf^{Int} = zugrunde gelegter Abteilungspflegesatz neonatologische Intensivbehandlung von Säuglingen: 591,51 €;

Pfl^{Norm} = zugrunde gelegter Abteilungspflegesatz II. Kinderklinik, Neonatologie: 236,90 €;

Pfl^{Basis} = zugrunde gelegter Basispflegesatz vollstationär: 107,76 €;

a^{Int} = Mittelwert der Liegedauer auf der Intensivstation aller Kinder der betrachteten Gestationsaltersgruppe;

a^{Norm} = Mittelwert der Liegedauer auf der Normalstation aller Kinder der betrachteten Gestationsaltersgruppe;

Für Folgeaufenthalte:

$$VPfl^{Folge} = Pfl^{Norm} + Pfl^{Basis};$$

Wobei gilt:

$VPfl^{Folge}$ = vereinheitlichter Pflegesatz der betrachteten Gestationsaltersgruppe für die Folgeaufenthalte;

Pfl^{Norm} = zugrunde gelegter Abteilungspflegesatz II. Kinderklinik, Neonatologie: 236,90 €;

Pfl^{Basis} = zugrunde gelegter Basispflegesatz vollstationär: 107,76 €;

Quelle: Eigene Darstellung – Gesundheitsökonomische Evaluation *Bunter Kreis*

---

319 Vgl. dazu auch Gliederungspunkt 8.2.4;

Wie die Ergebnisse dieser Berechnungen in folgender Tabelle zeigen, ist die jeweilige Dauer der Intensivbehandlung für die Höhe des vereinheitlichten Pflegesatzes des Erstaufenthaltes ausschlaggebend:

Tabelle 7.2-4: Vereinheitliche Pflegesätze der stationären Behandlung

	Vereinheitlichter Pflegesatz für den Erstaufenthalt (pro Tag)	Vereinheitlichter Pflegesatz für die Folgeaufenthalte (pro Tag)
Gestationsaltersgruppe 1 (bis unter 28 SSW)	490,67 €	344,66 €
Gestationsaltersgruppe 2 (28 bis unter 32 SSW)	420,84 €	344,66 €
Gestationsaltersgruppe 3 (32 bis unter 36 SSW)	377,01 €	344,66 €
Gestationsaltersgruppe 4 (ab 36 SSW)	436,98 €	344,66 €

Quelle: Eigene Darstellung und Berechnung – Gesundheitsökonomische Evaluation *Bunter Kreis*

Bei der Ermittlung der Gesamtkosten der stationären Aufenthalte wird weiterhin, in Anlehnung an die spezifischen Berechnungsgrundlagen der Kliniken, folgende Besonderheit beachtet: Bei einer stationären Aufenthaltsdauer des Kindes von insgesamt nur einem Tag, werden die Behandlungskosten für einen Tag angesetzt; bei einer Aufenthaltsdauer von mehr als einem Tag wird dagegen der Entlassungstag nicht in der Kalkulation berücksichtigt. Fallpauschalen und andere (in Abschnitt 5.1 aufgezeigten) Entgeltformen spielten bei der Vergütung der stationären Versorgung der in der Studie berücksichtigten Früh- und Risikogeborenen keine beziehungsweise lediglich eine marginale Rolle, weshalb sie bei der Bewertung der Leistungskomponenten auch nicht berücksichtigt werden.

Bei der Analyse soll überdies explizit der Einfluss des multizentrischen Studiendesigns – also die Rekrutierung der Familien der Interventions- und der Kontrollgruppe aus unterschiedlichen Kliniken – berücksichtigt werden. Ganz unabhängig von der Frage einer möglichen Verkürzung der stationären Aufenthaltsdauer früh- und risikogeborener Kinder durch die Nachsorge des *Bunten Kreises*, ist es durchaus denkbar, dass die an der Studie beteiligten Kliniken grundsätzlich unterschiedliche Entlassungsstrategien verfolgen. Um möglichst den

Einfluss dieses potentiell verzerrenden Effektes zu quantifizieren, werden deshalb zusätzlich Daten einer weiteren Studie mit einbezogen:

Gegen Ende des Erfassungszeitraumes der empirischen Untersuchung begann in Bonn mit der dortigen Implementation des Nachsorgemodells eine randomisierte Studie (PRIMA), in der u. a. ähnliche Aspekte untersucht und deren früh- und risikogeborene Probanden zum Teil ebenfalls in die vorliegende Studie einbezogen wurden. Da sich zudem eine randomisierte Vorgehensweise bezüglich der Vermeidung von verzerrenden Effekten durch Klinikunterschiede als methodisch vorteilhaft erweist[320], erfolgt in einem zweiten Schritt eine Gegenüberstellung der stationären Liegezeiten dieser randomisierten Kinder mit und ohne Betreuung durch den *Bunten Kreis*.

7.2.2.2 Eingesparte Leistungen der ambulanten Versorgung

Beim Vergleich der Auswirkungen der Nachsorgemaßnahmen auf die Kosten der ambulanten Versorgung der Früh- und Risikogeborenen sollen im Hinblick auf den Behandlungsprozess folgende Aspekte einbezogen werden:

Kosten der ambulanten Versorgung durch die Kinderärzte:

Dieser Bereich umfasst die von niedergelassenen Kinderärzten ambulant erbrachten Versorgungsleistungen, das heißt sämtliche Entgelte für Konsultationen, Untersuchungen, Diagnose- und Kontrollmaßnahmen (Labor etc.). Die Erfassung erfolgt anhand der abgerechneten Gebührenordnungspositionen, da auch hier die tatsächlich anfallenden Kosten nicht realitätsgetreu ermittelt werden können. Dabei werden sämtliche angefallene Leistungen – also z. B. auch die Kosten der verschiedenen Früherkennungsuntersuchungen (U-Untersuchungen) – in die Betrachtung mit einbezogen, da ohne spezielles medizinisches Fachwissen eine Selektion in generell notwendige und frühgeborenenspezifische Behandlugsmaßnahmen nicht getroffen werden kann.

Weiterhin werden Leistungen, die außerhalb des Beobachtungszeitraums erbracht wurden, in der Kostenbestimmung nicht berücksichtigt. Die Monetarisierung ärztlich erbrachter ambulanter Leistungen erfolgt anschließend gemäß den geltenden Gebührenordnungen:

Gebührenziffern, welche entsprechend dem einheitlichen Bewertungsmaßstab (EBM) mit Punktzahlen ausgewiesen sind, werden als Produkt aus Punktzahl der Leistung und Auszahlungspunktwert bewertet. Um wiederum über die Studiendauer wie auch über die verschiedenen Regionen hinweg Vergleichbarkeit

---

[320] Vgl. dazu auch die Ausführungen in Gliederungspunkt 8.2.1!

zu erhalten, werden für die Bewertung derjenige Auszahlungspunktwert herangezogen, nach welchem im vierten Quartal 2002 im Bereich der Kassenärztlichen Vereinigung Bayerns für Versicherte der Regionalkassen vergütet wurde. Dieser Wert beträgt 4,69 Cent pro Punkt. Gebührenziffern, welche dagegen gemäß dem einheitlichen Bewertungsmaßstab (EBM) mit festen Preisen ausgewiesen sind, werden entsprechend auch mit diesen Fixbeträgen bewertet.

Gebührenziffern, welche nach der Gebührenordnung für Ärzte (GOÄ) mit Punktzahlen ausgewiesen sind, werden ebenfalls gemäß dem Produkt aus Punktzahl der Leistung und Auszahlungspunktwert bewertet. Der Auszahlungspunktwert betrug hierbei vor der Währungsumstellung einheitlich 11,4 Pfennige. Er wurde nach der Einführung des Euro nicht gerundet, daher beträgt der einheitliche Punktwert aktuell 5,82873 Cent. Zudem wird mangels genauerer Angaben von einem mittleren Steigerungssatz von 2,3 ausgegangen.

Kosten der ambulanten Versorgung durch Fachärzte und durch Therapeuten:

Konsultationen bei diversen Fachärzten (wie z. B. Augenärzten, HNO-Ärzten etc.) konnten lediglich indirekt mit Hilfe der Angaben der teilnehmenden Eltern erhoben werden, weil mit der Kontaktaufnahme zu sämtlichen betreuenden Spezialisten ein zu hoher Zeit- und Arbeitsaufwand verbunden gewesen wäre. Diese Vorgehensweise hat allerdings zur Folge, dass häufig nur sehr ungenaue und von daher kaum auswertbare Informationen – insbesondere im Hinblick auf die Angaben zu der jeweiligen Anzahl der Arztkontakte – zur Analyse vorlagen. Aufgrund dieser Restriktion sind daher nur deskriptive Angaben über die Art der am Versorgungsprozess beteiligten Fachärzte möglich. Da durch die eher psychosoziale und pflegerische Ausrichtung der Nachsorgemaßnahmen des *Bunten Kreises* diesbezüglich ohnehin kein großer Unterschied zwischen der Fall- und der Kontrollgruppe zu erwarten ist, hat meines Erachtens die reduzierte Betrachtung dieses Kostenaspektes auch keine gravierenden Auswirkungen auf das Ergebnis der empirischen Untersuchung.

Bezüglich der an den Kindern durchgeführten therapeutischen Maßnahmen, erfolgt weiterhin eine auf die Kosten der an den Kindern durchgeführten krankengymnastischen Maßnahmen begrenzte Analyse, da diese die am häufigsten durchgeführte Therapieart darstellt. Alle anderen Fördermaßnahmen (wie z. B. Frühförderung oder Babyschwimmen) bleiben auf Grund ihres geringen Anteils am Gesamtressourcenverbrauch unberücksichtigt. Die Bewertung erfolgt aus den bereits erwähnten Gründen ebenfalls anhand der mit den Kassen abgerechneten Kosten:

Tabelle 7.2-5: Bewertung der berücksichtigten krankengymnastischen Maßnahmen

Versorgungsleistung	Kostentreiber	Bewertung
KG nach Bobath / Vojta	Preis pro Sitzung x Anzahl Sitzungen	21,65 € / Sitzung
neurophysiologische KG	Preis pro Sitzung x Anzahl Sitzungen	13,50 € / Sitzung

Quelle: Eigene Darstellung – Gesundheitsökonomische Evaluation *Bunter Kreis*

Kosten der ambulant verordneten Arznei-, Heil- und Hilfsmittel:

Dieser Bereich umfasst alle von den niedergelassenen Pädiatern verordneten Arznei-, Heil- und Hilfsmittel. Bei den Medikamenten wurde konkret die im Einzelfall verordnete Art, Menge und Packungsgröße erhoben, wobei generell Impfstoffe nicht berücksichtigt wurden, da diese keine frühgeborenenspezifische Leistung darstellen. Die Bewertung der verordneten Medikamente erfolgte gemäß den Apothekenverkaufspreisen – meist unter Zuhilfenahme der so genannten Lauer-Taxe (Version 1.01.24.02.03, Stand 01. März 2003). Die Zuordnung erfolgte über den Namen des Medikaments, den Wirk- bzw. Inhaltsstoffen und der Packungsgröße. In den Fällen, in denen lediglich der Wirkstoff angegeben war, erfolgte die Bewertung nach dem kostengünstigsten angebotenen Präparat. Sofern in den Aufzeichnungen der Kinderärzte die Packungsgröße nicht vermerkt war, wurden – nach Rücksprache mit den Pädiatern – diese Verordnungen der Packungsgröße N1 zugerechnet. In einigen Ausnahmefällen war eine Bewertung der Arzneimittelverordnung – auch nach dem Hinzuziehen einer Pharmazeutisch-Technischen Assistentin – nicht möglich, weshalb diese Angaben in der Analyse keine Berücksichtigung fanden.

Bei den erforderlichen medizinisch-technischen Hilfsmitteln, primär dem Herz-Atem-Monitor zur Überwachung der Atemfunktion des Kindes, werden folgende Preise zugrunde gelegt:

Tabelle 7.2-6: Bewertung der medizinisch-technischen Hilfsmittel

Versorgungsleistung	Kostentreiber	Bewertung
Herz-Atem-Monitor	Erstverleihung für 15 Monate	1.789,- € + MwSt. / 15 Mte.
Flüssigsauerstoff	Tagessätze	7,70 € / Tag
Sauerstoffgerät (Druckminderer mit Flasche)		148,27 € + MwSt.
Konzentrator	Jahreskosten	480,- € / Jahr

Quelle: Eigene Darstellung – Gesundheitsökonomische Evaluation *Bunter Kreis*

Ein Vergleich *der ambulanten Klinikaufenthalte* konnte schließlich wegen einer unvollständigen beziehungsweise fehlerhaften Dokumentation seitens der beteiligten Kliniken ausschließlich auf Basis der subjektiven Aussagen der Eltern durchgeführt werden. Zur Bewertung dieser Leistung wurde beispielhaft der nachstationäre pädiatrische Pflegesatz der Klinik für Kinder und Jugendliche des Klinikums Nürnberg Süd in Höhe von 74,00 € (gültig ab 01.01.2002) zugrunde gelegt, da auch hier die tatsächliche Höhe der abgerechneten ambulanten Kosten nicht ermittelbar war.

7.2.3 Direkte nicht-medizinische und indirekte Kosten- und Nutzenkomponenten

Aus gesamtgesellschaftlicher Sicht werden außerdem nicht-medizinische beziehungsweise privat entstandene direkte und indirekte Kosten- und Nutzenkomponenten mit in die Evaluation einbezogen, die direkt mit der Versorgung der Zielgruppe in Zusammenhang stehen. Auch wenn diese Effekte im Vergleich zu den direkten medizinischen Kosten quantitativ nicht so sehr ins Gewicht fallen, ist meines Erachtens im Rahmen einer umfassenden Analyseperspektive die Erfassung und Darstellung dieser Komponenten unbedingt notwendig. Folgende Tabelle verdeutlicht zusammenfassend die in der empirischen Untersuchung berücksichtigten Größen mit ihren jeweiligen Bewertungsgrundlagen:

Tabelle 7.2-7: Direkte nicht-medizinische und indirekte Kosten- und Nutzenkomponenten

Versorgungsleistung	Kostentreiber	Bewertung
Fahrtkosten der Eltern während des Erstaufenthalts ihres Kindes in der Kinderklinik	Aufenthaltsdauer in Wochen x Besuchshäufigkeit pro Woche x Entfernung der Klinik vom Wohn-/Aufenthaltsort x Kilometerpauschale	Entfernungspauschale gemäß § 9 I 4 EStG*: 0,36 €/km bis 10 km 0,40 €/km ab 11. km
Fahrtkosten in Zusammenhang mit der ambulanten Versorgung ihres Kindes	Entfernung in km x Kilometerpauschale	Entfernungspauschale gemäß § 9 I 4 EStG*: 0,36 €/km bis 10 km 0,40 €/km ab 11. km
Professionelle Haushaltshilfen / Pflegehilfen / Geschwisterkinderbetreuung	Stunden x Pauschale	Gemäß Deutschem Hausfrauenbund, Augsburg e. V.: 11,79 € / Std. incl. MwSt.[321]

[321] Laut Auskunft des Deutschen Hausfrauenbundes, Ortsverband Augsburg richten sich die Tarife für die qualifizierten und sozialversicherten Hauswirtschafterinnen nach ihrer Be-

Versorgungsleistung	Kostentreiber	Bewertung
Haushaltshilfen / Pflegehilfen / Geschwisterkinderbetreuung durch Freunde oder Verwandte	Tage x Tagessatz	Erstattung laut AOK: 43,50 € bei einem Kind, 58,00 € ab zwei Kindern
Indirekte Kosten der Eltern durch Verdienstausfälle	Zeit x Arbeitsentgelt	Individuelles Einkommen
Sonstige Kosten laut Auskunft der Eltern	unterschiedlich	unterschiedlich

*: Einkommensteuergesetz, Fassung vom 16. April 1997 (zuletzt geändert am 19.09.2002)

Quelle: Eigene Darstellung – Gesundheitsökonomische Evaluation *Bunter Kreis*

Verdienstausfälle, die direkt im Zusammenhang mit der Versorgung des Früh- beziehungsweise Risikogeborenen stehen, werden erst nach der Erstentlassung des Kindes aus der Kinderklinik in die Betrachtung einbezogen, da davon ausgegangen werden kann, dass sich zum einen die Mutter während des Klinikaufenthalts noch im Mutterschutz befindet, zum anderen der Vater primär außerhalb seiner regulären Arbeitszeit sein Kind im Krankenhaus besucht. Erst im Kontext der häuslichen Versorgung ist es unter Umständen erforderlich, Arbeitsausfälle speziell wegen der Pflege des kranken Kindes, wenn nicht sogar eine generelle Verkürzung der Arbeitszeit, in Kauf zu nehmen. In diesem Zusammenhang wurde bei den Elternbefragungen auch erfasst, ob es sich bei den Verdienstausfällen um bezahlten oder unbezahlten Urlaub handelt.

Bei der Bewertung des Arbeitsausfalls und damit bei der Ermittlung des Produktivitätsverlustes für die Volkswirtschaft wird, im Sinne des Humankapitalansatzes, das individuelle Einkommen der betroffenen Eltern zugrunde gelegt. Dieses Vorgehen bietet sich an, weil zum einen im Rahmen der Interviews die Nettoeinkünfte der Familien, die ausgeübten Berufe sowie die Anzahl der berufstätigen Personen pro Haushalt erhoben wurden, zum anderen fast ausschließlich die berufstätigen Väter Verdienstausfälle angaben. So kann davon ausgegangen

rufserfahrung: So kostet eine Haushaltshilfe im ersten Jahr nach ihrer Ausbildung 8,42 €/Stunde, im zweiten Jahr 9,26 €/Stunde, im dritten Jahr 10,53 €/Stunde und ab dem vierten Jahr 11,79 € /Stunde. Für die Bewertung wird der höchste Betrag – 11,79 €/Stunde – angesetzt, da davon ausgegangen wird, dass wegen den unter Umständen speziellen Anforderungen nur erfahrene Mitarbeiterinnen eingesetzt werden. Es muss an dieser Stelle aber betont werden, dass es sich bei diesem Ansatz eher um einen zu hohen Betrag handelt, da wohl häufig auch Haushaltshilfen ohne Sozialversicherung etc. diese Tätigkeit übernehmen.

werden, dass auch bei einer ausschließlichen Berücksichtigung der volkswirtschaftlichen Produktivität die Mütter (die während des Untersuchungszeitraums nur in Ausnahmefällen einer entlohnten Tätigkeiten nachgingen) nicht gravierend benachteiligt werden.

Des weiteren werden sonstige, den Familien privat entstandene Kosten ergänzend vorgestellt. Wegen ihres äußerst geringen Anteils am Gesamtressourcenverbrauch werden diese Aufwendungen allerdings lediglich deskriptiv aufgezeigt, also auf deren monetäre Bewertung verzichtet.

7.2.4 Intangible Effekte

Wie bereits mehrfach erwähnt, ist es im Hinblick auf den Untersuchungsgegenstand für eine umfassende Beurteilung des Nutzens besonders wichtig, auch psychosoziale und intangible Effekte in die gesundheitsökonomische Evaluation mit einzubeziehen. Die ausgewählten Gesichtspunkte zur Beurteilung der Qualität der Versorgung Früh- und Risikogeborener können unter Umständen auch hinsichtlich der Einführung der DRG von Interesse sein. Konkret sollen in die Analyse folgende monetär nicht (direkt) bewertbare Nutzenkomponenten der Nachsorgemaßnahmen des *Bunten Kreises* einbezogen werden:

- Aspekte der gesundheitsbezogenen Lebensqualität der betroffenen Eltern und deren Veränderung im Laufe des Untersuchungszeitraums,
- Informationsgrad beziehungsweise Informationsbedarf der Eltern,
- Selbstvertrauen und Kompetenz der Eltern im Hinblick auf die Versorgung ihrer früh- und risikogeborenen Kinder,
- Vernetzung und Kooperation der am Versorgungsprozess beteiligten Leistungsanbieter wie auch
- Zufriedenheit der Eltern mit der Versorgung ihrer Kinder und vor allem mit der Nachsorge durch den *Bunten Kreis*.

Zur Erfassung der Lebensqualität als allgemein anerkannte subjektive Kategorie des Behandlungserfolgs wurden, in Absprache mit Experten der Lebensqualitätsforschung, folgende methodische Strategie angewendet:[322]

---

[322] Vgl. dazu z. B. auch BULLINGER 2000a:20;

Zunächst wurden, unter Berücksichtigung der Besonderheiten der gesundheitsbezogenen Lebensqualität von Eltern früh- beziehungsweise risikogeborener Kinder, die in der Analyse berücksichtigten physische, psychische und soziale Dimension genauer konkretisiert und spezifiziert. Um möglichst reliable, valide und objektive Indikatoren für die Lebensqualität zu gewinnen, wurden anschließend Items aus einem Fundus bereits erprobter Erhebungsinstrumente für die verschiedenen Dimensionen identifiziert, die letztendlich in ein neues, für diese Studie weiterentwickeltes Messinstrument integriert wurden. So konnte zusätzlich eine hohe Kompatibilität der Skalen im Hinblick auf den Untersuchungsgegenstand gewährleistet werden.

Folgende Dimensionen und Indikatoren der gesundheitsbezogenen Lebensqualität wurden berücksichtigt[323]:

Tabelle 7.2-8: Berücksichtigte Dimensionen und Indikatoren der Lebensqualität

DIMENSION	INDIKATOREN	QUELLEN
Physische Gesundheit	subjektive Einschätzung der körperlichen Gesundheit;	
Emotionales Befinden	momentaner psycho-physischer Zustand; persönliche Einschätzung der familiären Belastung; Copingstrategien;	Befindlichkeitsskalen (BFS) nach ABELE/ BREHM; Fragebogen zur Erfassung von familiären Belastungen und ihrer Bewältigung (FBA-K) nach BAILER/ PETERANDER/ HENRICH[324]; „Parenting Stress Index" (PSI) nach SARIMSKI 1996; Trier Skalen zur Erfassung der Krankheitsbewältigung; „Fragebogen zur Einstellung von Müttern mit Kleinstkindern (FEMKK)"; Deutsche Version des Im-

[323] Siehe dazu auch die theoretischen Ausführungen in Abschnitt 6.3;
[324] Vgl. BAILER 1989;

		pact- und Family-Scale (FABEL – Familienbelastungsskala); Instrument zur Erhebung des Stresserlebens nach VONDERLIN 1999;
Soziale Dimension	wahrgenommene praktische und emotionale Unterstützung (als soziale Copingressource); wahrgenommene soziale Integration und soziale Belastung; Partnerschaft;	Fragebogen zur Sozialen Unterstützung (F-SozU) nach SOMMER /FYDRICH 1989; Fragen nach ROSSI 1994; Instrument zur Erhebung des Stresserlebens nach VONDERLIN 1999;

Quelle: Eigene Darstellung – Gesundheitsökonomische Evaluation *Bunter Kreis*

Auf Basis folgender wissenschaftlicher Gütekriterien wurden die einzelnen Items aus den erprobten Erhebungsinstrumenten ausgewählt:

- Es wurden nur Skalen verwendet, deren innere Konsistenz (Cronbachs-α) mindestens 0,70 (bezogen auf die Gesamtstichprobe) betrug.
- Innerhalb der Skalen wurden nur die Items beibehalten, deren Trennschärfe-Index bezogen auf die Gesamtstichprobe mindestens 0,50 betrug.
- Lagen alle Trennschärfe-Indizes über 0,50, wurden die 3 – 4 Items mit der höchsten Trennschärfe ausgewählt.
- Die einzelnen Skalen bestehen mindestens aus 3 Items.
- Die in die Skalen aufgenommenen Items sollten inhaltlich nicht redundant sein.

7.2.5 Annahmen und Vereinfachungen

In der Regel bildet das Jahr 2002 die Basis für alle monetären Einheiten (Ausgaben). Kosten und Nutzenangaben in Geldeinheiten werden auf Cent gerundet. Dabei erfolgen sämtliche Berechnungen stellengenau, arithmetische Rundungen werden erst nach der Summenbildung über alle Leistungen eines Kindes vollzogen.

Weiterhin werden auch „negative“ Nutzenkomponenten (also potentiell negative Auswirkungen) der Nachsorge explizit im Rahmen der Evaluation ausgewiesen, wobei diese nicht als weitere Kosten, sondern als „nutzenschmälernde“ Komponenten definiert werden.

Grundsätzlich wird gefordert, bei gesundheitsökonomischen Evaluationen den Faktor Zeit zu berücksichtigen, da nach HANUSCH „der Wert der Nutzen und Kosten umso geringer ausfällt, je weiter diese von der Gegenwart entfernt liegen.“[325] Die so genannte Diskontierung trägt dieser Tatsache insofern Rechnung, dass durch eine Abzinsung die Kosten und Nutzen auf einen gemeinsamen Zeitpunkt (in der Regel zu Beginn des Projekts) in temporaler Hinsicht homogenisiert und somit vergleichbar gemacht werden.[326] Da sich die vorliegenden Daten allerdings nur auf einen sehr kurzen Untersuchungszeitraum von unter einem Jahr beziehen sowie Informationen zu Langzeitwirkungen der Nachsorge aktuell noch nicht vorliegen und somit nicht in die Evaluation einbezogen werden können, wird auf diese negative Verzinsung der Komponenten im Rahmen dieser Arbeit bewusst verzichtet.[327]

Schließlich wird aus nachstehenden Gründen von einer Erhebung der maximalen Zahlungsbereitschaft der Eltern für das Nachsorgeangebot abgesehen:

- Bei der Durchführung der Datenerhebung wurde deutlich, dass durch die relativ gute Verzahnung der einzelnen Versorgungsbereiche die Eltern oftmals nicht exakt zuordnen konnten, welche Leistungen konkret vom *Bunten Kreis* erbracht wurden. Somit ist es auch sehr schwierig die Zahlungsbereitschaft speziell für das Nachsorgeangebot zu erheben.

- Zudem ist, wie bereits theoretisch dargestellt, die direkte Methode zur Erfassung der Zahlungsbereitschaft sehr anfällig für Verzerrungen. Dieses Problem wird insbesondere durch das Vorliegen einer relativ kleinen Stichprobe weiter verschärft.

- Ebenso erscheint der indirekte Ansatz zur Erfassung der Zahlungsbereitschaft – die Methode der Messung „offenbarter Präferenzen“ – im Hinblick auf den Untersuchungsgegenstand als ungeeignet, da im Moment noch kein in Bezie-

325 HANUSCH 1994:98;

326 Vgl. dazu z. B. GREINER/SCHÖFFSKI 2002:215 ff.; HANUSCH 1994:97 ff.;

327 So empfiehlt beispielsweise die Hannoveraner Konsens-Gruppe Kosten und Nutzen, falls sie über mehr als ein Jahr anfallen, mit einem jährlichen Zinssatz von 5 % zu diskontieren (vgl. HOFFMANN/ SCHÖFFSKI/SCHULENBURG, Graf v. d. 2002:431).

hung stehender realer Markt als Vergleichsgrundlage zur Verfügung steht und somit kein Marktverhalten beobachtbar ist.

7.3 Ergänzende Aspekte aus der Perspektive der Krankenkassen

Krankenkassen müssen beim Wettbewerb darauf achten, dass ihr allgemeines Leistungsangebot, ihre Beitragssätze und die Qualität der Gesundheitsversorgung für ihre Mitglieder im Vergleich zu anderen Kassen attraktiv sind. Im Folgenden sollen deshalb ausgewählte Aspekte aus deren Perspektive ergänzend untersucht werden. Als Hauptkostenträger kommen Krankenkassen sowohl für die direkten (medizinischen) Kosten auf, die häufig in Form von Pauschalen und Gebühren abgerechnet werden, als auch zum Teil für direkte nicht-medizinische und indirekte Kosten wie etwa Fahrkosten oder Verdienstausfälle. Somit sind hier nicht die für den Leistungserbringer tatsächlich entstandenen Aufwendungen, sondern die der Krankenkasse in Rechnung gestellten Kosten relevant, die auch zu realen Zahlungsströmen führen. Intangible Kosten (im Sinne der Bewertung der Lebensqualität) werden in diesem Analyseteil nicht mit einbezogen, da diese nicht oder nur begrenzt monetär messbar und dadurch aus Sicht der Krankenkassen nicht primär relevant sind.

7.3.1 Direkte Kosten der Nachsorgeleistungen

Die Erfassung und Bewertung der Nachsorgekosten erfolgt bei dieser verkürzten Sichtweise direkt anhand der ausgewiesenen Beträge der Quartalsabrechnungen für die jeweiligen Krankenkassen. Die ausgewiesenen Nachsorgekosten stellen somit die zum jeweiligen Zeitpunkt tatsächlich abgerechneten Kosten mit Berücksichtigung der jeweils angewandten Rundungen infolge der Währungsumstellung dar. Folgende Tabelle verdeutlich, welche Leistungen bei der Rechnungsstellung einbezogen und welche Stundensätze der Bewertung zugrunde gelegt werden:

Tabelle 7.3-1: Abgerechnete Leistungen des *Bunten Kreises* mit ihren Bewertungsgrundlagen

Versorgungsleistung	Kostentreiber	Bewertungsgrößen
Abgerechnete Nachsorgeleistungen	Stundensatz *x* Anzahl der (beantragten) Stunden + gefahrene Kilometer x Kilometerpauschale	
Pflegenachsorge	Stundensatz	34,67 €
Ernährungsberatung	Stundensatz	35,08 €
Therapie	Stundensatz	40,83 €
Wegekosten	Kilometerpauschale	0,27 €

Quelle: Eigene Darstellung – Gesundheitsökonomische Evaluation *Bunter Kreis*

7.3.2 Direkte Nutzen der Nachsorge

Im Hinblick auf die direkten Nutzenkomponenten sind durch die veränderte Perspektive gegenüber der gesamtwirtschaftlichen Analyse keine großen Unterschiede zu erwarten, da bereits bei der umfassenden Evaluation aus methodischen Gründen eine Bewertung auf Basis administrativer Preise erfolgen muss. Deshalb soll an dieser Stelle primär auf die Auswirkung von Bewertungsdifferenzen eingegangen werden:

Im Rahmen der gesamtgesellschaftlichen Analyse wird nämlich, wie bereits erläutert, der Vergleich der stationären Behandlungskosten nicht anhand der tatsächlichen Pflegesätze, sondern mit vereinheitlichten Entgelten auf Basis der Augsburger Pflegesätze durchgeführt. Diese fiktiven Bewertungsgrößen sind beispielsweise deutlich niedriger als die tatsächlichen Bonner Pflegesätze. Vor diesem Hintergrund sollen nun die Effekte einer Bewertung mit den tatsächlichen Klinikentgelten näher beleuchtet werden, da auch bei der realen, praktischen Versorgung dieser Zielgruppe die tatsächlichen Kostenrelationen entstehen. Da bei den Folgeaufenthalten allerdings, wie bereits angemerkt, viele verschiedene Krankenhäuser involviert waren, beschränkt sich diese Betrachtung auf die Erstaufenthalte der früh- und risikogeborenen Kinder.

So rechnet etwa die *Kinderklinik des Zentralklinikums Augsburg* pro Tag jeweils einen tagesgleichen Basispflegesatz für vollstationäre Aufenthalte zuzüglich eines Abteilungspflegesatzes ab. Der Basispflegesatz für vollstationäre Aufenthalte beträgt in der Kinderklinik Augsburg 107,76 € am Tag. Der Abteilungspflegesatz der II. Kinderklinik – Neonatologie – im Weiteren als Normalstationspflegesatz bezeichnet – beträgt 236,90 € am Tag. Der Abteilungspflegesatz für die neonatologische Intensivbehandlung von Säuglingen (Intensivstationspflegesatz) liegt bei 591,51 €. All diese Entgelte waren ab dem 01.01.2002 gültig.

Auch die *Kinderklinik beim Klinikum Süd in Nürnberg* berechnet ab dem 01.01.2002 pro Tag einen Basispflegesatz in Höhe 87,42 €. Der Abteilungspflegesatz der Pädiatrie (Normalstationspflegesatz) wird mit 325,03 €, der Abteilungspflegesatz für neonatologische Intensivbehandlung (Intensivstationspflegesatz) mit 380,25 € angesetzt.

Der vollstationäre Basispflegesatz des *Universitätskinderklinikums in Bonn* kostet schließlich 104,74 €. Eine Unterscheidung in einen Intensiv- und einen Normalabteilungspflegesatz ist, wie bereits erwähnt, in der Kinderklinik Bonn nicht möglich, da ein einziger so genannter Neointensiv-Pflegesatz berechnet wird. Dieser wird mit 453,90 € angesetzt (auch hier werden die Pflegesätze, die ab dem 01. Januar 2002 gültig waren, zugrunde gelegt). Folgende Grafik verdeutlicht nochmals zusammenfassend die jeweiligen Pflegesätze der kooperierenden Kinderkliniken, die in diese Betrachtung eingehen werden:

Abbildung 7.3-1: Vergleich der Pflegesätze pro Tag der kooperierenden Kliniken (gültig ab 01/2002)

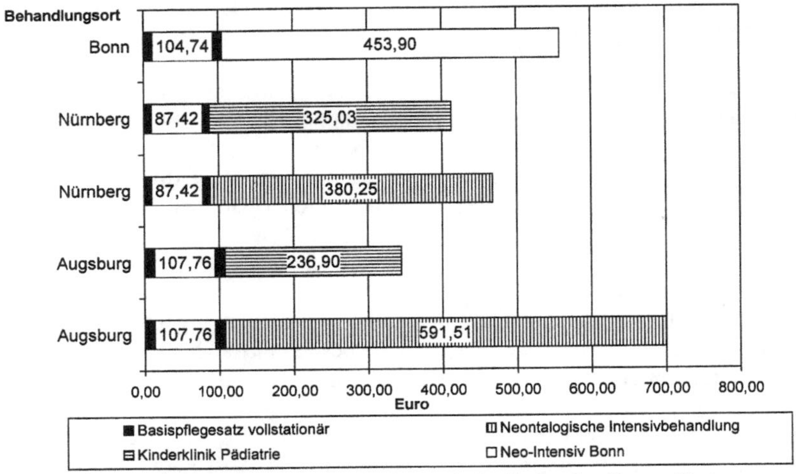

Quelle: Eigene Darstellung – Gesundheitsökonomische Evaluation *Bunter Kreis*

Letztendlich lässt sich feststellen, dass zwar gerade im Hinblick auf die Einführung der DRG auch Aspekte der Vernetzung und Kooperation der Leistungsanbieter, der Reduzierung von Rehospitalisierungen (Drehtür-Effekten), der Gewährleistung einer qualitativ guten Versorgung sowie der möglichen Einsparungen im ambulanten Sektor immer wichtiger werden, selbst wenn diese Gesichtspunkte im Moment aus Sicht der Kassen bei der Beurteilung einer Leistung nicht explizit beachtet werden.

Bevor im neunten Kapitel die Darstellung der Ergebnisse dieser Analysen erfolgt, werden nun im folgenden Kapitel die methodischen Grundlagen der empirischen Untersuchung näher erläutert.

8 Methodische Grundlagen der empirischen Untersuchung

8.1 Die Evaluation im Kontext der Versorgungsforschung

Die Evaluation der Nachsorge des *Bunten Kreises* liefert, wie bereits erwähnt, ebenfalls einen Beitrag zur so genannten Versorgungsforschung. Hierfür ausschlaggebend ist insbesondere die Tatsache, dass nicht nur wirtschaftliche Aspekte des Gesundheitswesens unter Verwendung von Konzepten der ökonomischen Theorie berücksichtigt werden.

Der grundlegende Gegenstand der problemorientierten, interdisziplinären Versorgungsforschung ist die medizinische und psychosoziale Kranken- und Gesundheitsversorgung. Sie bezieht sich speziell auf die Mikroebene des Gesundheitssystems – also vor allem auf Krankenhäuser, Arztpraxen oder einzelne Gesundheitstechnologien. Unter Krankenversorgung wird dabei die Diagnose, Behandlung, Betreuung, Pflege und Nachsorge eines kranken Menschen in gesellschaftlich legitimierten Institutionen der Krankenversorgung verstanden. Unter dem Begriff der Gesundheitsversorgung werden weiterhin alle Formen der individuumzentrierten Prävention und Gesundheitsförderung subsumiert. Methodisch betrachtet wird die Versorgungssituation mit den auftretenden Versorgungsproblemen unter Berücksichtigung der institutionellen und gesundheitspolitischen Rahmenbedingungen

- beschrieben und
- *kausal erklärt*. Darauf aufbauend werden
- Versorgungskonzepte *entwickelt*,
- deren Umsetzung *begleitend erforscht* und/oder
- unter Alltagsbedingungen *evaluiert* wird.[328]

Versorgungsforschung, als Teilgebiet der Gesundheitssystemforschung[329], ist demnach die systematische Erforschung der Versorgungswirklichkeit wie auch die Analyse von Einflussfaktoren (wie z. B. soziale Einflüsse, Finanzierungssysteme, Organisationsstrukturen oder auch persönliches Verhalten) auf die Leis-

[328] Vgl. SCHWARTZ/BUSSE 2003:523; SPENK 2003:33; ZVFK 2003;

[329] Gesundheitssystemforschung „befasst sich mit Bedarf, Inanspruchnahme, Ressourcen, Strukturen, Prozessen, Ergebnissen und zuschreibbaren Resultaten (Outcomes) von systemisch organisierten Ansätzen der Krankheitsverhütung, -bekämpfung oder -bewältigung“ (SCHWARTZ/BUSSE 2003:518).

tungserbringung.[330] Dabei wird Versorgungsforschung, die u. a. aufgrund von Vergleichen mit alternativen Strategien oder Verfahren Evaluationen vornimmt, auch als Kern dieses Forschungsgebietes dargestellt.[331]

Folgende Abbildung verdeutlicht im Hinblick auf andere (medizinische) Forschungsrichtungen die Einordnung und Abgrenzung der Versorgungsforschung, die auch als die „letzte Meile des Gesundheitssystems“[332] bezeichnet wird:

Abbildung 8.1-1: Einordnung und Abgrenzung der Versorgungsforschung

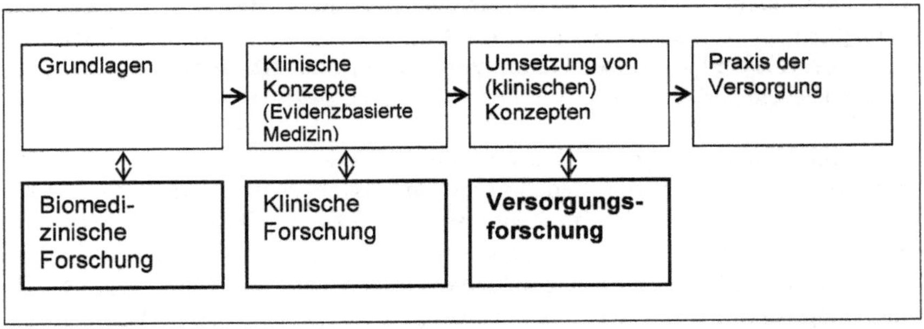

Quelle: Eigene Darstellung in Anlehnung an ZVFK (Zentrum für Versorgungsforschung Köln)

8.2 *Studiendesign*

8.2.1 *Studientyp*

Um den Behandlungsprozess der früh- und risikogeborenen Kinder analysieren zu können, wurde die empirische Untersuchung als *prospektive Längsschnittstudie* konzipiert, bei der die Daten bis zum korrigierten Alter der Kinder von sechs Monaten erfasst wurden. Im Hinblick auf die Aussagekraft der verschiedenen zur Verfügung stehenden Studienformen existiert zwar keine einheitliche Hierarchie, jedoch Einigkeit über deren grundlegenden Unterschiede.[333] Im folgenden wird, neben möglichen alternativen Vorgehensweisen, die in der empirischen Untersuchung angewandte Studienform – die *Fall-Kontroll-Studie* – vorgestellt.

---

330 Vgl. ZVFK 2003;
331 Vgl. SCHWARTZ/BUSSE 2003:523; ZVFK 2003;
332 ZVFK 2003;
333 Vgl. RYCHLIK 1999:65 ff.;

Bei der so genannten *Kohorten-Studie* werden zwei oder auch mehrere Patientengruppen gemäß der ärztlichen Therapieentscheidung oder auch hinsichtlich ihrer Exposition bezüglich des zukünftigen Auftretens eines bestimmten Zielereignisses gebildet. Anschließend werden diese über einen bestimmten Zeitraum hinweg beobachtet, um zu sehen, welche Behandlungsform als erfolgreich eingestuft werden kann beziehungsweise was mit den Probanden der jeweiligen Kohorte geschieht[334]. Die Kohorten-Studie, die somit als analytisch, prospektiv und beobachtend definiert werden kann, wird häufig bei Wirksamkeitsuntersuchungen bereits zugelassener Therapien durchgeführt, da hier Erkenntnisse unter realistischen Rahmenbedingungen gewonnen werden können. Dabei wird nicht in die Therapieentscheidung (z. B. des behandelnden Arztes) eingegriffen. Dieser Studientyp ist allerdings sehr kosten- und zeitaufwendig, da es unter Umständen sehr lange dauern kann bis die Zielgröße eintritt.[335]

Als *prospektive kontrollierte Studie mit Randomisierung* wird überdies eine spezielle Form der Kohortenstudie bezeichnet. Bei diesem Studientyp werden die Probanden nach einem Zufallsverfahren (z. B. mit Hilfe eines Zufallszahlengenerators) den zu vergleichenden Gruppen zugewiesen. Durch diese Unabhängigkeit der Zuordnung von individuellen Faktoren, kann Strukturgleichheit[336] der Gruppen optimal gewährleistet und folglich die Gefahr von Verzerrungen und systematischen Fehlern (Bias) minimiert werden. Zudem wird bei klinischen Studien versucht, im Sinne eines auf einer Patientenpopulation beruhenden Experiments[337], möglichst alle Einflussfaktoren konstant zu halten oder zu eliminieren: Die Art der Maßnahmen, die Organisation der Beobachtung wie auch die Erfassung der Endzustände werden hier vom Untersucher und nicht vom behandelnden Arzt festgelegt.[338] Auch wenn deshalb dieses Design „der höchste Standard für wissenschaftliche Studien zur Wirkung von Therapieverfahren“[339] darstellt, ist nach RYCHLIK die Ermittlung von gesundheitsökonomischen Daten auf Basis dieser Untersuchungsform u. a. mit folgenden Problemen verbunden:

Durch das kontrollierte Studiendesign sind unter Umständen bereits viele Kostenpunkte vorgegeben – indem z. B. die Anzahl der Arztbesuche oder Untersuchungen vorgeschrieben werden. Durch die starren Vorgaben kann es aber auch passieren, dass bestimmte Kosten- oder auch Nutzenkomponenten völlig unbe-

---

334 Als klassisches Beispiel findet man in der Literatur die Einteilung der Patienten in Raucher und Nichtraucher, die anschließend daraufhin beobachtet und untersucht werden, in welcher Kohorte häufiger Lungenkrebs als relevantes Zielereignis diagnostiziert wird.

335 Vgl. RYCHLIK 1999:68 f.; WEIß 2002:277 ff.;

336 Siehe dazu auch Gliederungspunkt 8.2.4;

337 Vgl. WEIß 2002:281;

338 Vgl. FLETCHER/FLETCHER/WAGNER 1999:193 ff.; WEIß 2002:281 ff.;

339 FLETCHER/FLETCHER/WAGNER 1999: 193;

rücksichtigt bleiben. Weiterhin besteht die Gefahr, dass durch diese randomisierte Zuweisung zur Therapiegruppe eine höhere Patienten-Compliance als normal auftritt, was wiederum zu verzerrten Einschätzungen führen kann.[340]

Bei der vorliegenden Evaluation wurde außerdem eine bereits eingeführte Gesundheitsleistung zum Gegenstand der Untersuchung gemacht. Die ambulante Nachsorge durch den *Bunten Kreis* war als Reaktion auf die in der Region wahrgenommenen Defizite entstanden und wurde zunächst auf eine möglichst umfassende bedarfsgerechte Versorgung ausgerichtet. Hierbei – eventuell sogar unter Nichtnutzung vorhandener Versorgungskapazitäten – eine Randomisierung der Studienpopulation vorzunehmen, schien nicht nur ethisch bedenklich, sondern auch ökonomisch als wenig sinnvoll. Ebenso war es wegen dem großen zeitlichen Abstand nicht zweckmäßig, auf so genannte historische Kontrollen, die bereits vor Einführung der Nachsorge behandelt wurden, zurückzugreifen.[341]

Um verschiedene Versorgungsformen einander vergleichend gegenüberzustellen wurde in der Studie deshalb quasiexperimentell vorgegangen: Im Rahmen einer *Fall-Kontroll-Studie* wurden retrospektiv aus vorhandenen „herkömmlichen" Versorgungsstrukturen möglichst ähnliche Fälle zu den Patienten des *Bunten Kreises* ausgewählt, deren Behandlung jedoch in hohem Maße „traditionell stationär" erfolgte. Da die vom *Bunten Kreis* behandelten Kinder nicht nach dem Zufallsprinzip ausgewählt wurden, konnte die Kontrollgruppe allerdings nicht in der Kinderklinik Augsburg rekrutiert werden. Es war somit notwendig, passende Kooperationspartner für eine multizentrische Fall-Kontroll-Studie zu finden, deren Eigeninteressen einer Teilnahme an der Studie nicht entgegenstanden. Aus diesem Grund erfolgte eine Zusammenarbeit mit dem Zentrum für Kinderheilkunde des Universitätsklinikums Bonn sowie mit der Klinik für Kinder und Jugendliche des Südklinikums Nürnberg, da diese die Absicht haben, eine ambulant-stationäre Versorgungsintegration gemäß des Augsburger Nachsorgemodells aufzubauen.

Nach FLETCHER/FLETCHER/WAGNER genügen Fall-Kontroll-Studien, die auch häufig in der klinischen Epidemiologie als Beobachtungsstudien zu Risikofaktoren durchgeführt werden, folgenden Anforderungen:

- es gibt eine Vergleichsgruppe, die die Behandlung nicht erhält,
- die Gruppen müssen einander genügend ähnlich sein um einen glaubhaften Vergleich zu gestatten und

340 Vgl. RYCHLIK 1999:66 f., 151;
341 Vgl. dazu z. B. auch WEIß 2002:283;

- alle anderen wichtigen Unterschiede müssen bei der Auswertung unter Kontrolle gehalten werden können.[342]

Um die geforderte Strukturgleichheit zu erreichen, dienten als Vergleichgruppe früh- und risikogeborene Patienten, die alternativ oder gar nicht behandelt wurden und mit Hilfe der so genannten „matched pairs-Technik" identifiziert wurden. Dies bedeutet, dass zu jedem Fall (retrospektiv) eine Kontrolle ausgesucht wurde, die mit dem Fall bezüglich aller wichtigen Merkmale, mit Ausnahme des zu untersuchenden Einflussfaktors – hier der Therapieform – weitgehend übereinstimmte.[343] Für diese Probanden wurden dann weitestgehend identische Dimensionen und Indikatoren komparativ untersucht.

8.2.2 Einschluss-Ausschluss-Kriterien

In die Studie wurden Früh- und Neugeborene mit besonders hohen biologischen und psychosozialen Risiken eingeschlossen, welche die (potenzielle) Zielgruppe für das Nachsorgeprogramm des *Bunten Kreises* darstellen. Die Grundgesamtheit umfasste alle Frühgeborenen unter 32 vollendeten SSW oder unter 1.500 g Geburtsgewicht, mit und ohne Zusatzerkrankungen und/oder Fehlbildungen (*Zielgruppe 1*). Außerdem wurden Reif- oder Frühgeborene ab und über 32 vollendeten SSW eingeschlossen, die mit schweren Fehlbildungen und/oder mit einer oder mehreren Erkrankungen geboren wurden beziehungsweise durch psychosoziale Belastungen einen erhöhten häuslichen Betreuungsbedarf benötigten (*Zielgruppe 2*). Es wurden in Absprache mit medizinischen Experten u. a. Neugeborene mit folgenden Diagnosen berücksichtigt:

- Hydrocephalus, Meningozele,
- schwerer Herzfehler,
- Östrophagusatresie, Kurzdarmsyndrom (Gastroschisis etc.),
- Lungenfehlbildungen, Lungenerkrankungen,
- komplexe Dysmorphiesyndrome,
- konatale Infektionen (Cytomegalie etc.),
- neuromuskuläre Erkrankungen und
- höhergradige Mehrlinge.

---

342 Vgl. FLETCHER/FLETCHER/WAGNER 1999:298;
343 Vgl. RYCHLIK 1999:70 f.; WEIß 2002:280; siehe dazu auch Gliederungspunkt 8.2.4;

Folgende Kriterien waren weiterhin für die Berücksichtigung einer Familie bei der Untersuchung ausschlaggebend:

- Die Eltern mussten mindestens an zwei der drei geplanten Interviews teilgenommen haben.
- Das jeweilige betroffene früh- oder risikogeborene Kind hat den gesamten Untersuchungszeitraum bis zu seinem korrigierten Alter von sechs Monaten überlebt.

Die Entscheidung, ob eine Probandenfamilie tatsächlich bei der Analyse berücksichtigt wurde, war demnach, wie bereits erwähnt, erst am Ende des Datenerhebungszeitraumes retrospektiv möglich.

Die Auswahl und Rekrutierung der Studienteilnehmer in den kooperierenden Kinderkliniken in Augsburg, Nürnberg und Bonn erfolgte durch speziell ausgewählte Kinderärzte. Nach einer ausführlichen Aufklärung über die Inhalte der Studie wurde die Zustimmung der Eltern durch eine entsprechende Einverständniserklärung dokumentiert. Grundsätzlich sollten in Augsburg alle vom Bunten Kreis betreuten Kinder erfasst werden, in den Vergleichskliniken (im Idealfall) passende Parallelfälle.

8.2.3 Untersuchungszeitraum und Beschreibung des Samples

In der Studie wurden ursprünglich 161 früh- bzw. risikogeborene Kinder berücksichtigt, die in den folgenden Zeiträumen geboren und in den beteiligten Kinderkliniken erstversorgt wurden:

- Augsburg: 01. März 2001 bis 31. März 2002
- Nürnberg: 01. Juni 2001 bis 31. Mai 2002
- Bonn: 01. September 2001 bis 31. Mai 2002

Im Verlauf der Studie waren jedoch insgesamt fünf Todesfälle von Zwillingskindern zu verzeichnen, weshalb sich die Stichprobengröße für die Auswertung auf *156 Kinder* verringerte. Alle weiteren Angaben in diesem Abschnitt beziehen sich, sofern nicht ausdrücklich darauf hingewiesen wird, auf diese 156 Kinder, für die eine Auswertung bis zum korrigierten Alter von sechs Monaten möglich war.

Folgende Tabellen verdeutlichen überblicksartig die Gestationsaltersklassen[344], das Geschlecht, das Geburtsgewicht sowie der Anteil an Mehrlinsgeburten der berücksichtigten Früh- und Risikogeborenen:

Tabelle 8.2-1: Kinder des Samples nach Gestationsaltersgruppen und Geschlecht

	bis 27 SSW		28 – 31 SSW		32 – 35 SSW		ab 36 SSW		Gesamt	
Anzahl der Kinder absolut	32		78		34		12		156	
Anzahl in Prozent	20,51 %		50,00 %		21,79 %		7,69 %		100,00 %	
Geschlecht w/m	18 w	14 m	37 w	41 m	16 w	18 m	6 w	6 m	77 w	79 m

Quelle: Eigene Darstellung und Berechnung – Gesundheitsökonomische Evaluation *Bunter Kreis*

Tabelle 8.2-2: Kinder des Samples nach Geburtsgewicht gemäß allgemeinem Standard

	< 1.000 g (extremely low birthweight)	1.000 – 1.499 g (very low birthweight)	1.500 – 2.500 g (low birthweight)	> 2500 g
Anzahl der Kinder absolut	34	69	38	15
Anzahl der Kinder in Prozent	21,79 %	44,23 %	24,36 %	9,62 %

Quelle: Eigene Darstellung und Berechnung – Gesundheitsökonomische Evaluation *Bunter Kreis*

344 Siehe zur Einteilung der Kinder in die Gestationsaltersgruppen auch Gliederungspunkt 8.2.4!

Tabelle 8.2-3: Anteil der Mehrlingsgeburten im Sample

	Häufigkeit	in Prozent	Anteil an Interventionsgruppe in Prozent	Anteil an Kontrollgruppe in Prozent
Einlingsgeburten	100	77,5 %	77,0 %	78,6 %
Zwillingsgeburten	26	20,2 %	20,7 %	19,0 %
Drillingsgeburten	3	2,30 %	2,3 %	2,4 %
Anzahl der Geburten	129	100,0 %	100,0 %	100,0 %

Quelle: Eigene Darstellung und Berechnung – Gesundheitsökonomische Evaluation *Bunter Kreis*

Die meisten Probanden wurden in der Kinderklinik des Zentralklinikums Augsburg betreut und zählen wegen ihrer Versorgung durch den *Bunten Kreis* zur Interventionsgruppe. Die Kontrollgruppe umfasst dagegen (unkonventionellerweise) weniger Kinder. Dies ist zum einen durch zeitweise sehr wenige Geburten früh- und risikogeborener Kinder in der Universitätskinderklinik Bonn und dem Klinikum Nürnberg Süd, zum anderen durch die Einführung des Nachsorgemodells in Bonn zu erklären. Die Anzahl der Früh- und Risikogeborenen nach erstbetreuender Klinik sind Abbildung 8.2–1 zu entnehmen.

Insgesamt nahmen an der Untersuchung *129 Familien* teil, wobei 42 (32,6 %) der Kontrollgruppe und 87 (67,4 %) der Interventionsgruppe angehörten. Trotz der verstorbenen Kinder konnten alle Familien bei der Analyse berücksichtigt werden, da es sich bei diesen Früh- und Risikogeborenen, wie bereits erwähnt, ausschließlich um Zwillingskinder handelte. Um sich ein Bild von den untersuchten Familien machen zu können, werden in den Tabellen 8.2–4 bis 8.2–6 die soziodemographischen Daten der Eltern – der Familienstand und die Nationalität der Eltern sowie die Anzahl der Kinder pro Familie – aufgezeigt.

Abbildung 8.2-1: Kinder mit und ohne Nachsorge nach erstbetreuender Kinderklinik

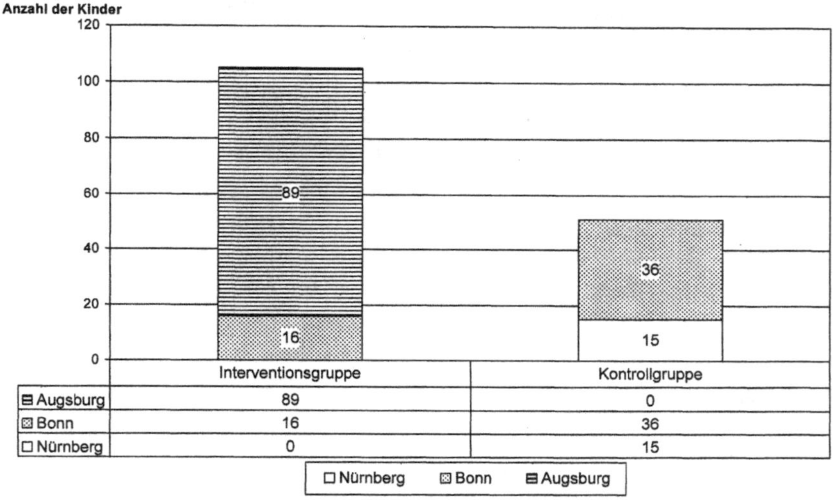

Bei einem Kind aus Augsburg konnten zwar keine Nachsorgedaten in der Studie berücksichtigt werden, die Angaben der Eltern liegen allerdings vor.

Quelle: Eigene Darstellung – Gesundheitsökonomische Evaluation *Bunter Kreis*

Tabelle 8.2-4: Familienstand der Eltern

	ledig	verheiratet	in Lebensgemeinschaft	geschieden	Summe
Häufigkeit absolut und in Prozent	7 (5,4 %)	96 (74,4 %)	24 (18,6 %)	2 (1,6 %)	129 (100,0 %)
Anteil an Interventionsgruppe	5,7 %	73,6 %	18,4 %	2,3 %	100,0 %
Anteil an Kontrollgruppe	4,8 %	76,2 %	19,0 %	0,0 %	100,0 %

Quelle: Eigene Darstellung und Berechnung – Gesundheitsökonomische Evaluation *Bunter Kreis*

Tabelle 8.2-5: Nationalität der Eltern

	deutsch	EU-Ausland	andere	k. A.
Väter	113	4	5	7
Mütter	122	3	4	0

Quelle: Eigene Darstellung und Berechnung – Gesundheitsökonomische Evaluation *Bunter Kreis*

Tabelle 8.2-6: Kinderanzahl in den Familien

	1 Kind	2 Kinder	3 Kinder	> 3 Kinder	Summe
Anzahl der Familien	69 (53,5 %)	43 (33,3 %)	12 (9,3 %)	5 (3,9 %)	129 (100,0 %)
Anteil an Interventionsgruppe	52, 9 %	31,0 %	11,5 %	4,6 %	100,0 %
Anteil an Kontrollgruppe	54,8 %	38,1 %	4,8 %	2,3 %	100,0 %

Quelle: Eigene Darstellung und Berechnung – Gesundheitsökonomische Evaluation *Bunter Kreis*

Die Angaben zum Alter der Väter und Mütter wurde aus Gründen der Übersichtlichkeit zu Gruppen zusammengefasst. Die meisten Mütter waren zwischen 1970 und 1974 geboren, die meisten Väter zwischen 1965 und 1969. Die jüngste Mutter der Stichprobe war Jahrgang 1985, der jüngste Vater Jahrgang 1983. Folgende Grafik zeigt die Altersverteilung der an der Untersuchung beteiligten Eltern, differenziert nach Interventionsgruppe mit Nachsorge und Kontrollgruppe:

Abbildung 8.2-2: Altersverteilung der Mütter und Väter (n = 129 bzw. 122)

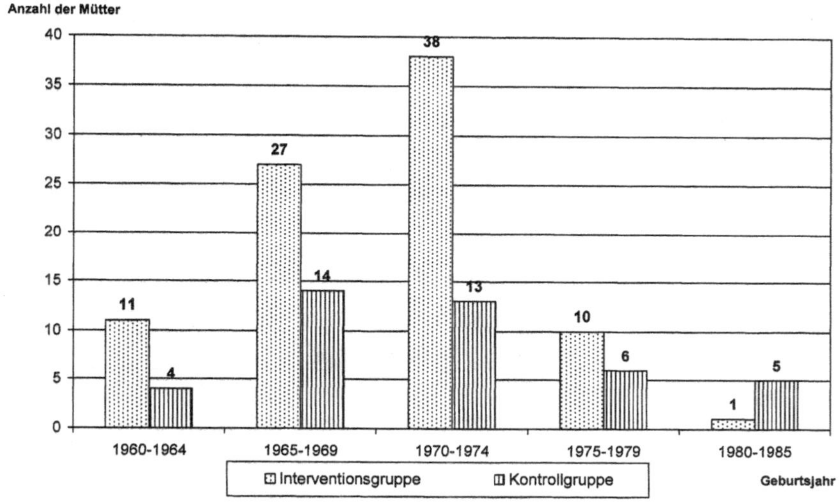

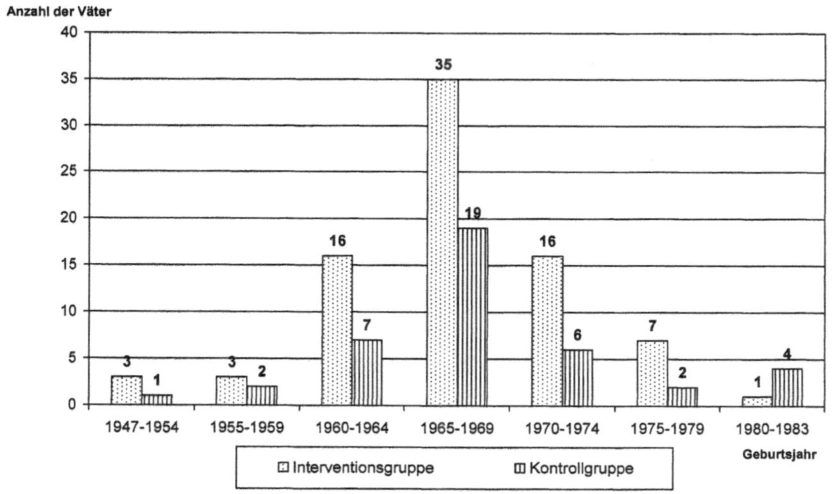

Quelle: Eigene Darstellung – Gesundheitsökonomische Evaluation *Bunter Kreis*

Weiterhin gaben in der Fall- wie auch in der Kontrollgruppe rund 56 % der Väter „Angestellter“ als Beruf an. Auffallende Verteilungsunterschiede gab es dagegen bei der Berufsgruppe „Arbeiter“: Während immerhin 16,05 % der Familienväter, deren Kinder Nachsorge durch den *Bunten Kreis* erhalten haben, diese Berufssparte angaben, waren es im Vergleich dazu nur 4,88 % der Väter aus der Kontrollgruppe. Ähnliche Tendenzen finden sich auch bei der Betrachtung der zuletzt ausgeübten Berufstätigkeit der an der Untersuchung beteiligten Mütter. Weitere Einzelheiten über die derzeit beziehungsweise zuletzt ausgeübten Berufe sind in nachstehender Tabelle aufgeführt.

Tabelle 8.2-7: Berufe der Eltern

Berufsgruppe	Väter (n = 122)		Mütter (n = 123)	
	mit Nachsorge	ohne Nachsorge	mit Nachsorge	ohne Nachsorge
Arbeiter(in)	13	2	11	2
Facharbeiter(in)	6	4	4	1
Landwirt(in)	1	-	-	-
Angestellte(r)	46	23	56	26
Beamter/in des mittleren /einfachen Dienstes	4	-	1	-
Beamter/in des höheren /gehobenen Dienstes	2	2	1	3
Selbstständige(r) Handwerker(in)	8	3	2	1
Freiberufliche Tätigkeit	1	3	-	-
Inhaber (in) oder Geschäftsführer(in)	-	-	1	-
Sonstiges*	-	4	8	6
	81	41	84	39

* Die 14 Mütter gaben hier an Hausfrau/Mutter zu sein.

Quelle: Eigene Darstellung und Berechnung – Gesundheitsökonomische Evaluation *Bunter Kreis*

Im Hinblick auf den höchsten Bildungsabschluss konnten die ursprünglichen Elternangaben nicht sinnvoll ausgewertet werden, da vor allem in Augsburg viele Mütter und Väter die Merkmalsausprägung „Berufsschule“ nicht als Bildungsstätte verstanden und deswegen auch nicht angegeben haben. Um trotzdem eine aussagefähige Illustration zu ermöglichen, wurden die verschiedenen Schultypen, wie auch Abbildung 8.2–3 verdeutlicht, zu einer Gruppe zusammengefasst: Die Merkmalsausprägung „mittlerer Bildungsabschluss“ umfasst nun sämtliche Schultypen (Hauptschule über Realschule bis hin zu Gymnasium/Fachoberschule und Berufsschule) als höchsten Bildungsabschluss. Auch wenn diese Kategorie nun sehr viel einschließt, hat diese Aggregation den zusätzlichen Vorteil, dass darin auch von unserem Schulsystem abweichende Schularten (z. B. der ehemaligen DDR) gut subsumiert werden können.

Die meisten Familien (66,93 % der Gesamtstichprobe) gaben außerdem an, ein mittleres bis gehobenes Einkommen zwischen 1.281,00 € und 3.070,00 € pro Monat zu Verfügung zu haben – bei rund 17 % aller Familien liegt das Haushalts-Nettoeinkommen sogar darüber. Abbildung 8.2–4 veranschaulicht die Verteilung dieser Variablen in den Vergleichsgruppen.

Abbildung 8.2-3: Höchster Bildungsabschluss der Eltern (n = 87/42 bzw. 81/41)

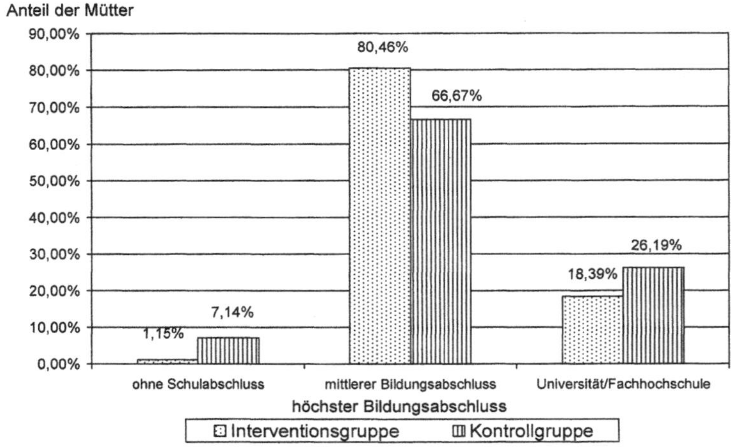

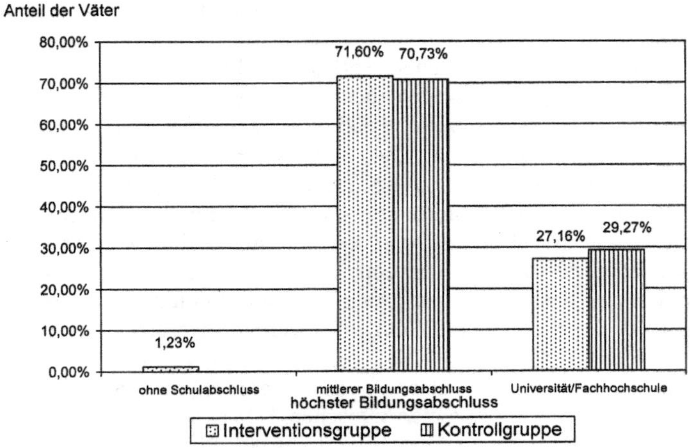

Quelle: Eigene Darstellung und Berechnung – Gesundheitsökonomische Evaluation *Bunter Kreis*

Abbildung 8.2-4: Familienbezogenes monatliches Haushalts-Nettoeinkommen (n = 86/41)

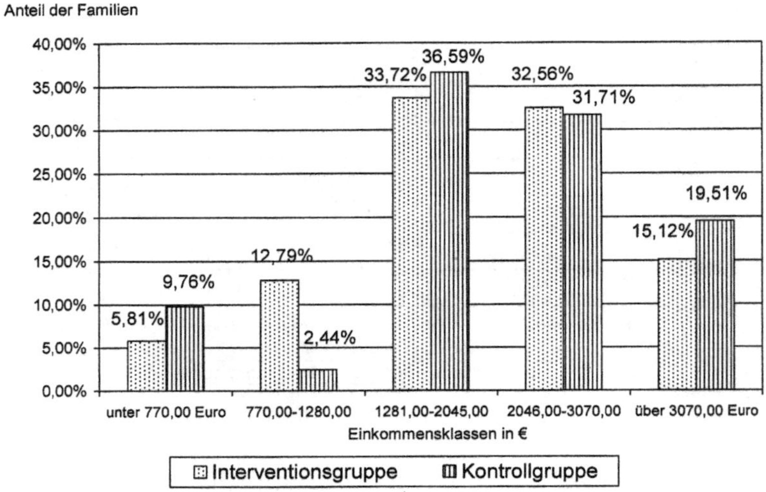

Quelle: Eigene Darstellung und Berechnung – Gesundheitsökonomische Evaluation *Bunter Kreis*

Um die prinzipielle Vergleichbarkeit der Familien mit und ohne Nachsorge sicherzustellen, wurden die wichtigsten demographischen Variablen – das Alter der Mütter und Väter, der höchste Bildungsabschluss der Eltern, das Monats-Nettoeinkommen und die Anzahl der im Haushalt lebenden Kinder – mit Hilfe des Kolmogoroff-Smirnoff-Tests[345] für zwei unabhängige Stichproben auf ihre Signifikanz geprüft. Dieser Test setzt mindestens ordinal-skalierte Daten voraus und prüft auf der Basis von z. B. zentraler Tendenz, Streuung und Schiefe die Unterschiede der Verteilungsformen zweier Stichproben.[346] Folgende Ergebnisse wurden hierbei erzielt:

Tabelle 8.2-8: Ergebnisse des Kolmogoroff-Smirnoff-Tests zur Kontrolle der Verteilung wichtiger soziodemographischer Variablen in den Vergleichsgruppen

Variable	Asymptotische Signifikanz (2-seitig)	keine signifikanten Unterschiede in der Verteilung erkennbar
Geburtsjahr Mutter	0,676	✓
Geburtsjahr Vater	0,989	✓
Höchster Bildungsabschluss Mutter	0,995	✓
Höchster Bildungsabschluss Vater	1,000	✓
Einkommen	1,000	✓
Kinderanzahl	0,977	✓

Signifikanzniveau: $p \leq 0{,}05$;

Quelle: Eigene Darstellung und Berechnung – Gesundheitsökonomische Evaluation *Bunter Kreis*

Es ließen sich somit bezüglich aller überprüften Variablen keine signifikanten Unterschiede in der Verteilungsform zwischen den Gruppen feststellen. Bezüglich den nominalen Angaben zum Familienstand konnten nur für die Kategorien „verheiratet“ und „nichteheliche Lebensgemeinschaften“ ein χ^2-Test für zwei unabhängige Gruppen durchgeführt werden, da dieser eine Einzelhäufigkeit von

[345] Zu den verschiedenen Testverfahren – siehe auch die Ausführungen zur Auswertung des Datenmaterials!

[346] Vgl. dazu z. B. SACHS 2002:379 ff.;

mindestens fünf voraussetzt. Auch hier zeigten sich, wie bereits erwartet, keine signifikanten Unterschiede in der Häufigkeitsverteilung (p = 1,000).

8.2.4 Festlegung der Kontrollen

Werden zwei oder mehrere Gruppen einander gegenübergestellt, muss darauf geachtet werden, dass die Gruppen auch tatsächlich vergleichbar sind. Das heißt, dass – neben der Einhaltung der Behandlungs- und Beobachtungsgleichheit[347] – insbesondere auf die *Strukturgleichheit* zu achten ist, also die Gruppen bezüglich aller wesentlichen Merkmale (mit Ausnahme des zu untersuchenden Einflussfaktors – hier der Therapieform) möglichst identisch sein sollen.[348] Da, wie bereits beschrieben, durch das Fehlen einer randomisierten Zuordnung a priori eine Vergleichbarkeit der Patientengruppen statistisch nicht gewährleistet werden konnte, wurde die Kontrollgruppe im Matched-Pairs-Verfahren retrospektiv am Ende des Untersuchungszeitraums, als alle erforderlichen Daten erhoben waren, ermittelt.

Demgemäß wurde u. a. ein Häufigkeitsmatching durchgeführt: Dies bedeutet, dass keine Bindung der Fälle und Kontrollen auf individueller Ebene stattfindet, sondern lediglich global darauf geachtet wird, dass sich die Fall- und die Kontrollgruppen hinsichtlich besonders wichtiger Matchingvariablen – hier dem Reifegrad der Früh- und Risikogeborenen und ihrem Gewicht bei der Geburt – gleichen oder zumindest stark ähneln.[349] Die Kinder wurden deshalb, im Sinne einer Stratifizierung, in insgesamt vier Gestationsaltersgruppen (Matched Groups) aufgeteilt:

- *Gestationsaltersgruppe 1:* Kinder mit einem Gestationsalter von bis zu 27 SSW,
- *Gestationsaltersgruppe 2*: Kinder mit einem Gestationsalter von 28 bis zu 31 SSW,
- *Gestationsaltersgruppe 3*: Kinder mit einem Gestationsalter von 32 bis zu 35 SSW (so genannte „Risikogeborene“),
- *Gestationsaltersgruppe 4:* Kinder mit einem Gestationsalter von ab 36 SSW (reife „Risikogeborene“).

347 Beobachtungsgleichheit bedeutet, dass alle Gruppen in derselben Art und Weise untersucht und beobachtet werden (vgl. WEIß 2002:269).

348 Vgl. WEIß 2002:267 f.;

349 Vgl. dazu z. B. BECHER 1987:11 f.;

Bei Betrachtung der nachstehenden Daten wird deutlich, dass insbesondere für die Gruppe der Familien von Risikogeborenen mit einem Gestationsalter ab 36 SSW keine Aussage getroffen werden kann, da die Kontrollgruppe nur aus zwei Kindern besteht und die Kinder auch bezüglich der Matchvariablen keine große Übereinstimmung zeigen:

Tabelle 8.2-9: Daten der Matched Groups

	Anzahl der Kinder mit Nachsorge	Anzahl der Kinder in der Kontroll-gruppe	Vergleich des durch-schnittl. Gestationsal-ters in SSW	Vergleich des durchschnittl. Geburtsgewichts in g
bis 27 SSW	24	8	26,08/25,88	827,79/ 809,00
28 – 31 SSW	51	27	29,24/29,85	1310,73/1283,04
32 – 35 SSW	19	15	32,95/32,53	1967,37/1587,80
ab 36 SSW	10	2	39,50/37,50	3203,00/3760,00

Quelle: Eigene Darstellung und Berechnung – Gesundheitsökonomische Evaluation *Bunter Kreis*

Darüber hinaus wurde ein individuelles Matching durchgeführt, indem den Kindern der Fallgruppe jeweils ein Matchpartner der Kontrollgruppe zugeordnet wurde. Hierbei kommt der Definition der Matchingvariablen mit ihren Toleranzbereichen[350] eine besondere Bedeutung zu, bei der statistisch-methodische wie auch organisatorische[351] Aspekte berücksichtigt werden müssen.[352] Folgende Faktoren bestimmten die Auswahl der „Matchpartner“:

[350] Toleranzbereich bedeutet in diesem Zusammenhang, welche Abweichungen der Variablenausprägungen noch zulässig sind.

[351] So besteht z. B. bei der Auswahl zahlreicher Matchingvariablen mit engen Toleranzbereichen die Gefahr, dass keine Matchpartner gefunden werden können. Entscheidet man sich dagegen für sehr großzügige Toleranzbereiche, so wird das eigentliche Ziel dieses Matchings in Frage gestellt.

[352] Vgl. BECHER 1987:11 f.;

- die Anzahl der Kinder bei der Geburt (Einlinge/Mehrlinge),
- die Reife der Kinder (Gestationsalter),
- das Geburtsgewicht,
- die Phänomenologie, da der *Bunte Kreis* nach diesem Prinzip arbeitet, beziehungsweise bei Risikogeborenen die Erstdiagnosen nach der Geburt,
- der Geburtsort der Kinder: Es wurde versucht, Bonner Kinder mit Nachsorge möglichst mit randomisierten Vergleichskindern, ebenfalls aus Bonn, zu matchen![353]

Mit Hilfe medizinischer Experten konnten mit insgesamt 96 Kindern 38 Matched Pairs gebildet werden, die sich wie folgt auf die Gestationsaltersgruppen aufteilen:

Tabelle 8.2-10: Anzahl der Matched Pairs nach Gestationsaltersgruppen

	bis 27 SSW	28 – 31 SSW	32 – 35 SSW	ab 36 SSW	über Reifeklassen hinweg	Gesamt
Anzahl der Paare	7	16	2	-	13	38
Anzahl der berücksichtigten Kinder*	16	40	8	-	32	96

* Bei den Matched Pairs sind auch Mehrlingspaare enthalten.

Quelle: Eigene Darstellung und Berechnung – Gesundheitsökonomische Evaluation *Bunter Kreis*

Wie Tabelle 8.2–10 zeigt, war es bei den Kindern mit einem Gestationsalter ab 32 SSW (also Risikokindern) so gut wie nicht möglich, geeignete Matchpartner mit entsprechenden Diagnosen zu finden. Infolgedessen war bei der Reifealtersgruppe von 32-25 SSW ausschließlich ein Gruppenvergleich – Kinder mit und ohne Nachsorge – sinnvoll.

[353] In Bonn wurden zunächst Kinder ohne ambulante Nachsorge erfasst. Gegen Ende des Erfassungszeitraumes begann jedoch mit der dortigen Implementation des Nachsorgemodells eine randomisierte Studie (PRIMA), in der u. a. ähnliche Aspekte untersucht werden und deren Probanden teils in die vorliegende Studie einbezogen wurden.

8.3 Datenerhebung

Die Erfassung sowohl der Kosten als auch der Wirkungen dieses breiten Leistungsspektrums der Versorgung der früh- und risikogeborenen Kinder erfordert Erfassungsmethoden und Messverfahren, die einerseits den spezifischen Ansprüchen der einzelnen Versorgungsbereiche, andererseits aber auch allgemeingültigen Kriterien der Validität und Reliabilität genügen müssen. Da bei gesundheitsökonomischen Evaluationen die Validität der Ergebnisse stark von der Verfügbarkeit und Qualität der verwendeten Datenquellen abhängt, wurde durch eine prospektiv angelegte Datenerhebung versucht, die Aussagekraft, Aktualität und Genauigkeit des Datenmaterials zu maximieren. Zur Erhebung von Informationen über die Inanspruchnahme und die Kosten der Versorgung von Früh- und Risikogeborenen wurden konkret zwei Ansätze der Datengewinnung verfolgt:

Erstens wurde eine Erfassung relevanter Aktendaten der am Versorgungsprozess beteiligten Institutionen und Personen durchgeführt. Dies hatte den Vorteil, dass die erbrachten Leistungen mit relativ großer Genauigkeit erhoben werden konnten, was allerdings eine enge Kooperation mit allen relevanten Versorgungseinrichtungen voraussetzte. Zweitens wurde der Tatsache Rechnung getragen, dass, neben den professionellen Helfern, Familienangehörige eine wichtige Rolle in der Versorgung und auch bei der Nachsorge von früh- und risikogeborenen Kindern zukommt. Aufgrund dessen wurden zusätzlich weitgehend standardisierte Befragungen der Eltern der an der empirischen Untersuchung beteiligten früh- und risikogeborenen Kinder durchgeführt. Dies hatte den Vorteil, dass zum einen im Hinblick auf eine vollständige Erfassung aller Kostenkomponenten davon ausgegangen werden kann, dass die Betroffenen selbst den besten und umfassendsten Überblick über alle in Anspruch genommenen Leistungen haben. Zum anderen konnten so auch angefallene private Aufwendungen sowie Aspekte der Lebensqualität und der Versorgungszufriedenheit erfasst werden.

Die Messinstrumente wurden zu Beginn der empirischen Studie systematisch entwickelt. Nach der theoretischen Einarbeitung in das Themengebiet und ausführlicher Literaturanalyse erfolgte eine detaillierte Auflistung aller für die Untersuchung erforderlichen Datentypen. Darauf aufbauend wurden schließlich die nachstehenden Erhebungsinstrumente entwickelt:

- Eine Access-Datenbank mit gesonderter Stammdatenbank und Eingabemasken für die Erfassung der Prozessdaten der Leistungserbringer (z. B. Daten der neonatologischen Erhebungsbögen, der stationären Klinikakten, der Nachsorgeakten sowie Informationen aus den Datenbeständen der behandelnden ambulanten Kinderärzte). Neben den Primärdaten wurden zudem noch Sekundärdaten zur Analyse der Rahmenbedingungen im Hinblick auf ihre gesamtwirtschaftliche Bedeutung berücksichtigt.

- Fragebögen, die als Grundlage für die persönlichen, standardisierten Befragungen der Eltern dienten.

In den folgenden Abschnitten werden nun die Organisation der Datenerhebung sowie die Konzeption und Struktur der den Befragungen zugrunde liegenden Fragebögen genauer vorgestellt.

8.3.1 Die Erhebung der Aktendaten

Die Erfassung der Klinik- und Nachsorgedaten (also der medizinischen Daten, der Dauer der stationären Liegezeiten oder der Angaben über die durchgeführten Nachsorgemaßnahmen etc.) erfolgte größtenteils durch die Beschaffung von elektronischen Kopien der relevanten Patientenangaben aus den jeweiligen Datenbanksystemen der Kinderkliniken beziehungsweise des *Bunten Kreises*. Nicht elektronisch verfügbare Informationen wurden zusätzlich aus den Akten manuell eingegeben.

Zur Erfassung der Angaben bezüglich der ambulanten Versorgung der Kinder (z. B. die Anzahl der Arztkontakte, die Medikation oder die abgerechneten Gebührenordnungspositionen) war vor allem die Mithilfe von 106 Kinderärzten/-innen nötig, welche die Kinder bis zum korrigierten Alter von sechs Monaten betreuten. Von diesen schriftlich kontaktierten niedergelassenen Pädiatern stellten insgesamt 74,53 % (79 Ärzte/-innen) das angeforderte Datenmaterial vollständig zur Verfügung. Die restlichen Praxen verweigerten – meist aus Zeitmangel – die Unterstützung des Projektes (21,70 %) oder überließen uns nicht auswertbare Informationen (3,77 %).

Sämtliche während der Studie erhobenen Daten wurden zeitnah in die speziell für die Untersuchung entwickelten Datenbanken überführt, bereinigt und kodiert. Zudem wurden die Angaben regelmäßig auf Vollständigkeit und Plausibilität überprüft und korrigiert. Um einen möglichst vollständigen Datenbestand zu erhalten, wurden fehlende Informationen (zum Teil mittels telefonischer und schriftlicher Rückfragen) ergänzt beziehungsweise als fehlend deklariert.

Falls die patientenbezogenen Primärdaten nicht in geeigneter Form für die Analyse und Ergebnisdarstellung vorlagen, wurden diese in weiteren Arbeitsschritten transformiert. Daneben wurden gegebenenfalls Einzelinformationen zu Datenklassen zusammengefasst.

8.3.2 Organisation der Elternbefragung

Auch wenn persönliche Befragungen wesentlich zeit- und kostenaufwendiger als schriftliche Befragungen sind, haben sie im Vergleich dazu folgende Vorteile:[354]

- Die Drop-Out-Rate ist normalerweise wesentlich geringer,
- die Kontextsituation kann besser kontrolliert werden[355] und
- fehlende oder unklare Angaben können weitgehend vermieden werden.

Die Interviews wurden mit Hilfe eines qualifizierten und geschulten Teams von erfahrenen Mitarbeitern mit der erforderlichen Fach-, Methoden- und Sozialkompetenz durchgeführt. Um die relevanten Daten möglichst exakt und zeitnah zu erfassen, wurden konkret drei Elternbefragungen zu folgenden Terminen durchgeführt:

- zum ungefähren Entlassungszeitpunkt des Kindes aus der Kinderklinik,
- drei Monate nach dessen Entlassung sowie
- im korrigierten Alter des Früh- bzw. Risikogeborenen von sechs Monaten.

Durch dieses Timing konnte die potentielle Gefahr von Verzerrungen oder Selektionen durch die Erinnerung an vergangene Ereignisse und Situationen reduziert und auch die Voraussetzung für eine Längsschnittanalyse (z. B. der Entwicklung der Lebensqualität der Eltern) geschaffen werden.

Die ersten, persönlichen Interviews fanden ausschließlich in Räumlichkeiten der jeweiligen Kinderklinik oder des angrenzenden Nachsorgezentrums statt, die Befragungen zum zweiten Termin wurden (um den Aufwand für die beteiligten Familien möglichst gering zu halten) telefonisch durchgeführt. Die dritten Befragungen erfolgten schließlich wiederum in der Kinderklinik oder im Nachsorgezentrum – in einigen Fällen aus organisatorischen Gründen auch bei den Eltern zu Hause. Während die meisten Themenbereiche von den Eltern gemeinsam

---

[354] Eine Gegenüberstellung unterschiedlicher Befragungsformen findet sich z. B. in PFAFF/BENTZ 2003:420 ff.;

[355] Bei der schriftlichen Befragung kann beispielsweise nicht überprüft werden, wer den Fragebogen ausfüllt!

beantwortet werden sollten, erschien es bei den sehr persönlichen Fragen der Lebensqualität zweckmäßiger, Vater und Mutter jeweils getrennt zu befragen. Durch diese Vorgehensweise konnte eher ein offenes Antwortverhalten gewährleistet und Verzerrungen durch eine gegenseitige Beeinflussung vermieden werden.

Im Anschluss an jedes Interview füllten die Befrager schließlich ein Gesprächsprotokoll („*Postkommunikationsbeschreibung* (kurz: Postscriptum)“[356] aus. Darin wurden die beobachteten Rahmenbedingungen, die subjektiven Eindrücke von den Gesprächspartnern, deren affektive Reaktionen und vor allem die Interaktionen vor und nach dem Abschluss des offiziellen Interviews notiert. Durch diese zusätzlich erhobenen Daten können die Befragten und ihre Aussagen besser eingeschätzt[357] wie auch eventuell auftretende Verzerrungen bei der Auswertung berücksichtigt werden.[358]

Folgende Tabelle präsentiert die Anzahl der teilnehmenden Familien zu den drei Befragungsterminen:

Tabelle 8.3-1: Anzahl der Teilnehmer und Teilnahmequote bei den Befragungen

Anzahl der teilnehmenden Familien: N= 129	1. Befragung	2. Befragung	3. Befragung
Anzahl teilnehmender Väter Teilnahmequote	109 84,50 %	107 82,95 %	107 82,95 %
Anzahl teilnehmender Mütter Teilnahmequote	129 100,00 %	125 96,90 %	120 93,02 %

Quelle: Eigene Darstellung und Berechnung – Gesundheitsökonomische Evaluation *Bunter Kreis*

[356] WITZEL 1989:238;

[357] Zum Beispiel die Offenheit der Befragten, ihre Glaubwürdigkeit, ihr emotionales Engagement, die Lebensverhältnisse etc..

[358] Vgl. dazu auch LAMNEK 1995:98 f.;

8.3.3 Konzeption und Struktur der Fragebögen

Um die den betroffenen Eltern entstandenen Aufwendungen, die Zufriedenheit mit der Versorgung ihres Kindes, die Aspekte der Verzahnung der am Versorgungsprozess beteiligten Institutionen, die Lebensqualität sowie die soziodemographischen Daten möglichst standardisiert zu erfassen, wurden insgesamt drei Fragebögen als Basis für die Interviews entwickelt. Dadurch konnte gewährleistet werden, dass auch bei der Beteiligung von mehreren Interviewern die Fragen mit dem gleichen Wortlaut und in der gleichen Reihenfolge gestellt wurden.

Bei der Fragebogenentwicklung wurde großer Wert auf die sachkundige Beratung durch Experten gelegt – Fachleute, u. a. aus der medizinischen Praxis und mit wissenschaftlichen Erfahrungen, ergänzten und überarbeiteten die vorgelegten Entwürfe. Zudem wurden die Befragungsinstrumente mit Hilfe von Pretests auf ihre Aussagekraft hin untersucht, bei deren Durchführung auch Erfahrungen zur Optimierung der Probandeninterviews gewonnen werden konnten. Folgende Abbildung zeigt die Phasen der Entwicklung des jeweiligen Fragebogens:

Abbildung 8.3-1: Phasen der Fragebogenentwicklung

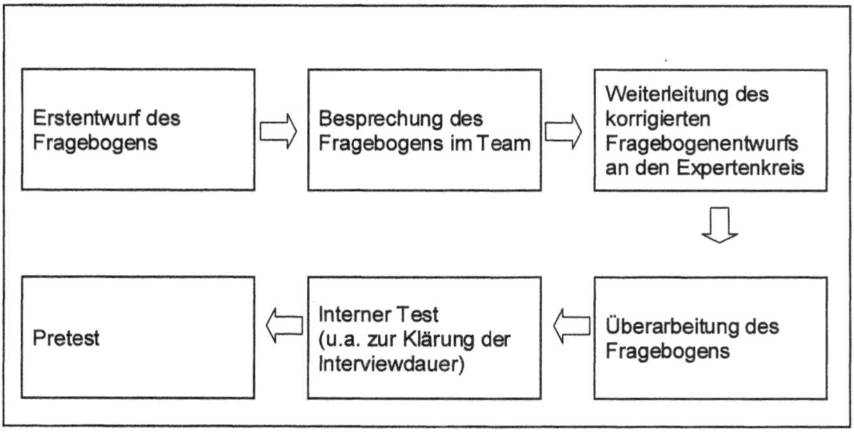

Quelle: Eigene Darstellung – Gesundheitsökonomische Evaluation *Bunter Kreis*

Die Fragebögen enthalten geschlossene Fragen zum Ankreuzen sowie zusätzlich offene, qualitative Fragen, um möglichst vollständig und ganzheitlich die relevanten Gesichtspunkte zu erfassen. So hatten die Eltern auch die Möglichkeit, ergänzende Angaben über Bereiche zu machen, die in den geschlossenen Fragen nicht abgedeckt werden konnten.

Folgende Abbildung verdeutlicht nochmals die berücksichtigten Themenschwerpunkte:

Abbildung 8.3-2: Themenbereiche der Interviews

Während des Klinikaufenthaltes des Kindes

Persönliche Aufwendungen

- Fahrten ins Krankenhaus
- Aufenthaltskosten
- Kinderbetreuung

Zufriedenheit mit der Versorgung des Kindes

Soziodemographische Daten

Kooperation der Leistungserbringer beziehungsweise „Lücken" in der Versorgung

Nach der Entlassung des Kindes

Medizinische Leistungen

- Nachuntersuchungen
- Überwachungsmaßnahmen
- Besondere Pflegemaßnahmen und Behandlungsmaßnahmen
- Arznei- , Heil- und Hilfsmittel
- Therapien und Frühförderung

Persönliche Aufwendungen

z. B.

- Fahrten ins Krankenhaus
- Fahrten zum Arzt
- Fahrten zum Therapeuten ...
- Aufenthaltskosten
- Arbeitsausfall
- Haushaltshilfe (auch durch Angehörige)
- Geschwisterkinderbetreuung
- zusätzliche Hilfsmittel

Lebensqualität – Dimensionen

Physische Dimension

- Gesundheit der Eltern
- Einschätzung der Gesundheit und der Entwicklung des Kindes

Psychische Dimensionen

- Momentane Befindlichkeit der Eltern
- Persönliche Einschätzung der Belastung
- Coping
- Kontrollbewusstsein als Copingressource

Soziale Dimension/Copingressourcen

- Emotionale Unterstützung
- Praktische Unterstützung
- Soziale Integration und Belastung

Quelle: Eigene Darstellung – Gesundheitsökonomische Evaluation Bunter Kreis

8.4 *Die Auswertung des Datenmaterials*

Die Prozessdaten wie auch die Antworten der Fragebögen wurden mit MS Excel 2000/2002, MS Access 2000/2002 und SPSS 11.0/11.5 für Windows ausgewertet. Die Analyse des Datenmaterials wurde dabei in folgenden drei Schritten durchgeführt:

1. Zu Beginn wurden die medizinischen Daten der Früh- und Risikogeborenen (z. B. Reife, Gewicht und Anzahl der Kinder bei der Geburt, Diagnosen) analysiert, um anhand der in Gliederungspunkt 8.2.4 vorgestellten Kriterien geeignete Matched Groups beziehungsweise Matched Pairs bilden zu können.

2. Anschließend erfolgte die Auswertung der Daten aller Studienteilnehmer beziehungsweise der verschiedenen Subgruppen (z. B. nur gematchte Kinder mit Langzeitnachsorge) differenziert in Kinder mit Nachsorge durch den *Bunten Kreis* (Fallgruppe) und Kinder mit herkömmlicher Versorgung (Kontrollgruppe). Zur deskriptiven Beschreibung der einzelnen Variablen wurden u. a. absolute und relative Häufigkeitsverteilungen, Kreuztabellen und statistische Kenngrößen, wie Lagemaße (z. B. Mittelwerte, Modalwerte) und Streuungsmaße (z. B. Varianzen oder Standardabweichungen) berechnet.

3. Schließlich wurden die Ergebnisse im Hinblick auf die Quantifizierung der einzelnen Kosten- und Nutzenkomponenten miteinander verglichen und gegebenenfalls monetarisiert.

Um möglichst Verzerrungen (so genannte systematische Fehler oder *Bias*) zu vermeiden, wurde bei der Studienplanung u. a. versucht, Struktur- und Beobachtungsgleichheit[359] bei den verschiedenen Gruppen zu gewährleisten, bereits validierte Erhebungsinstrumente bei der Datenerfassung bezüglich der Lebensqualität der Eltern mit einzubeziehen sowie grundsätzlich die Merkmalseigenschaften bei der Wahl der geeigneten Analysemethoden zu berücksichtigen.[360] Zufällige Fehler sind indessen allen Beobachtungen eigen, da Zufallsschwankungen „in der interindividuellen Variabilität (bei mehreren Beobachtungseinheiten erhält man beim Messen einer Größe unterschiedliche Ergebnisse) und in der intraindividuellen Variabilität (selbst bei einer Beobachtungseinheit ergeben sich beim Messen einer Größe unter denselben Bedingungen unterschiedliche Werte)“[361]

---

359 Strukturgleichheit bedeutet, dass sich die zu vergleichenden Gruppen bezüglich ihrer wesentlichen Merkmale zumindest stark ähneln - Beobachtungsgleichheit, dass alle Subgruppen auf gleiche Weise untersucht werden (vgl. WEIß 2002:268 f.).

360 Vgl. dazu z. B. WEIß 2002:269 ff.; FLETCHER/FLETCHER/WAGNER 1999: 261;

361 WEIß 2002:271 f.;

begründet liegen können. Deshalb wurden statistische Tests mit dem Ziel eingesetzt, abzuschätzen, wie gut sich beobachtete Unterschiede den wahren Differenzen annähern. Wie nachfolgende Tabelle zeigt, werden bei der Überprüfung der Ergebnisgrößen die üblichen Grenzen des Signifikanzniveaus p angewandt: Ein Ergebnis gilt demnach genau dann als „signifikant“, wenn die Wahrscheinlichkeit, dass es sich um einen Zufallsbefund handelt, höchstens 5 % beträgt.

Tabelle 8.4-1: Signifikanzniveau, Bedeutung und Symbolisierung

Signifikanzniveau p	*Bedeutung*	*Symbolisierung*
$p > 0{,}05$	Nicht signifikant	ns
$0{,}05 \geq p > 0{,}01$	Signifikant	*
$0{,}01 \geq p > 0{,}001$	Sehr signifikant	**
$0{,}001 \geq p$	Höchst signifikant	***

Quelle: Eigene Darstellung – Gesundheitsökonomische Evaluation *Bunter Kreis*

Bei einer kleinen Stichprobe, wie sie bei dieser empirischen Untersuchung vorliegt, ist die Möglichkeit, tatsächlich vorhandene Unterschiede nachzuweisen, gering. Dies bedeutet folglich, dass das Ergebnis, es liege kein statistisch signifikanter Unterschied vor, mit Vorsicht beurteilt werden muss.[362] Im Folgenden wird nun eine Auswahl statistischer Tests, sortiert nach abnehmenden Voraussetzungen und dadurch mit zunehmendem Anwendungsspektrum, vorgestellt. Aufgrund der Verteilungseigenschaften der hier untersuchten Merkmale konnten überwiegend nur nichtparametrische Testverfahren angewendet werden:

[362] Vgl. dazu auch SACHS 2002:185;

Tabelle 8.4-2: Überblick über statistische Testverfahren[363]

Name	Art	Voraussetzungen
Zur Prüfung der statistischen Signifikanz		
t-Tests (= parametrischer Test)	Lagetests zwischen bestimmten Parametern (z. B. zwei Mittelwerten);	– mehrere unverbundene Stichproben mit Normalverteilung; – mindestens intervallskaliert;
Kolmogoroff-Smirnoff-Test	Prüft Unterschiede der Verteilungsform zweier unabhängiger Stichproben (Verteilungstest);	– mindestens ordinalskalierte Daten;
χ^2-Vierfelder-Test (Chi²-Vierfelder-Test)	Analyse von Häufigkeitsunterschieden bzgl. der Ausprägung eines/ mehrerer Merkmale	– alle Merkmalsarten (auch nominal-skalierte!); – jedes Skalenniveau; – jede erwartete Häufigkeit muss mindestens 5 betragen, keine Häufigkeit darf 0 sein → mindestens 20 Beobachtungseinheiten;
	Unabhängigkeitstest	– 2 Alternativmerkmale; – eine Stichprobe;
	Homogenitätstest	– 1 Alternativmerkmal; – 2 unverbundene Stichproben;
FISHER´s exakter Test	Alternative zum χ^2-Vierfelder-Test	– nur geringe Anzahl von erwarteten Häufigkeiten bei einer kleinen Anzahl von Beobachtungen;

363 Genauere Beschreibungen der einzelnen Testverfahren finden sich z. B. in FLETCHER/FLETCHER/ WAGNER 1999; SACHS 2002; WEIß 2002;

Name	Art	Voraussetzungen
Zur Beschreibung des Ausmaßes einer Assoziation ...		
Korrelationskoeffizient r nach PEARSON	Quantifizierung der Stärke eines linearen Zusammenhangs zwischen zwei Variablen.	– metrische, stetige Merkmale; – unabhängige Beobachtungseinheiten; – symmetrische Verteilung;
Rangkorrelations-Koeffizient von SPEARMAN (r_S)	Quantifizierung der Stärke eines linearen Zusammenhangs zwischen zwei Variablen.	– mindestens ordinale Variablen; – verteilungsunabhängig; – auch bei kleinen Stichprobenumfängen;
Regressionskoeffizient	... zwischen einer unabhängigen und einer abhängigen Variablen.	– Zwei metrische Merkmale;

Quelle: Eigene Darstellung

Außerdem wurde für die Auswertung der *gesundheitsbezogenen Lebensqualität* der Eltern der Rohdatensatz zunächst in einen Sekundärdatensatz überführt. Weiterhin wurde die Güte des neu generierten Erhebungsinstruments überprüft, da es, wie bereits beschrieben, aus Items verschiedenster Fragebögen neu entwickelt und somit an Eltern früh- und risikogeborener Kinder noch nicht erprobt worden war. Folgende Auswertungsschritte wurden konkret vorgenommen:

1. Zunächst wurde kontrolliert, wie viele Daten pro Item fehlen, da Personen ohne Angaben in der Auswertung für den jeweiligen Variablenbereich keine Berücksichtigung fanden.

2. Untersuchung der Verteilung der Antworten der einzelnen Items auf die zur Verfügung stehenden Kategorien, um beurteilen zu können, ob die Angaben ausreichend differenzieren oder ob nur bestimmte Antwortkategorien von den Eltern angekreuzt wurden.

3. Durchführung einer Faktorenanalyse – konkret eine Hauptkomponentenanalyse mit Varimax-Rotation – über die Daten der einzelnen Subskalen für jedes Interview und für Mütter und Väter getrennt. Mit Hilfe dieser Hauptkomponentenanalyse wurden zum einen die zugrunde liegenden Faktoren bestimmt, die die Korrelationsmuster innerhalb eines

Satzes beobachteter Variablen erklären, zum anderen wurde so die Konstruktvalidität der einzelnen Skalen überprüft.

4. Mit Hilfe der Ladungszahlen wurden anschließend die jeweiligen Rohdatensätze durch Transformation aller Werte in Richtung positiver Zielskalen in Sekundärdatensätze überführt (inverse Transformation).

5. Danach erfolgte eine Reliabilitätsprüfung (als weiteres Gütekriterium) durch die Untersuchung der inneren Struktur dieser Skalen mit Hilfe der internen Skalenkonsistenz (CRONBACHS-α) und des Trennschärfekoeffizienten.

6. Schließlich wurden die Einzeldaten zu Likert-Skalen zusammengefasst, indem die Werte der Items für jeden Elternteil extra aufsummiert und durch die Anzahl der Einzelfragen dividiert wurden. Der Divisor richtete sich dabei fallweise nach der Anzahl der gültigen Werte.

7. Der daraus resultierenden Datensätze wurden schließlich deskriptiv ausgewertet, die Unterschiede zwischen den einzelnen Subskalen varianzanalytisch untersucht.

9 Darstellung der empirischen Ergebnisse

9.1 Aufbau und Struktur der Ergebnisdarstellung

Die Gliederung der Ergebnisse der empirischen Untersuchung erfolgt in Anlehnung an die theoretische Beschreibung der Bewertung der Nachsorgeleistungen des *Bunten Kreises* (Kapitel 7) unter Berücksichtigung der zu Beginn gestellten Forschungsfragen.

Die Darstellung beginnt mit den ermittelten monetär bewertbaren Kosten- wie auch Nutzenkomponenten der Nachsorge aus gesamtgesellschaftlicher Sicht. Nach einer Gegenüberstellung der direkten und indirekten Kosten und Nutzen, erfolgt die Beschreibung der Auswirkungen der Nachsorge auf die gesundheitsbezogene Lebensqualität der betroffenen Eltern. Daran anschließend werden verschiedene weiterführende intangible Effekte der Leistungen des *Bunten Kreises* vorgestellt, die sich für die Beurteilung der Nachsorge aus gesamtgesellschaftlicher Perspektive anbieten. Das Kapitel endet mit ausgewählten Aspekten aus Sicht der Krankenkassen: Es werden die tatsächlich abgerechneten Nachsorgekosten sowie der Einfluss des Bewertungsansatzes auf die mit den stationären Erstaufenthalten der früh- und risikogeborenen Kinder verbundenen Kosteneinsparungen dargestellt.

In der Regel werden zunächst deskriptive Auswertungen zum jeweiligen Thema über alle Familien hinweg vorgestellt, bevor auf die Unterschiede zwischen den verschiedenen Subgruppen eingegangen wird. Im Verlauf der Auswertungen zeigte sich, dass die deutlichsten Unterschiede zwischen den Vorsorgungsformen bei der ausschließlich nach dem Reifealter der Kinder differenzierten Analyse zu beobachten waren, wobei allerdings wegen zu einer geringen Anzahl an Kontrollkindern auf eine vergleichende Betrachtung der fast Reifgeborenen ab 36 SSW verzichtet werden musste. Bei ausgewählten Teilaspekten werden zusätzlich die Ergebnisse der durchgeführten Matched Pairs-Vergleiche erläutert.

Wenn im folgenden der Begriff „signifikant“ verwendet wird, so stets im Sinne von „statistischer asymptotischer Signifikanz“ (auf dem angegebenen Niveau). Auf Grund der verhältnismäßig kleinen Gesamtstichprobe und der zusätzlich erfolgten Differenzierung nach dem Reifegrad der früh- und risikogeborenen Kinder wurden jedoch für die untersuchten Subgruppen teils so geringe Einzelhäufigkeiten erzielt, dass die Voraussetzungen für statistische Testverfahren zur Ermittlung des Signifikanzniveaus nicht immer gegeben waren.

9.2 Ergebnisse der gesamtwirtschaftlichen Analyse

In diesem Abschnitt werden sowohl die direkten Kosten (Gliederungspunkt 9.2.1) der Leistungen des *Bunten Kreises* für die Zielgruppe der früh- und risikogeborenen Kinder als auch die mit der Nachsorge verbundenen Nutzen (Gliederungspunkt 9.2.2 und 9.2.3) vorgestellt. Die direkten wie auch indirekten Nutzenkomponenten entsprechen dabei den Kosten der herkömmlichen Versorgung, die durch die Nachsorge der Kinder vermieden werden konnten. Bevor schließlich in Gliederungspunkt 9.2.5 die intangiblen Effekte aufgezeigt werden, erfolgt in Abschnitt 9.2.4 eine Gegenüberstellung der monetär bewertbaren Kosten und Nutzen um so die Wirtschaftlichkeit dieser Gesundheitsleistung aufzuzeigen.

9.2.1 *Die direkten Kosten der Nachsorge durch den* Bunten Kreis

Ausgangspunkt der folgenden Betrachtungen ist die Verteilung des Leistungsumfangs der Nachsorgemaßnahmen bei Kindern, die in *Augsburg* durch den *Bunten Kreis* betreut wurden. Wie bereits in Gliederungspunkt 3.2.2 erwähnt, wird seit August 1999 für die Zielgruppe der früh- und risikogeborenen Kinder die Nachsorge formal in zwei verschiedenen Leistungskategorien, die sich hinsichtlich des zeitlichen Umfanges unterscheiden, angeboten: die so genannte *Kurzzeitnachsorge* (bis zu 10 Stunden) und die *Langzeitnachsorge* (mehr als 10 Stunden). Abbildung 9.2–1 verdeutlicht, wie häufig diese beiden Nachsorgetypen von Familien mit früh- und risikogeborenen Kindern in Augsburg in Anspruch genommen wurden.

Hierbei fällt auf, dass die Kurzzeitnachsorge mit einem Anteil von rund 71 % deutlich dominiert und nur in etwas mehr als einem Viertel der Nachsorgefälle eine Betreuung von mehr als zehn Stunden notwendig war. Die Analyse des Nachsorgeumfangs, differenziert nach dem Reifealter der berücksichtigbaren 88 Früh- und Risikogeborenen, zeigt außerdem, dass die meisten Kinder mit Nachsorge ein Gestationsalter zwischen 28 und 35 SSW aufweisen (Abbildung 9.2–2). Weiterhin nimmt mit zunehmendem Reifegrad der Anteil der Patienten mit *Langzeitnachsorge* ab, wobei allerdings dieser Zusammenhang wegen zu geringen Einzelhäufigkeiten nicht auf Signifikanz geprüft werden konnte.

Abbildung 9.2-1: Häufigkeit der Leistungskategorien bei Augsburger Kindern (n = 89)

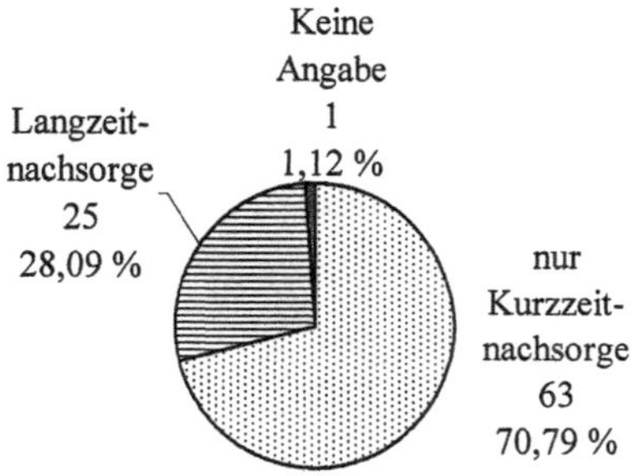

Quelle: Eigene Darstellung und Berechnung – Gesundheitsökonomische Evaluation *Bunter Kreis*

Abbildung 9.2-2: Häufigkeit der Kurz- und Langzeitnachsorge nach Gestationsalter der Kinder mit Nachsorge durch den *Bunten Kreis* in Augsburg (n = 88)

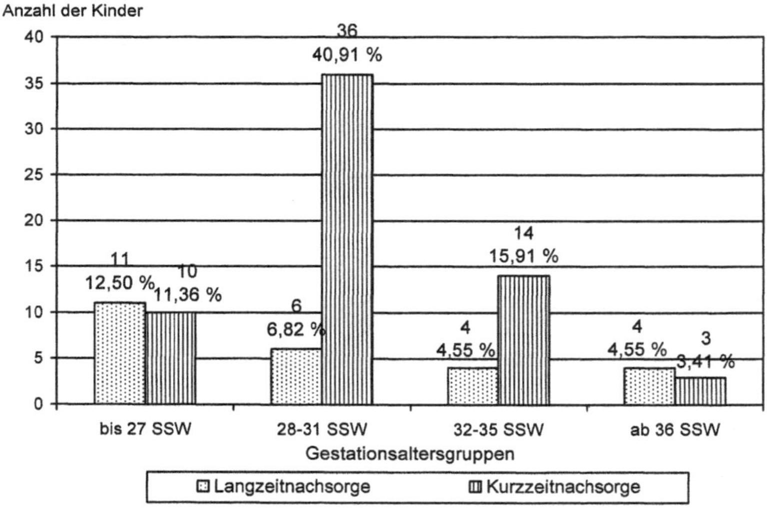

Quelle: Eigene Darstellung und Berechnung – Gesundheitsökonomische Evaluation *Bunter Kreis*

Bei Betrachtung des tatsächlich erbrachten Leistungsumfangs zeigt sich, dass früh- und risikogeborene Kinder in Augsburg im Durchschnitt 10,48 Stunden Nachsorge erhalten haben, wobei das Minimum bei einer halben Stunde, das Maximum bei 95,17 Stunden lag. Wie nachstehende Abbildung nochmals verdeutlicht, hat der überwiegende Teil der berücksichtigten Kinder (51,14 %) sogar nur bis zu fünf Stunden Nachsorge durch den *Bunten Kreis* erhalten:

Abbildung 9.2-3: Verteilung der tatsächlich erbrachten Nachsorgestunden in Augsburg (n = 88)

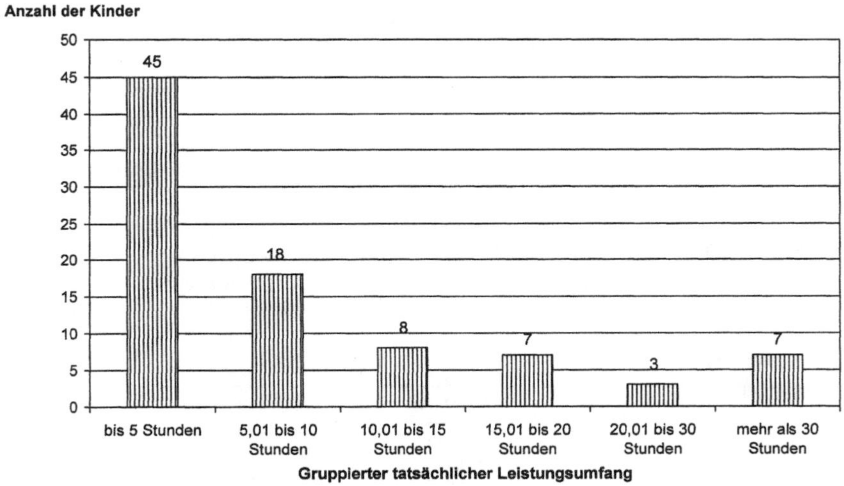

Quelle: Eigene Darstellung und Berechnung – Gesundheitsökonomische Evaluation *Bunter Kreis*

Ein Zusammenhang zwischen dem Auftreten bestimmter Komplikationen (wie etwa Retinopathie, Hirnblutung oder Sepsis) und dem Nachsorgeumfang konnte dabei grundsätzlich nicht nachgewiesen werden. Allerdings liegt der Anteil der Kinder mit Sepsis bei der Leistungskategorie *Langzeitnachsorge* mit 40,00 % (10 von 25 Kindern) über dem Durchschnitt von 29,55 % aller Kinder mit Nachsorge. Außerdem waren bei den Früh- und Risikogeborenen mit einer Betreuung von über 30 Stunden (im Mittel 55,09 Stunden) kein Einfluss des Reifealters des Kindes festzustellen.

Bei Betrachtung der Verteilung der insgesamt an den Augsburger früh- und risikogeborenen Kindern erbrachten 922,64 Leistungsstunden auf die in Tabelle 7.2-1 aufgeführten Leistungsarten wird zudem deutlich, dass Hausbesuche durch die Nachsorgeschwestern mit einem Anteil von 48,85 % dominieren. Die Leistungserbringung in der Kinderklinik beziehungsweise die Kontaktaufnahme zu Mitarbeitern im Krankenhaus stellt – vor allem wegen der gleich nach der stationären Aufnahme des Kindes beginnenden Kurzzeitnachsorge – die zweitwichtigste Leistungsart mit 28,45 % der Gesamtstunden dar.

Abbildung 9.2-4: Verteilung der tatsächlich erbrachten Stunden auf die einzelnen Leistungsarten

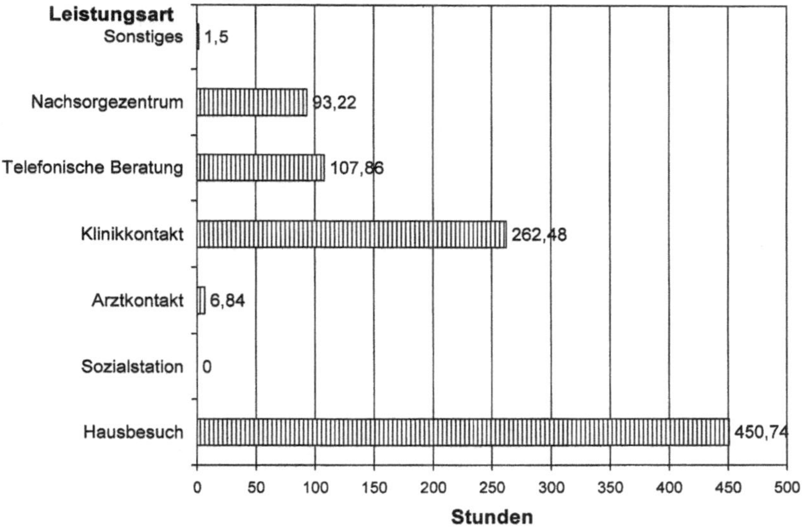

Quelle: Eigene Darstellung und Berechnung – Gesundheitsökonomische Evaluation *Bunter Kreis*

Da zur Ermittlung der direkten Kosten die Nachsorgetätigkeit mit Hilfe der entsprechenden Stundensätze der drei angebotenen Leistungsbereiche – Pflege, Ernährung und Therapie – bewertet werden soll, wurde weiterhin untersucht, welchen Anteil diese Nachsorgebereiche bei der hier berücksichtigten Teilstichprobe haben. Hierbei wurde deutlich, dass alle Kinder aus Augsburg Pflegenachsorge erhalten haben und nur bei einem Kind zusätzlich Therapiemaßnahmen durchgeführt wurden. Ernährungsberatung bezog dagegen keine der beteiligten Familien. Da zudem bei dem Frühgeborenen mit Pflege- und Therapiemaßnahmen keine nach diesen Bereichen differenzierte Leistungserfassung vorlag, wird bei der Kostenermittlung ausschließlich der Stundensatz für die Pflegenachsorge in Höhe von 34,67 € zugrunde gelegt.

Folgende Übersicht stellt nun die durchschnittlich vom *Bunten Kreis* erbrachten Gesamtstunden, die im Rahmen der Nachsorge von den betreuenden Schwestern gefahrenen Kilometer sowie die daraus resultierenden direkten Kosten dar. Wie bereits bei der Einführung zu diesem Kapitel erwähnt, erfolgt die Betrachtung wegen einer höheren Aussagefähigkeit differenziert nach den Gestationsaltersgruppen. Die im Rahmen der Nachsorgetätigkeit angefallenen Telefongebühren konnten mangels einer Dokumentation der Telefoneinheiten nicht berücksichtigt werden.

Tabelle 9.2-1: Übersicht über den Leistungsumfang des *Bunten Kreises* Augsburg und die direkten Kosten der Nachsorge pro Kind (n = 88)

	Nachsorgeleistung		Fahrtkosten		**Gesamtkosten**
	Stunden	Kosten	km	Kosten	
bis 27 SSW	14,49	502,37 €	153,24	41,37 €	**543,74 €**
28 bis 31 SSW	7,19	249,28 €	47,24	12,75 €	**262,03 €**
32 bis 35 SSW	8,00	277,36 €	56,44	15,24 €	**292,60 €**
ab 36 SSW	24,62	853,58 €	376,57	101,67 €	**955,25 €**
Mittelwert über alle Kinder	10,48	363,34 €	100,61	27,16 €	**390,50 €**

Quelle: Eigene Darstellung und Berechnung – Gesundheitsökonomische Evaluation *Bunter Kreis*

Diese Gegenüberstellung verdeutlicht, dass insbesondere bei den sehr unreifen Frühgeborenen und bei den Reifgeborenen mit Zusatzkomplikationen im Durchschnitt eine wesentlich zeitaufwändigere und somit kostenintensivere Nachsorge notwendig ist als bei früh- und risikogeborenen Kindern mit einem Gestationsalter zwischen 28 und 35 SSW.

Im folgenden Abschnitt wird nun der direkte medizinische Nutzen der Betreuung durch den *Bunten Kreis* im Sinne von eingesparten stationären und ambulanten Aufenthalts- und Behandlungskosten aufgezeigt, der diesen Nachsorgeaufwendungen gegenübersteht.

9.2.2 Auswirkungen der Nachsorge auf die Kosten der stationären und ambulanten Versorgung

Wie bereits im Rahmen der Stichprobenbeschreibung in Gliederungspunkt 8.2.3 erläutert, beziehen sich die folgenden Angaben nur auf die an der Untersuchung beteiligten Früh- und Risikogeborenen bis zu einem Gestationsalter von 35 SSW, da für die Reifgeborenen (ab 36 SSW) eine zu geringe Zahl an Kindern in der Kontrollgruppe zur Verfügung stand.

9.2.2.1 Vergleich der Kosten der stationären Versorgung

Bei Betrachtung der Zusammensetzung des klinischen Versorgungsaufwands fällt auf, dass bei allen Gestationsaltersgruppen der Hauptanteil der Kosten während des Erstaufenthaltes der Kinder in den Kinderkliniken entsteht. Dies liegt erstens darin begründet, dass die Erstaufenthalte der Früh- und Risikogeborenen die längsten Liegedauern aufweisen. Zweitens beinhalten die Erstaufenthalte auch häufiger die (durch ihre Versorgungsintensität hohe Kosten verursachenden) Aufenthalte auf den Intensivstationen. Der Kostenanteil der im Untersuchungszeitraum erfassten Folgeaufenthalte ist demgegenüber vergleichsweise gering, da hierbei die Liegezeiten in der Regel relativ kurz sind – oftmals nur wenige Tage – und die Früh- und Risikogeborenen meist ausschließlich auf den Normalstationen versorgt wurden. Abbildung 9.2–5 verdeutlicht das arithmetische Mittel der Aufenthaltstage der Kinder bei ihren stationären Erst- und Folgeaufenthalten differenziert nach den Gestationsaltersgruppen.

Diese Übersicht weist insbesondere innerhalb der Zielgruppe 1 (Frühgeborene unter 32 SSW) auf die Tendenz hin, dass der stationäre Versorgungsaufwand um so höher ist je unreifer die Kinder bei der Geburt sind. Um diesen Einfluss des Gestationsalters auf die Liegezeit beim stationären Erstaufenthalt der Frühgeborenen zu überprüfen, wurde eine nicht-parametrische Korrelationsanalyse (Rangkorrelations-Koeffizient von SPEARMAN, da die Daten nicht normalverteilt waren) durchgeführt. Dabei zeigte sich für die Zielgruppe 1 ein negativer hochsignifikanter Zusammenhang (r_S = - 0,74, p = 0,000001), der diese Annahme bestätigt.

Sehr unreife Frühgeborene verursachen außerdem wesentlich höhere stationäre Kosten als reifere, da diese Kinder nicht nur deutlich längere Klinikaufenthalte bis zur ersten Entlassung aufweisen, sondern auch wesentlich häufiger und länger auf den Intensivstationen behandelt werden müssen. Einen Überblick über die jeweiligen durchschnittlichen Liegezeiten und Kosten der stationären Erstbeziehungsweise Folgeaufenthalte pro Kind der Fall- und der Kontrollgruppe gibt Tabelle 9.2–2[364].

Abbildung 9.2-5: Durchschnittliche stationäre Aufenthaltsdauer aller Kinder nach Gestationsaltersgruppen

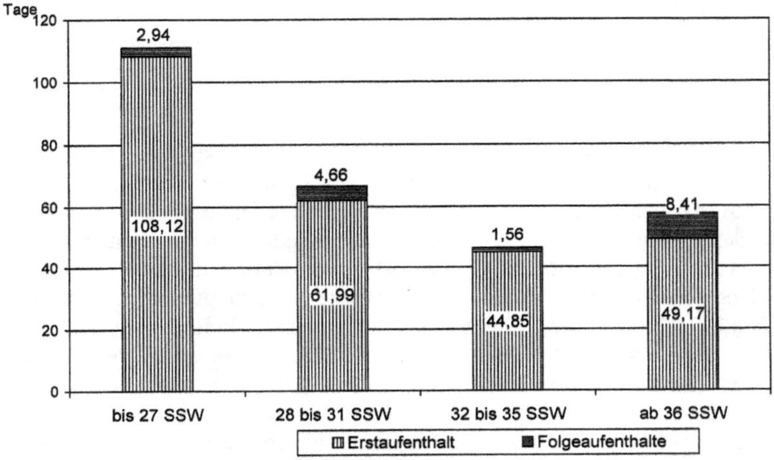

Quelle: Eigene Darstellung und Berechnung – Gesundheitsökonomische Evaluation *Bunter Kreis*

Tabelle 9.2-2: Durchschnittliche Kosten und Liegezeiten der stationären Aufenthalte pro Kind (n = 144)

Gestationsalter	Stationäre Erstaufenthalte Kinder *mit* Nachsorge	Stationäre Erstaufenthalte Kinder *ohne* Nachsorge	Differenz[365]
bis 27 SSW	108,79 Tage 53.380,63 €	106,13 Tage 52.075,43 €	+ 2,66 Tage + 1.305,20 €
28 bis 31 SSW	61,16 Tage 25.738,87 €	63,56 Tage 26.748,90 €	**- 2,4 Tage** **- 1.010,03 €**
32 bis 35 SSW	42,84 Tage 16.151,16 €	47,40 Tage 17.870,33 €	**- 4,56 Tage** **- 1.719,17 €**

364 Im Rahmen dieser gesamtwirtschaftlichen Analyse erfolgt die Bewertung mit den in Gliederungspunkt 7.2.2.1 dargestellten vereinheitlichten Pflegesätzen.

365 Bei den Differenzangaben stellen die negativen Werte grundsätzlich den (positiven) Nutzen der Nachsorge dar, da in diesen Fällen (Kosten-) Einsparungen erzielt werden konnten.

Gestationsalter	Stationäre Folgeaufenthalte Kinder *mit* Nachsorge	Kinder *ohne* Nachsorge	Differenz
bis 27 SSW	3,59 Tage 1.237,33 €	1 Tag 344,66 €	+ 2,59 Tage + 892,67 €
28 bis 31 SSW	5,76 Tage 1.985,24 €	2,59 Tage 892,67 €	+ 3,17 Tage + 1.092,57 €
32 bis 35 SSW	0,84 Tage 289,51€	2,47 Tage 851,33 €	**- 1,63 Tage** **- 561,80 €**

Quelle: Eigene Darstellung und Berechnung – Gesundheitsökonomische Evaluation *Bunter Kreis*

Bei der Untersuchung des Einflusses der Nachsorge muss allerdings berücksichtigt werden, dass die Probanden der Interventions- und der Kontrollgruppe in unterschiedlichen Kliniken rekrutiert wurden. Ganz unabhängig von der Frage der Nachsorge zeigt sich nämlich, dass die an der Studie beteiligten Kliniken grundsätzlich unterschiedliche Entlassungsstrategien verfolgen: Ein Vergleich der stationären Liegezeiten für das Jahr 2001 verdeutlicht beispielsweise, dass die Früh- und Risikogeborenen, die in der Universitätskinderklinik Bonn behandelt wurden, generell kürzere stationäre Liegezeiten aufweisen als die Kinder der Fallgruppe, die in der Klinik für Kinder und Jugendliche des Zentralklinikums Augsburg versorgt wurden.

Tabelle 9.2-3: Vergleich der durchschnittlichen Liegezeiten Früh- und Risikogeborener der Kinderklinik Augsburg mit Kindern der Universitätskinderklinik Bonn, 2001; (alle Angaben beziehen sich ausschließlich auf lebend entlassene Kinder)

Gestationsalter	Abt. Neonatologie, UKB Bonn n = 327		II. Kinderklinik Augsburg n = 607	
	Tage	Anzahl der-Kinder	Tage	Anzahl der Kinder
bis 27 SSW	85,57	23	96,00	25
28 – 31 SSW	42,66	56	57,40	57
32 – 35 SSW	18,49	101	26,10	154
ab 36 SSW	8,57	147	11,70	371

Quelle: Eigene Darstellung auf Basis klinikinterner Angaben

Trotzdem zeigt sich beim Vergleich der Kosten der stationären Aufenthalte über die verschiedenen Gestationsaltersgruppen hinweg, dass sich die Nachsorge durch den *Bunten Kreis* monetär umso stärker positiv auswirkt, je höher das Gestationsalter der betreuten Kinder ist: Während bei Kindern mit einem Gestationsalter von bis zu 27 SSW (unter Maßgabe der Klinikunterschiede generell) noch keine Einspareffekte durch die Nachsorge zu erkennen sind, fallen bei den Kindern mit einem Reifealter zwischen 28 und 31 SSW die Kosten für den Erstaufenthalt mit Nachsorge deutlich geringer aus als bei den Kindern ohne Nachsorge. Bei Kindern mit einem Gestationsalter zwischen 32 und 35 SSW sind die durchschnittlichen Kosten der gesamten stationären Versorgung bei herkömmlicher Versorgung sogar um 2.280,97 € höher als bei Kindern, die Nachsorgeleistungen bezogen haben. Die Ergebnisse dieser Beobachtungen sind in folgender Tabelle nochmals zusammengefasst.

Tabelle 9.2-4: Vergleich der durchschnittlichen Kosten der stationären Aufenthalte mit und ohne Nachsorge

Gestationsaltersgruppe	Erstaufenthalt in der Klinik	*Alle* Aufenthalte in der Klinik
bis 27 SSW	+ 1.305,20 €	+ 2.197,87 €
28 bis 31 SSW	**- 1.010,03 €**	+ 82,54 €
32 bis 35 SSW	**- 1.719,17 €**	**- 2.280,97 €**

Quelle: Eigene Darstellung und Berechnung – Gesundheitsökonomische Evaluation *Bunter Kreis*

Bei diesem Vergleich ist weiterhin zu beachten, dass angesichts der nicht sehr großen Fallzahlen eine teilweise hohe Heterogenität der Gruppen verbleibt, die die Differenzen mitprägt. Ferner spielt bei der Höhe der Kostenunterschiede die Tatsache eine Rolle, dass der Vergleich im Rahmen dieser gesamtwirtschaftlichen Analyse nicht anhand tatsächlicher Pflegesätze erfolgt, sondern anhand vereinheitlichter Augsburger Pflegesätze, die deutlich niedriger als etwa die tatsächlichen Bonner Pflegesätze sind[366]. Grundsätzlich sind jedoch Beziehungen zwischen längeren Verweildauern und niedrigeren Pflegesätzen zu sehen, so dass die Anwendung der niedrigeren Augsburger Pflegesätze die Unterschiede unterschätzt. Anders ausgedrückt: Würde die Augsburger Klinik generell die Liegezeiten verkürzen und auf dieser Basis Pflegesatzverhandlungen geführt haben, so wären in Augsburg ebenfalls höhere Pflegesätze notwendig und plausibel gewesen.

[366] Im Rahmen der Analyse aus Perspektive der Krankenkassen erfolgt deshalb, wie bereits angekündigt, ergänzend die Vergleichsrechnung auf Basis der tatsächlich abgerechneten Pflegesätze!

Um nun auch Aussagen ohne diesen verzerrenden Einfluss des Versorgungsorts treffen zu können, werden zusätzlich die stationären Erstaufenthaltsdauern der randomisierten Kinder in Bonn mit und ohne Nachsorge durch den *Bunten Kreis* verglichen. Die Daten für diese Analyse wurden freundlicherweise von einer parallel laufenden Studie in Bonn – der so genannten PRIMA-Studie – zur Verfügung gestellt. Diese Darstellung ist als ergänzende Information zu verstehen, die verdeutlichen soll, dass die im Rahmen der hier vorgestellten Studie aufgezeigten direkten medizinischen Nutzen eher als Untergrenze verstanden werden können. In den weiteren Ausführungen werden aber weiterhin die Kosteneinsparungen, die bei den an dieser empirischen Untersuchung beteiligten Kindern erzielt wurden, berücksichtigt, da nur für diese Studienteilnehmer sehr differenzierte Daten vorliegen und so eine ganzheitliche und umfassende Evaluation des Nachsorgemodells gewährleistet werden kann.

Die Angaben bezüglich der Liegezeiten der stationären Erstaufenthalte der Kinder in der Universitätskinderklinik Bonn wurden zuerst einer Plausibilitätsprüfung unterzogen. Außerdem wurden lediglich die zuletzt – im Zeitraum eines Jahres (01. September 2002 bis 31. August 2003) – geborenen Früh- und Risikogeborenen bei der Analyse berücksichtigt, weil so gewährleistet werden konnte, dass die Implementierungs- wie auch Einarbeitungsphase des *Bunten Kreises* in Bonn abgeschlossen war und deshalb die potentiellen Auswirkungen auch deutlich sichtbar sind. Nach dieser Selektion konnten konkret 55 Kinder in die Analyse einbezogen werden, wobei allerdings aufgrund der zur Verfügung stehenden Daten nur eine Differenzierung in drei Gestationsaltersgruppen – „*bis 27 SSW*“, „*28 bis 31 SSW*“ und „*ab 32 SSW*“ – möglich war.

Bei dem Vergleich der Anzahl der durchschnittlichen stationären Erstaufenthaltstage der Kinder beider Studien zeigt sich erneut, dass Früh- und Risikogeborene, die in der Universitätskinderklinik Bonn behandelt wurden, generell kürzere stationäre Liegezeiten aufweisen (Abbildung 9.2–6). Bei den Kindern der randomisierten Studie in Bonn wirkt sich außerdem die Nachsorge auf die Aufenthaltsdauer der Kinder in der Kinderklinik noch wesentlich stärker aus als bei der hier beschriebenen Studie: Während alle Kinder in Bonn mit Nachsorge (n = 26) im Durchschnitt 50,46 Tage (s = 28,88) in der Kinderklinik verweilten, weisen die Früh- und Risikogeborenen ohne Nachsorge (n = 29) einen arithmetischen Mittelwert von 60,48 Tagen (s = 47,20) auf.

Abbildung 9.2-6: Vergleich der durchschnittlichen stationären Aufenthaltsdauer aller Kinder der „*Bunten Kreis*-Studie" und der PRIMA-Studie

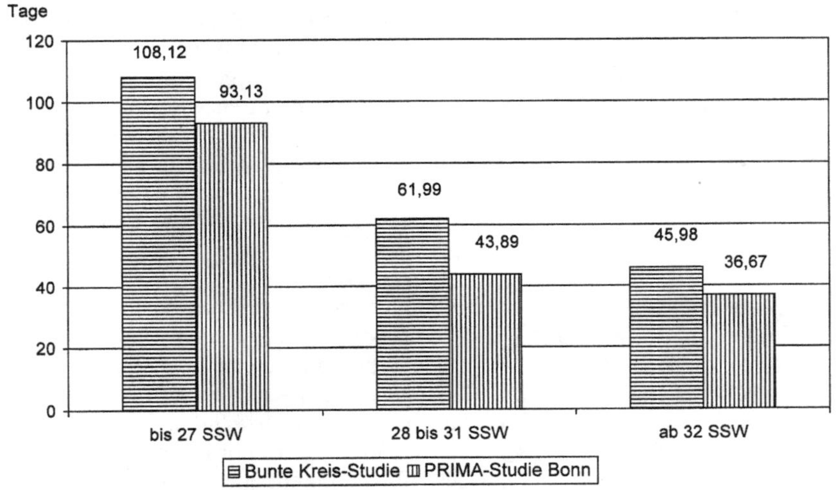

Quelle: Eigene Darstellung und Berechnung – Gesundheitsökonomische Evaluation *Bunter Kreis*

Folgende Tabelle zeigt die mit der Nachsorge verbundenen Kosteneinsparungen für die früh- und risikogeborenen Kinder in Bonn bis zu einem Reifealter von 31 SSW (n = 43)[367]. Dabei wurden zum einen die vereinheitlichten Pflegesätze, zum anderen der tatsächlich in Bonn abgerechnete Pflegesatz in Höhe von 558,64 €[368] zugrunde gelegt.

[367] Aufgrund der fehlenden Differenzierung der Zielgruppe 2 in die hier angegebenen Reifealtersgruppen, können für diese Kinder keine vergleichbaren Ergebnisse vorgestellt werden.

[368] Vgl. dazu Gliederungspunkt 7.3.2!

Tabelle 9.2-5: Durchschnittliche Liegezeiten und Kosten des stationären Erstaufenthalts pro Kind (Ergebnisse der randomisierten PRIMA-Studie)

	MIT Nachsorge	OHNE Nachsorge	Differenz
bis 27 SSW (n = 7/8)			
durchschnittlicher Aufenthalt	81,43 Tage	103,38 Tage	**- 21,95 Tage**
Bewertung mit vereinheitlichtem Pflegesatz	39.955,26 €	50.725,46 €	**- 10.770,20 €**
Bewertung mit Bonner Pflegesatz	45.490,06 €	57.752,20 €	**- 12.262,14 €**
28 bis 31 SSW (n = 13/15)			
durchschnittlicher Aufenthalt	38,00 Tage	49,00 Tage	**- 11,00 Tage**
Bewertung mit vereinheitlichtem Pflegesatz	15.991,92 €	20.621,16 €	**- 4.629,24 €**
Bewertung mit Bonner Pflegesatz	21.228,32 €	27.373,36 €	**- 6.145,04 €**

Quelle: Eigene Darstellung und Berechnung – Gesundheitsökonomische Evaluation *Bunter Kreis*

Beim Vergleich dieser Kosten ohne verzerrende Effekte zeigt sich nachdrücklich, dass bei allen Gestationsaltersgruppen – sogar bei den sehr unreifen Frühchen – überaus deutliche Einspareffekte durch die Nachsorge des *Bunten Kreises* erzielt werden können.

9.2.2.2 Vergleich der Kosten der ambulanten Versorgung

Im Hinblick auf die Behandlung der Kinder bei *niedergelassenen Kinderärzten* stehen Daten der behandelnden Pädiater für insgesamt 124 Kinder (90 Kinder der Fallgruppe, 34 der Kontrollgruppe) zur Verfügung. Beim Vergleich der unmittelbaren wie auch der telefonischen Arztkontakte zeigen sich primär keine großen Unterschiede zwischen Kindern mit und ohne Nachsorge durch den *Bunten Kreis*: Während bei Früh- und Risikogeborenen der Interventionsgruppe im

Durchschnitt 15,04 (s = 7,14) Kontakte bis zum korrigierten Alter der Kinder von sechs Monaten zu verzeichnen sind, waren es bei der Kontrollgruppe im Mittel 14,88 (s = 7,80). Bei der Analyse dieser Variablen differenziert nach Gestationsaltersgruppen wie auch bei der ausschließlichen Betrachtung der gematchten Kinder mit Langzeitnachsorge und ihren Matchpartnern zeigt sich, dass die Eltern etwa gleich häufig ihren Kinderarzt kontaktierten. Allerdings ist ein schwacher, aber hochsignifikanter negativer Zusammenhang zwischen Kontakthäufigkeit und Reife der Kinder auszumachen (Rangkorrelations-Koeffizient von SPEARMAN r_S = - 0,29, p = 0,001): Je unreifer die Frühgeborenen sind, desto häufiger sind Konsultationen beziehungsweise telefonische Beratungen durch niedergelassene Kinderärzte erforderlich. Abbildung 9.2–7 verdeutlicht die durchschnittliche Kontakthäufigkeit zu den ambulanten Kinderärzten aller in der Untersuchung berücksichtigten Familien, differenziert nach Gestationsaltersgruppen.

Abbildung 9.2-7: Anzahl der Kontakte zu den niedergelassenen Kinderärzten nach Gestationsaltersgruppen (n = 124)

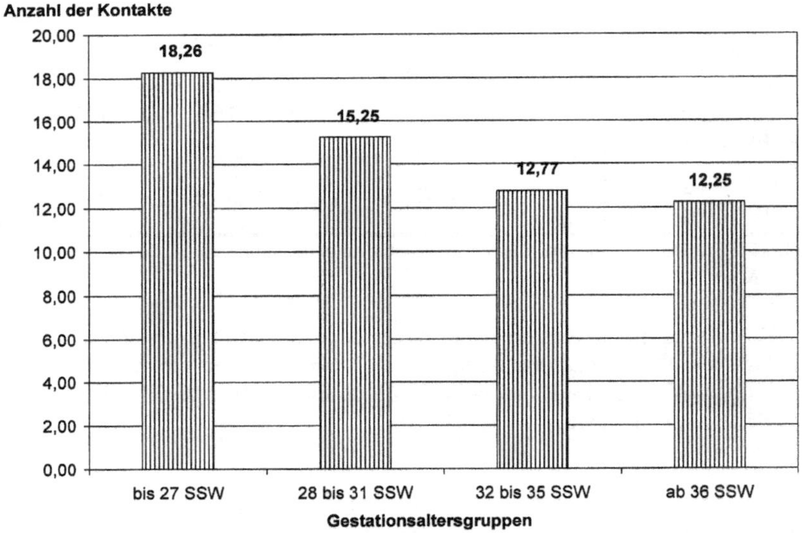

Quelle: Eigene Darstellung und Berechnung – Gesundheitsökonomische Evaluation *Bunter Kreis*

Zur Erfassung der *erbrachten Versorgungsleistungen der niedergelassenen Pädiater* wurden außerdem, wie bereits beschrieben, sämtliche im Untersuchungszeitraum für die in der Studie berücksichtigten Früh- und Risikogeborenen abgerechneten Gebührenordnungspositionen erhoben. Konkret stehen diese Angaben für 119 Kinder (für 85 Kinder mit Nachsorge und für 34 Kinder der Kontrollgruppe) zur Verfügung.

Am häufigsten wurden, neben der Ordinations- und Konsultationsgebühr (Gebührenordnungsposition 1 und 2), Ziffern für die in diesem Alter üblichen Entwicklungs- und Früherkennungsuntersuchungen (U-Untersuchungen) sowie für die altersgemäßen Schutzimpfungen abgerechnet. Bei der Gegenüberstellung der durchschnittlichen Abrechnungshäufigkeit der Gebührenordnungsposition für telefonische und mittelbare oder auch unmittelbare Arzt-Patient-Kontakte (Ziffer 2) pro Kind zeigt sich z. B. folgendes Bild:

Tabelle 9.2-6: Vergleich der durchschnittlichen Abrechnungshäufigkeit der Gebührenordnungsposition 2 pro Kind

Gebührenordnungs-position 2	Mit Nachsorge	Ohne Nachsorge
Über alle Kinder	9,27 (n = 85)	9,38 (n = 34)
gematchte Kurzzeitpairs	12,13 (n = 24)	12,53 (n = 15)
gematchte Langzeitpairs	8,24 (n = 17)	8,00 (n = 16)

Quelle: Eigene Darstellung und Berechnung – Gesundheitsökonomische Evaluation *Bunter Kreis*

Dabei wird deutlich, dass bei Betrachtung aller Kinder diese Position in der Fallgruppe nur geringfügig seltener als in der Kontrollgruppe abgerechnet wurde. Es fällt jedoch auf, dass gerade bei den Kinder mit Langzeitnachsorge und ihren gematchten Kontrollpartnern (also bei den wohl unreiferen beziehungsweise ernsthafter erkrankten Früh- und Risikogeborenen) eine unterdurchschnittliche Anzahl an telefonischen oder mittelbaren Kontakten zum Kinderarzt notwendig war. Beim Vergleich aller abgerechneten und bewerteten Gebührenordnungspositionen ist zudem bei Frühgeborenen mit einem Gestationsalter von bis zu 27 SSW und bei Kindern mit 32 bis 35 SSW ein kostensenkender Effekt der Nachsorge festzustellen. Einzig bei Kindern mit einem Reifealter von 28 bis 31 SSW ist eine geringe positive Differenz in Höhe von durchschnittlich 10,25 € pro Kind zu beobachten.

Tabelle 9.2-7: Vergleich der durchschnittlich abgerechneten Gebührenordnungspositionen der ambulanten Kinderarztkontakte pro Kind

Gestationsalter	Kinder MIT Nachsorge	Kinder OHNE Nachsorge	Differenz
bis 27 SSW	332,84 €	407, 40 €	**- 74,56 €**
28 bis 31 SSW	387,11 €	376,86 €	+ 10,25 €
32 bis 35 SSW	276,86 €	432,69 €	**- 155,83 €**

Quelle: Eigene Darstellung und Berechnung – Gesundheitsökonomische Evaluation *Bunter Kreis*

Da, wie bereits erwähnt, eine Analyse der *Konsultationen bei diversen Fachärzten* nur auf Basis von Elternangaben erfolgen konnte, beschränkt sich die folgende deskriptive Darstellung lediglich auf die Präsentation der am häufigsten konsultierten Facharzttypen mit dem jeweiligen Anteil der behandelten Familien[369] in Prozent differenziert nach Fall- und Kontrollgruppe.

Abbildung 9.2-8: Anzahl der Familien in Prozent, die Fachärzte kontaktierten (n = 121)

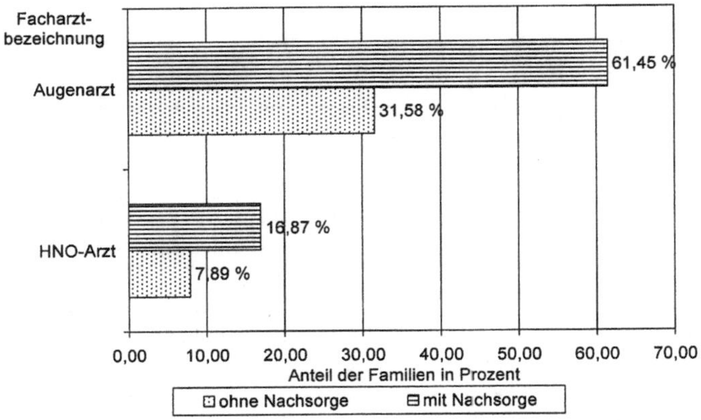

Quelle: Eigene Darstellung und Berechnung – Gesundheitsökonomische Evaluation *Bunter Kreis*

369 Die Angaben beziehen sich auf die Zahl der Familien, nicht auf die Anzahl der behandelten Kinder, da bei den Interviews diese Variablen ausschließlich familienweise erfasst wurden. Hierbei konnten insgesamt die Angaben von 121 Familien – 83 der Fallgruppe und 38 der Kontrollgruppe – berücksichtigt werden.

Dabei zeigt sich ein sehr signifikanter Unterschied zwischen Fall- und Kontrollgruppe im Hinblick auf den Anteil der Familien, die einen ambulanten Augenarzt aufsuchten (Chi²-Test; $p = 0{,}002$). Im Rahmen dieser Studie kann allerdings der Grund für diesen höheren Anteil von Familien mit Nachsorge bei Augen- wie auch HNO-Ärzten nicht abschließend geklärt werden. Folgende Ursachen sind jedoch denkbar:

- Bei Kindern der Fallgruppe treten häufiger Komplikationen auf, weshalb diese fachärztlichen Behandlungen notwendig sind. Es zeigten sich allerdings zwischen den beiden Subgruppen keine gravierenden Unterschiede etwa bezüglich des Auftretens der verschiedenen Schweregrade von *Retinopathia praematurorum* (ROP, Schädigungen der Netzhaut[370]) oder von anderen frühgeborenenspezifischen Komplikationen, die die vermehrte augenärztliche Behandlung erklären würden.

- Die Unterschiede können aber auch durch ortsspezifische Besonderheiten bezüglich der routinemäßigen Nachuntersuchungen Früh- und Risikogeborener erklärt werden. So besteht ebenfalls ein signifikanter Ortsunterschied (Chi²-Test; $p = 0{,}023$) bezüglich der Anzahl der Familien, die bei Augenärzten in Behandlung waren: Während 60,81 % der Augsburger Kinder bei diesem Facharzt ambulant untersucht wurden, waren es in Bonn nur 44,12 % und in Nürnberg nur 23,07 %. Es liegt demnach die Vermutung nahe, dass bei früh- und risikogeborenen Kindern in Bonn und in Nürnberg diese Augenuntersuchungen primär in der Kinderklinik und nicht bei niedergelassenen Augenärzten durchgeführt werden.

- Als weiterer, allerdings sehr schwer nachweisbarer Grund für dieses Phänomen kann aber auch die bessere Aufklärung der Eltern mit Nachsorge angeführt werden, weshalb Familien der Fallgruppe häufiger auch fachärztliche Versorgung in Anspruch nehmen.[371]

Die Familien gaben bei den Befragungen natürlich noch weitere ambulant behandelnde Fachärzte an – wie z. B. Orthopäden, Neurologen, (Kinder-) Chirurgen, Internisten, Hautärzte, (Kinder-) Kardiologen, Urologen und Heilpraktiker. Diese Fachrichtungen werden aber wegen zu geringen Fallzahlen (maximal vier Probanden je Subgruppe) nicht genauer untersucht und vorgestellt.

---

370 Vgl. dazu z. B. BRÜGGEMANN 1993:223 f.;

371 Vgl. hierzu auch die Ergebnisdarstellung bezüglich des Informationsstands der Eltern mit Nachsorge!

Bezüglich der für die Kindern *verordneten therapeutischen Maßnahmen* – konkret für die häufigste Therapieart Krankengymnastik – konnten Daten von insgesamt 127 Kindern (92 der Fallgruppe und 35 der Kontrollgruppe) ausgewertet werden. Wie auch nachstehende Abbildung verdeutlicht, sind dabei sehr signifikante Unterschiede im Hinblick auf die Verteilung der zwei verschiedenen Grundtypen dieser Therapieart – der neurophysiologischen Krankengymnastik und der Therapie nach BOBATH/VOJTA – bei den Kindern mit und ohne Nachsorge festzustellen (FISHERS exakter Test; p = 0,008).

Abbildung 9.2-9: Anteil der Krankengymnastik in Fall- und Kontrollgruppe (n = 127)

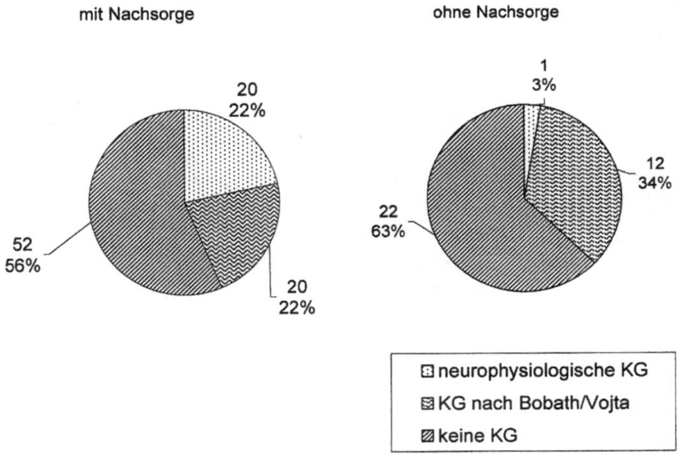

Quelle: Eigene Darstellung

Bei der Untersuchung des Einflusses der Nachsorge auf die Therapiekosten fällt zudem für alle Gestationsaltersgruppen eine deutliche kostenreduzierende Wirkung der Nachsorge auf: Wie nachstehende Tabelle zeigt, sind bei Kindern der Interventionsgruppe die Kosten für Krankengymnastik durchwegs geringer als bei Kindern ohne Nachsorge. Dies ist mit einer unterschiedlichen Häufigkeit der verordneten Therapien, aber auch durch die bereits verdeutlichte Inanspruchnahme verschiedener Formen der Krankengymnastik zu begründen.

Tabelle 9.2-8. Vergleich der durchschnittlichen Krankengymnastikkosten pro *therapiertem* Kind mit und ohne Nachsorge (n= 49 Verordnungen)

Gestationsalter	Kinder MIT Nachsorge	Kinder OHNE Nachsorge	Differenz der KG-Kosten
bis 27 SSW (n = 8 bzw. 2)	277,16 €	649,50 €	**- 372,34 €**
28 bis 31 SSW (n = 24 bzw. 7)	303,02 €	402,07 €	**- 99,05 €**
32 bis 35 SSW (n = 5 bzw. 3)	155,63 €	712,33 €	**- 556,07 €**

Quelle: Eigene Darstellung und Berechnung – Gesundheitsökonomische Evaluation *Bunter Kreis*

Berücksichtigt man bei den Kostenverhältnissen zur späteren Gegenüberstellung der Kosten- und Nutzenkomponenten zudem die Kinder ohne Therapie – legt man also diese Aufwendungen auf alle berücksichtigten Kinder der jeweiligen Reifegruppe um – so zeigt sich, dass trotzdem in der Gestationsaltersgruppe eins und drei Kosteneinsparungen bei den Kindern mit Nachsorge festzustellen sind:

Tabelle 9.2-9: Vergleich der durchschnittlichen Krankengymnastikkosten pro Kind der jeweiligen Reifegruppe mit und ohne Nachsorge (n= 116)

Gestationsalter	Kinder MIT Nachsorge	Kinder OHNE Nachsorge	Differenz der KG-Kosten
bis 27 SSW (n = 21 bzw. 4)	105,58 €	324,75 €	**- 219,17 €**
28 bis 31 SSW (n = 44 bzw. 20)	165,28 €	140,72 €	+ 24,56 €
32 bis 35 SSW (n = 17 bzw. 10)	45,77 €	213,70 €	**- 167,93 €**

Quelle: Eigene Darstellung und Berechnung – Gesundheitsökonomische Evaluation *Bunter Kreis*

Auch bei den Kosten der durch die *Kinderärzte ambulant verordneten Arznei- und Heilmittel* sind für alle Kinder mit einem Gestationsalter ab 28 SSW deutlich geringere Kosten bei den Kindern mit Nachsorge durch den *Bunten Kreis* festzustellen. Die positive Differenz (d.h. zu Ungunsten der Nachsorge) der Fallgruppe bei den sehr unreifen Frühgeborenen bis 27 SSW fällt mit durchschnittlich 2,04 € pro Kind zudem vernachlässigbar gering aus:

Tabelle 9.2-10: Vergleich der durchschnittlichen ambulanten Medikationskosten pro Kind mit und ohne Nachsorge (n = 127)

Gestationsalter	Kinder MIT Nachsorge	Kinder OHNE Nachsorge	Differenz
bis 27 SSW	109,31 €	107,27 €	+ 2,04 €
28 bis 31 SSW	93,05 €	233,18 €	**- 140,13 €**
32 bis 35 SSW	73,28 €	159, 33 €	**- 86,05 €**

Quelle: Eigene Darstellung und Berechnung – Gesundheitsökonomische Evaluation *Bunter Kreis*

Im Hinblick auf die *erforderlichen Hilfsmittel* erfolgt (wegen des geringen Anteils anderer Hilfsmittel am Gesamtressourcenverbrauch) eine reduzierte Betrachtung des Einsatzes von Heimmonitoren zur Überwachung der Atemfunktion früh- und risikogeborener Kinder. Die Analyse erfolgt wiederum auf der Basis von Elternangaben. Auf die Frage, ob nach der Erstentlassung aus der Kinderklinik bei ihrem Kind Überwachungsmaßnahmen notwendig waren, antworteten die Eltern folgendermaßen:

Abbildung 9.2-10: Anteil der Kinder mit Monitorüberwachung nach der stationären Erstentlassung (Angaben pro Familie; n = 117; 12 fehlend)

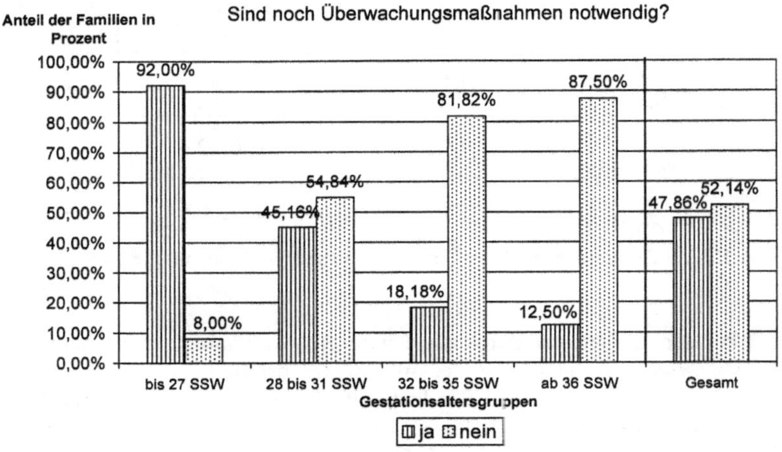

Quelle: Eigene Darstellung und Berechnung – Gesundheitsökonomische Evaluation *Bunter Kreis*

Bereits bei der Betrachtung der grafischen Darstellung wird der hochsignifikante negative Zusammenhang zwischen der Notwendigkeit von Überwachungsmaßnahmen und der Reife des Kindes deutlich (Rangkorrelations-Koeffizient von SPEARMAN r_S = - 0,51, p = 0,000001): Je unreifer die Früh- und Risikogeborenen sind, desto eher ist eine längerfristige Überwachung ihrer Atemfunktion notwendig. Der Anteil der Kinder mit dieser Überwachungsmaßnahme sowie die durchschnittliche Nutzungsdauer stellt sich in der Fall- und der Kontrollgruppe somit wie folgt dar:

Tabelle 9.2-11: Anteil der Kinder mit Überwachungsmaßnahmen und Vergleich der durchschnittlichen Nutzungsdauer (n = 71)

	Kinder MIT Nachsorge	Kinder OHNE Nachsorge	Differenz
bis 27 SSW			
Anzahl der Kinder mit Monitor	23	5	
Anteil der Kinder an Gestationsaltersgruppe	100,00 %	71,43 %	+ 28,57 %
durchschnittlicher Überwachungszeitraum in Tagen	202,94	224,25	-21,31
28 bis 31 SSW			
Anzahl der Kinder mit Monitor	21	14	
Anteil der Kinder an Gestationsaltersgruppe	42,86 %	53,85 %	- 10,99 %
durchschnittlicher Überwachungszeitraum in Tagen	227,81	212,88	+ 14,93
32 bis 35 SSW			
Anzahl der Kinder mit Monitor	4	4	
Anteil der Kinder an Gestationsaltersgruppe	23,53 %	30,77 %	- 7,24 %
durchschnittlicher Überwachungszeitraum in Tagen	241,50	232,00	+ 9,5

Quelle: Eigene Darstellung und Berechnung – Gesundheitsökonomische Evaluation *Bunter Kreis*

Hierbei wird deutlich, dass sich die Interventions- und die Kontrollgruppe sowohl hinsichtlich der Anzahl der Kinder mit einem Heimmonitor als auch bezüglich der durchschnittlichen Überwachungszeiträume unterscheiden. In diesem Zusammenhang liegt allerdings die Vermutung nahe, dass diese Differenzen nicht durch die Nachsorge, sondern durch ärztliche Entscheidungen bedingt sind, die durch die Maßnahmen des *Bunten Kreises* nicht beeinflusst werden. Um jedoch im Rahmen der gesamtwirtschaftlichen Analyse auch diese Kostenkomponente berücksichtigen zu können, werden auch hier die Kosten auf die Anzahl der Kinder der jeweiligen Gestationsaltersgruppe umgelegt, um so die vergleichbaren durchschnittlichen Kosten pro Kind zu erhalten. Bei der Monetarisierung wurde die in Tabelle 7.2–6 vorgestellte Miete für die Erstverleihung von Herz-Atem-Monitoren in Höhe von 1.789,00 € + 16 % MwSt. für 15 Monate (= kostenrechnerisch 450 Tage) zugrunde gelegt, was einem Tagessatz in Höhe von 4,61 € entspricht. Bei diesem Kostenvergleich wird wiederum eine positive Differenz zugunsten der Kinder mit Nachsorge ab einer Reife von 28 SSW deutlich:

Tabelle 9.2-12: Vergleich der durchschnittlichen Überwachungszeiträume und der Kosten pro Kind nach Gestationsaltersgruppen (n = 143)

	Kinder MIT Nachsorge	Kinder OHNE Nachsorge	Differenz
bis 27 SSW			
durchschnittlicher Überwachungszeitraum	202,94 Tage	160,18 Tage	+ 42,76 Tage
durchschnittliche Kosten pro Kind	935,55 €	738,44 €	+ 197,11 €
28 bis 31 SSW			
durchschnittlicher Überwachungszeitraum	97,64 Tage	114,64 Tage	**- 17,00 Tage**
durchschnittliche Kosten pro Kind	450,12 €	528,47 €	**- 78,35 €**
32 bis 35 SSW			
durchschnittlicher Überwachungszeitraum	56,82 Tage	71,39 Tage	**- 14,57 Tage**
durchschnittliche Kosten pro Kind	261,96 €	329,09 €	**- 67,13 €**

Quelle: Eigene Darstellung und Berechnung – Gesundheitsökonomische Evaluation *Bunter Kreis*

Bei dem Vergleich der arithmetischen Mittelwerte der *ambulant durchgeführten Untersuchungen und Behandlungen der früh- und risikogeborenen Kinder in den beteiligten Kinderkliniken* zeigt sich schließlich ebenso eine positive Differenz zugunsten der Probanden mit Nachsorge. Auch hier muss allerdings nochmals darauf hingewiesen werden, dass sich diese Häufigkeiten ausschließlich auf Elternangaben beruhen.

Abbildung 9.2-11: Vergleich der durchschnittlichen ambulanten Klinikaufenthalte nach Gestationsaltersgruppen (n = 121)

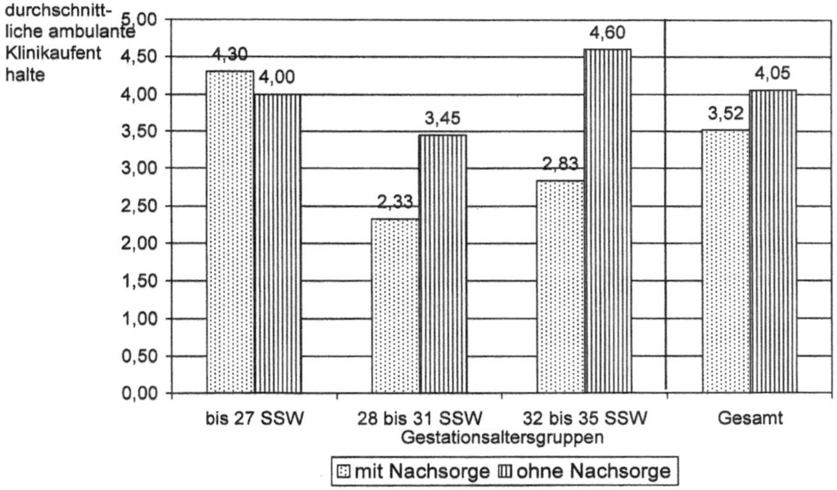

Quelle: Eigene Darstellung und Berechnung – Gesundheitsökonomische Evaluation *Bunter Kreis*

Bei einer Gegenüberstellung der gematchten Kinder mit Langzeitnachsorge und ihren Matchpartnern der Kontrollgruppe (n = 15 pro Subgruppe) bestätigt sich diese Tendenz ebenfalls: Während im Untersuchungszeitraum Früh- und Risikogeborene mit Nachsorge im Mittel 2,53 ambulant in der Kinderklinik untersucht und behandelt wurden, sind es bei den Kindern ohne Nachsorge im Durchschnitt 4,07. Nachstehende Tabelle verdeutlicht die daraus resultierenden Kosteneinsparungen:

Tabelle 9.2-13: Vergleich der Kosten der ambulanten Klinikaufenthalte (n = 121)

Gestationsalter	Kinder MIT Nachsorge	Kinder OHNE Nachsorge	Differenz
bis 27 SSW	318,20 €	296,00 €	+ 22,20 € (+ 0,30 Tage)
28 bis 31 SSW	172,42 €	255,30 €	**- 82,88 € (- 1,12 Tage)**
32 bis 35 SSW	209,42 €	340,40 €	**- 130,98 € (- 1,77 Tage)**

Quelle: Eigene Darstellung und Berechnung – Gesundheitsökonomische Evaluation *Bunter Kreis*

Im Hinblick auf die Analyse des Einflusses der Nachsorge auf die gesamte ambulante medizinische Versorgung der früh- und risikogeborenen Kinder zeigt sich eine deutliche kostenreduzierende Wirkung: Wie nachstehende Tabelle illustriert, ergeben sich insbesondere bei den Kindern der Interventionsgruppe mit einer Reife von mindestens 28 Schwangerschaftswochen in mehreren ambulanten Bereichen deutlich geringere Kosten als bei den Früh- und Risikogeborenen der Vergleichsgruppe. Auch wenn, wie bereits erwähnt, gegebenenfalls andere Faktoren die Höhe der Kosten mit beeinflussen, so ist bereits an dieser Stelle ein kostensenkender Effekt der Betreuung dieser Kinder durch den *Bunten Kreis* festzustellen.

Tabelle 9.2-14: Zusammenfassung der ambulant erzielten Kosteneinsparungen

	bis 27 SSW	28 bis 31 SSW	32 bis 35 SSW
Versorgung durch die niedergelassenen Pädiater	- 74,56 €	+ 10,25 €	- 155,83 €
Therapiekosten	- 219,17 €	+ 24,56 €	- 167,93 €
Ambulante Medikationskosten	+ 2,04 €	- 140,13 €	- 86,05 €
Kosten der Monitorüberwachung	+ 197,11 €	- 78,35 €	- 67,13 €
Ambulante Klinikversorgung	+ 22,20 €	- 82,88 €	- 130,98 €
Gesamt	**- 72,38 €**	**- 266,55 €**	**- 607,92 €**

Quelle: Eigene Darstellung und Berechnung – Gesundheitsökonomische Evaluation *Bunter Kreis*

9.2.3 Vergleich der direkten nicht-medizinischen und indirekten Kosten- und Nutzenkomponenten

In diesem Gliederungspunkt werden nun die den Eltern der Fall- und Interventionsgruppe privat entstandenen Aufwendungen miteinander verglichen. Das Ziel dieser Gegenüberstellung ist zum einen, möglichst ganzheitlich die Kosten und Nutzen der Nachsorge im Rahmen der gesamtgesellschaftlichen Evaluation zu erfassen, zum anderen aufzuzeigen, welche finanzielle Belastung den Eltern durch die Versorgung ihres früh- beziehungsweise risikogeborenen Kindes privat entsteht.

9.2.3.1 Fahrtkosten als direkte nicht-medizinische Kosten- und Nutzenkomponenten

Im Zusammenhang mit der Nachsorge durch den *Bunten Kreis* sind explizit keine den Eltern privat entstandenen Fahrtkosten als direkte nicht-medizinische Kostenkomponenten zu berücksichtigen: Wie bereits in Gliederungspunkt 9.2.1 aufgezeigt, werden diese Leistungen entweder im Rahmen der Kurzzeitnachsorge während des stationären Aufenthalts der Kinder in der Kinderklinik oder (daran anschließend) vorwiegend im Rahmen von Hausbesuchen erbracht.

Im Rahmen der Analyse im Hinblick auf die Einsparungen von Fahrtkosten als nicht-medizinische Nutzenkomponenten ergaben sich für den *Zeitraum des stationären Erstaufenthalts* der Kinder folgende Ergebnisse: Erstens zeigte sich, dass die Häufigkeit der Klinikbesuche von Mutter und Vater relativ schwach, aber sehr signifikant miteinander korrelieren (r_S = +0,301**). Zweitens konnte auch ein sehr signifikanter negativer Zusammenhang zwischen der Entfernung des Wohnorts der Familie von der Kinderklinik und der Besuchshäufigkeit der Eltern nachgewiesen werden (Mutter: r_S = - 0,288** /Vater: r_S = - 0,281**).

Zur Berechnung der Kosten für die Fahrten der Eltern in die Kinderklinik *während des Erstaufenthaltes* ihres Kindes wurde die durchschnittliche stationäre Aufenthaltsdauer der Früh- und Risikogeborenen in Wochen mit der durchschnittlichen Besuchshäufigkeit der Mutter (die stets über der Besuchsanzahl des Vaters liegt) multipliziert. Dieser Vorgehensweise liegt die Annahme zugrunde, dass der (meist berufstätige) Vater sein Kind wenn, dann gemeinsam mit der sehr häufig in der Klinik anwesenden Mutter besucht – in diesem Fall also beide Eltern ein gemeinsames Transportmittel benützen. Diese Annahme wird zudem durch die Tatsache gestützt, dass 86,61 % der Mütter beziehungsweise 89,34 % der Väter angaben, regelmäßig mit dem Auto in die Kinderklinik zu fahren. Zur monetären Bewertung dieses Aufwands wird schließlich die Entfernungspauschale (für das Jahr 2002) gemäß des EStG angesetzt.[372] Folgende Tabelle verdeutlich die tatsächlichen Fahrtkosten der Eltern aus der Fall- und der Kontrollgruppe:

Tabelle 9.2-15: Tatsächliche Fahrtkosten der Eltern im Zusammenhang mit dem stationären Erstaufenthalt der Kinder in der Kinderklinik

	MIT Nachsorge			OHNE Nachsorge		
Reifegruppe	bis 27 SSW	28 – 31 SSW	32 – 35 SSW	bis 27 SSW	28 – 31 SSW	32 – 35 SSW
Aufenthaltesdauer der Kinder in Wochen	15,54	8,74	6,12	15,16	9,08	6,77
Besuchshäufigkeit der Mutter pro Woche	6,60	6,55	6,54	7,00	6,71	6,67
Anfahrtsweg zur Klinik in km	34,58	38,19	35,62	45,86	38,00	37,17
Fahrtaufwand einfach in km	3.546,66	2.186,26	1.425,68	4.866,66	2.315,22	1.678,44
Fahrtkosten	1.418,27 €	874,11 €	569,87 €	1.946,27 €	925,69 €	670,98 €
Differenz				**-528,00 €**	**-51,58 €**	**-101,10 €**

Quelle: Eigene Darstellung und Berechnung – Gesundheitsökonomische Evaluation *Bunter Kreis*

Hierbei zeigt sich, dass die Höhe dieser Kosten nicht nur von der Aufenthaltsdauer der Kinder, sondern auch von der Anzahl der Besuche sowie der Entfernung des Wohnorts von der behandelnden Kinderklinik abhängt. Da jedoch angenommen werden kann, dass die Besuchshäufigkeit der Eltern wie auch der Anfahrtsweg zur Klinik unabhängig von den Nachsorgemaßnahmen des *Bunten Kreises* sind, werden im folgenden die Kostendifferenzen mit der durchschnittli-

[372] Vgl. dazu Tabelle 7.2-7!

chen Besuchshäufigkeit über alle Mütter (6,62; n = 129) sowie dem arithmetischen Mittel des Anfahrtsweges (37,51 km; n = 129) berechnet. Die mit diesen Werten neu bewerteten Kosteneinsparungen sind in folgender Tabelle wiedergegeben:

Tabelle 9.2-16: Fahrtkosten der Eltern zur Kinderklinik – Berechnung mit einheitlicher Besuchshäufigkeit und durchschnittlichem Anfahrtsweg (n = 129)

	MIT Nachsorge	OHNE Nachsorge	Differenz
bis 27 SSW	1.543,13 € 3.858,83 km	1.505,39 € 3.764,47 km	+ 37,74 € + 94,36 km
28 bis 31 SSW	867,71 € 2.170,28 km	901,48 € 2.254,71 km	**-33,77 €** **- 84,43 km**
32 bis 35 SSW	607,48 € 1.519,70 km	672,04 € 1.681,10 km	**-64,56 €** **- 161,41 km**

Quelle: Eigene Darstellung und Berechnung – Gesundheitsökonomische Evaluation *Bunter Kreis*

Außerdem wurde deutlich, dass sich zum Teil große Unterschiede zwischen den Behandlungsorten bezüglich den Besuchsdauern der Mütter ergaben, die ihre früh- und risikogeborenen Kinder ja fast täglich besuchten: Während die Mütter in Augsburg im Mittel 4,82 Stunden pro Besuch bei ihren früh- und risikogeborenen Kinder verbrachten, waren es in Bonn 4,95 Stunden und in Nürnberg nur 2,71 Stunden. Die Väter, die ihre Kinder im Durchschnitt 4,59 mal pro Woche besuchten, verweilten im Mittel zwischen 2,00 Stunden (in Nürnberg) und 3,38 Stunden (in Bonn) pro Besuch in der Klinik.[373]

Weiterhin werden die Fahrten zu den *ambulanten Kinderärzten* an dieser Stelle nicht explizit ausgewiesen, da die meisten Eltern angaben, dass sich der betreuende Kinderarzt (beziehungsweise der Hausarzt) am oder in der Nähe ihres Wohnortes befindet. Ebenso wird auf die Fahrtkosten zu den *jeweiligen Fachärzten* nicht näher eingegangen, da zum einen diese Praxen nicht regelmäßig aufgesucht wurden, zum anderen, wie bereits erwähnt, keine detaillierten Angaben zur Auswertung zur Verfügung standen.

[373] Diese Unterschiede konnten wiederum wegen einer zu geringen Einzelhäufigkeit nicht auf Signifikanz geprüft werden.

Betrachtet man schließlich die Fahrten im Zusammenhang mit den durchgeführten *krankengymnastischen Therapien*, so wird deutlich, dass bei 17,78 % der Kinder mit Nachsorge und mit dieser Verordnung die Therapeutin zu den Kindern nach Hause kam, während dies bei keinem einzigen Proband der Kontrollgruppe der Fall war. Ansonsten ergaben sich bezüglich der Anfahrtswege keine signifikanten Unterschiede zwischen der Interventions- und der Kontrollgruppe oder zwischen den Behandlungsorten, weshalb der arithmetische Mittelwert von 8,00 km angesetzt wird. Folgende Tabelle veranschaulicht die mit den Therapien verbundenen privat entstandenen Fahrtkosten:

Tabelle 9.2-17: Vergleich der Fahrtkosten im Zusammenhang mit der krankengymnastischen Therapie (n = 116)

	MIT Nachsorge		OHNE Nachsorge		Differenz
	Therapie-anzahl	Fahrtkos-ten	Therapie-anzahl	Fahrtkos-ten	
bis 27 SSW	5,95	18,64 € (47,60 km)	15,00	47,60 € (120,00 km)	**- 28,96 €**
28 – 31 SSW	9,64	30,45 € (77,12 km)	6,50	20,40 € (52,00 km)	+ 10,05 €
32 – 35 SSW	2,41	7,31 € (19,28 km)	11,00	34,80 € (88,00 km)	**- 27,49 €**

Quelle: Eigene Darstellung und Berechnung – Gesundheitsökonomische Evaluation *Bunter Kreis*

Auch bei den Fahrten zu den *ambulanten Untersuchungen und Behandlungen in den Kooperationskliniken* zeigt sich ein ähnliches Bild. Wegen der besseren Vergleichbarkeit der damit verbundenen Aufwendungen für Familien mit und ohne Nachsorge durch den *Bunten Kreis* wird bei der Berechnung (wie bereits bei der Fahrtkostenkalkulation im Zusammenhang mit den stationären Erstaufenthalten der Kinder) auch hier der durchschnittliche Anfahrtsweg zum Krankenhaus über alle Familien (n = 129) in Höhe von 37,51 km angesetzt:

Tabelle 9.2-18: Vergleich der Fahrtkosten im Zusammenhang mit ambulanten Behandlungen und Untersuchungen in den Kinderkliniken (n = 129)

	MIT Nachsorge		OHNE Nachsorge		
	Anzahl der Klinikbesuche	Fahrtkosten	Anzahl der Klinikbesuche	Fahrtkosten	Differenz
bis 27 SSW	4,30	64,12 € (161,29 km)	4,00	59,62 € (150,04 km)	+ 4,50 €
28 – 31 SSW	2,33	34,56 € (87,40 km)	3,45	51,36 € (129,41 km)	**- 16,80 €**
32 – 35 SSW	2,83	42,06 € (106,15 km)	4,60	68,62 € (172,55 km)	**- 26,56 €**

Quelle: Eigene Darstellung und Berechnung – Gesundheitsökonomische Evaluation *Bunter Kreis*

Bei der Aggregation sämtlicher Kostenvorteile, die im Zusammenhang mit Fahrten zu den verschiedenen an der Versorgung der Früh- und Risikogeborenen beteiligten Leistungsanbietern stehen zeigt sich, dass bei Kindern mit einer Reife von bis zu 27 SSW eine positive Kostendifferenz in Höhe von + *13,28 €* entsteht, die insbesondere durch die häufigen Fahrten der Eltern während der langen stationären Erstaufenthalte der Kinder verursacht wird. Bei der Gestationsaltersgruppe zwei und drei sind dagegen Kosteneinsparungen in Höhe von - *40,52 €* (28 bis 31 SSW) beziehungsweise sogar - *118,61 €* (32 bis 35 SSW) verbunden. Folgende Grafik verdeutlicht nochmals die Fahrtkosten der Familien mit und ohne Nachsorge:

Abbildung 9.2-12: Vergleich der gesamten Fahrtkosten der Familien mit und ohne Nachsorge

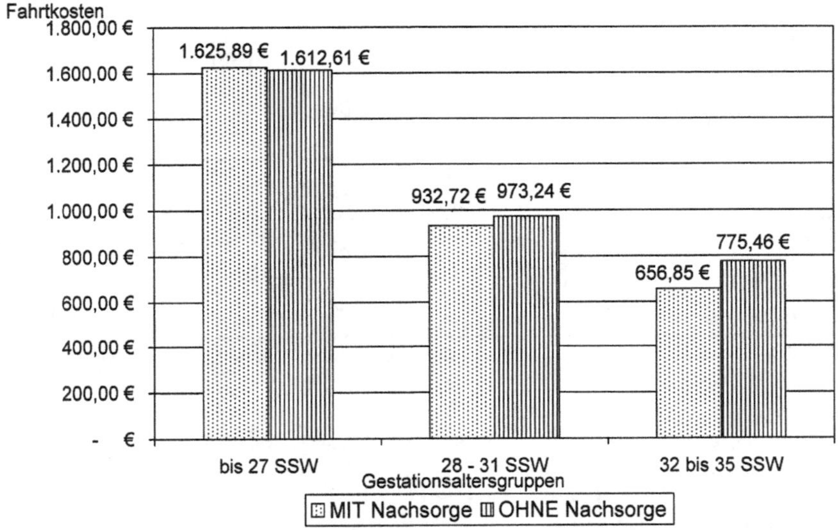

Quelle: Eigene Darstellung und Berechnung – Gesundheitsökonomische Evaluation *Bunter Kreis*

9.2.3.2 Weitere nicht-medizinische Kosten- und Nutzenkomponenten

35,94 % aller Eltern (n = 128) gaben beim ersten Interview zum Zeitpunkt der Entlassung ihres Kindes aus der stationären Behandlung an, dass *Geschwisterkinder* beziehungsweise andere Familienmitglieder während ihrer Besuche in der Kinderklinik betreut werden müssen. Bei 85,36 % der Betroffenen übernimmt diese Tätigkeit entweder der (Ehe-)Partner oder Verwandte, wohingegen nur 12,20 % der Familien für diese Betreuungsleistung institutionelle Hilfe (wie z. B. Babysitter, Tagesmütter oder Kinderkrippen) in Anspruch nehmen. Der hochsignifikante Zusammenhang zwischen den Variablen *„Anzahl der Kinder pro Familie“*[374] und *„Notwendigkeit der Geschwisterkinderbetreuung“* (Chi²-Test; $p = 1{,}84 \cdot 10^{-5}$) zeigt zudem, dass diese Unterstützung besonders bei Familien mit mehreren Kindern notwendig ist: Während lediglich 13,04 % aller Fami-

[374] Um hier die Signifikanz testen zu können, wurden die Angaben bezüglich der Kinderanzahl zu den Kategorien „bis zu zwei Kindern“ und „mindestens drei Kinder“ zusammengefasst.

lien mit einem Kind angaben, dass weitere Familienmitglieder während ihrer Klinikbesuche betreut werden müssen, stieg der Bedarf an Betreuungsleistungen mit der Anzahl der Kinder pro Familie kontinuierlich an:

Abbildung 9.2-13: Familien mit der Notwendigkeit einer Geschwisterkinderbetreuung differenziert nach Anzahl der Kinder pro Familie (1. Interview: n = 128)

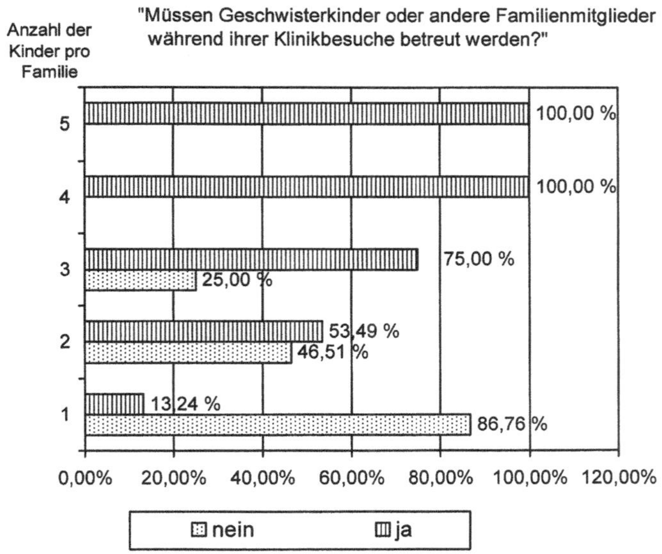

Quelle: Eigene Darstellung und Berechnung – Gesundheitsökonomische Evaluation *Bunter Kreis*

Beim Vergleich von Interventions- und Kontrollgruppe wurde dieser Zusammenhang ebenfalls bestätigt: Während 39,08 % der Familien mit Nachsorge und einer durchschnittlichen Kinderzahl von 1,68 die Notwendigkeit einer Geschwisterkinderbetreuung äußerten, waren es 29,27 % der Kontrollfamilien, die 1,57 Kinder im Mittel haben. Folgende Tabelle verdeutlicht den damit verbundenen Aufwand für die Familien der Fall- und der Kontrollgruppe, wiederum differenziert nach Gestationsaltersgruppen. Aufgrund der überwiegenden Unterstützung der Familien durch die eigenen Angehörigen, wurde bei der Monetarisierung der durchschnittliche Erstattungssatz der AOK für die Betreuung durch

Freunde oder Verwandte in Höhe von 50,75 € pro Tag (was 8 Stunden Arbeitsleistung entspricht[375]) zugrunde gelegt.

Tabelle 9.2-19: Monetarisierter Aufwand für die Geschwisterkinderbetreuung (n = 128)

	Besuchsdauer	Anteil der Familien mit Betreuung	Aufwand pro Familie
MIT Nachsorge			
bis 27 SSW	469,72 Std. (58,72 Tage)	35,00 %	1.043,01 €
28 bis 31 SSW	257,63 Std. (32,20 Tage)	38,60 %	630,78 €
32 bis 35 SSW	226,91 Std. (28,36 Tage)	46,20 %	664,94 €
OHNE Nachsorge			
bis 27 SSW	477,54 Std. (59,69 Tage)	0,00 %	0,00 €
28 bis 31 SSW	243,72 Std. (30,47 Tage)	38,10 %	589,16 €
32 bis 35 SSW	171,16 Std. (21,39 Tage)	16,70 %	181,29 €

Quelle: Eigene Darstellung und Berechnung – Gesundheitsökonomische Evaluation *Bunter Kreis*

Außerdem wurden die Eltern während der zweiten Befragung (zwölf Wochen nach der Erstentlassung ihres Kindes aus der Kinderklinik) gefragt, ob sie seit der Entlassung ihres Kindes eine *Haushaltshilfe* beschäftigen. Weiterhin wurden die Familien im Rahmen des dritten Interviews – im korrigierten Ater des Kindes von sechs Monaten –erneut gefragt, ob sie zur Zeit noch Unterstützung im Haushalt hätten. Folgende Abbildungen demonstrieren die Verteilung der Familien mit und ohne Nachsorge auf die drei möglichen Antwortkategorien (ja / nein / Angehörige helfen mit) und deren Veränderung im Laufe des Untersuchungszeitraumes:

[375] Vgl. dazu BETAPHARM ARZNEIMITTEL GMBH 2002:80;

Abbildung 9.2-14: Angaben der Familien bezüglich der Inanspruchnahme einer Haushaltshilfe (2. Interview: n = 114; 3. Interview n = 126)

„Beschäftigen Sie (wegen ihres früh- beziehungsweise risikogeborenen Kindes) eine Haushaltshilfe?"

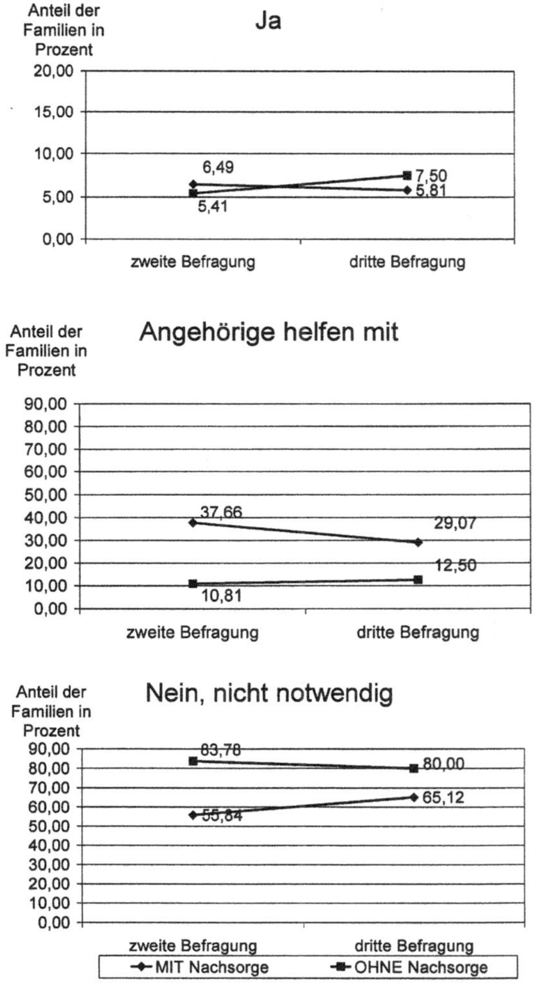

Quelle: Eigene Darstellung und Berechnung – Gesundheitsökonomische Evaluation *Bunter Kreis*

Zum Zeitpunkt des zweiten Interviews zeigt sich ein sehr signifikanter Unterschied (FISHERS exakter Test; p = 0,003) zwischen der Fall- und der Kontrollgruppe bezüglich der Beschäftigung einer Haushaltshilfe: Während 16,22 % der Familien ohne Nachsorge Unterstützung durch eine Haushaltshilfe oder Angehörige hatten, waren es mit Nachsorge 44,16 % der Familien. Dies kann möglicherweise wiederum dadurch erklärt werden, dass die Interventionsgruppe mehr kinderreiche Familien beinhaltet: Auch hier zeigt sich nämlich ein signifikanter Zusammenhang zwischen der Anzahl der Kinder einer Familie und dem Bedarf einer Unterstützung im Haushalt (FISHERS exakter Test; p = 0,027). Während sich allerdings bei der Interventionsgruppe bis zur dritten Befragung ein Rückgang dieses Bedarfs abzeichnet (- 9,28 %), nehmen bei der Kontrollgruppe die Familien mit Haushaltshilfe beziehungsweise Unterstützung durch Angehörige um 3,78 % zu. Folgende Tabelle verdeutlicht den Anteil der Familien mit und ohne Unterstützung im Haushalt differenziert nach Gestationsaltersgruppen:

Tabelle 9.2-20: Anteil der Familien, die nach der Erstentlassung ihres Kindes aus der Kinderklinik eine Haushaltshilfe beschäftigen (n = 106)

	bis 27 SSW	28 bis 31 SSW	32 bis 35 SSW
	MIT Nachsorge Anteil an Gestationsaltersgruppe		
Ja, wir beschäftigen eine Haushaltshilfe	5,88 % (1 Familie)	7,14 % (3 Familien)	8,33 % (1 Familie)
Nein, nicht notwendig	58,82 % (10 Familien)	57,14 % (24 Familien)	41,67 % (5 Familien)
Nein, es helfen Angehörige mit	35,29 % (6 Familien)	35,71 % (15 Familien)	50,00 % (6 Familien)
	OHNE Nachsorge Anteil an Gestationsaltersgruppe		
Ja, wir beschäftigen eine Haushaltshilfe	0,00 % (0 Familien)	5,26 % (1 Familie)	10,00 % (1 Familie)
Nein, nicht notwendig	100,00 % (6 Familien)	73,68 % (14 Familien)	90,00 % (9 Familien)
Nein, es helfen Angehörige mit	0,00 % (0 Familien)	21,05 % (4 Familien)	0,00 % (0 Familien)

Quelle: Eigene Darstellung und Berechnung – Gesundheitsökonomische Evaluation *Bunter Kreis*

Aufgrund des geringen Anteils der Familien mit professioneller Haushaltshilfe, wird an dieser Stelle auf eine Quantifizierung der damit verbundenen durchschnittlichen Kosten pro Kind verzichtet. Ebenso wird von einer Ermittlung der Kosten, die mit der Unterstützung durch die Angehörigen verbunden sind, abgesehen, da hierfür benötigte Angaben bezüglich des Leistungsumfangs und des Zeitraums dieser Hilfen nicht vorliegen.

Schließlich hatten die Eltern bei den Befragungen noch die Möglichkeit, *weitere Aufwendungen* zu nennen, die im Rahmen der Versorgung ihres Kindes entstanden. Bei der (qualitativen) Auswertung dieser offenen Fragen wurde wiederholt deutlich, dass insbesondere die Fahrtkosten, der Zeitaufwand und der mit den Klinikbesuchen verbundene emotionale Stress von 20,16 % der Familien (26 von 129) als sehr belastend empfunden wurde. Weiterhin gaben die Eltern u. a. den Kauf von Spezialnahrung und homöopathischen Mitteln als weitere Kostenfaktoren an.

9.2.3.3 Indirekte Kosten- und Nutzenkomponenten durch Verdienstausfälle des Vaters

Neben den direkten Kosten und Nutzen der Nachsorgemaßnahmen des *Bunten Kreises* sollen nun auch die damit verbundenen externen Effekte – im Sinne von Arbeitsausfällen der Eltern – in der gesamtwirtschaftlichen Evaluation berücksichtigt werden. Da durch die Unterstützung der Familie durch den *Bunten Kreis* keine Arbeitsausfälle entstehen, sondern eher vermieden werden können, beschränken sich die folgenden Ausführungen auf positive externe Effekte im Sinne von unter Umständen durch die Nachsorge vermiedene Verdienstausfälle.

In diesem Zusammenhang wurden die Eltern im Rahmen des dritten Interviews gefragt, ob sie wegen ihres früh- beziehungsweise risikogeborenen Kindes Arbeitsausfälle hatten. Während 80,65 % (100 von 124 Eltern) der Elternpaare diese Frage verneinten, bestätigten 19,35 % (24 Paare) Ausfälle von durchschnittlich 9,46 Tagen. Abbildung 9.2–15 veranschaulicht die Antworten getrennt nach Familien mit und ohne Nachsorge durch den *Bunten Kreis*. Betroffene Familien mit Nachsorge hatten dabei im Mittel 10,53 Tage (s = 12,62), ohne Nachsorge 7,67 Tage (s = 5,43) Verdienstausfall zu verzeichnen.

Hierbei wird bereits deutlich, dass Eltern der Interventionsgruppe seltener Verdienstausfälle beklagten. Zur Ermittlung des Produktivitätsverlustes im Sinne des Humankapitalansatzes wurden die Ausfalltage der Fall- und der Kontrollgruppe auf alle berücksichtigten Familien (n = 124) umgelegt. Zudem wurden zur monetären Bewertung die durchschnittlichen monatlichen Netto-Haushaltseinkommen der Familien der jeweiligen Gestationsaltersgruppe herangezogen, da lediglich eine Mutter mit Verdienstausfall in Teilzeit arbeitete und somit fast ausschließlich der Vater Alleinverdiener ist.

Abbildung 9.2-15: Anteil der Familien mit Arbeitsausfällen mit und ohne Nachsorge (n = 124)

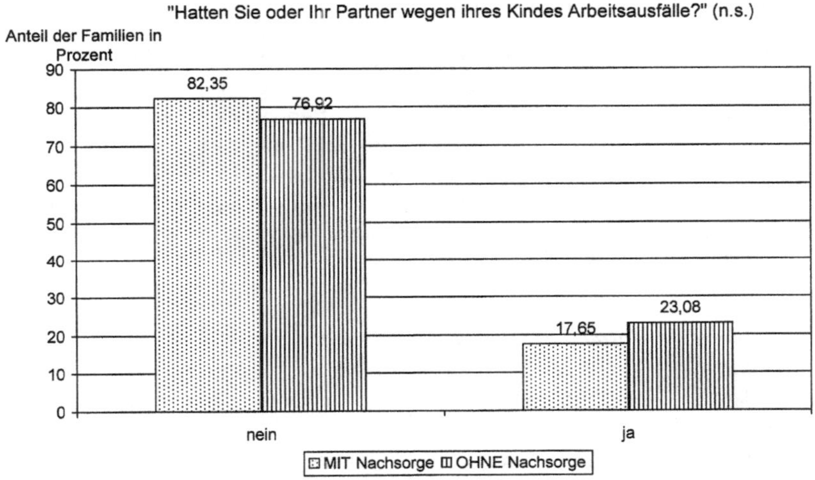

Quelle: Eigene Darstellung und Berechnung – Gesundheitsökonomische Evaluation *Bunter Kreis*

Da die Nettoeinkünfte zudem lediglich in Einkommensklassen abgefragt wurden, erfolgt eine konservative Berechnung der Verdienstausfälle auf Basis der arithmetischen Mittelwerte der jeweiligen Klassenuntergrenzen getrennt nach Gestationsaltersgruppen:

Tabelle 9.2-21: Tatsächlicher Verdienstausfall mit und ohne Nachsorge (n = 124)

	MIT Nachsorge		OHNE Nachsorge		Differenz
	Tage/ (Einkommen/ Monat376)	Produktivitätsverlust	Tage/ (Einkommen/ Monat)	Produktivitätsverlust	
bis 27 SSW	3,53 Tage (1.534,65 €)	270,86 €	0,83 Tage (1.576,50 €)	65,43 €	+ 205,43 €
28 – 31 SSW	0,84 Tage (1.761,30 €)	73,98 €	1,33 Tage (1.765,95 €)	117,44 €	**- 43,46 €**
32 – 35 SSW	0,42 Tage (1.652,92 €)	34,71 €	3,60 Tage (1.939,33 €)	349,09 €	**- 314,38 €**

Quelle: Eigene Darstellung und Berechnung – Gesundheitsökonomische Evaluation *Bunter Kreis*

Hierbei zeigt sich, dass bei den Familien mit Nachsorge die Arbeitsausfallstage mit zunehmender Reife der Kinder abnehmen, während sich dieser Zusammenhang bei den Familien der Kontrollgruppe gerade umgekehrt darstellt. Da die Berechnung des Produktivitätsverlustes dabei wiederum durch die Höhe des Einkommens beeinflusst wird (was allerdings nicht durch die Nachsorgemaßnahmen beeinflusst werden kann!), erfolgt auch hier eine erneute Bewertung des Verdienstausfalls mit dem durchschnittlichen Netto-Haushaltseinkommen aller Familien in Höhe von 1.720,16 € (86,01 € pro Tag). Dabei ergeben sich folgende Werte:

Tabelle 9.2-22: Verdienstausfall mit und ohne Nachsorge – berechnet mit einheitlichem Nettohaushaltseinkommen

	MIT Nachsorge	OHNE Nachsorge	Differenz
bis 27 SSW	303,62 €	71,39 €	+ 232,23 €
28 bis 31 SSW	72,25 €	114,39 €	**- 42,14 €**
32 bis 35 SSW	36,12 €	309,64 €	**- 273,52 €**

Quelle: Eigene Darstellung und Berechnung – Gesundheitsökonomische Evaluation *Bunter Kreis*

376 Zur Quantifizierung des Verdienstausfalls wurde das jeweilige Monats-Netto-Einkommen dividiert durch 20 (Arbeits-)Tage angesetzt.

Somit kann im Hinblick auf die positiven externen Effekte der Leistungen des *Bunten Kreises* festgehalten werden, dass bei Kindern mit einem Reifealter von mindestens 28 SSW durch die Nachsorge ebenfalls Arbeitsausfälle der Eltern (Väter) vermieden werden können. Lediglich bei den sehr unreifen Frühgeborenen kann dieser Effekt nicht bestätigt werden.

9.2.4 Gegenüberstellung der direkten und indirekten Kosten- und Nutzenkomponenten

Betrachtet man zunächst das Verhältnis der direkten medizinischen Kosten zwischen ambulanter und stationärer Versorgung aller in der Studie berücksichtigten Kinder, so fällt vor allem die Dominanz der Kosten für die klinische Versorgung auf:

Abbildung 9.2-16: Verhältnis der stationären und ambulanten direkten medizinischen Kosten

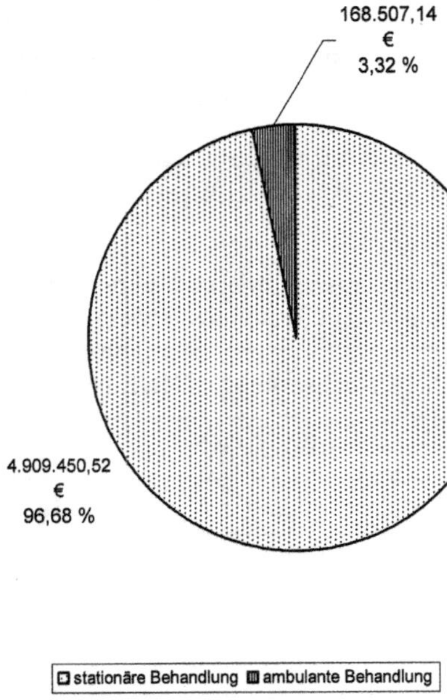

Quelle: Eigene Darstellung und Berechnung – Gesundheitsökonomische Evaluation *Bunter Kreis*

Für die medizinische Versorgung der in der Studie berücksichtigten Kinder fielen demnach rund 4,91 Mio. Euro an stationären sowie 0,17 Mio. Euro an ambulanten Kosten an[377]. Die Kosten der stationären Versorgung bilden folglich mit rund 97 % den Hauptanteil der für die Versorgung der Kinder anfallenden Gesamtkosten.

Um im Sinne der Kosten-Nutzen-Analyse einen zusammenfassenden Überblick über die monetär bewertbaren Kosten und Nutzen zu gewinnen, werden in Tabelle 9.2–23 folgende vorgestellten Kosten- und Nutzenkomponenten pro Kind der entsprechenden Gestationsaltersklasse zusammengefasst und gegenübergestellt:

- die direkten medizinischen Kosten der Nachsorge (vgl. Tabelle 9.2–1),
- der direkte medizinische Nutzen im Sinne von erzielten Kosteneinsparungen im Rahmen der stationären und ambulanten Versorgung der Kinder (vgl. Tabellen 9.2–4 und 9.2–14),
- die direkten nicht-medizinischen Nutzen im Sinne von Einsparungen bei den Fahrtkosten und bei der Geschwisterkinderbetreuung (vgl. Abbildung 9.2–12 und Tabelle 9.2–19) wie auch
- der indirekte Nutzen (vgl. Tabelle 9.2–22).

Tabelle 9.2-23: Gegenüberstellung der direkten und indirekten Kosten und Nutzen pro Kind

	KOSTEN	NUTZEN[378]
BIS 27 SSW		
direkte medizinische	543,74 €	- 2.125,49 €
direkte nicht-medizinische	0,00 €	- 1.056,29 €
indirekte	0,00 €	- 232,23 €
GESAMT	**543,74 €**	**- 3.414,01 €**

[377] Die ambulanten Kosten umfassen hierbei die Kosten der abgerechneten Leistungen der ambulanten Kinderärzte und der Krankengymnasten, die Kosten für die von den Kinderärzten ambulant verschriebenen Medikamente, Kosten der Monitorüberwachung wie auch der ambulanten Behandlung in der Kinderklinik und (gegebenenfalls) die abgerechneten Kosten für die Nachsorge durch den Bunten Kreis.

[378] Da hier explizit der Nutzen ausgewiesen werden soll, sind die Vorzeichen gegenüber der Illustration der Kosteneinsparungen umgekehrt dargestellt: „ + “ bedeutet positiver Nutzen, „ - “ negativer Nutzen!

	KOSTEN	NUTZEN[379]
28 BIS 31 SSW		
direkte medizinische	262,03 €	+ 184,01 €
direkte nicht-medizinische	0,00 €	- 1,10 €
indirekte	0,00 €	+ 42,14 €
GESAMT	**262,03 €**	**+ 225,05 €**
32 BIS 35 SSW		
direkte medizinische	292,60 €	+ 2.888.89 €
direkte nicht-medizinische	0,00 €	- 365,04 €
indirekte	0,00 €	+ 273,52 €
GESAMT	**292,60 €**	**+ 2.797,37 €**

Quelle: Eigene Darstellung und Berechnung – Gesundheitsökonomische Evaluation *Bunter Kreis*

Bereits hier wird deutlich, dass bei Kindern mit einem Reifealter ab 32 SSW die Nutzen (im Sinne von direkten und indirekten Kosteneinsparungen) gegenüber den Kosten, die mit den Nachsorgeleistungen verbunden sind, deutlich überwiegen. Folgende Tabelle demonstriert die sich im Rahmen der Evaluation aus der gesamtgesellschaftlichen Perspektive ergebenden Nettonutzen:

Tabelle 9.2-24: Gesamtwirtschaftlicher Nettonutzen pro Kind

Gestationsaltersgruppe	NETTONUTZEN
bis 27 SSW	- 3.957,75 € pro Kind
28 bis 31 SSW	- 36,98 € pro Kind
32 bis 35 SSW	**+ 2.504,77 € pro Kind**

Quelle: Eigene Darstellung und Berechnung – Gesundheitsökonomische Evaluation *Bunter Kreis*

Wie bereits in den jeweiligen Abschnitten angedeutet, sind allerdings bei dieser ganzheitlichen Betrachtung auch einige Komponenten in die Bewertung eingegangen, die durch die Nachsorge des *Bunten Kreises* nicht oder kaum beeinflusst werden können. Dazu gehören beispielsweise:

379 Da hier explizit der Nutzen ausgewiesen werden soll, sind die Vorzeichen gegenüber der Illustration der Kosteneinsparungen umgekehrt dargestellt: „ + “ bedeutet positiver Nutzen, „ - “ negativer Nutzen!

- *Stationäre Folgeaufenthalte*: Um eine fundierte Aussage bezüglich der potentiellen Vermeidung von stationären Folgeaufenthalten Früh- und Risikogeborener durch die Nachsorge des *Bunten Kreises* treffen zu können, müssten vor einem Vergleich der Wiedereinweisungsraten die medizinisch unvermeidbaren Klinikaufenthalte (z. B. wegen erforderlicher Operationen) eliminiert werden. Die dafür notwendige (objektive) Entscheidung, welche Aufenthalte prinzipiell durch die Nachsorge hätten vermieden werden können, ist jedoch meines Erachtens anhand der jeweiligen Einweisungsdiagnosen – wenn überhaupt – nur sehr schwer möglich.

- Einsatz des *Herz-Atem-Monitors*: Die Notwendigkeit und die Einsatzdauer dieser Überwachungsmaßnahme wird, unabhängig von einer Nachsorge, in der Regel durch ärztliche Entscheidung festgelegt.

- *Fahrtkosten*, die den Eltern während des stationären Erstaufenthalts ihrer Kinder entstehen: Die Besuchshäufigkeit der Mütter und Väter kann meines Erachtens als von der Nachsorge unabhängig angesehen werden.

Werden aufgrund dessen die berücksichtigten Kosten- und Nutzenkomponenten um diese Einflussgrößen, die von der zu evaluierenden Leistung des *Bunten Kreises* als nicht beeinflussbar betrachtet werden können, bereinigt, so zeigt sich nachstehendes Verhältnis:

Tabelle 9.2-25: Gegenüberstellung der *bereinigten* direkten und indirekten Kosten und Nutzen pro Kind

	KOSTEN	NUTZEN
	BIS 27 SSW	
direkte medizinische	543,74 €	- 1.035,71 €
direkte nicht-medizinische	0,00 €	- 1.018,55 €
indirekte	0,00 €	- 232,23 €
GESAMT	543,74 €	- 2.286,49 €
NETTONUTZEN	**- 2.830,23 €**	
	28 BIS 31 SSW	
direkte medizinische	262,03 €	+ 1.198,23 €
direkte nicht-medizinische	0,00 €	- 34,87 €
indirekte	0,00 €	+ 42,14 €
GESAMT	262,03 €	+ 1.205,50 €
NETTONUTZEN	**+ 943,47 €**	

	KOSTEN	NUTZEN
32 BIS 35 SSW		
direkte medizinische	292,60 €	+ 2.259,96 €
direkte nicht-medizinische	0,00 €	- 429,60 €
indirekte	0,00 €	+ 273,52 €
GESAMT	**292,60 €**	**+ 2.103,88 €**
NETTONUTZEN	**+ 1.811,28 €**	

Quelle: Eigene Darstellung und Berechnung – Gesundheitsökonomische Evaluation *Bunter Kreis*

Wendet man schließlich das im Rahmen der theoretischen Darstellung der Kosten-Nutzen-Analyse erwähnte Entscheidungskriterium zur Durchführung einer Maßnahme – „*Nettonutzen > 0*" – an, so kommt man zu folgendem Ergebnis:

Bei Früh- und Risikogeborenen mit einem Gestationsalter ab 28 SSW stellen sich im Rahmen dieser Studie die Nachsorgeleistungen des *Bunten Kreises* wirtschaftlich als empfehlenswert dar. Betrachtet man zusätzlich den aggregierten (bereinigten) Nettonutzen aller Kinder mit Nachsorge (n = 94), so wird deutlich, dass durch Kompensationseffekte die Nachsorge sogar für alle Kinder dieser Zielgruppe nicht nur kostenneutral, sondern sogar mit einem positiven Nettonutzen in Höhe von *+ 155,38 €* pro Kind angeboten werden kann:

Tabelle 9.2-26: Aggregierter und bereinigter Nettonutzen über alle Kinder mit Nachsorge (n = 94)

Gestationsaltersgruppe	Anzahl der Kinder[380]	Nettonutzen
bis 27 SSW	24	- 67.925,52 €
28 bis 31 SSW	51	**+ 48.116,97 €**
32 bis 35 SSW	19	**+ 34.414,32 €**
Gesamt	94	**+ 14.605,77 €**

Quelle: Eigene Darstellung und Berechnung – Gesundheitsökonomische Evaluation *Bunter Kreis*

[380] Vgl. dazu Tabelle 8.2–9!

Bei einer zusätzlichen Berücksichtigung des ergänzend durchgeführten Kostenvergleichs mit Kindern der randomisierten Studie in Bonn zeigt sich zudem, dass sogar bei den sehr unreifen Frühgeborenen unter 28 SSW ein Nettonutzen in Höhe von + 8.975,68 € erzielbar ist:

Tabelle 9.2-27: Bereinigte Kosten und Nutzen der Gestationsaltersgruppe 1 pro Kind unter Berücksichtigung der zusätzlichen Ergebnisse der randomisierten PRIMA-Studie in Bonn

	KOSTEN	NUTZEN
BIS 27 SSW		
direkte medizinische	543,74 €	+ 10.770,20 €
direkte nicht-medizinische	0,00 €	- 1.018,55 €
indirekte	0,00 €	- 232,23 €
GESAMT	**543,74 €**	**+ 9.519,42 €**
NETTONUTZEN	**+ 8.975,68 €**	

Quelle: Eigene Darstellung und Berechnung – Gesundheitsökonomische Evaluation *Bunter Kreis*

Weiterhin ist zu beachten, dass in den bisherigen Ausführungen eine Kosten- und Nutzenkategorie – die intangiblen Effekte – noch ganz außer Betracht gelassen wurden. Die rein ökonomische Analyse auf Basis der direkten und indirekten Komponenten wird deshalb im anschließenden Kapitel um die intangiblen Auswirkungen der Nachsorge erweitert.

9.2.5 Auswirkungen der Nachsorge auf die gesundheitsbezogene Lebensqualität der betroffenen Eltern

Wie bereits mehrfach erwähnt, wurde im Rahmen der Studie zusätzlich versucht, das multidimensionale Konstrukt der gesundheitsbezogenen Lebensqualität der Eltern zu operationalisieren. Die Präsentation des Vergleichs der gesundheitsbezogenen Lebensqualität zwischen den Eltern der Fall- und der Kontrollgruppe erfolgt dabei im Sinne einer Profildarstellung separat für die drei Dimensionen „physische Gesundheit", „emotionales Befinden" und „soziale Dimension". Weiterhin werden bei dieser Betrachtung ausschließlich gematchte Familien mit Langzeitnachsorge (16 Familien) und ihre Matchpartner ohne Nachsorge (ebenfalls 16 Elternpaare) berücksichtigt. Der Auswahl dieser reduzierten Stichprobe liegt die Annahme zugrunde, dass bei der Längsschnittanalyse bis zum korrigierten Alter der Kinder von sechs Monaten insbesondere bei Familien, die über einen längeren Zeitraum vom *Bunten Kreis* betreut wurden, positive Effekte im Hinblick auf die gesundheitsbezogene Lebensqualität der betroffenen Eltern zu beobachten sind. Da deshalb für diese Untersuchung Angaben von maximal 16 Müttern beziehungsweise Vätern je Subgruppe zur Verfügung stehen, wird allerdings auf eine weitergehende Differenzierung nach dem Gestationsalter der früh- und risikogeborenen Kinder verzichtet.

Bei der Darstellung der Ergebnisse der physischen und sozialen Dimension der Lebensqualität wird zu Beginn die Struktur der Daten wie auch die Güte der einzelnen Subskalen vorgestellt. Anschließend werden die Unterschiede zwischen den Familien mit und ohne Nachsorge zum Zeitpunkt der stationären Erstentlassung der Kinder sowie die Veränderung der einzelnen lebensqualitätsbezogenen Werte bis zum korrigierten Alter der Kinder von sechs Monaten in den untersuchten Gruppen vorgestellt (Längsschnittanalyse). Von einigen Ausnahmen abgesehen, wurden die Daten der einzelnen Items im Rahmen der getrennten Befragungen der Mütter und Väter erhoben.

9.2.5.1 Der Vergleich der physischen Gesundheit der Eltern

Auch wenn die Nachsorgemaßnahmen die körperliche Gesundheit der Eltern wohl nicht direkt beeinflussen können, so ist doch der Tatsache Rechnung zu tragen, dass somatisch bedingte Belastungen der Eltern unter Umständen zu einer subjektiv schlechteren Einschätzung des Wohlbefindens führen können. Aufgrund dessen wurden die Eltern im Rahmen der drei Interviews auch zu ihrer persönlichen Einschätzung der eigenen physischen Gesundheit befragt. Dabei zeigte sich, dass der Anteil der Eltern mit einer chronischen Krankheit in der Fall- und der Kontrollgruppe durchaus vergleichbar ist und somit dieser Faktor bei der Beurteilung des emotionalen Wohlbefindens nicht weiter berücksichtigt werden muss.

Abbildung 9.2-17: Anzahl der Eltern mit einer chronischen Erkrankung in Fall- und Kontrollgruppe (n = 16/16)

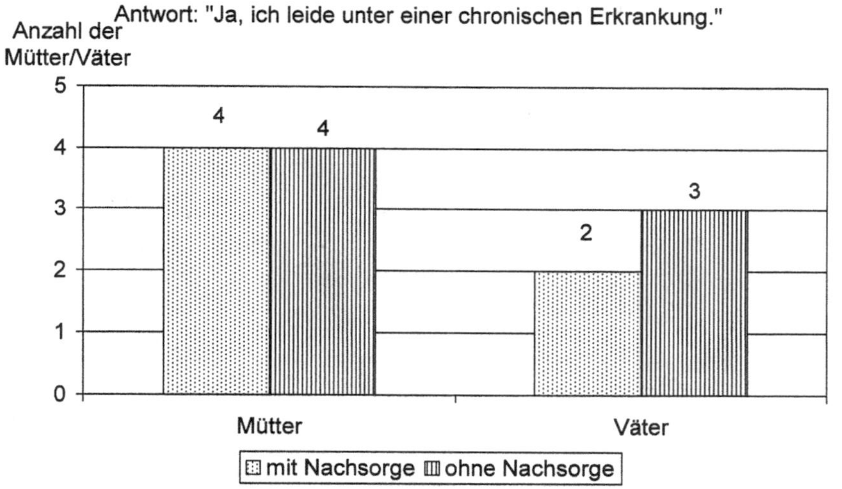

Quelle: Eigene Darstellung und Berechnung – Gesundheitsökonomische Evaluation *Bunter Kreis*

In den Befragungen wurden die Mütter und Väter außerdem gefragt, ob sie sich im Moment körperlich schlecht fühlen. Hierbei wurde deutlich, dass zwar mehr Mütter der Interventionsgruppe (+12,5 %) angaben, es träfe mittelmäßig bis wenig zu, dass es ihnen körperlich schlecht gehe, ansonsten aber die Antwortkategorien bei den Eltern ähnlich verteilt sind. Folgende Übersichten veranschaulichen die Antworten der Mütter beziehungsweise Väter beim ersten Interview zum Entlassungszeitpunkt ihres Kindes aus der Kinderklinik wiederum differenziert in Interventionsgruppe (16 Mütter, 15 Väter) und Kontrollgruppe (16 Paare):

Abbildung 9.2-18: Einschätzung der eigenen körperlichen Verfassung zum Zeitpunkt des ersten Interviews.

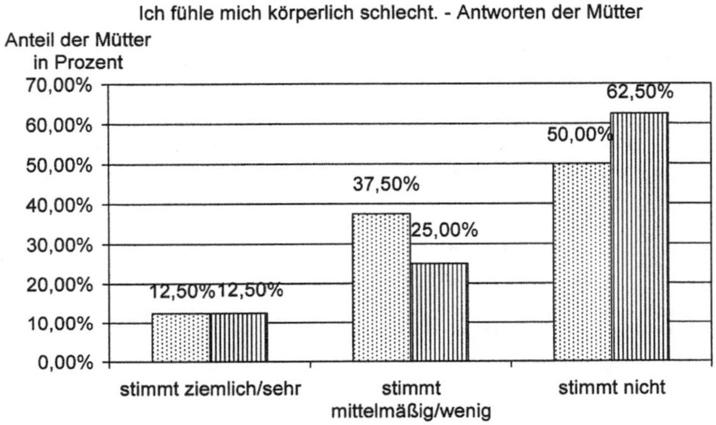

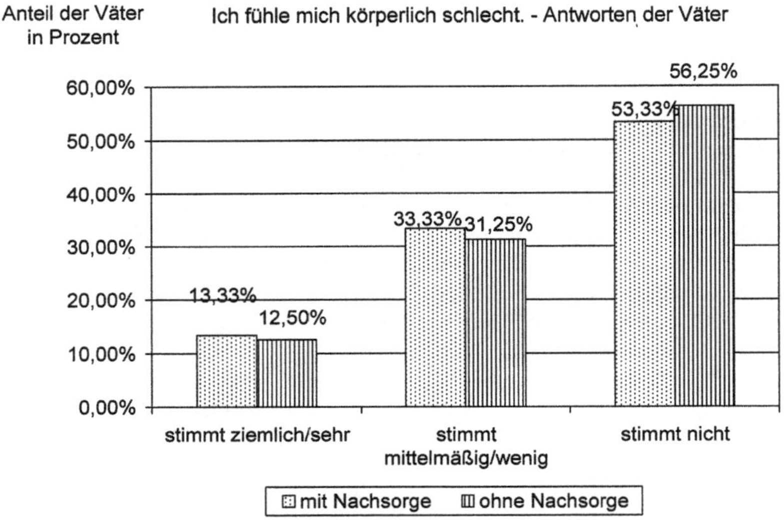

Quelle: Eigene Darstellung und Berechnung – Gesundheitsökonomische Evaluation *Bunter Kreis*

Da auch auf die Veränderungen der gesundheitsbezogenen Lebensqualität der Eltern im Rahmen einer Längsschnittanalyse eingegangen wird, ist zusätzlich zu prüfen, ob diese Vergleichbarkeit des somatischen Befindens der Mütter und Väter auch über den Untersuchungszeitraum hinweg fortbesteht. Es wurde daher zusätzlich eruiert, inwieweit sich der Anteil der Eltern, die sich körperlich schlecht fühlen, im Laufe der Zeit in den beiden Subgruppen verändert: Während auch zum zweiten Befragungszeitpunkt (zwölf Wochen nach dem ersten Interview) konstant 12,5 % der Mütter körperliche Beschwerden angaben, war es jeweils ein Vater weniger mit schlechter somatischer Verfassung. Wie nachstehende Grafiken verdeutlichen, zeigen sich erst beim dritten und letzten Interview im korrigierten Alter der Kinder von sechs Monaten deutliche Unterschiede zwischen den Subgruppen:

Abbildung 9.2-19: Längsschnittvergleich des somatischen Befindens der Eltern

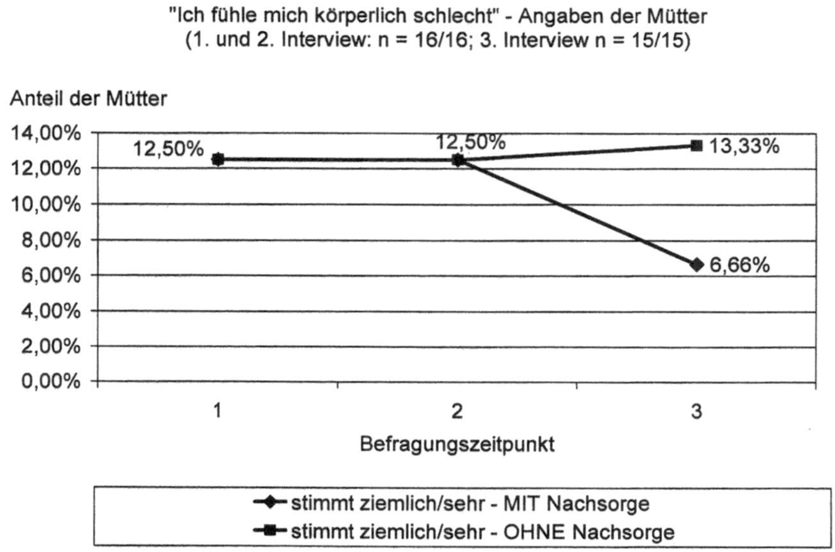

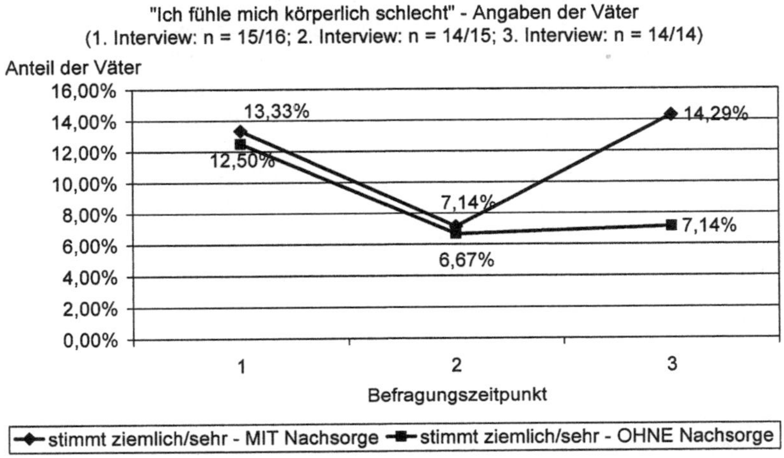

Quelle: Eigene Darstellung und Berechnung – Gesundheitsökonomische Evaluation *Bunter Kreis*

Am Ende des Untersuchungszeitraumes reduzierte sich zwar bei den Familien mit Nachsorge der Anteil der Mütter, die angaben, dass es ihnen aktuell körperlich schlecht gehe, dafür erhöhte sich der Anteil der Väter um 7,15 %. Bei den Familien ohne Nachsorge stieg dagegen der Anteil der Eltern, die dieser Aussage sehr zustimmten nur geringfügig (< 1 %) an. Diese Divergenzen im somatischen Befinden der Eltern werden deshalb bei der Analyse des emotionalen Wohlbefindens zum Zeitpunkt des dritten Interviews nochmals aufgegriffen.

9.2.5.2 Die psychische Dimension der Lebensqualität

9.2.5.2.1 Vergleich des emotionalen Befindens der Eltern

Struktur und Güte der Skalen
Zur Messung der psychischen Dimension der gesundheitsbezogenen Lebensqualität wurde u. a. eine Subskala zur Messung des momentanen psycho-physischen Zustandes der Mütter und Väter zum jeweiligen Befragungszeitpunkt gebildet. Mit Hilfe dieser Befindlichkeitsskala wurde versucht, sowohl die positiven als auch die negativen Emotionen durch ursprünglich 13 Items zum jeweiligen Befragungstermin zu erfassen.

Eine erste Untersuchung der Daten bezüglich der Befindlichkeit zum Zeitpunkt der Entlassung des Kindes aus der Kinderklinik zeigte, dass 32 (100 % der hier berücksichtigten) Mütter bei zehn Items und 31 Väter bei acht Items alle fünf Antwortmöglichkeiten – 5 = *„stimmt sehr"*, 4 = *„stimmt ziemlich"*, 3 = *„stimmt mittelmäßig"*, 2 = *„stimmt wenig"* bis zu 1 =*„stimmt nicht"*, ansonsten vier Antwortkategorien ausschöpften. Dies zeigt, dass die Items recht gut differenzieren und von den Eltern zuverlässig beantwortet wurden. Um ein globales Maß für den psychischen Zustand der Eltern zum jeweiligen Interviewtermin zu erhalten, wurden die Daten der Gesamtstichprobe (für jedes Interview sowie separat für Mütter und Väter) zuerst einer Faktorenanalyse (Hauptkomponentenanalyse mit Varimax-Rotation) unterzogen. Dabei zeigte sich, dass es vorteilhaft ist, bei der Auswertung der Angaben der Väter (erste Befragung) das Item *„Ich bin besorgt"* wegen einer zu geringen Ladung (= 0,35) nicht mit einzubeziehen. Bei dieser Analyse erwies sich zudem eine zweifaktorielle Struktur als sinnvoll, wobei bei den Müttern beide Faktoren gemeinsam 57,99 %, bei den Vätern 61,50 % der Gesamtvarianz erklärten. Beim ersten Faktor laden alle Items zur Messung der „negativen Befindlichkeit", die Items bezüglich der „positiven Befindlichkeit" weisen dagegen beim zweiten Faktor hohe Ladungszahlen auf. Mit Hilfe dieser Faktorenanalyse konnten die hochladenden Items ermittelt werden, die in einem daran anschließenden Schritt – wenn erforderlich – in Richtung der positiven Zielskala transformiert wurden. Tabelle 9.2–28 demonstriert die Faktorladungen der Items der Befindlichkeitsskalen für Mütter beziehungsweise Väter zum ersten Befragungszeitpunkt, wobei eine relativ hohe Konstruktvalidität erkennbar ist. Nach der inversen Transformation einzelner Items erfolgte eine Überprüfung der Reliabilität dieser neuen Skalen (Trennschärfekoeffizient und CRONBACHS-Alpha). Dabei konnten, wie Tabelle 9.2–29 zeigt, relativ gute teststatistische Kennwerte nachgewiesen werden, weshalb sich dieser Fragenbereich zur Erfassung des psychischen Zustands der Eltern bei der ersten Befragung als geeignet erwies.

Tabelle 9.2-28: Ladungszahlen der Items auf Faktor 1 (negative Befindlichkeit) und Faktor 2 (positive Befindlichkeit)

Erstes Interview	Faktor 1		Faktor 2	
Ich fühle mich / Ich bin …	Mutter	Vater	Mutter	Vater
… ängstlich.	0,80	0,78	--	--
… besorgt.	0,75	--	--	--
… verkrampft.	0,73	0,82	--	--
… frustriert.	0,67	0,57	--	--
… nervös.	0,66	0,75	--	--
… deprimiert.	0,65	0,81	--	--
… angespannt.	0,64	0,63	--	--

Erstes Interview Ich fühle mich / Ich bin …	Faktor 1		Faktor 2	
	Mutter	Vater	Mutter	Vater
… fröhlich	--	--	0,83	0,65
… zufrieden.	--	--	0,81	0,73
… wohl.	--	--	0,74	0,88
… glücklich.	--	--	0,71	0,54
… entspannt.	--	--	0,70	0,82
… ruhig.	--	--	0,69	0,67

Quelle: Eigene Darstellung und Berechnung – Gesundheitsökonomische Evaluation *Bunter Kreis*

Tabelle 9.2-29: Teststatistische Kennwerte der Befindlichkeitsskalen (1. Befragung)

n = 32/31 Ich fühle mich / Ich bin …	Trennschärfekoeffizienten	
	Mutter	Vater
… ängstlich. (Umgepolt)	0,72	0,78
… angespannt. (Umgepolt)	0,68	0,75
… nervös. (Umgepolt)	0,68	0,69
… besorgt. (Umgepolt)	0,64	--
… deprimiert. (Umgepolt)	0,67	0,69
… verkrampft. (Umgepolt)	0,68	0,59
… frustriert. (Umgepolt)	0,48	0,64
… fröhlich.	0,59	0,59
… entspannt.	0,60	0,58
… ruhig.	0,68	0,78
… zufrieden.	0,69	0,72
… glücklich.	0,61	0,72
… wohl.	0,78	0,66
CRONBACHS-α – 13 bzw. 12 Items	0,89	0,89

Quelle: Eigene Darstellung und Berechnung – Gesundheitsökonomische Evaluation *Bunter Kreis*

Schließlich erfolgte, nach der Ermittlung der Summenscores mit Hilfe der „Likert-Technik", die Berechnung der durchschnittlichen Befindlichkeit: Die Werte der Items wurden für jedes Elternteil gesondert aufsummiert und durch die Anzahl der Items dividiert, wobei fehlende Werte aus der Berechnung fallweise ausgeschlossen wurden. Der resultierende Sekundärdatensatz wurde dann deskriptiv und analytisch ausgewertet.

Bei der Auswertung der Befindlichkeitsskalen der zweiten und dritten Befragung, die wegen der Längsschnittuntersuchung die gleichen Items umfassten, wurde analog vorgegangen. Nachfolgende Tabelle vermittelt einen Überblick der wichtigsten Strukturdaten dieser Folgeskalen, wobei auch hier zu erkennen ist, dass sich das Instrument als zuverlässig und geeignet zur Erfassung der elterlichen Befindlichkeit erweist. Eine genaue Darstellung der Ladungszahlen wie auch der Trennschärfekoeffizienten finden sich im Anhang.

Tabelle 9.2-30: Strukturdaten und teststatistische Kennwerte der Skalen der Folgebefragungen zur emotionalen Befindlichkeit der Eltern

	MÜTTER	VÄTER
	Zweites Interview	
Anzahl der Angaben (mit / ohne Nachsorge)	32 (16/16)	29 (14/15)
Anzahl der berücksichtigten Items	12	10
unberücksichtigte Items*	„deprimiert“	„ängstlich“, „angespannt“, „besorgt“
erklärte Gesamtvarianz	66,95 %	68,44 %
CRONBACHS-α	0,91	0,85
	Drittes Interview	
Anzahl der Angaben (mit / ohne Nachsorge)	30 (15/15)	28 (14/14)
Anzahl der berücksichtigten Items	10	10
unberücksichtigte Items*	„deprimiert“, „frustriert“, „verkrampft“	„deprimiert“, „frustriert“, „verkrampft“
erklärte Gesamtvarianz	68,59 %	65,38 %
CRONBACHS-α	0,89	0,84

* Die hier angegebenen Items wurden wegen zu geringen Ladungen auf die entsprechenden Faktoren „positive Befindlichkeit“ beziehungsweise „negative Befindlichkeit“ ausgesondert.

Quelle: Eigene Darstellung und Berechnung – Gesundheitsökonomische Evaluation *Bunter Kreis*

Ergebnisse

Betrachtet man die durchschnittliche Befindlichkeit aller Eltern (mit wie auch ohne Nachsorge), so zeigt sich, dass die Mütter mit einem durchschnittlichen Wert von 3,11 (s = 0,75) und die Väter mit einem arithmetischen Mittel von 3,47 (s = 0,76) zum Zeitpunkt der Erstentlassung ihrer Kinder aus den Kinderkliniken eine mittelmäßige Befindlichkeit aufwiesen. Folgende Grafik verdeutlicht den psychischen Zustand zu diesem Zeitpunkt sowie separat die Mittelwerte der Subskalen „positive“ beziehungsweise „negative“ Befindlichkeit der Eltern differenziert in Fall- und Kontrollgruppe:

Abbildung 9.2-20: Vergleich der Befindlichkeit der Eltern zum Zeitpunkt der ersten Befragung

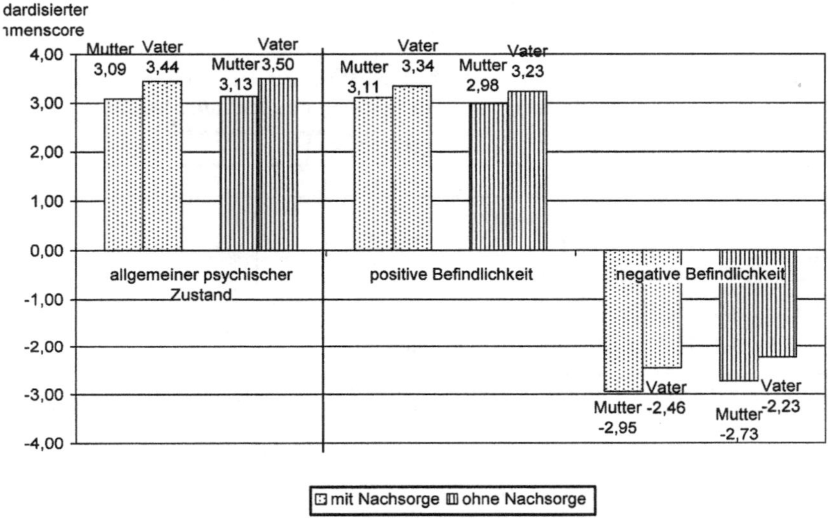

Quelle: Eigene Darstellung und Berechnung – Gesundheitsökonomische Evaluation *Bunter Kreis*

Beim Vergleich der Fall- und der Kontrollgruppe wird deutlich, dass zum Zeitpunkt der Entlassung kaum ein Unterschied bezüglich des momentanen psychisch-physischen Befindens der Eltern festzustellen ist. Auffallend ist jedoch, dass sich die Väter anscheinend grundsätzlich „besser" fühlen als ihre Partnerinnen, auch wenn dieser Geschlechtsunterschied nicht signifikant ist.

Um zu demonstrieren, wie groß der jeweilige Anteil der Eltern mit starken positiven beziehungsweise negativen Emotionen in den untersuchten Gruppen ist, wurden weiterhin die „Extremfälle" genauer betrachtet. In diese Analyse wurden Mütter und Väter aufgenommen, die bei allen Items der jeweiligen Subskalen „*stimmt ziemlich*" (= Wert 4) oder „*stimmt sehr*" (= Wert 5) angegeben haben. Folgende Tabelle verdeutlicht neben dem Anteil der Mütter und Väter mit auffälligen positiven wie auch negativen Emotionen, dass Eltern der Fallgruppe zum Zeitpunkt der Entlassung des Kindes aus der Kinderklinik im Mittel sowohl höhere positive als auch höhere negative Extremwerte im Vergleich zu ihren Partnern der Kontrollgruppe aufweisen:

Tabelle 9.2-31: Analyse der Extremwerte der emotionalen Befindlichkeit der Eltern der Fall- und der Kontrollgruppe (1. Interview)

	MIT Nachsorge		OHNE Nachsorge	
	Mutter	Vater	Mutter	Vater
	Positive Befindlichkeit (n = 8 bzw. 6)			
Anteil	18,75 %	33,33 %	18,75 %	18,75 %
Mittelwert	4,44	4,47	4,17	4,28
	Negative Befindlichkeit (n = 3 bzw. 1)			
Anteil	12,50 %	6,67 %	6,25 %	0,00 %
Mittelwert	4,50	4,00	4,14	--

Quelle: Eigene Darstellung und Berechnung – Gesundheitsökonomische Evaluation *Bunter Kreis*

Untersucht man weiterhin die Befindlichkeitsentwicklung aller berücksichtigten Mütter und Väter bis zum korrigierten Alter der Kinder von sechs Monaten, so wird deutlich, dass sich der psychische Zustand der Eltern bis zum Zeitpunkt der zweiten Befragung (zwölf Wochen später) grundsätzlich verbessert und dann bis zum korrigierten Alter des Kindes von sechs Monaten relativ konstant bleibt:

Abbildung 9.2-21: Befindlichkeitsentwicklung aller Eltern von Kindern mit Langzeitnachsorge und ihren Kontrollen

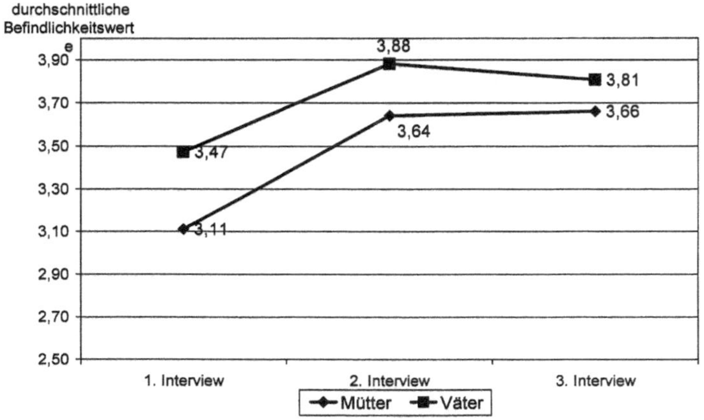

Quelle: Eigene Darstellung und Berechnung – Gesundheitsökonomische Evaluation *Bunter Kreis*

Vergleicht man die Entwicklung des psychischen Zustands der Eltern von Kindern mit und ohne Nachsorge (siehe Abbildung 9.2–22), so wird deutlich, dass die Befindlichkeit der Mütter mit Betreuung durch den *Bunten Kreis* kontinuierlich – wenn auch auf einem etwas niedrigeren Niveau als dem der Vergleichsgruppe – ansteigt (+ 0,25 %; + 0,13 %). Der Zustand der Mütter ohne diese Unterstützung steigt dagegen eher sprunghaft an, um anschließend relativ konstant zu bleiben (+ 0,81 %; - 0,09 %). Es konnten allerdings zum Zeitpunkt der zweiten Befragung keine signifikanten Unterschiede zwischen den beiden Untersuchungsgruppen festgestellt werden. Erst zum Zeitpunkt der letzten Befragung zeigt sich zwischen den Väter der beiden Vergleichsgruppen ein sehr signifikanter Unterschied im Hinblick auf die negative Befindlichkeitsskala (T-Test wegen Normalverteilung; $p = 0{,}007$). Außerdem wird hier auch der Einfluss der somatischen Befindlichkeit auf den psychischen Zustand deutlich: Bei den Müttern beider Subgruppen wie auch bei den Vätern der Kontrollgruppe konnte jeweils ein signifikanter negativer Zusammenhang zwischen dem Item der physischen Dimension *„Ich fühle mich körperlich schlecht“* und dem standardisierten (in Richtung positiver Zielskala transformierten) psychischen Befindlichkeitsscore festgestellt werden (Mütter mit Nachsorge: $r_S = - 0{,}561^*$; Mütter ohne Nachsorge: $r_S = - 0{,}530^*$; Väter ohne Nachsorge: $r_S = -0{,}571^*$). Lediglich bei den Vätern von Kindern mit Nachsorge, die zum Zeitpunkt des letzten Interviews eine schlechtere körperliche Verfassung und auch rückläufige psychische Befindlichkeitswerte (beziehungsweise steigende negative Befindlichkeitswerte) aufweisen, ist keine signifikante Korrelation erkennbar. Bei einer genaueren Betrachtung dieses Phänomens wird jedoch deutlich, dass zum einen ab der zweiten Befragung bei den Vätern grundsätzlich keine extremen negativen Befindlichkeitswerte mehr auftreten. Zum anderen beruht der signifikante Unterschied bei den negativen Emotionen der Väter von Fall- und Kontrollgruppe hauptsächlich auf einem signifikanten Unterschied bei dem Einzelitem *„Ich bin besorgt“*, der wohl nichts mit der körperlichen Verfassung zu tun hat. Zudem ist hierbei natürlich zu berücksichtigen, dass auch andere Faktoren (wie z. B. aktuelle, nicht offenbarte Sorgen zum Zeitpunkt der Befragung der Eltern) die Befindlichkeit stark beeinflussen können.

Abbildung 9.2-22: Entwicklung der durchschnittlichen psychischen Befindlichkeitswerte

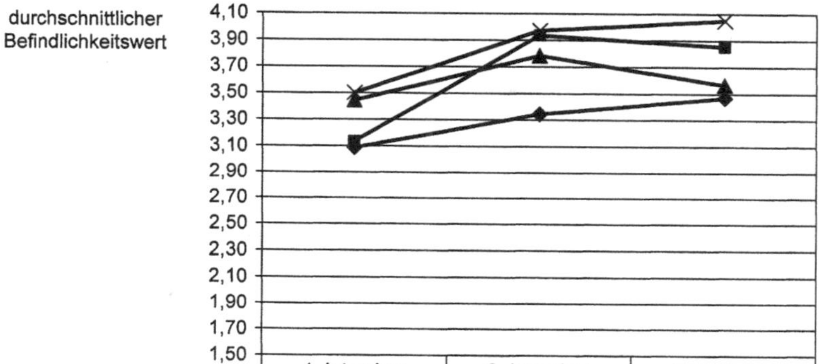

	1. Interview	2. Interview	3. Interview
Mutter - mit Nachsorge	3,09	3,34	3,47
Mutter - ohne Nachsorge	3,13	3,94	3,85
Vater - mit Nachsorge	3,44	3,79	3,57
Vater - ohne Nachsorge	3,50	3,97	4,05

Positive Befindlichkeit

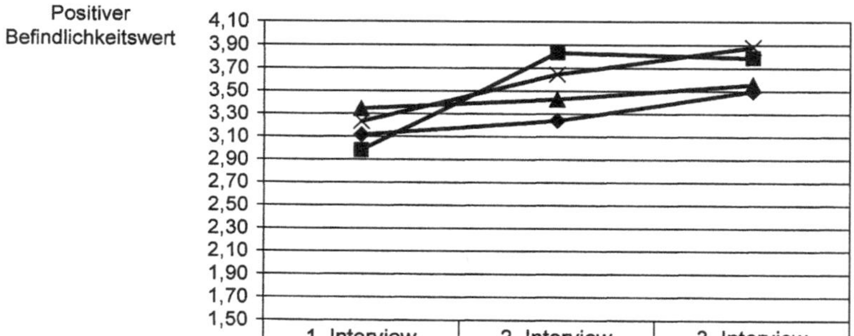

	1. Interview	2. Interview	3. Interview
Mutter - mit Nachsorge	3,11	3,24	3,50
Mutter - ohne Nachsorge	2,98	3,83	3,79
Vater - mit Nachsorge	3,34	3,43	3,56
Vater - ohne Nachsorge	3,23	3,64	3,88

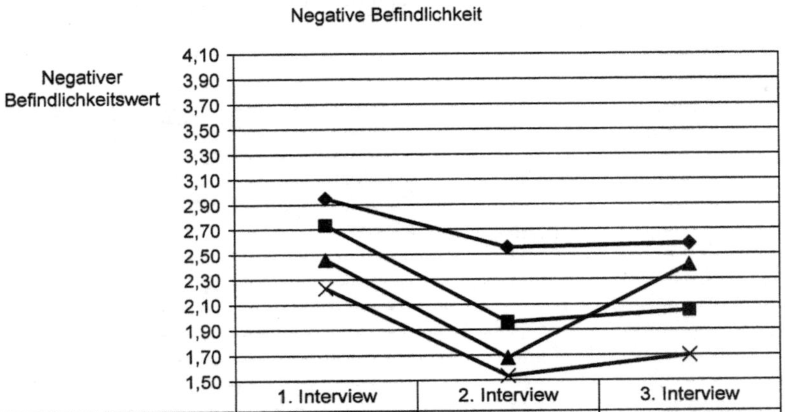

	1. Interview	2. Interview	3. Interview
Mutter - mit Nachsorge	2,95	2,55	2,58
Mutter - ohne Nachsorge	2,73	1,96	2,05
Vater - mit Nachsorge	2,46	1,68	2,41
Vater - ohne Nachsorge	2,23	1,53	1,70

Quelle: Eigene Darstellung und Berechnung – Gesundheitsökonomische Evaluation *Bunter Kreis*

9.2.5.2.2 Vergleich der Belastung von Fall- und Kontrollgruppe

Struktur und Güte der Skalen

Zur Messung der psychischen Dimension der gesundheitsbezogenen Lebensqualität wurden weiterhin zwei Subskalen zur Messung der persönlichen Einschätzung der Belastung der Mütter und Väter zum jeweiligen Befragungszeitpunkt gebildet. Mit Hilfe dieser Skalen wurde versucht, sowohl Stresssymptome als auch Symptome depressiver Verstimmungen zum jeweiligen Befragungszeitpunkt mit Hilfe von ursprünglich elf Items zu erfassen.

Eine erste Analyse der Daten bezüglich der Belastung der Eltern zum Zeitpunkt der Entlassung des Kindes aus der Kinderklinik zeigt, dass 32 (also alle) Mütter sowie 31 Väter bei der überwiegenden Anzahl der Items alle fünf Antwortmöglichkeiten – 5 = *„stimmt sehr“*, 4 = *„stimmt ziemlich“*, 3 = *„stimmt mittelmäßig“*, 2 = *„stimmt wenig“* bis zu 1 =*„stimmt nicht“* ausschöpften. Dies zeigt wiederum, dass auch diese Items recht gut differenzieren und von den Eltern zuverlässig beantwortet wurden. Um ein valides Erfassungsinstrument für die Belastung der Eltern zum jeweiligen Interviewtermin zu erhalten, wurden auch hier die Daten der Gesamtstichprobe (für jedes Interview sowie für die Mütter und Väter separat) zuerst einer Faktorenanalyse (Hauptkomponentenanalyse mit Varimax-Rotation) unterzogen. Daraufhin erwies es sich als sinnvoll, bei der Skala zur ersten Befragung der Mütter das Item *„Ich fühlte mich einsam“* wegen einer zu geringen Ladung nicht zu berücksichtigen. Bei der Analyse bot sich außerdem wieder eine zweifaktorielle Struktur an, wobei bei den Müttern beide Faktoren gemeinsam 61,12 %, bei den Vätern 62,72 % der Gesamtvarianz erklärten. Beim ersten Faktor laden alle Items zur Messung der Stresssymptome, die Items zur Messung depressiver Stimmungen weisen dagegen beim zweiten Faktor hohe Ladungszahlen auf. Folgende Abbildung demonstriert die Faktorladungen der Items der Belastungsskalen für die Mütter beziehungsweise Väter zum ersten Befragungszeitpunkt:

Abbildung 9.2-23: Ladungszahlen der Items auf Faktor 1 („Stresssymptome“) und Faktor 2 („depressive Stimmung“)

Erstes Interview	Faktor 1		Faktor 2	
	Mutter	Vater	Mutter	Vater
Ich konnte längere körperliche/geistige Anstrengungen nicht mehr aushalten.	0,61	0,78	--	--
Abends war ich erschöpft und ausgebrannt.	0,72	0,63	--	--

Erstes Interview	Faktor 1		Faktor 2	
	Mutter	Vater	Mutter	Vater
In letzter Zeit bin ich schneller aus dem Gleichgewicht geraten als früher.	0,79	0,62	--	--
Ich konnte keine innere Ruhe finden.	0,72	0,83	--	--
Ich war angespannt.	0,84	0,71	--	--
Ich war ruhelos.	0,69	0,80	--	--
Ich hatte Schlafstörungen.[381]	--	0,63	0,74	--
Ich fühlte mich traurig.	--	--	0,83	0,74
Ich hatte ein Gefühl von Hoffnungslosigkeit.	--	--	0,69	0,92
Ich fühlte mich unglücklich.	--	--	0,84	0,94
Ich fühlte mich einsam.	--	--	--	0,86

Quelle: Eigene Darstellung und Berechnung – Gesundheitsökonomische Evaluation *Bunter Kreis*

Wie Abbildung 9.2–24 zeigt, konnten auch hier relativ gute teststatistische Kennwerte nachgewiesen werden. Bei den Skalen zur Belastungsmessung wurde auf eine inverse Transformation in Richtung einer positiven Zielskala verzichtet, da beide Subskalen gleichgerichtete Ladungszahlen aufweisen und somit direkt vergleichbar sind. Niedrige Belastungswerte weisen somit auch auf eine geringe Belastung der Mutter beziehungsweise des Vaters hin, ceteris paribus ein hoher Wert auf das subjektive Empfinden einer großen Belastung.

[381] Während dieses Item bei den Müttern auf dem zweiten Faktor eine hohe Ladungszahl aufweist und deshalb der „Depressionsskala“ zugeordnet wird, wurden Schlafstörungen von den Vätern eher als Stressfaktor interpretiert, weshalb dieses Item bei dieser Subskala dem ersten Faktor angehört.

Abbildung 9.2-24: Teststatistische Kennwerte der Belastungsskalen (1. Befragung)

n = 32/31	Trennschärfekoeffizienten	
	Mutter	Vater
Ich konnte längere körperliche/geistige Anstrengungen nicht mehr aushalten.	0,65	0,75
Abends war ich erschöpft und ausgebrannt.	0,75	0,65
In letzter Zeit bin ich schneller aus dem Gleichgewicht geraten als früher.	0,85	0,66
Ich konnte keine innere Ruhe finden.	0,78	0,80
Ich war angespannt.	0,79	0,73
Ich war ruhelos.	0,72	0,85
Ich hatte Schlafstörungen.	0,78	0,59
Ich fühlte mich traurig.	0,85	0,83
Ich hatte ein Gefühl von Hoffnungslosigkeit.	0,73	0,91
Ich fühlte mich unglücklich.	0,84	0,92
Ich fühlte mich einsam.	--	0,83
CRONBACHS-α – Stressskala / Depressionsskala	0,85/0,71	0,85/0,87

Quelle: Eigene Darstellung und Berechnung – Gesundheitsökonomische Evaluation *Bunter Kreis*

Nachfolgende Tabelle verdeutlicht vollständigkeitshalber die wichtigsten Strukturdaten der Belastungsskalen der Folgeinterviews, wobei auch hier zu erkennen ist, dass diese Skalen relativ gute Gütekriterien aufweisen. Eine genaue Darstellung der Ladungszahlen wie auch der Trennschärfekoeffizienten finden sich im Anhang.

Tabelle 9.2-32: Strukturdaten und teststatistische Kennwerte der Skalen der Folgebefragungen zur Belastung der Eltern

	MÜTTER	VÄTER
Zweites Interview		
Anzahl der Angaben (mit / ohne Nachsorge)	32 (16/16)	29 (14/15)
Anzahl der berücksichtigten Items	10	8
unberücksichtigte Items*	„Ich hatte Schlafstörungen“	„Ich hatte Schlafstörungen.“, „Ich konnte längere Anstrengungen nicht mehr aushalten.“, „Ich fühlte mich einsam.“
erklärte Gesamtvarianz	66,68 %	69,88 %
CRONBACHS-α Stress-/Depressionsskala	0,85/0,90	0,66/0,87
Drittes Interview		
Anzahl der Angaben (mit / ohne Nachsorge)	30 (15/15)	28 (14/14)
Anzahl der berücksichtigten Items	10	10
unberücksichtigte Items*	„Ich hatte Schlafstörungen.“	„Ich konnte längere Anstrengungen nicht mehr aushalten."
erklärte Gesamtvarianz	73,32 %	73,43 %
CRONBACHS-α	0,88/0,92	0,92/0,87

* Die hier angegebenen Items wurden wegen zu geringen Ladungen ausgesondert.

Quelle: Eigene Darstellung und Berechnung – Gesundheitsökonomische Evaluation *Bunter Kreis*

Ergebnisse
Zum Zeitpunkt der stationären Erstentlassung der Früh- und Risikogeborenen zeigt sich, dass im Hinblick auf das Stressempfinden mittlere Belastungswerte dominieren – so weisen die Mütter einen durchschnittlichen Wert von 3,11 (s = 1,10) auf, die Väter wiederum einen etwas geringeren in Höhe von 2,76 (s = 0,87). Im Gegensatz dazu fallen die Belastungswerte der Subskala „*Depressive Stimmung*" bei beiden Elternteilen deutlich niedriger aus (Mütter: 2,33; s = 1,06; Väter: 1,69; s = 0,95), wobei hier ein signifikanter Unterschied zwischen den Belastungswerten der Eltern (T-Test wegen Normalverteilungen; p = 0,014) festzustellen ist. Wie folgende Grafik verdeutlicht, ergab sich außerdem, dass Mütter von Kindern mit Nachsorge im Mittel etwas geringere Belastungswerte bezüglich der Stresssymptome als Mütter von Kindern ohne Nachsorge aufweisen. Bei der Stressbelastung der Väter wie auch generell bei den Items der Skala zur Messung depressiver Stimmung zeigt sich dagegen, dass die Eltern der Interventionsgruppe bei der ersten Befragung (geringfügig) mehr belastet sind.

Abbildung 9.2-25: Vergleich der durchschnittlichen Belastung der Eltern zum Zeitpunkt der ersten Befragung

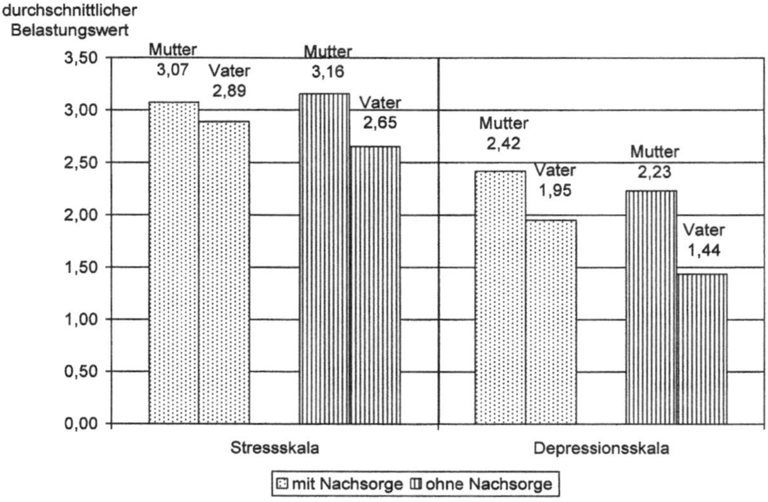

Quelle: Eigene Darstellung und Berechnung – Gesundheitsökonomische Evaluation *Bunter Kreis*

Außerdem wurden die Eltern beim Interview gebeten, die Gesamtbelastung der Familie global einzuschätzen. Als Antwortkategorien standen ihnen „*sehr gering*" (= 1), „*gering*" (= 2), „*mittelmäßig*" (= 3), „*groß*"(= 4) und „*sehr groß*" (=

5) zur Verfügung. Auch hier gaben die Eltern einen mittleren Wert an, wobei sich die Mütter von Kindern ohne Nachsorge durch einen geringfügig höheren Belastungswert als die Mütter der Interventionsgruppe auszeichnen:

Tabelle 9.2-33: Vergleich der globalen Einschätzung der subjektiven Belastung zum ersten Befragungszeitpunkt

„Wie hoch würden Sie die Belastung der Familie – alles in allem – einschätzen?“			
	MIT Nachsorge	OHNE Nachsorge	Differenz
Mutter	3,37 s = 0,885	3,62 s = 0,719	- 0,25 %
Vater	3,67 s = 0,816	3,56 s = 0,964	+ 0,11 %

Quelle: Eigene Darstellung und Berechnung – Gesundheitsökonomische Evaluation *Bunter Kreis*

Wie auch schon bei der Untersuchung des emotionalen Befindens, erfolgt zusätzlich eine Betrachtung der Eltern, die bezüglich der beiden Subgruppen hohe Belastungswerte (*„stimmt ziemlich“* = 4 oder *„stimmt sehr“* = 5) angegeben haben. Folgende Tabelle bestätigt die Tendenz, dass Eltern der Fallgruppe mehr Stress als ihre Vergleichspartner empfinden und Eltern mit extremen Werten bei der Depressionsskala ausschließlich bei Eltern, deren Kinder Nachsorge erhalten haben zu finden sind:

Tabelle 9.2-34: Analyse der Extremwerte der Belastung der Eltern der Fall- und der Kontrollgruppe (erste Befragung)

	MIT Nachsorge		OHNE Nachsorge	
	Mutter	Vater	Mutter	Vater
	Stressempfinden (n = 9 bzw. 4)			
Anteil	37,50 %	20,00 %	18,75 %	6,25 %
Mittelwert	4,42	4,33	4,33	4,29
	Depressive Stimmung (n = 3 bzw. 0)			
Anteil	12,50 %	6,67 %	0,00 %	0,00 %
Mittelwert	4,25	5,00	--	--

Quelle: Eigene Darstellung und Berechnung – Gesundheitsökonomische Evaluation *Bunter Kreis*

Bei genauerer Betrachtung der Daten der Familien mit Nachsorge und stark depressiver Stimmung wird allerdings deutlich, dass es sich dabei um die Mütter und einen Vater von zwei Familien handelt, die mit der Situation konfrontiert sind, dass bei der Geburt ein Zwillingskind verstorben ist. Da die Kontrollgruppe keine Familie mit einem vergleichbaren Schicksal enthält, ist deshalb kaum ein Vergleich im Hinblick auf den Nutzen des *Bunten Kreises* für Familien mit solch einer extremen emotionalen Belastung möglich.

Untersucht man weiterhin die Belastung aller berücksichtigten Mütter und Väter bis zum korrigierten Alter der Kinder von sechs Monaten, so zeigt sich folgende Entwicklung: Während die Belastungswerte der Mütter (auf beiden Subskalen) zwölf Wochen nach der Erstentlassung grundsätzlich abnehmen, steigen der subjektiv empfundene Stress wie auch die depressive Stimmung der Väter sogar bis über die Belastungswerte ihrer Partnerinnen an. Hier liegt die Vermutung nahe, dass die (vollbeschäftigten) Väter während der Klinikzeit etwas mehr Abstand von dieser kritischen Situation wahren können, dafür aber nach der Entlassung ihrer früh- und risikogeborenen Kinder aus der Kinderklinik mit einer Situation konfrontiert werden, die sie als sehr belastend empfinden (z. B. wegen des intensiveren Kontaktes zum Kind, der aktiven Involvierung bei seiner Versorgung (Doppelbelastung) oder auch wegen mangelnder Aufmerksamkeit und Anerkennung durch andere Familienmitglieder[382]). Zum Zeitpunkt der dritten Befragung zeigt sich bei den Vätern allerdings wieder ein relativ starker Rückgang der Belastungswerte (Stress: - 1,05; Depression: - 0,35) und auch bei den Müttern scheinen sich die Werte (allerdings auf einem etwas höherem Niveau als bei den Partnern) einzupendeln.

Vergleicht man auch hier die Entwicklung der durchschnittlichen elterlichen Belastungswerte von Fall- und Kontrollgruppe auf der Stressskala, so wird deutlich, dass die Belastung der Mütter mit Betreuung durch den *Bunten Kreis* kontinuierlich abnimmt (von 3,07 auf 2,71), wohingegen der Zustand der Mütter ohne diese Unterstützung wiederum sprunghaft abfällt und bei der dritten Befragung erneut über den Wert der Partnerinnen der Interventionsgruppe ansteigt. Die selbe Entwicklung ist bei einem Vergleich der Mütter bezüglich der Depressionsskala zu erkennen, wobei hier, aufgrund der eingangs erwähnten ungleichen Verteilung von Eltern mit Extremwerten, die Mütter von Kindern ohne Nachsorge grundsätzlich niedrigere Belastungswerte als die der Fallgruppe aufweisen.

---

[382] Diese Beispiele für die vermehrte Belastung der Väter zwölf Wochen nach der Entlassung ihrer Kinder aus der Kinderklinik basieren auf Auswertungen einer im Rahmen des zweiten Interviews gestellten, offenen Frage: „Was sind die wichtigsten Gründe, warum sie ihre Belastung so einstufen?“. Neben der zeitlichen Belastung und der Notwendigkeit „zurückzustecken“ und auf vieles verzichten zu müssen, gaben auch viele Väter eine höhere finanzielle Belastung (v. a. bei Mehrlingskindern) an.

Abbildung 9.2-26: Emotionale durchschnittliche Belastung aller Mütter und Väter (Längsschnittbetrachtung)

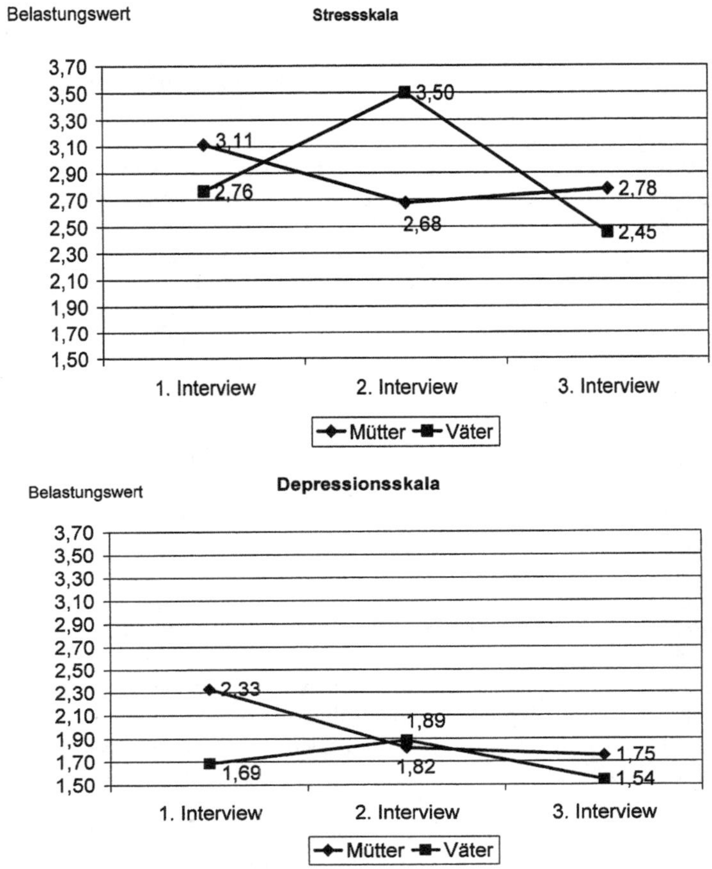

Quelle: Eigene Darstellung und Berechnung – Gesundheitsökonomische Evaluation *Bunter Kreis*

Beim Vergleich der Stressentwicklung der Väter zeigt sich ferner, dass der bereits vorgestellte jähe Anstieg der Belastung zum zweiten Befragungszeitpunkt bei den Vätern ohne Nachsorge deutlich stärker ausfällt (mit Nachsorge: + 0,43; ohne Nachsorge: + 1,02), wobei der Wert der männlichen Probanden der Kontrollgruppe über den der Väter mit Nachsorge ansteigt. Bis zum korrigierten Alter des Kindes von sechs Monaten pendelt sich jedoch deren Stressbelastung bei beiden Gruppen bei einem durchschnittlichen Wert von rund 2,4 ein. Die Belastungsentwicklung auf der „Depressionsskala" entwickelt sich bei den Vätern ähnlich wie bei der Subskala „Stresssymptome", nur dass auch hier die Teilnehmer der Fallgruppe weniger starke Entwicklungssprünge aufweisen und zum letzten Interview sogar geringere Belastungswerte als Väter von Kindern mit herkömmlicher Versorgung haben (mit Nachsorge: 1,43; ohne Nachsorge: 1,66).

Abbildung 9.2-27: Entwicklung der emotionalen Belastung (Längsschnittanalyse)

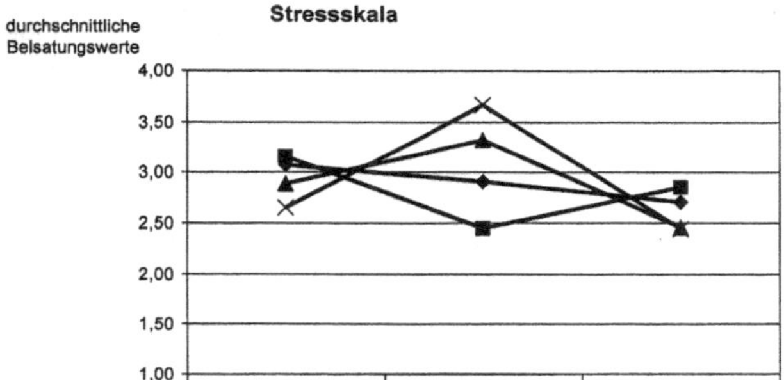

	1. Interview	2. Interview	3. Interview
Mutter - mit Nachsorge	3,07	2,91	2,71
Mutter - ohne Nachsorge	3,16	2,45	2,85
Vater - mit Nachsorge	2,89	3,32	2,46
Vater - ohne Nachsorge	2,65	3,67	2,44

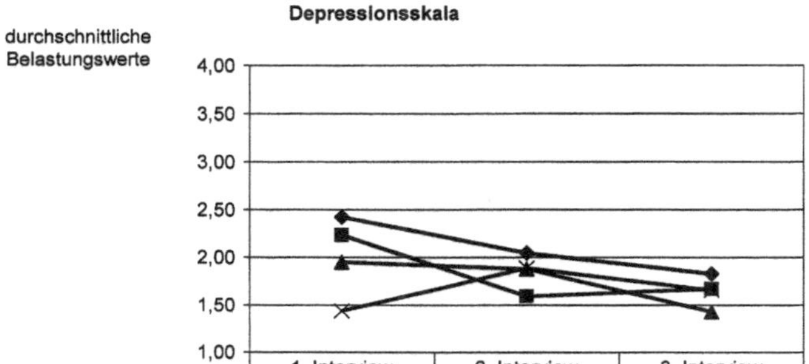

	1. Interview	2. Interview	3. Interview
Mutter - mit Nachsorge	2,42	2,05	1,83
Mutter - ohne Nachsorge	2,23	1,59	1,67
Vater - mit Nachsorge	1,95	1,88	1,43
Vater - ohne Nachsorge	1,44	1,89	1,66

Quelle: Eigene Darstellung und Berechnung – Gesundheitsökonomische Evaluation *Bunter Kreis*

Wie bereits erwähnt, wurden die Eltern bei jedem der drei Interviews zusätzlich gebeten, die Belastung der Familie alles in allem einzuschätzen. Wie folgende Abbildung zeigt, sind bei dieser globalen Belastungseinschätzung grundsätzlich höhere arithmetische Mittelwerte als bei der Ermittlung der *persönlichen* Belastung mit Hilfe der Subskalen zu beobachten. Während sich bei den Müttern mit Nachsorge im Laufe des Untersuchungszeitraumes eine zu den Teilskalen sehr ähnliche, wenn auch nicht so steil verlaufende Belastungsreduktion abzeichnet, ergab die Auswertung der globalen Einschätzung der Mütter ohne Unterstützung durch den *Bunten Kreis* einen wesentlich stärkeren, linear verlaufenden Rückgang der Belastungswerte. Ebenso bestätigt die Belastungseinschätzung der Väter der Kontrollgruppe (im Gegensatz zu den Vätern der Interventionsgruppe!) die Ergebnisse der Subskalen zur persönlichen emotionalen Belastung:

Abbildung 9.2-28: Vergleich der Entwicklung der durchschnittlichen globalen Belastungseinschätzung der Eltern

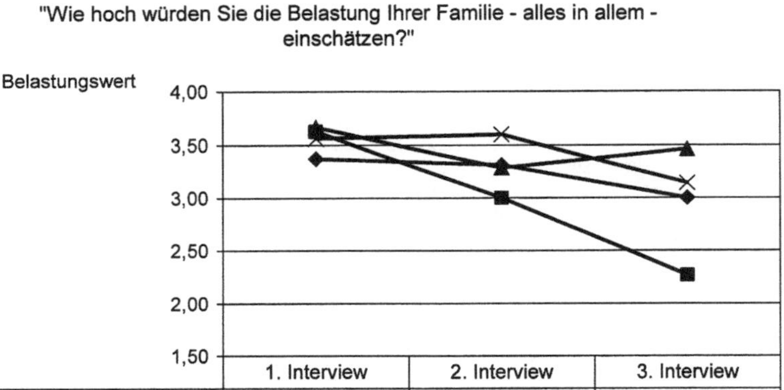

	1. Interview	2. Interview	3. Interview
Mutter - mit Nachsorge	3,38	3,31	3,00
Mutter - ohne Nachsorge	3,63	3,00	2,27
Vater - mit Nachsorge	3,67	3,29	3,46
Vater - ohne Nachsorge	3,56	3,60	3,14

Quelle: Eigene Darstellung und Berechnung – Gesundheitsökonomische Evaluation *Bunter Kreis*

Folgende Tabelle verdeutlicht abschließend, anhand ausgewählter Korrelationen der arithmetischen Mittelwerte der einzelnen Skalen, die Zusammenhänge zwischen den (jeweils die Mütter und Väter getrennt befragten) Variablen der allgemeinen Einschätzung der Eltern und der Erfassung der persönlichen Belastung:

Tabelle 9.2-35: Korrelationen zwischen den arithmetischen Mittelwerten der einzelnen Skalen zur Belastungsmessung am Beispiel der Ergebnisse der zweiten Befragung der Familien mit Nachsorge

Bel-Mu: globale Belastungseinschätzung der Mutter
Bel-Va: globale Belastungseinschätzung des Vaters
SSkala-Mu: Stressskala der Mutter
SSkala-Va: Stressskala des Vaters
DSkala-Mu: Depressionsskala der Mutter
DSkala-Va: Depressionsskala des Vaters

2. Befragung der Eltern von Kindern mit Nachsorge	Rangkorrelations-Koeffizient von SPEARMAN	Folgerungen
Bel-Mu mit Bel-Va	+ 0,817***	Eltern geben eine sehr ähnliche Familienbelastung bei getrennter Befragung an.
Bel-Mu mit SSkala-Mu	+ 0,800***	Die Stressskala eignet sich gut zur Erfassung der Belastungsdimension.
Bel-Mu mit SSkala-Va	+ 0,697**	Bei der familiären Belastungseinschätzung wurde von beiden Elternteilen die Belastung des Partners mit in die Bewertung einbezogen.
Bel-Va mit SSkala-Mu	+ 0,713**	
Bel-Va mit SSkala-Va	+ 0,551*	Die Stressskala eignet sich gut zur Erfassung der Belastungsdimension.
SSkala-Mu mit SSkala-Va	+ 0,629*	Das Stressempfinden korreliert innerhalb der Familie.

Quelle: Eigene Darstellung und Berechnung – Gesundheitsökonomische Evaluation *Bunter Kreis*

Im Rahmen der Untersuchung der psychischen Dimension der Lebensqualität war ursprünglich beabsichtigt, mit Hilfe einiger Items zusätzlich die personalen

Copingressourcen sowie die Informationssuche als eine mögliche Bewältigungsstrategie zu erfassen. Damit sollte das Potential der Eltern, die mit der Früh- beziehungsweise Risikogeburt verbundenen Belastungen zu reduzieren, aufgezeigt werden. Auf eine Auswertung und Darstellung dieser Subskala musste jedoch verzichtet werden, da sich diese Daten für eine vergleichende Betrachtung nicht als geeignet erwiesen.

9.2.5.3 Die soziale Dimension der gesundheitsbezogenen Lebensqualität

Struktur und Güte der Erhebungsinstrumente
Um die Hauptquelle der (emotionalen oder praktischen) sozialen Unterstützung zu erfassen, wurden die Eltern beim zweiten und dritten Interview offen gefragt, von wem sie sich – nach der Entlassung ihres Kindes aus der Kinderklinik – am meisten unterstützt fühlten. Mit Hilfe eines zusätzlichen Items wurde des weiteren ermittelt, ob die Familien einen Ansprechpartner haben, der kompetent für die besonderen Probleme von Eltern frühgeborener Kinder ist. Die Frage nach der Unterstützungsquelle beantworteten bei der zweiten Befragung 15 Elternpaare mit sowie 16 ohne Nachsorge, beim dritten Interview konnten Daten von jeweils 15 Müttern und Vätern der beiden Vergleichsgruppen berücksichtigt werden. Die Frage nach der spezifischen Copingleistung beantworteten zwölf Wochen nach der stationären Erstentlassung der Kinder alle 16 Eltern, deren Kinder Langzeitnachsorge bezogen haben, sowie alle Kontrollfamilien.

Weiterhin wurde auf einer Skala mit ursprünglich fünf (erstes Interview), sieben (zweites Interview) beziehungsweise sechs Items (letztes Interview) die wahrgenommene emotionale und praktische Unterstützung durch Familie und Freunde sowie die unter Umständen damit verbundenen sozialen Belastungen erhoben. Zur Beantwortung standen den Eltern wieder die fünf Antwortmöglichkeiten – 5 = *„stimmt sehr"*, 4 = *„stimmt ziemlich"*, 3 = *„stimmt mittelmäßig"*, 2 = *„stimmt wenig"* und 1 =*„stimmt nicht"* zur Verfügung.

Eine erste Analyse der Daten zum Zeitpunkt der Entlassung des Kindes aus der Kinderklinik zeigte, dass alle 32 Mütter sowie 30 Väter diese Items vollständig beantworteten und daher bei der Auswertung berücksichtigt werden konnten. Um ein valides Erfassungsinstrument für die sozialen Copingressourcen der Eltern zum jeweiligen Interviewtermin zu erhalten, wurden auch hier die Daten der Gesamtstichprobe (für jedes Interview sowie für Mütter und Väter separat) zuerst einer Faktorenanalyse (Hauptkomponentenanalyse mit Varimax-Rotation) unterzogen. Dabei zeigte sich, dass bei der Skala zur ersten Befragung der Väter das Item *„Ich wünsche mir von Angehörigen und Freunden mehr Verständnis und Zuwendung"* wegen einer zu geringen Ladung nicht berücksichtigt werden kann. Beim ersten Faktor laden alle Items zur Messung des zusätzlichen Bedarfs an Unterstützungsleistungen beziehungsweise Items zur sozialen Belastung der Probanden, die Items bezüglich der erbrachten Hilfeleistungen weisen dagegen beim zweiten Faktor hohe Ladungszahlen auf. Mit Hilfe dieser Skala konnte bei der ersten Befragung der Mütter 58,94 %, bei den Vätern 81,82 % der Gesamtvarianz erklärt werden. Folgende Tabelle demonstrieren die Faktorladungen der Items der Skala für die Mütter beziehungsweise Väter zum ersten Befragungszeitpunkt:

Tabelle 9.2-36: Ladungszahlen der Items auf Faktor 1 und Faktor 2

Erstes Interview	Faktor 1		Faktor 2	
	Mutter	Vater	Mutter	Vater
Ich wünsche mir von Angehörigen und Freunden mehr Verständnis und Zuwendung.	0,78	--	--	--
Ein frühgeborenes Kind zu haben hat mehr Probleme für meine Partnerschaft gebracht, als ich gedacht habe.	0,64	0,89	--	--
Ich kann seit der Geburt meines Kindes auf die tatkräftige Hilfe von Freunden und Verwandten zählen.[383]	-0,53	-0,74	--	-
Ich kann mit meinem Partner offen über alle Probleme sprechen.	--	--	0,77	0,90
Mein Partner ist mir jetzt eine große Hilfe.	--	-	0,88	0,89

Quelle: Eigene Darstellung und Berechnung – Gesundheitsökonomische Evaluation *Bunter Kreis*

Nach der inversen Transformation in Richtung einer *positiven* Zielskala (also je höher der Wert, desto besser ist die erhaltene Unterstützung), erfolgte eine Überprüfung der Reliabilität dieser neuen Skalen (Trennschärfekoeffizient und CRONBACHS-Alpha). Dabei konnten folgende teststatistische Kennwerte nachgewiesen werden:

383 Dieses Item weist auf dem ersten Faktor eine relativ hohe, aber negative Ladungszahl auf. Diese praktische Unterstützung kann somit als Reduktion der sozialen Belastung beziehungsweise des Bedarfs interpretiert werden.

Tabelle 9.2-37: Teststatistische Kennwerte der Skala zur sozialen Unterstützung (1. Befragung)

n = 32/30	Trennschärfekoeffizienten	
	Mutter	Vater
Ich wünsche mir von Angehörigen und Freunden mehr Verständnis und Zuwendung. (Umgepolt)	0,71	--
Ein frühgeborenes Kind zu haben hat mehr Probleme für meine Partnerschaft gebracht, als ich gedacht habe. (Umgepolt)	0,43	0,47
Ich kann seit der Geburt meines Kindes auf die tatkräftige Hilfe von Freunden und Verwandten zählen.	0,63	0,89
Ich kann mit meinem Partner offen über alle Probleme sprechen.	0,70	0,54
Mein Partner ist mir jetzt eine große Hilfe.	0,40	0,64
CRONBACHS-α	0,50	0,52

Quelle: Eigene Darstellung und Berechnung – Gesundheitsökonomische Evaluation *Bunter Kreis*

Tabelle 9.2–38 verdeutlicht zudem die wichtigsten Strukturdaten der Skalen der Folgeinterviews – eine genaue Darstellung der Ladungszahlen wie auch der Trennschärfekoeffizienten finden sich wiederum im Anhang.

Tabelle 9.2-38: Strukturdaten und testsstatistische Kennwerte der Skalen der Folgebefragungen zur sozialen Unterstützung der Eltern

	MÜTTER	VÄTER
Zweites Interview		
Anzahl der Angaben (mit / ohne Nachsorge)	32 (16/16)	29 (14/15)
Anzahl der berücksichtigten Items	7	5
unberücksichtigte Items*	--	„Ich wünsche mir von Angehörigen und Freunden mehr Verständnis und Zuwendung.“, „Ein frühgeborenes Kind zu haben hat mehr Probleme für meine Partnerschaft gebracht, als ich gedacht habe.“

	Mütter	Väter
erklärte Gesamtvarianz	55,35 %	64,68 %
CRONBACHS-α	0,71	0,41
Drittes Interview		
Anzahl der Angaben (mit / ohne Nachsorge)	30 (15/15)	28 (14/14)
Anzahl der berücksichtigten Items	5	3
unberücksichtigte Items*	„Ich kann seit der Geburt meines Kindes auf die tatkräftige Hilfe von Freunden und Verwandten zählen."	„Ein frühgeborenes Kind zu haben hat mehr Probleme für meine Partnerschaft gebracht, als ich gedacht habe.", „Ich kann mit meinem Partner offen über alle Fragen sprechen."
erklärte Gesamtvarianz	71,97 %	82,13 %
CRONBACHS-α	0,72	0,43

* Die hier angegebenen Items wurden wegen zu geringen Ladungen nicht berücksichtigt.

Quelle: Eigene Darstellung und Berechnung – Gesundheitsökonomische Evaluation *Bunter Kreis*

Wie aus den Tabellen ersichtlich wird, konnten bei diesen Skalen (insbesondere zur Messung der familiären Unterstützung des Vaters) nicht allzu gute Gütekriterien erzielt werden. Dabei bleibt allerdings die Frage offen, ob entweder die Einzelitems wirklich nicht allzu stark miteinander kohärieren oder ob – insbesondere die Partnerschaftsfragen – von den Eltern nicht ganz aufrichtig beantwortet wurden.

Ergebnisse

Der Vergleich der Elternangaben im Hinblick auf die Personen oder Institution, die sie nach der stationären Erstentlassung ihres Kindes in irgend einer Form am meisten unterstützt haben, ergibt – differenziert in Fall- und Kontrollgruppe – folgende Ergebnisse:

Wie nachstehende Abbildungen verdeutlichen, nannten beim zweiten Interview die Eltern von Kindern mit Nachsorge, neben dem eigenen Partner beziehungsweise der Partnerin, insbesondere den *Bunten Kreis* als soziale Unterstützungsquelle. Die Väter und Mütter der Kontrollgruppe gaben im Gegensatz dazu ausschließlich den Partner oder Familienangehörige als Hauptunterstützungsquellen an.

Abbildung 9.2-29: Vergleich der primären Unterstützungsquelle

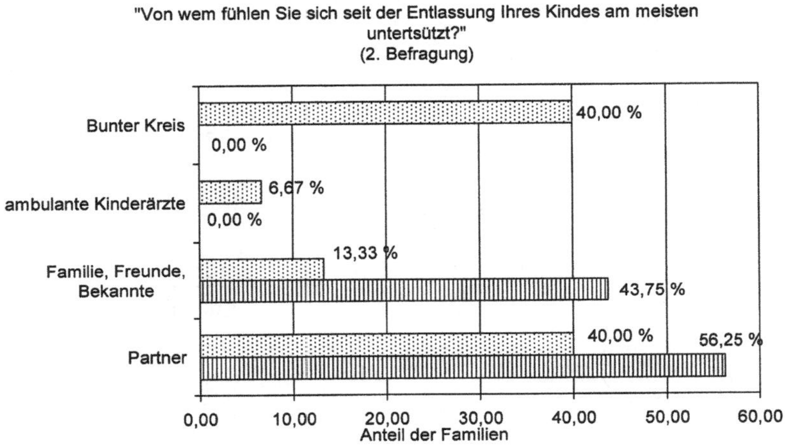

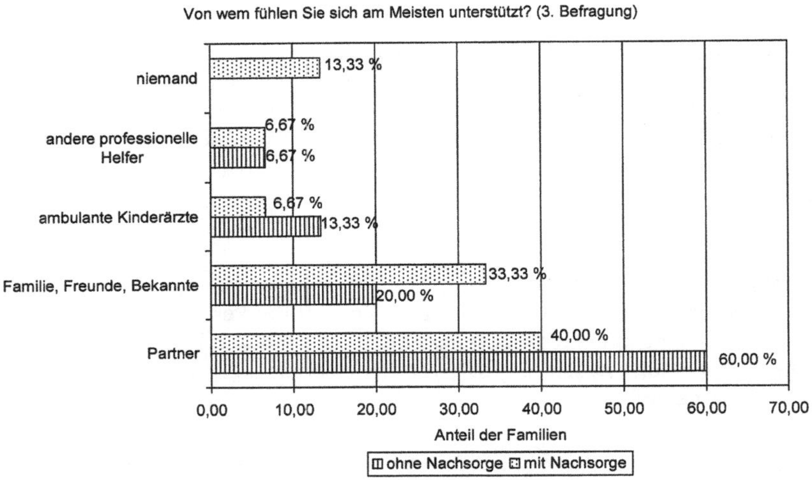

Quelle: Eigene Darstellung und Berechnung – Gesundheitsökonomische Evaluation *Bunter Kreis*

Dieser sehr signifikante Unterschied zwischen Familien mit und ohne Nachsorge (FISHERS exakter Test; p= 0,002) ändert sich allerdings bis zum korrigierten Alter der Früh- und Risikogeborenen von sechs Monaten: Etwa drei Viertel aller Familien beider Subgruppen haben das Gefühl, dass sie durch ihren Familien- und Freundeskreis die meiste Unterstützung erfahren, wobei bei dieser Befragung auch Familien der Kontrollgruppe professionelle Helfer (wie z. B. der ambulante Kinderarzt) angaben. Der *Bunte Kreis* wurde allerdings zu diesem Zeitpunkt von den hier berücksichtigten Familien, deren Kinder Langzeitnachsorge erhalten haben, nicht mehr als wesentliche Unterstützungsquelle genannt.

Betrachtet am außerdem die Antworten der bei der zweiten und letzten Erhebung gestellten Frage nach einem Ansprechpartner, der die besonderen Probleme der Eltern früh- und risikogeborener Kinder versteht (Abbildung 9.2–30), so erkennt man, dass die Eltern mit Nachsorge häufiger diese Frage bejahten als die Eltern ohne Betreuung durch den *Bunten Kreis*. Zwölf Wochen nach der Entlassung der Kinder aus der Kinderklinik gaben jedoch zwei Familien mit Nachsorge zusätzlich an, dass sie für die besondere Problematik keinen Ansprechpartner hätten, einen solchen aber bräuchten!

Abbildung 9.2-30: Vergleich der beiden Subgruppen bezüglich eines Ansprechpartners für spezifische Probleme

"Können Sie mit jemandem sprechen, der die besonderen Probleme von Eltern frühgeborener Kinder versteht?"

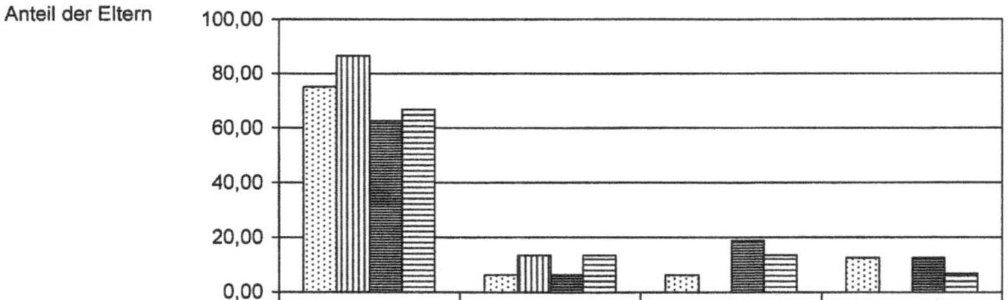

	Ja	Ja, zum Teil	Nein, brauche ich nicht	Nein, bräuchte ich aber
Eltern mit Nachsorge - 2. Befragung	75,00	6,25	6,25	12,50
Eltern mit Nachsorge - 3. Befragung	86,67	13,33	0,00	0,00
Eltern ohne Nachsorge - 2. Befr.	62,50	6,25	18,75	12,50
Eltern ohne Nachsorge - 3. Befr.	66,67	13,33	13,33	6,67

Quelle: Eigene Darstellung und Berechnung – Gesundheitsökonomische Evaluation *Bunter Kreis*

Beim Vergleich der Skalenwerte im Hinblick auf die sozialen Unterstützungsleistungen speziell durch Familienangehörige und Freunde zum Zeitpunkt der ersten Befragung bestätigt sich weiterhin die Tendenz, dass Familien ohne Nachsorge anscheinend mehr Unterstützung durch den Partner, die Familie und Freunde erfahren als Familien der Fallgruppe:

Abbildung 9.2-31: Durchschnittlicher Grad der sozialen Unterstützung durch Familie und Freunde zum Zeitpunkt der ersten Befragung

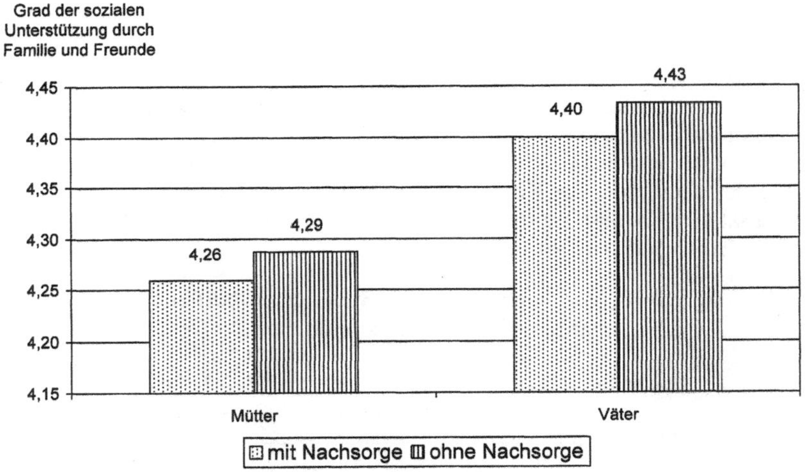

Quelle: Eigene Darstellung und Berechnung – Gesundheitsökonomische Evaluation *Bunter Kreis*

Betrachtet man schließlich die Antworten der Mütter zu den Einzelitems dieser Skala, so zeigt sich, dass (im Gegensatz zu den Vätern) die Mütter von Kindern mit Nachsorge weniger tatkräftige Hilfe vom Partner und von der Familie als die Mütter der Kontrollgruppe erwarten können (arithmetischer Mittelwert der Fallgruppe: 4,26, arithmetischer Mittelwert der Kontrollgruppe: 4,56). Dafür treten aber bei den Familien der Interventionsgruppe offensichtlich weniger situationsbedingte Probleme in der Partnerschaft auf als bei den Eltern ohne die Unterstützung durch den *Bunten Kreis* (Mütter: - 0,37; Väter: - 0,26).

Folgende grafische Darstellungen verdeutlichen nun die Entwicklung der subjektiven Einschätzung der *familiären Copingressourcen* im Untersuchungszeitraum für alle Väter und Mütter sowie getrennt nach Fall- und Kontrollgruppe:

Abbildung 9.2-32: Entwicklung der familiären Copingressourcen im Untersuchungszeitraum

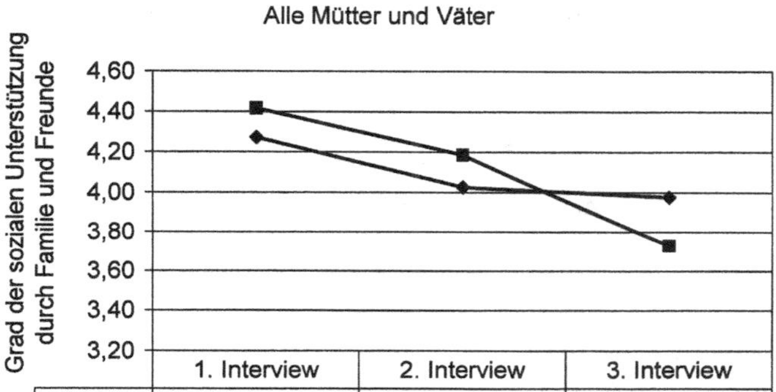

	1. Interview	2. Interview	3. Interview
Mütter	4,27	4,03	3,98
Väter	4,42	4,19	3,73

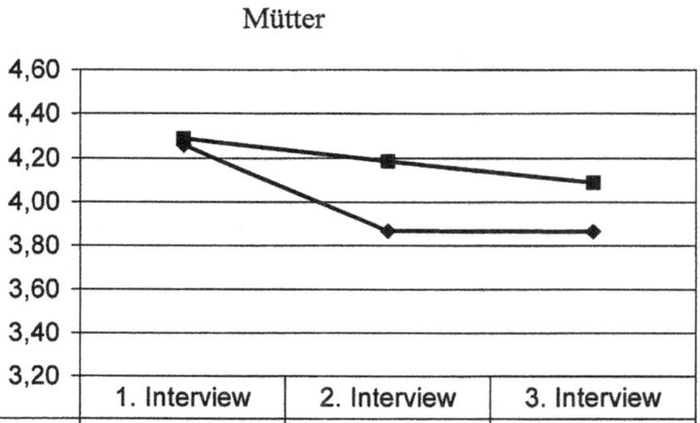

	1. Interview	2. Interview	3. Interview
Mütter - mit Nachsorge	4,26	3,87	3,86
Mütter - ohne Nachsorge	4,29	4,19	4,09

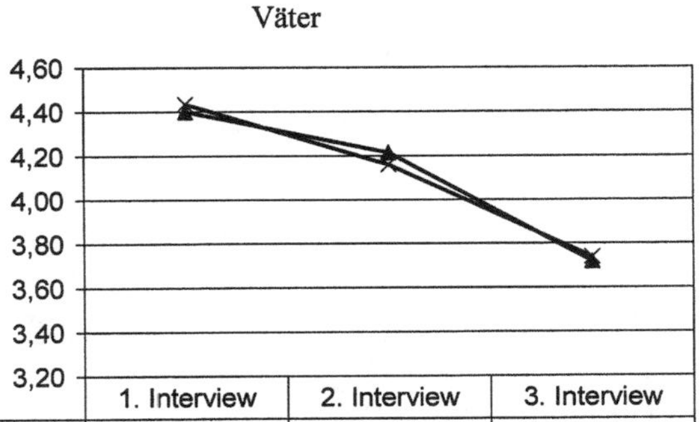

	1. Interview	2. Interview	3. Interview
Väter - mit Nachsorge	4,40	4,21	3,72
Väter - ohne Nachsorge	4,43	4,16	3,74

Quelle: Eigene Darstellung und Berechnung – Gesundheitsökonomische Evaluation *Bunter Kreis*

Bei der Analyse der Durchschnittswerte der Copingskalen über alle Mütter und Väter der Teilstichprobe (n = 32/30) erkennt man, dass die zur Verfügung stehenden (und auch wahrgenommenen) Unterstützungsleistungen bei den Eltern bis zum Ende des Untersuchungszeitraums abnehmen. Während allerdings die Väter bei der Erstentlassung ihrer Kinder aus der Kinderklinik den Wert der Hilfe ihrer Familienangehörigen höher als die Mütter bewerten, ergibt sich bei der letzten Befragung ein wesentlich geringerer Wert. Dies kann zum einen mit dem Bedarf an sozialen Copingressourcen zum jeweiligen Zeitpunkt im Behandlungs- und Versorgungsprozess der Kinder zusammenhängen, zum anderen aber unter Umständen auch mit dem Vorliegen nicht optimaler Daten bezüglich des dritten Interviews der Väter erklärt werden. Bei der Gegenüberstellung der Skalen und Einzelitems der beiden Subgruppen erkennt man zudem, dass die Mütter ohne Nachsorge über den gesamten Betrachtungszeitraum hinweg auf bessere (praktische wie auch emotionale) soziale Ressourcen aus ihrem Familien- und Freundeskreis als die Mütter der Fallgruppe zurückgreifen können, die subjektive Einschätzung der Väter dagegen im Laufe der drei Befragungen relativ identisch bleibt.

9.2.5.4 Zusammenfassung

Im Hinblick auf die physische Dimension der gesundheitsbezogenen Lebensqualität der Eltern wurde im Rahmen dieser Arbeit lediglich untersucht, ob (durch die Nachsorge nicht beeinflussbare) somatische Beschwerden unter Umständen die subjektive Einschätzung des emotionalen Wohlbefindens beeinflussen können. Dabei zeigte sich, dass bezüglich der körperlichen Verfassung der Eltern lediglich zum Zeitpunkt des dritten Interviews zu berücksichtigende Divergenzen zwischen den beiden Vergleichsgruppen bestanden, ansonsten diese Einflussgröße aber nicht weiter berücksichtigt werden musste.

Bei der psychischen Dimension der Lebensqualität kann in beiden Vergleichsgruppen eine grundsätzliche Verbesserung des emotionalen Zustands im Laufe des Untersuchungszeitraumes festgestellt werden. Hier ist bei den Müttern mit Nachsorge eine wesentlich kontinuierlichere Befindlichkeitsverbesserung als bei ihren Pendants der Kontrollgruppe zu beobachten. Weiterhin zeigte sich bei der Analyse, dass sich die Väter beider Vergleichsgruppen stets besser fühlen als die entsprechenden Mütter. Die Befindlichkeitswerte der Eltern mit Nachsorge liegen allerdings während dem gesamten Zeitraum unter den Werten der Eltern ohne Betreuung durch den *Bunten Kreis*.

Bei den emotionalen Belastungsfaktoren *„Stress"* und *„depressive Stimmung"* wiesen bei der ersten und bei der letzten Befragung die Väter ebenfalls niedrigere Belastungswerte als die Mütter auf. Zwölf Wochen nach der Erstentlassung der Kinder aus der Kinderklinik stellt sich jedoch die Belastungsverteilung der Eltern genau umgekehrt dar: Zu diesem Zeitpunkt sind bei den Vätern der Kinder (vor allem in der Stressskala) deutlich höhere Werte als bei den Müttern festzustellen. Bei der vergleichenden Betrachtung der Fall- und der Kontrollgruppe bezüglich des Stressempfindens weisen weiterhin die Mütter von Kindern mit Nachsorge zu Beginn und am Ende des Untersuchungszeitraumes geringere Belastungswerte sowie erneut einen wesentlich lineareren Verlauf als die Kontrollmütter auf. Abbildung 9.2–33 verdeutlicht nochmals die durchschnittliche Befindlichkeits- und Belastungsentwicklung der hier berücksichtigten Untersuchungsteilnehmer auf den einzelnen Subskalen.

Betrachtet man schließlich die Aspekte der sozialen Unterstützung, so wird deutlich, dass der *Bunte Kreis* insbesondere in der Zeit nach der stationären Erstentlassung der Früh- und Risikogeborenen eine wesentliche Copingquelle darstellt. Die Nachsorgeschwestern sind den Eltern vor allem auch als professionelle Ansprechpartnerinnen für fachspezifische Fragen während des gesamten Zeitraumes eine große Hilfe. Beim Vergleich der sozialen Unterstützung durch Familie und Freunde zeigt sich dagegen, dass insbesondere die Mütter von Kindern mit Nachsorge die Quantität beziehungsweise die Qualität dieser Hilfe geringer als die Mütter der Kontrollgruppe einschätzen. Dafür sind bei den Eltern mit Betreuung durch den *Bunten Kreis* zum Zeitpunkt des ersten Interviews weniger situationsbedingte Partnerschaftsprobleme als bei der Kontrollgruppe zu erkennen. Weiterhin zeigt sich, dass grundsätzlich bei allen hier berücksichtigten Familien der Grad der sozialen Unterstützung bis zum korrigierten Alter der Kinder von sechs Monaten abnimmt.

Abbildung 9.2-33: Zusammenfassende Übersicht über die Entwicklung der Befindlichkeits- und Belastungswerte

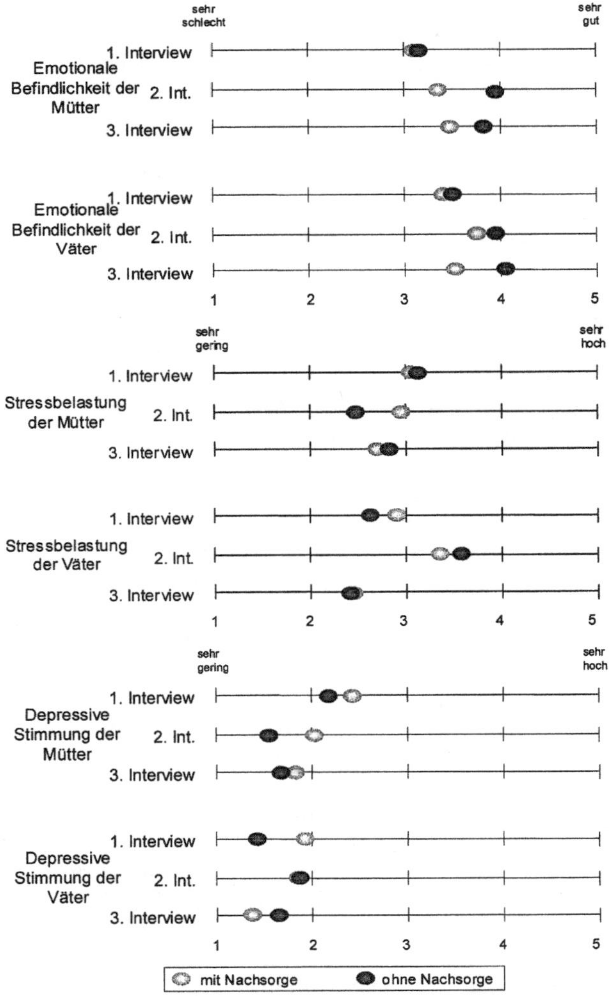

Quelle: Eigene Darstellung und Berechnung – Gesundheitsökonomische Evaluation *Bunter Kreis*

Folgende Grafik verdeutlich nochmals die Entwicklung der sozialen Unterstützung durch Familie und Freunde in den Vergleichsgruppen:

Abbildung 9.2-34: Zusammenfassende Übersicht über die Entwicklung der familiären sozialen Unterstützung

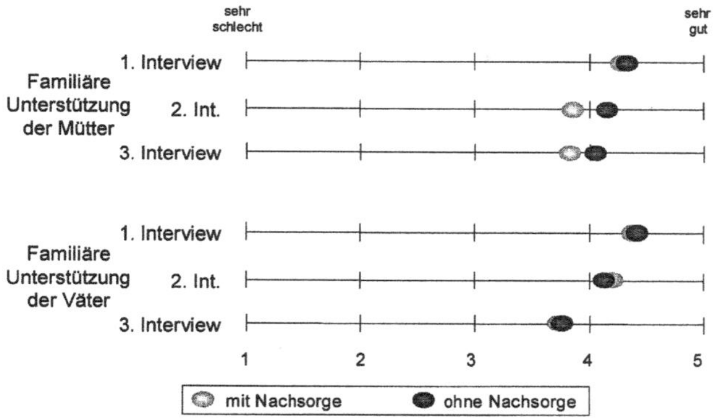

Quelle: Eigene Darstellung und Berechnung – Gesundheitsökonomische Evaluation *Bunter Kreis*

Demnach ist vor allem bei Müttern von früh- und risikogeborenen Kindern mit Nachsorge eine kontinuierliche Verbesserung der gesundheitsbezogenen Lebensqualität zu erkennen, wobei der *Bunte Kreis* insbesondere als soziale Unterstützungsquelle positive Auswirkungen auf die Lebensqualität der Eltern hat.

9.2.6 *Weitere intangible Effekte der Nachsorge*

Im Rahmen dieses Gliederungspunktes werden nun weitere nicht monetär bewertete Nutzenaspekte der Nachsorgleistungen des *Bunten Kreises* vorgestellt, die mit folgenden Fragestellungen verbunden werden können:

- Wird der Informationsgrad beziehungsweise der Informationsbedarf der Eltern bezüglich der Versorgung des Kindes durch die Nachsorge verbessert?
- Gibt es bestimmte Bereiche in denen sich die Eltern besonders unsicher fühlen und sich Sorgen um ihr Kind machen?
- Sehen die Eltern Lücken und Defizite in der Zusammenarbeit zwischen den behandelnden Personen?
- Sind die Eltern mit der Versorgung ihrer früh- und risikogeborenen Kinder und insbesondere mit der Nachsorge durch den *Bunten Kreis* zufrieden?

9.2.6.1 Informationsgrad beziehungsweise Informationsbedarf der Eltern

Um den Unterschied in der subjektiven Einschätzung des Informationsgrads beziehungsweise des Informationsbedarfs der Familien mit und ohne Nachsorge durch den *Bunten Kreis* zu erfassen, wurden in den Elterninterviews Fragen bezüglich des Informationsstands der Eltern im Zusammenhang mit der Versorgung ihrer früh- und risikogeborenen Kinder gestellt. Dabei zeigte sich, dass einem Großteil der Eltern (im Durchschnitt 71,31 % der befragten Familien [384]) die Informationen, die sie von den betreuenden Personen erhalten haben, grundsätzlich genügen, wobei hier kein signifikanter Unterschied zwischen den beiden Vergleichsgruppen festgestellt werden konnte.

Bezüglich der Aufklärung in den Kinderkliniken wurden die Eltern im Rahmen des ersten Interviews zum Zeitpunkt der Entlassung ihres Kindes aus der Klinik gefragt, wie zufrieden sie mit der Hilfe und Aufklärung bei medizinischen Fragen wie auch mit den Informationen über die Behandlung ihres Kindes sind. Nachfolgende Diagramme zeigen die Antworthäufigkeiten aller in der Studie berücksichtigten Familien:

[384] In dieser Auswertung wurden die Antworten der zweiten wie auch dritten Befragung berücksichtigt.

Abbildung 9.2-35: Zufriedenheit mit Aufklärung bei medizinischen Fragen in der Klinik

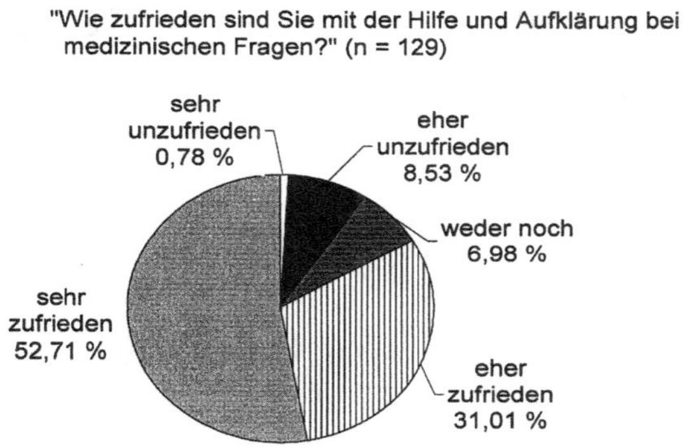

Quelle: Eigene Darstellung und Berechnung – Gesundheitsökonomische Evaluation *Bunter Kreis*

Abbildung 9.2-36: Information über Behandlung des Kindes in der Klinik

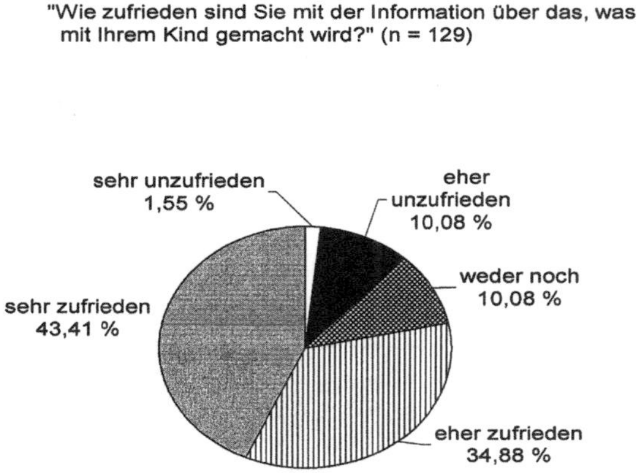

Quelle: Eigene Darstellung und Berechnung – Gesundheitsökonomische Evaluation *Bunter Kreis*

Hierbei wird deutlich, dass die meisten Familien mit diesen Informationen sehr beziehungsweise eher zufrieden sind, wobei die Zufriedenheitseinschätzung zwischen den Familien der unterschiedlichen (an der Studie beteiligten) Kinderkliniken nur gering differiert: Eltern, deren Kinder in der Universitätskinderklinik Bonn betreut wurden, sind mit der *Information und Aufklärung bei medizinischen Fragen* grundsätzlich am zufriedensten (90,00 %), gefolgt von den Probanden aus Nürnberg (85,71 %) und aus Augsburg (80,00 %). Diese Tendenz zeigt sich auch bei der Beurteilung der *Informationen über die Behandlung des Kindes* – die Eltern aus Bonn (die „sehr zufrieden" beziehungsweise „eher zufrieden" angegeben haben) liegen mit einem Anteil von 85,00 % vor Nürnberg (78,57 %) und Augsburg (74,67 %).

Weiterhin wurden die Väter und Mütter im Hinblick auf bestimmte Aspekte befragt, die (wenn Nachsorge geleistet wurde) insbesondere durch die Nachsorgeschwestern des *Bunten Kreises* vermittelt werden. So verdeutlichen folgende Ausführungen den Vergleich des Informationsstandes beziehungsweise -bedarfs der gematchten Familien, deren Kinder Langzeitnachsorge erhalten hatten mit deren Kontrollpartnern ohne Nachsorge. Die Betrachtung dieser Subgruppen erwies sich hier erneut als sinnvoll, da diese Fragen erst beim zweiten Interview, jeweils zwölf Wochen nach der Erstentlassung des Kindes, beziehungsweise bei der Befragung der Eltern im korrigierten Alter ihrer Kinder von sechs Monaten gestellt wurden. Folgende Abbildung verdeutlicht, dass die durch den *Bunten Kreis* betreuten Familien zum einen signifikant besser über *mögliche Nachsorgemaßnahmen* informiert waren als die Eltern der Kontrollgruppe (FISHERS exakter Test; p = 0,012):

Abbildung 9.2-37: Informationsgrad bezüglich möglicher Nachsorgeangebote

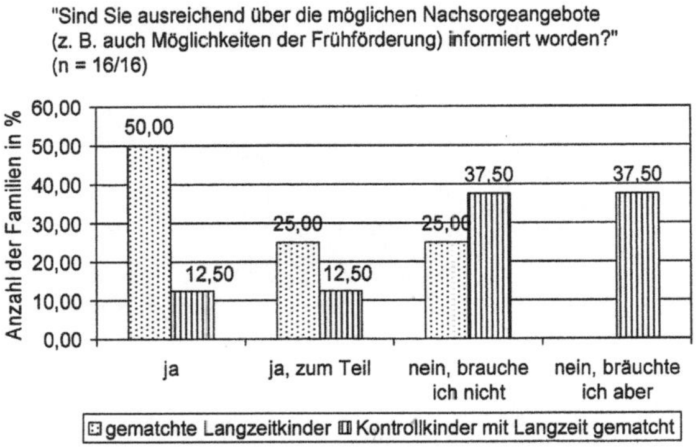

Quelle: Eigene Darstellung und Berechnung – Gesundheitsökonomische Evaluation *Bunter Kreis*

Zum anderen konnte ebenfalls ein signifikanter Unterschied zwischen der Fall- und der Kontrollgruppe im Hinblick auf die Beratung der Eltern bezüglich *sozialer Hilfen* (wie z. B. Pflegegeld oder familienentlastende Dienste) aufgedeckt werden (FISHERS exakter Test; p = 0,037):

Abbildung 9.2-38: Beratung der Eltern bezüglich sozialer Hilfen

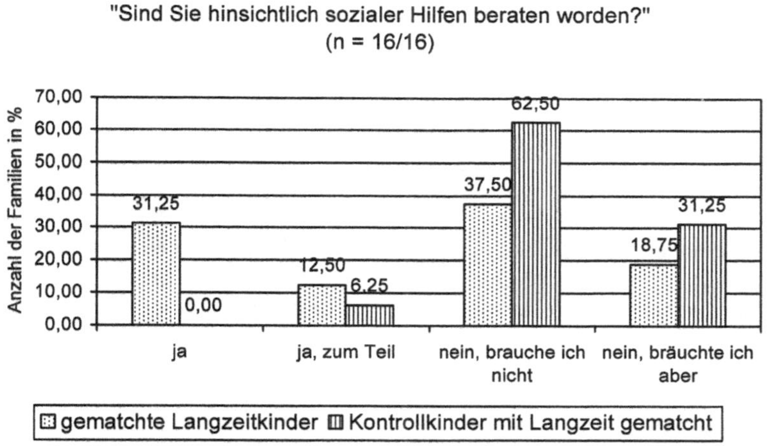

Quelle: Eigene Darstellung und Berechnung – Gesundheitsökonomische Evaluation *Bunter Kreis*

Ein signifikanter Informationsvorsprung der Familien mit Nachsorge zeigt sich außerdem bei der Beratung der Familien über *Eltern- oder Selbsthilfegruppen* (FISHERS exakter Test; p = 0,034). Während 51,16 % (44) aller Familien mit Nachsorge angaben, über Selbsthilfegruppen beraten beziehungsweise zum Teil beraten worden zu sein, konnten dies nur 30,00 % (12) der Eltern mit Kontrollkindern bestätigen. Im Gegensatz dazu äußerten 22,50 % dieser Familien ohne Nachsorgeangebot (aber nur 17,44 % der Familien mit Nachsorge) den Wunsch, mehr beziehungsweise überhaupt Informationen über entsprechende Organisationen zu erhalten.

Bei der Analyse der Antworten auf die Frage *„Haben Sie jemanden, der Sie bei Stillproblemen beraten kann?“* konnte zwar kein großer Unterschied zwischen den Vergleichsgruppen ausgemacht werden – rund drei Viertel der Befragten, die auch stillten, gaben an, einen Ansprechpartner für Stillprobleme zu haben. Allerdings äußerten 43,75 % der Mütter mit Nachsorge, dass diese Frage auf sie nicht zutreffe, da sie zum Zeitpunkt der Befragung (zwölf Wochen nach der

Erstentlassung des Kindes) das Kind nicht (mehr) stillen würden. Erstaunlicherweise war diese Rate bei den gematchten Müttern ohne Nachsorge 1,7 mal so hoch – das heißt etwa 75 % der Mütter ohne Nachsorge hatten bereits zwölf Wochen nach der Klinikentlassung ihrer Kinder abgestillt oder ihre Kinder gar nicht mit Muttermilch ernährt. Hier liegt die Schlussfolgerung nahe, dass durch die Unterstützung der Mütter durch die Nachsorgeschwestern, die (auch von Medizinern empfohlene[385]) gesunde Ernährung der Säuglinge mit Muttermilch gefördert wird.

9.2.6.2 Selbstvertrauen und Kompetenz der Eltern

Im Rahmen der Studie wurden weiterhin Bereiche identifiziert, in denen die Eltern besonders unsicher im Umgang mit dem Kind sind beziehungsweise sich besondere Sorgen machen. Die dazu erforderlichen Daten wurden während des zweiten und dritten Interviews der Väter und Mütter der Früh- und Risikogeborenen erhoben. Konkret wurden die Eltern im Rahmen einer offenen Frage bezüglich ihrer Sorgen und Unsicherheiten im Umgang mit ihrem Kind getrennt befragt, wobei folgende Antwortkategorien beispielhaft vorgegeben waren:

- Schreien des Kindes,
- Gesundheit des Kindes,
- Erziehung und Betreuung,
- Entwicklung und Zukunft.

Bei den Befragungen der Mütter (n = 123) zeigte sich zwölf Wochen nach der Entlassung der Kinder aus der Kinderklinik, dass im Durchschnitt 33,33 % unsicher im Hinblick auf die Entwicklung und die Zukunft ihrer Kinder sind, bezüglich der Gesundheit ihrer früh- und risikogeborenen Kinder gaben dies im Schnitt sogar 34,15 % der Mütter an. Bei der Frage hinsichtlich des Schreiens der Kinder beziehungsweise der Unsicherheit im Hinblick auf deren Erziehung und Betreuung liegen diese Mittelwerte mit 13,82 % beziehungsweise 8,94 % dagegen deutlich niedriger.

Auch die Väter der Gesamtstichprobe (n = 112) zeigten sich zu diesem Befragungszeitpunkt mit einem durchschnittlichen Anteil von 33,93 % primär unsicher im Hinblick auf die Entwicklung und die Zukunft ihrer Kinder sowie bezüglich deren Gesundheit (28,57 %). Wie schon bei ihren Partnerinnen gaben dagegen wesentlich weniger Väter Unsicherheiten hinsichtlich des Schreiens der

[385] Vgl. etwa GARBE 2002:95;

Kinder (15,18 %) oder der Erziehung (5,36 %) an. Folgende Abbildung verdeutlicht nun die Unsicherheitsbereiche der Familien von Kindern mit Langzeitnachsorge und den entsprechenden Familien der Kontrollgruppe zwölf Wochen nach der stationären Erstentlassung der Früh- und Risikogeborenen sowie im korrigierten Alter des Kindes von sechs Monaten:

Abbildung 9.2-39: Längsschnittvergleich der Unsicherheitsbereiche der Familien von Kindern mit Langzeitnachsorge

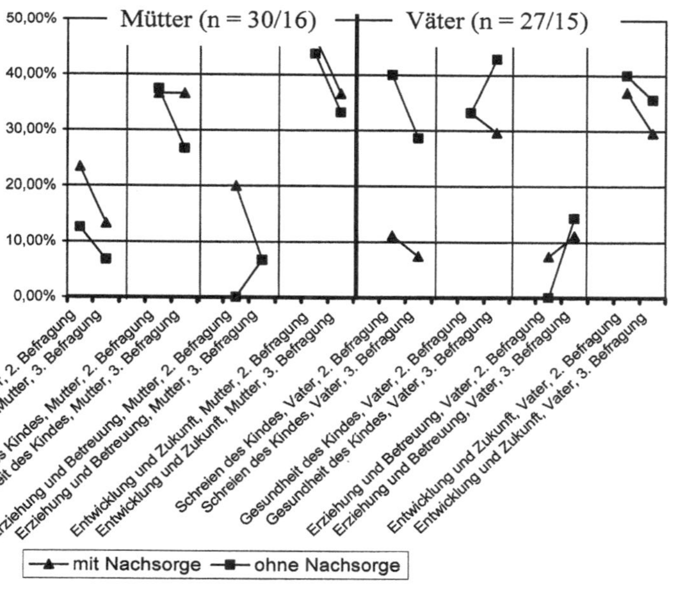

Quelle: Eigene Darstellung und Berechnung – Gesundheitsökonomische Evaluation *Bunter Kreis*

Grundsätzlich wird hier deutlich, dass die Mütter der Fallgruppe wesentlich unsicherer im Hinblick auf die dargestellten Bereiche sind als die Mütter der Kontrollgruppe. So gaben etwa 23% der Mütter der Fallgruppe bei der zweiten Befragung an, Sorgen bezüglich des Schreiens des Kindes zu empfinden, während dies nur für 12,50 % der Mütter der Kontrollgruppe ein Unsicherheitsfaktor darstellte. Bis zur dritten Befragung reduzierte sich jedoch bei beiden Subgruppen der Anteil auf 13,33 % beziehungsweise 6,67 %. Bei den Vätern stellt sich diese Relation dagegen genau umgekehrt dar – bei sämtlichen der hier aufgezeigten

Bereiche zeigten sich die Väter von Kindern ohne Nachsorge erheblich unsicherer als die der Interventionsgruppe. Auffällig sind hier jedoch die sporadisch auftretende, extreme Unsicherheit der Väter von Kindern ohne Nachsorge bezüglich des Schreiens des Kindes (40,00 %) sowie die Sicherheit dieser Väter hinsichtlich der Erziehung und Betreuung (0,00 %) zum Zeitpunkt der zweiten Befragung.

Die entsprechende Entwicklung dieser Werte bei den Eltern von Kindern mit Kurzzeitnachsorge und den entsprechenden Familien der Kontrollgruppe stellt sich demgegenüber folgendermaßen dar:

Abbildung 9.2-40: Längsschnittvergleich der Unsicherheitsbereiche der Eltern von Kindern mit Kurzzeitnachsorge

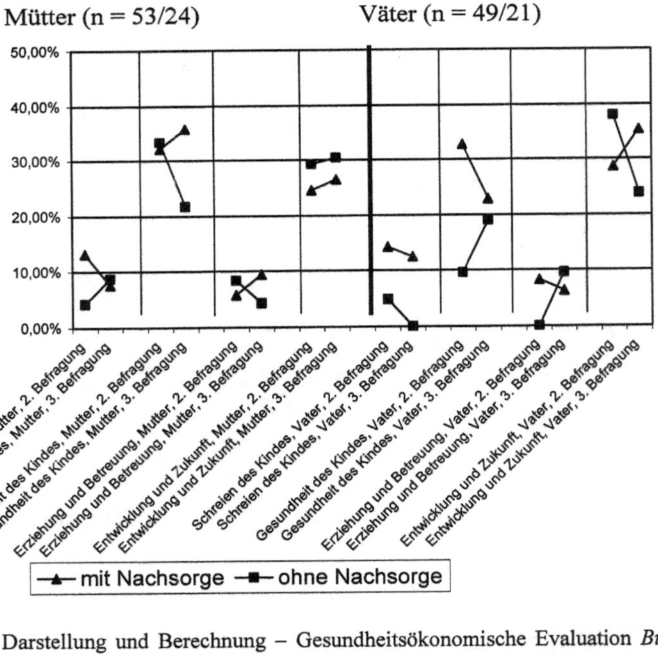

Quelle: Eigene Darstellung und Berechnung – Gesundheitsökonomische Evaluation *Bunter Kreis*

So wird deutlich, dass im Vergleich zu der in Abbildung 9.2–39 vorgestellten Teilstichprobe die Eltern von Kindern mit maximal zehn Nachsorgestunden und deren Kontrollpartner sich in vielen Bereichen zumindest zwölf Wochen nach der stationären Erstentlassung der Früh- und Risikogeborenen weniger unsicher fühlen. Dies kann vor allem daran liegen, dass Kinder, die nur kurz Nachsorge durch den *Bunten Kreis* erhalten haben in der Regel einen besseren Gesundheitszustand und/oder bessere Entwicklungsfortschritte aufweisen. Weiterhin fällt bei dieser Teilstichprobe auf, dass mehr Mütter wie auch Väter von Kindern ohne Nachsorge unsicher bezüglich der Entwicklung und der Zukunft ihrer Kinder sind als die Eltern der Fallgruppe, was unter Umständen wiederum an Informationsdefiziten liegen kann. Weiterhin äußerte bei der dritten Befragung (im Gegensatz zu den Kontrollvätern der Familien mit Langzeitnachsorge!) kein Vater der Kontrollgruppe, dass er sich bezüglich der Schreiens unsicher fühlt.

Neben den beschriebenen Kategorien bestand für die Befragten die zusätzliche Antwortoption, in keinem der angegebenen Bereiche unsicher zu sein beziehungsweise sich Sorgen zu machen. Der Anteil der Eltern, die weder unsicher sind noch sich Sorgen machen, ist in der folgenden Abbildung wiedergegeben:

Abbildung 9.2-41: Anteil der Eltern, die sich weder unsicher fühlen noch Sorgen machen

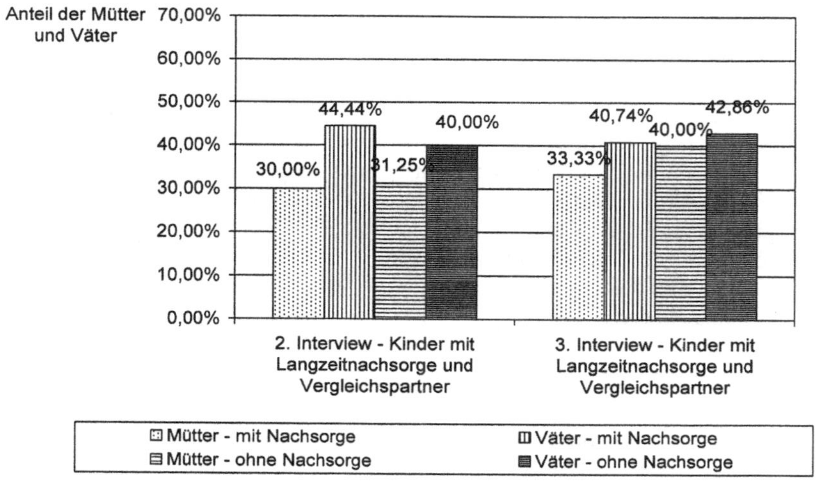

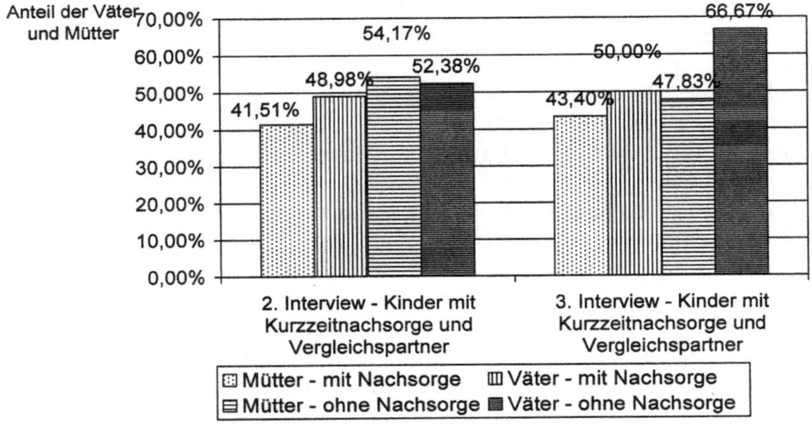

Quelle: Eigene Darstellung und Berechnung – Gesundheitsökonomische Evaluation *Bunter Kreis*

Anhand dieser Angaben lassen sich zwei Effekte ableiten: Zunächst fällt auf, dass die befragten Mütter seltener äußerten, keine Unsicherheiten zu verspüren beziehungsweise sich keine Sorgen zu machen als die vergleichbaren Väter, wobei aus gegebenem Grund die Subgruppe der Eltern von Kindern mit Kurzzeitnachsorge sowie deren Vergleichspartner diese Kategorie häufiger angegeben haben. Außerdem wird erneut deutlich, dass sich die Eltern der Kontrollgruppe in der Regel (wenn auch nur unwesentlich) sicherer fühlten als die Mütter und Väter der Interventionsgruppe.

Angesichts dieser Ergebnisse lassen sich zusammenfassend folgende Feststellungen treffen:

1. Väter von Kindern mit Langzeitnachsorge sind in vielen Bereichen weniger häufig unsicher oder machen sich weniger häufig Sorgen als die entsprechenden Väter der Kontrollgruppe. Diese Beobachtung ist zudem zeitlich stabil. Demzufolge bewirkt offenbar eine umfangreiche Nachsorge eine bessere Aufklärung der Väter, so dass diese die gegebene Situation besser und in angemessener Weise einschätzen können.
2. Der Anteil der Väter, die angeblich in keinem Bereich unsicher sind beziehungsweise sich keine Sorgen machen, ist bei den betrachteten Subgruppen nahezu immer höher als der entsprechende Anteil der Mütter. Dies dürfte entweder an der stärkeren Involvierung der Mütter im Versorgungsprozess ihrer Kinder und somit in der größeren Nähe zu den verschiedenen Versor-

gungsproblemen oder an dem zum Teil sehr zurückhaltenden Antwortverhalten der Väter bei den Befragungen liegen. Auf jeden Fall liegt in der stärkeren Miteinbeziehung der Partner in die Versorgung und Betreuung der Früh- und Risikogeborenen ein Ansatzpunkt für die künftige inhaltliche Weiterentwicklung der Nachsorge.

3. Die „*Gesundheit des Kindes*" und die „*Entwicklung und Zukunft*" sind über alle Befragungszeitpunkte und Elternteile wie auch über nahezu alle untersuchten Subgruppen hinweg die größten Sorgen- und Unsicherheitsfaktoren. Auch hieraus ergeben sich Ansatzpunkte für die inhaltliche Ausrichtung der Nachsorgeleistungen – beispielsweise eine konkrete problemorientierte Fokussierung der Beratungsleistung durch die Nachsorgeschwestern des *Bunten Kreises* auf diese Bereiche.

4. Der Anteil der Eltern (Mütter wie auch Väter), die in keinem der angegebenen Bereiche unsicher sind beziehungsweise sich keine Sorgen machen, ist bei den Kindern, die relativ gesund sind (und deshalb in der Interventionsgruppe maximal zehn Stunden Nachsorge erhalten haben), höher als bei Kindern mit Langzeitnachsorge beziehungsweise deren Matchpartner. Die Häufigkeiten der Unsicherheit und der Sorgen sind demnach anscheinend vorwiegend durch den Schweregrad der Erkrankung des Kindes determiniert.

9.2.6.3 Vernetzung und Kooperation der am Versorgungsprozess beteiligten Leistungsanbieter

Da der *Bunte Kreis*, wie bereits im dritten Kapitel dargestellt, im Sinne des Case-Managements sektorenübergreifend arbeitet, werden bei der Untersuchung auch die Auswirkungen der Nachsorge auf die Kooperation der Leistungsanbieter von stationärer und ambulanter Versorgung der früh- und risikogeborenen Kinder näher betrachtet. Konkret werden die Kommunikations-, Informations- und Kooperationsstrukturen an der stationär-ambulanten Schnittstelle im Rahmen der Versorgung dieser Kinder abgebildet.

So konnte festgestellt werden, dass die Kommunikation an der Schnittstelle, nach Einschätzung der befragten Klinik- und ambulanten Kinderärzte[386], insgesamt als gut bezeichnet werden kann, wenn auch die Initiative zur Kontaktaufnahme vor allem von den niedergelassenen Ärzten ausgeht. Die Analyse des Informationsflusses zeigte jedoch, dass Arztbriefe nur bei 10 % der niedergelasse-

[386] Bei dieser Teiluntersuchung wurden schriftlich ausgefüllte Fragebögen von insgesamt 293 niedergelassenen Ärzten mit der Bezeichnung Kinder- und Jugendmedizin im Versorgungsgebiet Bayern sowie die Antworten von für Frühgeborene zuständigen Ärzte von 25 Krankenhäusern mit der Fachrichtung Kinderheilkunde berücksichtigt. Detailliertere Ergebnisse werden in einer MPH-Magisterarbeit vorgestellt (vgl. EICHELSDÖRFER 2003).

nen Pädiater zeitnah, das heißt nach maximal zwei Wochen, zur Verfügung stehen – 20 % der Befragten erhalten einen Abschlussbericht erst nach mehr als sechs Wochen. Trotz der gängigen Praxis bei der Entlassung der Kinder einen so genannten Kurzarztbrief mitzugeben, fühlte sich nur knapp die Hälfte der niedergelassenen Ärzte (46 %) direkt nach der Entlassung ausreichend informiert. Weiterhin berichten 34 % der niedergelassenen Pädiater über Probleme bei der stationären Einweisung frühgeborener Kinder. Dabei stellen die Bettensituation und fehlende Mutter-Kind-Zimmer die am häufigsten genannten Schwierigkeiten dar – als weitere Problembereiche wurden klinikinterne Organisationsprobleme sowie die fehlende fachliche Akzeptanz der ambulanten Pädiater durch die Klinikärzte genannt.

Des Weiteren galt das Interesse insbesondere der subjektiven Einschätzung der Schnittstellenproblematik durch die Familien der beiden Vergleichsgruppen. So wurden die Eltern im Rahmen des zweiten wie auch dritten Interviews nach ihrer Meinung bezüglich der Zusammenarbeit der am Versorgungsprozess Beteiligten gefragt. Der pauschalen Frage, ob sie Lücken beziehungsweise Defizite in der Zusammenarbeit zwischen den behandelnden Personen sehen, stimmten zwölf Wochen nach der stationären Erstentlassung der Kinder 30,30 % (30) aller Familien zu, 69,70 % (69) konnten dagegen keine Defizite erkennen. Abbildung 9.2–42 verdeutlicht den (nicht signifikanten) Unterschied dieser subjektiven Beurteilung der Kooperation zwischen den Familien mit und ohne Nachsorge zu diesem Befragungszeitpunkt.

Abbildung 9.2-42: Beurteilung der Lücken und Defizite in der Zusammenarbeit zwischen den behandelnden Personen (2. Befragung)

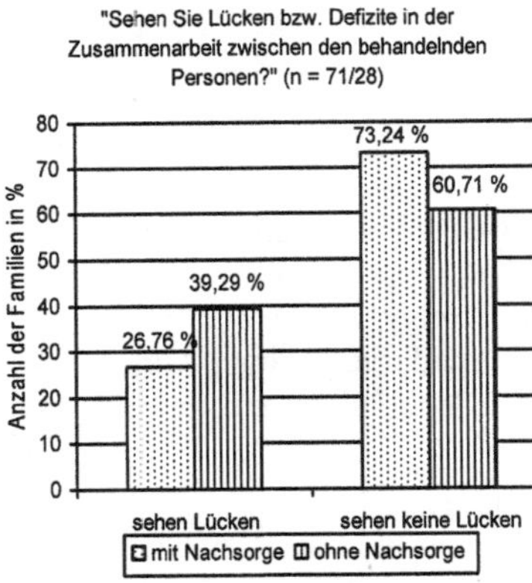

Quelle: Eigene Darstellung und Berechnung – Gesundheitsökonomische Evaluation *Bunter Kreis*

Dabei wird deutlich, dass die Familien mit Nachsorge seltener (- 12,53 %) Defizite in der Zusammenarbeit sehen als Familien ohne diese Vernetzung durch die Nachsorgeschwestern. Trotzdem stellen aber offensichtlich immer noch über ein Viertel der Familien, trotz der Bemühungen der Case-Managerinnen, Probleme bezüglich der Integration aller an der Versorgung Beteiligten fest.

Weiterhin konnten bei der zweiten Befragung – mit wie auch ohne Nachsorge – rund 30 % der Familien eine Absprache zwischen Klinikärzten und niedergelassenen Pädiatern bestätigen. Folgende Grafik zeigt, wie sich diese Einschätzung der Eltern mit Nachsorge (linker Bereich) beziehungsweise ohne Nachsorge (rechter Bereich) bis zum dritten Interview (im korrigierten Alter des Kindes von sechs Monaten) veränderte:

Abbildung 9.2-43: Einschätzung der Eltern bzgl. der Absprache zwischen Klinikärzten und ihren ambulanten Kollegen (2. Befragung: n = 81/40; 3. Befragung: n = 83/38)

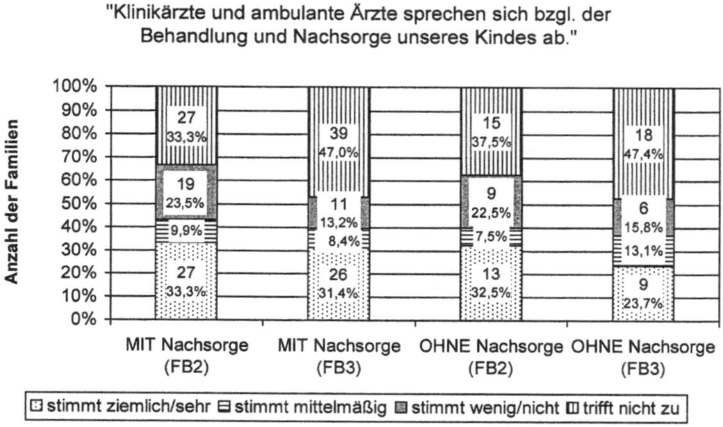

Anmerkungen: FB2 = zweite Befragung, FB3 = dritte Befragung

Quelle: Eigene Darstellung und Berechnung – Gesundheitsökonomische Evaluation *Bunter Kreis*

Die Anzahl der Eltern ohne Nachsorge, die eine Absprache bestätigen, nahm demnach vom zweiten bis zum dritten Interview um fast 1/3 ab, während fast unverändert rund 30 % der Familien mit Nachsorge dieser Aussage weiterhin zustimmten. Dies deutet darauf hin, dass mit Hilfe der Begleitung der Familien durch den *Bunten Kreis* auch längerfristig die Integration der Versorgung gewährleistet und auch wahrgenommen wird.

Analog dazu wurden die Mütter und Väter gefragt, ob ihr ambulanter Kinderarzt mit den behandelnden Therapeuten in Kontakt steht: Zwölf Wochen nach der Erstentlassung der Früh- und Risikogeborenen bestätigten dies 58,62 %, beim dritten Interview sogar 68,66 % der Eltern, auf die diese Frage überhaupt zutraf (n = 58 beziehungsweise n = 67). Dem gegenüber stimmten 39,66 % (zweites Interview) beziehungsweise 22,39 % (letztes Interview) der Eltern der Aussage nicht zu. Beim Vergleich der Untergruppen konnten allerdings keine gravierenden Unterschiede bei der Einschätzung zwischen Familien mit und ohne Nachsorge gefunden werden.

Schließlich wurden die Eltern noch mit der Aussage konfrontiert: *„Mir fehlt eine zentrale Vermittlungsstelle, an die ich mich mit allen möglichen Fragen und Ängsten wenden kann.“* Die Analyse zeigt, dass (unabhängig vom Befragungszeitpunkt) die Eltern, deren Kind durch den *Bunten Kreis* betreut wurden, dieser Aussage seltener zustimmten als die Eltern aus der Kontrollgruppe:

Abbildung 9.2-44: Angabe der Eltern, ob ihnen eine zentrale Vermittlungsstelle fehlt

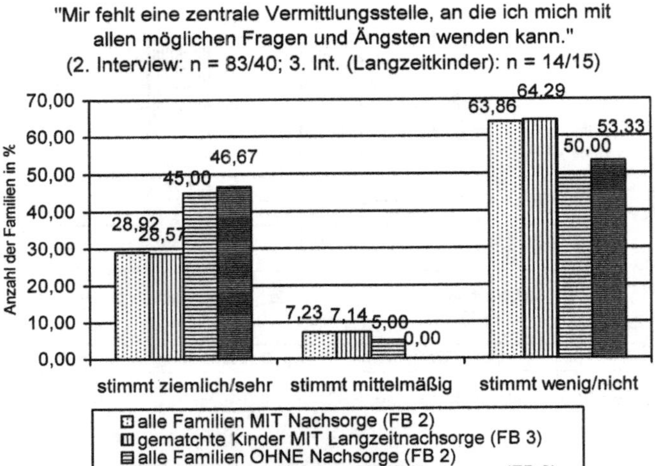

Anmerkungen: FB2 = zweite Befragung, FB3 = dritte Befragung;

Quelle: Eigene Darstellung und Berechnung – Gesundheitsökonomische Evaluation *Bunter Kreis*

Die Auswirkungen der Nachsorge durch den *Bunten Kreis* können somit folgendermaßen zusammengefasst werden:

1. Eltern, deren Kinder Nachsorge erhalten haben, sahen deutlich seltener Lücken in der Zusammenarbeit der behandelnden Institutionen und Personen als die Eltern der Vergleichsgruppe.

2. Die Absprache zwischen den ambulanten Kinderärzten und den Klinikärzten wurde von den Eltern, deren Kinder Nachsorge erhalten haben, im zeitlichen Ablauf als weitgehend konstant wahrgenommen, wohingegen sich die Einschätzung der ärztlichen Zusammenarbeit bei den Eltern von Kindern ohne Nachsorge zwischen der zweiten und dritten Befragung verschlechterte.

3. Eltern von Kindern, die Nachsorge erhalten haben, beklagten weiterhin seltener das Fehlen einer zentralen Vermittlungsstelle als Eltern ohne die Unterstützung durch den *Bunten Kreis*.

9.2.6.4 Zufriedenheit der Eltern mit der Versorgung ihrer früh- und risikogeborenen Kinder – insbesondere mit der Nachsorge durch den Bunten Kreis

In den Interviews wurden außerdem Fragen zur Zufriedenheit der Eltern mit der stationären Versorgung ihrer Kinder beim Erstaufenthalt, mit der Betreuung durch die ambulant tätigen Kinderärzte und Therapeuten wie auch (soweit zutreffend) Fragen bezüglich ihrer Zufriedenheit mit dem *Bunten Kreis* gestellt.

Von den insgesamt 14 Items, die die Zufriedenheit der Eltern mit der Versorgung durch die jeweiligen *Kinderkliniken* messen, wurden sechs von allen 129 befragten Familien und die verbleibenden acht von mindestens 121 Familien beantwortet. Da sich bei der Auswertung zeigte, dass die Nachsorge durch den *Bunten Kreis* keinen nennenswerten Einfluss auf die Zufriedenheit der Eltern mit der stationären Versorgung während des Erstaufenthaltes ausübt, wird im folgenden nur ein kurzer Überblick gegeben, der ausschließlich nach den Kliniken der Kinder und nicht nach Fall- und Kontrollgruppe differenziert ist.

Generell ist bezüglich der stationären Versorgung beim Erstaufenthalt der Früh- und Risikogeborenen in den Kinderkliniken in Augsburg, Nürnberg und Bonn eine hohe Zufriedenheit seitens der Eltern festzustellen. Die Eltern waren, weitgehend unabhängig von der Klinik, sowohl mit den Klinikärzten als auch mit dem Pflegepersonal, sehr zufrieden: So waren beispielsweise zwischen 86,49 % (in Augsburg) und 100,00 % (in Nürnberg) der Eltern der Ansicht, dass die Klinikärzte ihr Bestes tun, um ihnen Sorgen zu ersparen. Auch in persönlicher Hinsicht herrscht große Zufriedenheit mit dem Klinikpersonal: 77,50 % (in Bonn) und 86,49 % (in Augsburg) der befragten Eltern gaben in diesem Zusammenhang an, dass die Ärzte ihre Gefühle achten. Beim Pflegepersonal lagen diese Werte zwischen 78,57 % (in Nürnberg) und 86,67 % (in Augsburg). Dementsprechend fühlten sich auch insgesamt nur sieben der insgesamt 129 Eltern von den Ärzten manchmal für dumm verkauft (wobei diese Aussage ausschließlich Augsburger Eltern machten). Insgesamt sehr oder eher zufrieden mit der medizinischen Versorgung in der Kinderklinik zeigten sich sowohl in Augsburg als auch in Bonn 100,00 % der befragten Eltern – in Nürnberg waren es immerhin noch 92,86 %.

Mit den Besuchszeiten auf den verschiedenen Stationen waren weiterhin zwischen 80,00 % (Bonn für die Intensivpflegestation) und 100,00 % (Nürnberg, Intensiv- und Normalpflegestation) der Eltern sehr beziehungsweise eher zufrieden. Deshalb liegen wohl auch die Zufriedenheitswerte bezüglich der Möglichkeiten, sich selbst um ihr Kind zu kümmern mit 90,00 % (in Bonn) bis 100,00 % (in Nürnberg) ebenfalls sehr hoch. Mit den Informationen über Details der Therapie des Kindes (zwischen 74,67 % in Augsburg und 85,00 % in Bonn) wie auch mit der geleisteten Hilfe und Aufklärung in medizinischen Fragen (zwischen 80,00 % in Augsburg und 90,00 % in Bonn) zeigte sich ein Großteil der Eltern sehr oder eher zufrieden. Demzufolge gaben auch nur 18,92 % (in Augsburg) bis 28,57 % (in Nürnberg) der Eltern an, dass ihnen medizinische Probleme nicht ausreichend oder nur bedingt ausreichend erklärt wurden.

Bezüglich der Wartezeiten in den Kinderkliniken, z. B. bei nachfolgenden ambulanten Untersuchungen, zeigten sich dagegen die befragten Eltern weniger zufrieden: Nur 46,15 % der Eltern in Nürnberg, 56,36 % in Augsburg und 77,42 % in Bonn gaben an, mit den Wartezeiten in der Kinderklinik sehr oder eher zufrieden zu sein. Deutliche Unzufriedenheit verursachte auch die Parkplatzsituation an den Kliniken: So sind in Bonn 36,84 %, in Augsburg 61,33 % und in Nürnberg sogar 76,92 % der befragten Eltern mit der Parkplatzsituation sehr oder eher *un*zufrieden.

Die 13 Items zur Erfassung der Zufriedenheit der Eltern mit der *ambulanten Versorgung* ihrer Kinder wurden von 109 bis 126 Familien beantwortet. Die Darstellung der Ergebnisse sind sowohl nach Herkunftsorten als auch nach Art der Intervention sowie gegebenenfalls nach Befragungszeitpunkten differenziert.

Insgesamt ist die Zufriedenheit der Eltern mit der ambulanten medizinischen Betreuung ihrer Kinder ebenfalls hoch, wobei Eltern von Kindern mit Langzeitnachsorge deutlich zufriedener sind als Familien ohne diese Unterstützung: In der zweiten Befragung gaben 96,67 % der Eltern von Kindern mit Langzeitnachsorge an, insgesamt sehr beziehungsweise eher zufrieden mit der medizinischen Betreuung ihres Kindes zu sein, während „nur" 87,18 % der Eltern von sämtlichen Vergleichskindern ohne Nachsorge die Versorgung so positiv beurteilten. Bezüglich der Zufriedenheit mit der ambulanten Nachbetreuung insgesamt, antworteten beim Vergleich der Untergruppen mit *„sehr/eher zufrieden"* zwischen 81,82 % und 100,00 % der Familien. Auf die speziellere Frage, ob die Entwicklungsverzögerung, Erkrankung oder Behinderung ausreichend erklärt wurde, antworteten 84,15 % der Familien mit Nachsorge und 81,58 % der Probanden ohne Betreuung durch den *Bunten Kreis* mit *„Ja"* beziehungsweise *„Ja, zum Teil"*. Bei der Beurteilung der Erreichbarkeit der erforderlichen medizinischen Versorgung zeigten sich erneut ortsabhängig deutliche Unterschiede: So stimmten 46,15 % der Eltern aus Nürnberg der Aussage zu, dass sie oftmals weit fahren müssten, um für ihr Kind die notwendige medizinische Versorgung zu erhalten. In Augsburg gaben dies 25,68 %, in Bonn nur 17,95 % an.

Weitgehend unabhängig von Herkunftsort und Nachsorgeart gaben außerdem über 87,00 % der Eltern bei der zweiten wie auch dritten Befragung an, einen festen ärztlichen Ansprechpartner für die gesundheitlichen Probleme ihres Kindes zu haben. Mit den Wartezeiten bei den ambulanten Kinderärzten war ebenfalls der Großteil der Eltern zufrieden, wobei die Eltern aus dem Raum Nürnberg mit 92,31 % die höchste Zufriedenheitsrate aufwiesen. Bezüglich der Wartezeiten ist zudem die Zufriedenheit mit den Kinderärzten deutlich höher als mit sonstigen Ärzten und Therapeuten (z. B. Krankengymnasten): 86,18 % aller Familien gaben an mit den Wartezeiten bei ihrem Kinderarzt sehr beziehungsweise eher zufrieden zu sein, dagegen antworteten so nur 76,32 % der Eltern im Hinblick auf die sonstigen (Fach-)Ärzte und Therapeuten.

Auch bei Aspekten der Verzahnung der ambulanten Leistungserbringer untereinander ist (orts- und interventionsunabhängig) eine hohe Zufriedenheitstendenz festzustellen: Rund 83 % bis 93 % der Eltern gaben beim zweiten Interview an, dass sich der Kinderarzt – wenn erforderlich – um den Kontakt zu anderen Fachärzten kümmert. Diese Werte blieben bis zur dritten Befragung stabil.

Zusammenfassend kann im Hinblick auf die Ortsunterschiede zunächst festgehalten werden, dass Eltern aus Nürnberg mit der ambulanten Versorgung ihrer Kinder am zufriedensten sind, wenngleich sie die höchste Unzufriedenheit hinsichtlich weiter Fahrten aufweisen. Zudem ist davon auszugehen, dass diese Ergebnisse durch die Nachsorge des *Bunten Kreises* (wenn überhaupt) nur geringfügig beeinflusst werden.

Bezüglich der Zufriedenheit mit den *Leistungen des Bunten Kreises* konnten – um aussagekräftige Ergebnisse zu erhalten – wiederum nur Eltern von Kindern befragt werden, die Langzeitnachsorge erhalten haben (n = 33). Zur Beurteilung des Nachsorgemodells konnten konkret Daten von 16 Elternpaaren (48,48 %) bei der zweiten Befragung und von vier Müttern und Vätern (13,33 %) beim dritten Interview berücksichtigt werden. Um trotzdem möglichst aussagefähige Ergebnisse zu generieren, beschränkte sich die Auswertung auf die Antworten der zweiten Befragung. Abbildungen 9.2–45 und 9.2–46 geben einen zusammenfassenden Überblick über diesen Befragungsteil:

Abbildung 9.2-45: Zufriedenheit der Eltern mit der Nachsorge durch den *Bunten Kreis*

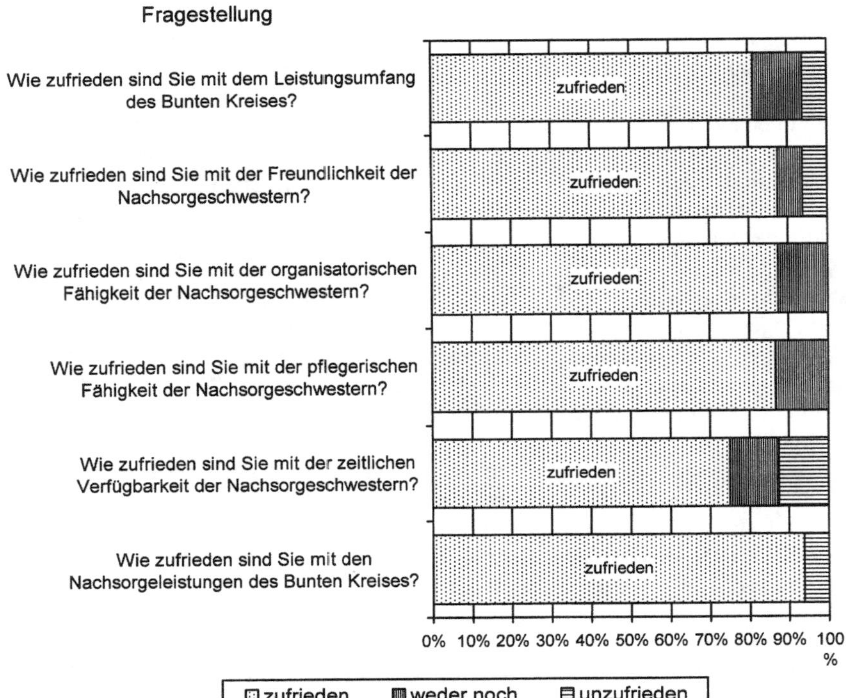

Quelle: Eigene Darstellung und Berechnung – Gesundheitsökonomische Evaluation *Bunter Kreis*

Wie schon bei der stationären und ambulanten Versorgung, ist demnach eine durchweg hohe Zufriedenheit mit den Nachsorgeleistungen des *Bunten Kreises* festzustellen. Sowohl bei den persönlichen Faktoren (Freundlichkeit) als auch bei den fachlichen (pflegerischen und organisatorischen) Fähigkeiten der Nachsorgeschwestern sind 87,50 % beziehungsweise 87,10 % der befragten Eltern sehr oder ziemlich zufrieden. Dementsprechend ist auch die generelle Zufriedenheit der Eltern mit den Nachsorgeleistungen des *Bunten Kreises* sehr hoch (15 von 16 Eltern).

Diese hohe Zufriedenheit setzt sich bei der Beurteilung der Eigenschaften und Tätigkeiten der Nachsorgeschwestern weitgehend fort: Insbesondere bei der Bewertung der persönlichen (insbesondere der emotionalen) wie auch der fachlichen Fähigkeiten dominieren sehr deutlich die positiven Antworten: Zwischen 78,57 % („*Nachsorgeschwestern tun ihr Bestes um uns Sorgen zu ersparen.*") und 93,33 %[387] der Eltern gaben diesbezüglich positive Antworten.

Ein etwas uneinheitliches Bild zeigt sich nur bei der Kommunikation und Zusammenarbeit mit den ambulanten Leistungserbringern: Lediglich 53,33 % der befragten Mütter und Väter gaben an, die Nachsorgeschwestern stünden mit den behandelnden Ärzten und Therapeuten in Kontakt. Bei der Frage, ob sich die Nachsorgeschwestern darum kümmern würden, wenn das Kind zu einem Facharzt oder Therapeuten muss, stimmten sogar nur 33,33 % der Eltern zu. An dieser Stelle ist allerdings zu bedenken, dass bei den Eltern mit negativen Antworten zu dieser Frage auch diejenigen erfasst sind, deren Kinder überhaupt keinen Bedarf an fachärztlicher beziehungsweise therapeutischer Behandlung aufwiesen.

Neben den geschlossenen Items hatten die Eltern schließlich im Rahmen einer offenen Frage die Möglichkeit, ihre individuellen Anmerkungen und Vorschläge zum *Bunten Kreis* einzubringen. Mit Hilfe qualitativer Auswertungsmethoden konnten die vielfältigen Antworten in vier wesentliche Kategorien zusammengefasst werden. Diese Angaben ergänzten die vorstrukturierten Bewertungsdimensionen.

- *Aufgabenerfüllung durch den Bunten Kreis:* Die Eltern definieren die Funktionen des *Bunten Kreis* insbesondere durch fachliche Beratung und emotionale Unterstützung. Diese „*sehr wichtige Unterstützung und Hilfe*" sehen die Eltern als sehr gut gewährleistet.

- *Zusammenarbeit des Bunten Kreises mit den Eltern:* Um ein möglichst gutes Nachsorgeergebnis zu erzielen, halten es die Eltern für besonders

[387] Folgende Fragen liegen hier zugrunde: „Den Nachsorgeschwestern liegt das Wohlergehen unseres Kindes sehr am Herzen.", „Die Nachsorgeschwestern sind mit ihren Aufgaben manchmal überfordert." und „Die Nachsorgeschwestern geben uns das Gefühl manchmal in den Hintergrund gedrängt zu werden.".

wichtig, dass die „*Persönlichkeit*“ der Mitarbeiter zu denen der Eltern „*passt*“.

- *Erreichbarkeit / Verfügbarkeit / Kontaktaufnahme zum Bunten Kreis:* Bei dringenden Problemen oder Fragen legen die Eltern viel Wert auf eine möglichst zeitnahe Problemlösung und Hilfe. Häufig genügt in dieser Situation der telefonische Kontakt zum *Bunten Kreis*, der folglich auch intensiv genutzt wird. An dieser Stelle wird außerdem das Engagement der Mitarbeiter gelobt, wobei zudem der Hinweis kam, dass „*der telefonische Kontakt auch über längere Zeit ganz wichtig*“ wäre.

- *Allgemeine Anmerkungen:* Der *Bunte Kreis* fungiert als „wichtige Stütze im Hintergrund“ und erfüllt den Wunsch der Eltern nach „einer Anlaufstelle“, die allein durch ihre Existenz schon eine Qualität für die Eltern hat (es sei z. B. „*sehr beruhigend zu wissen, dass es jemanden gibt, der wenn es nötig ist, helfen kann*“). Hinsichtlich der Arbeit des *Bunten Kreises* wünschen sich die Eltern jedoch noch „*mehr Infomaterial, z. B. in Form eines Startpaketes nach der Entlassung*“.

Abbildung 9.2-46: Beurteilung des *Bunten Kreises* durch die Eltern

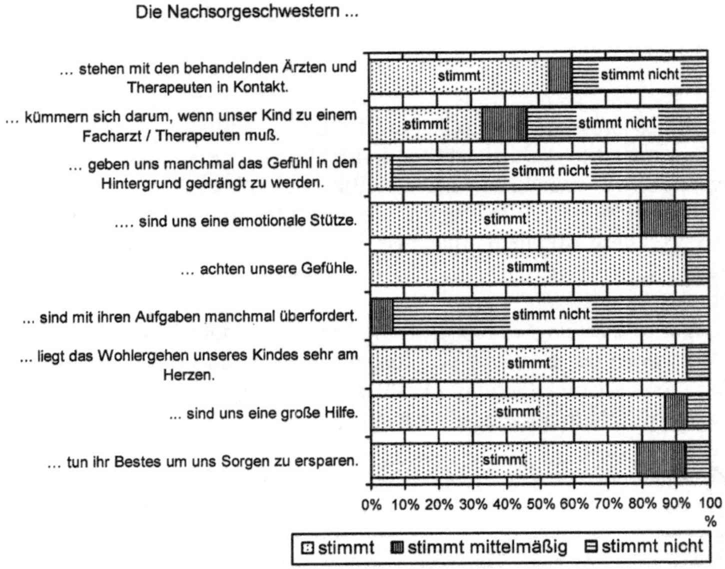

Quelle: Eigene Darstellung und Berechnung – Gesundheitsökonomische Evaluation *Bunter Kreis*

9.3 Ergänzende Ergebnisse aus Sicht der Krankenkassen

Um die Effekte der Wahl der Untersuchungsperspektive wie auch der Bewertungsgrößen auf das Ergebnis einer gesundheitsökonomischen Evaluation aufzuzeigen, sollen abschließend in diesem Abschnitt ausgewählte Aspekte einer Analyse aus Sicht der Krankenkassen vorgestellt und mit den Ergebnissen der Untersuchung aus der gesamtgesellschaftlichen Perspektive verglichen werden.

9.3.1 Die abgerechneten direkten Kosten der Nachsorgeleistungen

Um das Einsparpotential der Nachsorge nach dem Augsburger Modell aus Perspektive der Krankenkassen beurteilen zu können, werden im Folgenden *die durchschnittlich abgerechneten Kosten* für die Kinder mit Nachsorge in Augsburg – differenziert nach Langzeit- und Kurzzeitnachsorge sowie nach dem Reifealter der Kinder – erläutert. Wie nachstehende Grafik zeigt, wurde für Kinder mit Langzeitnachsorge (n = 25) im Durchschnitt rund 1.030,00 € pro Patient abgerechnet, bei einem durchschnittlichen Leistungsumfang bis zu zehn Stunden dagegen 141,57 € pro Patient (n = 63).

Abbildung 9.3-1: Durchschnittlich abgerechnete Nachsorgekosten mit Spannweite

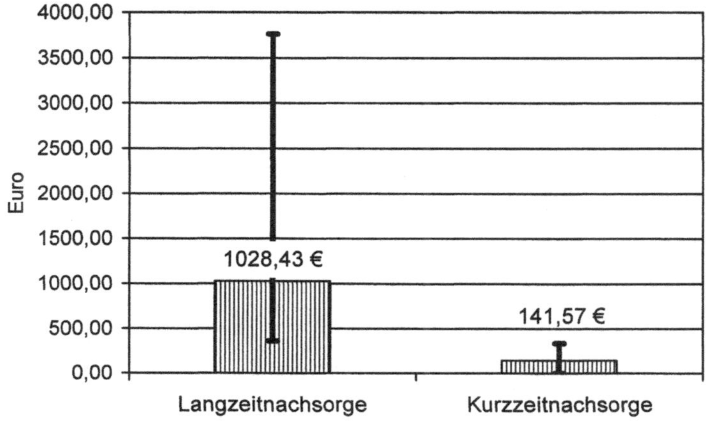

Quelle: Eigene Darstellung und Berechnung – Gesundheitsökonomische Evaluation *Bunter Kreis*

Auffällig sind dabei die großen Spannweiten – so liegen die Maximalwerte bei beiden Nachsorgeformen mit 3.763,52 € (Langzeitnachsorge) beziehungsweise 335,61 € (Kurzzeitnachsorge) bei einem Vielfachen des jeweiligen Durchschnittswertes. Diese unterschiedlichen Kosten repräsentieren die offensichtlich großen Unterschiede der abgerechneten Leistungsumfänge, die sich u. a. wohl durch die unterschiedlichen Finanzierungsquellen wie auch durch die Vielfalt der möglichen Folgekomplikationen erklären lassen. Folgende Abbildung verdeutlicht weiterhin die abgerechneten Nachsorgekosten, differenziert nach den Gestationsaltersgruppen:

Abbildung 9.3-2: Durchschnittliche Nachsorgekosten, differenziert nach dem Gestationsalter der Kinder

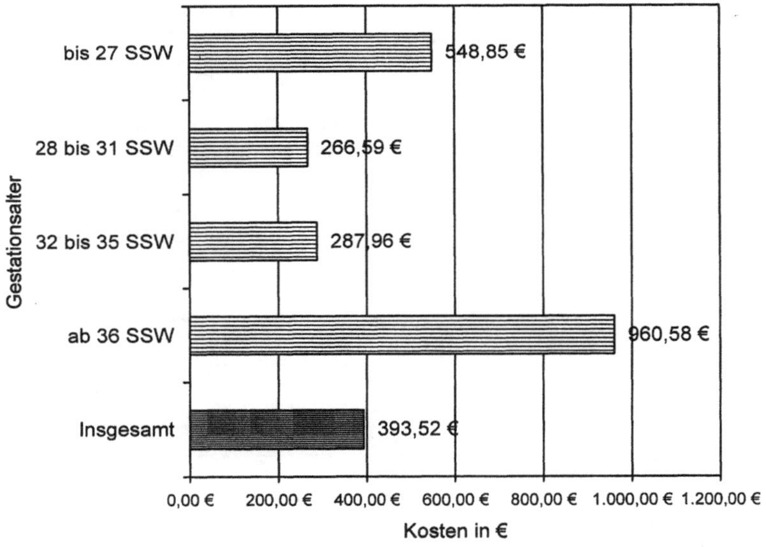

Quelle: Eigene Darstellung und Berechnung – Gesundheitsökonomische Evaluation *Bunter Kreis*

Die höchsten durchschnittlichen Nachsorgekosten verursachen demnach (fast) Reifgeborene mit einem Reifealter von über 35 SSW (Risikogeborene), was insbesondere in deren schweren Erkrankungen beziehungsweise Fehlbildungen und dem damit verbundenen Betreuungsaufwand begründet liegt. Der monetäre Aufwand für die kleinen Frühgeborenen bis 27 vollendeten SSW liegt mit rund 550,00 € ebenfalls über dem Durchschnitt, was wiederum mit dem häufigeren

Auftreten von Folgekomplikationen bei diesen sehr unreifen Frühchen verbunden ist. Vor allem durch den großen Anteil an Kindern, die nur Kurzzeitnachsorge erhalten haben, fallen dagegen bei Frühgeborenen mit einem Reifealter zwischen 28 bis 31 SSW die niedrigsten Kosten an.

Bei der Gegenüberstellung der aus den zwei unterschiedlichen Perspektiven berechneten direkten Kosten der Nachsorge durch den *Bunten Kreis* wird deutlich, dass sich lediglich minimale Kostendifferenzen ergeben (Abweichung der Absolutbeträge maximal 1,74 % von den tatsächlichen Kosten):

Tabelle 9.3-1: Gegenüberstellung der durchschnittlichen direkten Kosten der Nachsorge aus gesamtgesellschaftlicher Perspektive und aus der Perspektive der Krankenkassen

	Gesamtgesellschaftliche Perspektive (= Perspektive 1)	Perspektive der Krankenkassen (= Perspektive 2)	Differenz (Perspektive 1 minus Perspektive 2)
bis 27 SSW	543,74 €	548,85 €	- 5,11 €
28 bis 31 SSW	262,03 €	266,59 €	- 4,56 €
32 bis 35 SSW	292,60 €	287,96 €	+ 4,64 €
ab 36 SSW	955,25 €	960,58 €	- 5,33 €

Quelle: Eigene Darstellung und Berechnung – Gesundheitsökonomische Evaluation *Bunter Kreis*

Diese (vernachlässigbaren) Kostenunterschiede ergeben sich primär durch die Anwendung unterschiedlicher Bewertungsgrößen[388]. Diese Ursache wird zudem durch den Vergleich des tatsächlichen Leistungsumfangs der Nachsorge mit den abgerechneten Stunden bestätigt Abbildung 9.3–2). Somit kann festgestellt werden, dass sich bei den abgerechneten direkten Kosten der Nachsorgemaßnahmen des *Bunten Kreises* für die Zielgruppe der früh- und risikogeborenen Kinder gegenüber der gesamtgesellschaftlichen Rechnung keine nennenswerten Kostendifferenzen ergeben, die bemerkenswerte Auswirkungen auf das Gesamtergebnis der gesundheitsökonomischen Evaluation zur Folge haben.

[388] Bei der Berechnung der tatsächlichen Nachsorgekosten wurde, wie an gegebener Stelle erläutert, ausschließlich der Stundensatz für Pflegenachsorge zugrunde gelegt.

Tabelle 9.3-2: Durchschnittliche Differenz zwischen den tatsächlichen und den abgerechneten Nachsorgestunden

	Durchschnittliche Differenz der tatsächlich erbrachten minus den abgerechneten Stunden
bis 27 SSW	- 0,06 Stunden
28 bis 31 SSW	+ 0,05 Stunden
32 bis 35 SSW	+ 0,003 Stunden
ab 36 SSW	0,00 Stunden

Quelle: Eigene Darstellung und Berechnung – Gesundheitsökonomische Evaluation *Bunter Kreis*

9.3.2 Der Einfluss unterschiedlicher Bewertungsgrößen auf die Ergebnisse der Evaluation

Im Hinblick auf die direkten Nutzenkomponenten der Nachsorgeleistungen sollen schließlich die Auswirkungen der Wahl unterschiedlicher Bewertungsgrößen demonstriert werden. Während bei der gesamtgesellschaftlichen Perspektive die stationären Versorgungskosten auf Basis vereinheitlichter Pflegesätze ermittelt wurden, sollen nun mit Hilfe der jeweiligen Pflegesätze der beteiligten Kinderkliniken die tatsächlich abgerechneten Kosten für die stationären Erstaufenthalte der hier berücksichtigten Früh- und Risikogeborenen bis zu einem Reifealter von vollendeten 35 SSW (n = 144) berechnet werden. Folgende Tabelle demonstriert die sich daraus ergebenden neuen Kostenrelationen:

Tabelle 9.3-3: Durchschnittliche tatsächlich abgerechnete Kosten des stationären Erstaufenthaltes PRO KIND

	MIT Nachsorge	OHNE Nachsorge	Differenz
bis 27 SSW (n = 32)			
Augsburg	54.710,90 € (n = 21)		
Bonn	53.445,09 € (n = 3)	59.327,57 € (n = 5)	
Nürnberg		48.210,74 € (n = 3)	
durchschnittliche Kosten pro Kind	54.552,67 €	55.158,76 €	- 606,09 €

	MIT Nachsorge	OHNE Nachsorge	Differenz
28 bis 31 SSW			
Augsburg	25.974,54 € (n = 43)		
Bonn	33.205,56 € (n = 9)	29.049,28 € (n = 16)	
Nürnberg		36.870,06 € (n = 10)	
durchschnittliche Kosten pro Kind	27.226,07 €	32.057,27 €	- 4.831,20 €
32 bis 35 SSW			
Augsburg	15.834,47 € (n = 18)		
Bonn	32.401,12 € (n = 1)	25.909,72 € (n = 13)	
Nürnberg		24.315,44 € (n = 2)	
durchschnittliche Kosten pro Kind	16.706,40 €	25.697,15 €	- 8.990,75 €

Quelle: Eigene Darstellung und Berechnung – Gesundheitsökonomische Evaluation *Bunter Kreis*

So ergeben sich bei allen Gestationsaltersgruppen *reale* direkte medizinische Nutzen (im Sinne von Einsparungen stationärer Aufenthaltskosten durch die Nachsorge des *Bunten Kreises* in Augsburg), die wesentlich höher als bei der Bewertung mit einem vereinheitlichten Entgelt ausfallen. Sogar bei den sehr unreifen Frühgeborenen können bereits beim stationären Erstaufenthalt Kostenersparnisse in der Höhe erzielt werden, dass die abgerechneten (wie auch tatsächlichen) direkten Nachsorgekosten mehr als gedeckt werden. Folgende Tabelle verdeutlicht zusammenfassend die divergierenden Kosteneinsparungspotentiale des *Bunten Kreises* je nach Wahl der Bewertungsgrößen wie auch den mit den realen Kosteneinsparungen verbundenen Nettonutzen:

Tabelle 9.3-4: Die direkten Kosten und Nutzen sowie der alternative Nettonutzen der Nachsorge pro Kind

	direkter medizinischer Nutzen der Nachsorge[389]		abgerechnete Nachsorgekosten	Nettonutzen pro Kind (Spalte 3 – Spalte 4)
	Berechnung mit einheitlichem Pflegesatz[390]	Berechnung mit real abgerechneten Pflegesätzen		
bis 27 SSW	- 1.305,20 €	+ 606,09 €	548,85 €	+ **57,24 €**
28 bis 31 SSW	+ 1.010,03 €	+ 4.831,20 €	266,59 €	**+ 4.564,61 €**
32 bis 35 SSW	+ 1.719,17 €	+ 8.990,75 €	287,96 €	**+ 8.702,79 €**

Quelle: Eigene Darstellung und Berechnung – Gesundheitsökonomische Evaluation *Bunter Kreis*

389 Da hier explizit der Nutzen ausgewiesen wird, bedeutet „ + " bedeutet positiver Nutzen, „ - " negativer Nutzen.

390 Vgl. dazu auch Tabelle 9.2–2!

10 Zusammenfassung und Schlussfolgerung

In diesem Kapitel erfolgt zunächst eine Zusammenfassung der wichtigsten Ergebnisse der empirischen Studie (Abschnitt 10.1), bevor die angewandte Methodik wie auch die Resultate vor dem Hintergrund aktueller wissenschaftlicher und gesellschaftlicher Tendenzen reflektiert werden (Abschnitt 10.2). Die Arbeit endet schließlich mit einem kurzen Ausblick auf potentielle weitere Forschungsfragen.

10.1 Zusammenfassung der wichtigsten Ergebnisse

In dieser Arbeit wurde anhand gesundheitsökonomischer und sozialwissenschaftlicher Indikatoren und Methoden die Nachsorgeform des *Bunten Kreises* mit herkömmlichen Nachsorgeformen speziell für die Zielgruppe der früh- und risikogeborenen Kinder verglichen. Im Hinblick auf die im zweiten Kapitel dargelegten Forschungsfragen können die im neunten Kapitel vorgestellten empirischen Untersuchungsergebnisse wie folgt zusammengefasst werden:

10.1.1 Wie häufig wird der Bunte Kreis in Augsburg in Anspruch genommen und wie hoch sind die Kosten der Nachsorge?

Die Inanspruchnahme des Nachsorgeangebotes des *Bunten Kreises* in Augsburg ist vor allem durch die Dominanz der so genannten „*Kurzzeitnachsorge*“ geprägt: Rund 71 % der in der Studie berücksichtigten Kinder aus dem Augsburger Raum bezogen bis zu zehn Nachsorgestunden, wohingegen lediglich 28 % der Früh- und Risikogeborenen *Langzeitnachsorge* über zehn Stunden benötigten. In diesem Zusammenhang ist allerdings auch eine stark unterschiedliche Verteilung der Leistungsumfänge zwischen den jeweiligen Reifealtersgruppen zu beobachten: Während bei den Kindern zwischen 28 und 35 SSW die Kurzzeitnachsorge überwog, benötigten Frühchen bis 27 SSW wie auch fast Reifgeborene über 35 SSW häufiger Nachsorge von mehr als zehn Stunden.

Die *tatsächlichen direkten Kosten für die Nachsorgeleistungen* verhalten sich dabei analog zu den in Anspruch genommenen Stunden und differieren somit ebenfalls zwischen den verschiedenen Gestationsaltersgruppen: Frühgeborene Kinder unter 28 SSW sowie fast reife Neugeborene über 35 SSW verursachten deutlich höhere Nachsorgekosten als Kinder mit einer Reife von 28 bis 35 SSW.

Dies lag insbesondere in deren schweren Erkrankungen beziehungsweise Fehlbildungen und/oder Folgekomplikationen und dem damit verbundenen erhöhten Betreuungsaufwand begründet.

Betrachtet man außerdem die durchschnittlich *abgerechneten Nachsorgekosten*, so zeigt sich, dass Kurzzeitnachsorge wegen des begrenzten zeitlichen Leistungsumfangs relativ geringe Kosten verursacht, dagegen der monetäre Aufwand für die Langzeitnachsorge im Vergleich dazu im Durchschnitt sieben mal so hoch ausfällt. Verglichen mit den direkten Nachsorgekosten aus der gesamtgesellschaftlichen Perspektive ergaben sich jedoch nur geringfügige – auf unterschiedlichen Bewertungsansätzen basierende – Kostenunterschiede.

10.1.2 Wie wirkt sich die Nachsorge des Bunten Kreises auf die Kosten der stationären, ambulanten und häuslichen Versorgung der nach Gestationsaltersgruppen differenzierten früh- und risikogeborenen Kinder aus?

Um bei der Versorgung von früh- und risikogeborenen Kindern die potentiellen kostenreduzierenden Effekte des ambulanten Nachsorgeprogramms des *Bunten Kreises* zu identifizieren, ist die Analyse der Auswirkungen dieser Leistungen auf die *direkten Kosten der stationären Versorgung* von besonderem Interesse: Während der monetäre Aufwand für deren ambulante ärztliche Betreuung und Therapie im Durchschnitt nur etwa 3 % der Gesamtkosten beträgt, stellen die Kosten für die stationäre Behandlung der Früh- und Risikogeborenen mit 97 % den Hauptanteil der Versorgungskosten bis zum korrigierten Alter der Kinder von sechs Monaten dar. Außerdem konnte gezeigt werden, dass der monetäre Aufwand für die klinische Betreuung der Früh- und Risikogeborenen mit einem Reifealter von bis zu 35 SSW dominant von dem Gestationsalter abhängt – je reifer die Frühgeborenen sind, umso kostengünstiger ist deren stationäre Versorgung.

Zusätzlich sind allerdings bei der Wirkungsanalyse die *divergierenden Entlassungsstrategien* der an der Studie teilnehmenden Kinderkliniken zu berücksichtigen: Es konnte nachgewiesen werden, dass insbesondere die neonatologische Abteilung der Universitätskinderklinik Bonn (in der die meisten Kinder der Vergleichsgruppe auf herkömmliche Weise behandelt wurden) bei den Erstaufenthalten der Früh- und Risikogeborenen generell wesentlich kürzere durchschnittliche Liegezeiten als die Klinik für Kinder und Jugendliche des Zentralklinikums Augsburg zu verzeichnen hat. Diese Tatsache wirkt sich folglich bei der vergleichenden Analyse zu Lasten des Nachsorgemodells aus. Dennoch ist bei einer Gegenüberstellung der *stationären Versorgungskosten* der Erstaufenthalte von Kindern mit und ohne Nachsorge eine klare kostenreduzierende Wirkung der Nachsorge speziell bei den Frühgeborenen zu beobachten, die ein Gestationsalter von 28 bis 35 SSW aufweisen. Beachtet man zusätzlich die mit dem stationären Erstaufenthalt der Kinder verbundenen Kosteneinsparungen ohne den verzerrenden Effekt der unterschiedlichen Behandlungsorte, so zeigt sich, dass bei allen Gestationsaltersgruppen – also sogar bei den sehr unreifen Frühchen – deutliche Einspareffekte durch die Nachsorge des *Bunten Kreises* erzielt werden können.

Weiterhin konnte gezeigt werden, dass für die Kinder aller in der Studie berücksichtigten Gestationsaltersgruppen, die durch den *Bunten Kreis* betreut wurden, der *monetäre Aufwand für die ambulant erbrachten Leistungen* geringer war als für die entsprechenden Kinder der Vergleichsgruppe. Infolgedessen kann auch bei der ambulanten medizinischen Betreuung eine kostenreduzierende Wirkung des Nachsorgemodells unterstellt werden. Zudem konnte hier ebenfalls ein Zusammenhang zwischen dem Einsparpotential und der Reife der Früh- und Risikogeborenen, analog zum stationären Bereich, festgestellt werden.

Bezüglich den Auswirkungen der Nachsorgeleistungen auf die den Eltern entstandenen *nicht-medizinischen und indirekten Kosten* wurden folgende Komponenten in die Evaluation einbezogen: die Fahrtkosten im Zusammenhang mit der stationären wie auch der ambulanten Versorgung der früh- und risikogeborenen Kinder, der monetarisierte Aufwand für die erforderliche Geschwisterkinderbetreuung während der Klinikbesuche der Eltern sowie die indirekten Kosten durch die (betreuungsbedingten) Verdienstausfälle des Vaters. Im Hinblick auf die Fahrtkosten können beim Vergleich der Familien mit und ohne Betreuung durch den *Bunten Kreis* nur geringfügige Kosteneinsparungen bei Kindern ab 28 SSW festgestellt werden. Beim Vergleich des Aufwands für die Geschwisterkinderbetreuung, dessen Höhe mit der Kinderanzahl der jeweiligen Familie signifikant korreliert, kann dagegen kein Einfluss der Nachsorge festgestellt werden. Bei den Früh- und Risikogeborenen der Gestationsaltersgruppe zwei und drei zeigte sich aber als weiterer positiver externer Effekt, dass Arbeitsausfälle der Eltern vermieden werden können, wobei die damit verbundenen Kosteneinsparungen mit steigendem Reifealter der Kinder zunehmen.

Betrachtet man zusammenfassend den (um die durch die Nachsorge nicht beeinflussbaren Komponenten bereinigten) *Nettonutzen* der Nachsorgeleistungen des *Bunten* Kreises für die Zielgruppe der früh- und risikogeborenen Kinder, so fällt (wie bereits bei der separaten Untersuchung der stationären Kosten) auf, dass sich die Nachsorge monetär umso stärker auswirkt, je höher das Gestationsalter der untersuchten Kinder ist: Während die Evaluation aus gesamtgesellschaftlicher Sicht bei Frühgeborenen mit einem Reifealter zwischen 28 und 31 SSW eine Kosteneinsparung von durchschnittlich 943,47 € pro Kind ergab, konnten bei Kindern mit einem Gestationsalter von 32 bis 35 SSW sogar ein gesamtwirtschaftlicher Nettonutzen in Höhe 1.811,28 € pro Kind erzielt werden. Somit können bei Frühgeborenen ab 28 SSW durch die Nachsorge Versorgungskosten eingespart werden.

Bei den sehr unreifen Frühgeborenen unter 28 SSW ist dieser positive monetäre Effekt nicht direkt ersichtlich, da zum einen gerade bei dieser Gestationsaltersgruppe die unterschiedlichen Entlassungsstrategien der Kinderkliniken den stärksten Einfluss haben, zum anderen auf Grund medizinisch begründeter Umstände eine frühere Entlassung dieser Kinder aus der stationären Betreuung zum Teil nicht möglich ist. Die ergänzenden Ergebnisse der randomisierten Studie in Bonn weisen jedoch darauf hin, dass auch bei diesen sehr unreifen Frühgeborenen Kosteneinsparungen in beträchtlicher Höhe erzielt werden können.

10.1.3 Können positive Auswirkungen der Nachsorge im Hinblick auf die gesundheitsbezogene Lebensqualität der betroffenen Eltern festgestellt werden?

Der Vergleich der gesundheitsbezogenen Lebensqualität zwischen den Eltern von Kindern mit Langzeitnachsorge und den entsprechenden Kontrollfamilien erfolgte separat für die drei Dimensionen „physische Gesundheit", „emotionales Befinden" und „soziale Dimension". Die Analyse bezüglich der *somatischen Gesundheit* der Eltern zeigte, dass sich bei den ersten beiden Interviews die körperliche Befindlichkeit der Mütter und Väter von Fall- und Kontrollgruppe durchaus vergleichbar darstellte, während bei der letzten Befragung Divergenzen zwischen dem somatischen Befinden der Eltern mit und ohne Nachsorge festzustellen waren.

Weiterhin konnte in beiden Vergleichsgruppen eine grundsätzliche Verbesserung des *emotionalen Wohlbefindens* im Laufe des Untersuchungszeitraumes festgestellt werden. Dabei schienen sich die Väter beider Subgruppen stets geringfügig besser als ihre Partnerinnen zu fühlen. Auch wenn die Befindlichkeitswerte der Eltern von Kindern mit Nachsorge stets unter den Werten der Eltern der Vergleichsgruppe lagen, konnte doch vor allem bei Müttern der Interventionsgruppe eine wesentlich kontinuierlicher verlaufende Befindlichkeitsverbesserung als bei den Müttern von Kindern ohne Nachsorge festgestellt werden. Ebenso verbesserte sich die Stressbelastung der Mütter mit Nachsorge wesentlich kontinuierlicher als bei den Kontrollmüttern, wobei die Mütter mit Betreuung durch den *Bunten Kreis* zum Zeitpunkt der Erstentlassung ihrer früh- und risikogeborenen Kinder aus der Kinderklinik wie auch bei der letzten Befragung im korrigierten Alter der Kinder von sechs Monaten weniger Stressbelastung empfanden als ihre Pendants ohne Nachsorge. Ferner fiel bezüglich der Stressbelastung der Väter besonders auf, dass – im Gegensatz zu den Müttern – deren subjektiv empfundene Belastung zwölf Wochen nach der stationären Entlassung der Früh- und Risikogeborenen deutlich zunahm.

Im Hinblick auf die *soziale Dimension* der gesundheitsbezogenen Lebensqualität zeichnet sich der *Bunte Kreis* vor allem als soziale Copingquelle aus. Beim Vergleich der sozialen Unterstützung durch Familie und Freunde wurde außerdem deutlich, dass sich bei allen berücksichtigten Familien diese Hilfeleistungen bis zum korrigierten Alter der Kinder von sechs Monaten reduzieren. Zudem schätzten vor allem die Mütter von Früh- und Risikogeborenen mit Nachsorge den Umfang beziehungsweise die Qualität der familiären Unterstützung geringer ein als die Mütter der Kontrollgruppe.

10.1.4 Wie hoch ist der Informationsgrad beziehungsweise der Informationsbedarf der Eltern bezüglich der Versorgung des Kindes?

Hinsichtlich der subjektiven Einschätzung der Eltern bezüglich ihres Informationsstands beziehungsweise Informationsbedarfs im Hinblick auf die Versorgung ihrer Kinder, hat sich ebenfalls eine differenzierte Betrachtung als geeignet erwiesen. So ist während des ersten Klinikaufenthaltes der Früh- und Risikogeborenen eine generell hohe Zufriedenheit der betroffenen Eltern bezüglich der Aufklärung in medizinischen Fragen und der Information über die Behandlung ihres Kindes festzustellen: Etwa drei Viertel der Eltern gaben bei den verschiedenen Aspekten bezüglich der zur Verfügung gestellten Information seitens der Kinderkliniken an, sehr beziehungsweise eher zufrieden zu sein. Außerdem ist ein deutlicher Ortsunterschied zugunsten der Kinderklinik in Bonn zu beobachten. Bei der nachklinischen Beratung, wie etwa bezüglich sozialer Hilfen, möglicher Nachsorgeangebote und zur Verfügung stehender Selbsthilfegruppen sind außerdem signifikante Unterschiede zu Gunsten von Familien mit Betreuung durch den *Bunten Kreis* im Vergleich zu den Familien der Kontrollgruppe festzustellen.

10.1.5 *Gibt es bestimmte Bereiche in denen sich die Eltern besonders unsicher fühlen und sich Sorgen um ihr Kind machen? Reduziert die Nachsorge in diesem Zusammenhang die Belastung der Eltern?*

Bei der Identifikation der Bereiche in denen sich die Eltern der Früh- und Risikogeborenen Sorgen machen beziehungsweise sich unsicher fühlen, wurden folgende Resultate erzielt:

Der Anteil der Eltern (Mütter wie auch Väter), die in *keinem* der angegebenen Bereiche unsicher waren beziehungsweise sich *keine* Sorgen um ihr Kind machten, sind bei Familien mit Kurzzeitnachsorge wie auch bei deren Kontrollkindern höher als bei Eltern von Kindern mit Langzeitnachsorge und deren Vergleichspartnern. Das Ausmaß der Unsicherheit und der Sorgen scheinen demnach vorwiegend durch den Schweregrad der Erkrankung des Kindes determiniert zu sein, da ansonsten zwischen den verschiedenen Vergleichsgruppen keine signifikanten Unterschiede festzustellen waren. Die Bereiche, bezüglich derer sich die Eltern zu allen Befragungszeitpunkten hinweg am häufigsten Gedanken machten, sind dabei die Problemfelder „*Gesundheit des Kindes*“ und „*Entwicklung und Zukunft*“. Weiterhin war der Anteil der Väter, die in keinem Bereich angaben unsicher zu sein beziehungsweise sich Sorgen zu machen, in allen Subgruppen nahezu immer höher als der korrespondierende Anteil der Mütter.

Da zusätzlich die Väter von Kindern mit Langzeitnachsorge in vielen Bereichen weniger häufig unsicher waren oder sich weniger häufig Sorgen machten als die entsprechenden Väter der Vergleichsgruppe, liegt folgende Schlussfolgerung nahe: Eine umfangreiche Nachsorge bewirkt eine bessere Aufklärung der Väter, so dass diese die gegebene Situation besser und in angemessener Weise einschätzen können.

10.1.6 *Werden durch das Case-Management des Bunten Kreises Brüche im Behandlungsablauf vermieden und die Kontinuität des Versorgungsprozesses verbessert?*

Hinsichtlich der Auswirkungen des Nachsorgemodells auf die Zufriedenheit der Eltern bezüglich der *Zusammenarbeit der Institutionen und Personen*, die in die Behandlung ihrer Kinder involviert sind, konnten ebenfalls positive Ergebnisse verzeichnet werden. So sahen Eltern, deren Kinder Nachsorge erhalten haben, deutlich seltener Defizite in der Zusammenarbeit als die Mütter und Väter von Kindern der Vergleichsgruppe. Auch beklagten die durch den *Bunten Kreis* unterstützten Eltern seltener das Fehlen einer zentralen Vermittlungsstelle. Weiterhin wurde die Absprache zwischen den ambulanten Kinderärzten und den Klinikärzten von den Eltern der Interventionsgruppe im zeitlichen Ablauf als weitgehend konstant wahrgenommen, wohingegen sich die Einschätzung der ärztlichen Zusammenarbeit der Eltern der Kontrollgruppe von der zweiten zur dritten Befragung deutlich verschlechterte. Ferner konnten, unabhängig von der Subgruppe und dem Behandlungsort, eine hohe Zufriedenheit bezüglich der Verzahnung der ambulanten Leistungsanbieter untereinander (z. B. zwischen niedergelassenem Pädiater und Fachärzten) festgestellt werden.

10.1.7 Sind die Eltern mit der Versorgung ihrer früh- und risikogeborenen Kinder und insbesondere mit der Nachsorge durch den Bunten Kreis zufrieden?

Die Eltern gaben außerdem an, mit den *behandelnden Institutionen und Personen zufrieden* zu sein, wobei generell hohe Zufriedenheitswerte über nahezu alle erhobenen Items erzielt wurden. In den Kliniken konnte während des Erstaufenthaltes der Kinder, über alle Orte und Subgruppen hinweg, ein hohes Zufriedenheitsniveau sowohl in Bezug auf fachliche, administrative als auch persönliche Gesichtspunkte festgestellt werden. Hinsichtlich der Wartezeiten im Zusammenhang mit ambulanten Klinikbesuchen und auch der Parkplatzsituation besteht allerdings, insbesondere in den Kinderkliniken Nürnberg und Augsburg, noch Verbesserungspotential. Diese positiven Zufriedenheitswerte setzen sich bei der Beurteilung der Leistung der ambulanten Kinderärzte, der Fachärzte und der Therapeuten weitgehend fort, wobei hier die Eltern von Langzeitnachsorgekindern die höchsten Zufriedenheitswerte aufwiesen. Bei einer Betrachtung differenziert nach dem Behandlungsort zeigt sich zudem, dass die Eltern aus Nürnberg zwar mit der ambulanten Versorgung ihres Kindes und der Aufklärung durch ihren Kinderarzt am zufriedensten waren, jedoch am häufigsten weite Anfahrtswege beklagten.

Bei der *Beurteilung des Bunten Kreises* zeigt sich schließlich die hohe Zufriedenheit mit dem Nachsorgeangebot selbst. Sowohl hinsichtlich der Leistungsarten als auch hinsichtlich des Nachsorgeumfangs war das Gros der hierzu befragten Eltern zufrieden. Ebenso trifft dies auf nahezu alle persönlichen, administrativen wie auch fachlichen Fähigkeiten der Nachsorgeschwestern zu, welche die Nachsorgeleistungen erbringen. Grundsätzlich sahen die betreuten Eltern im *Bunten Kreis* eine wichtige Unterstützungsquelle, die vor allem bei akuten Problemen – auch durch die ständige telefonische Erreichbarkeit – den Familien unbürokratisch und schnell hilft.

10.1.8 *Welchen Einfluss hat die Berücksichtigung realer Pflegesätze auf die Ergebnisse der Evaluation?*

Um den Einfluss der Bewertungsgrößen auf die Ergebnisse der Evaluation zu demonstrieren, wurde ergänzend die mit den stationären Erstaufenthalten der Kinder verbundenen, tatsächlich abgerechneten Versorgungskosten berechnet. Dabei zeigte sich, dass sogar bei den sehr unreifen Frühchen unter 28 SSW Einsparungen in der Höhe erzielt werden können, dass auch bei dieser Reifealtersgruppe die Nachsorgekosten mehr als gedeckt sind. Wird dieser alternative (nur auf eine Nutzenkomponente reduzierte) Nettonutzen aus Perspektive der Krankenkassen mit dem bereinigten Nettonutzen aus gesamtgesellschaftlicher Sicht (der mit einem vereinheitlichten Pflegesatz berechnet wurde) verglichen, so zeigt sich, dass sich allein durch den Einfluss der divergierenden Bewertungsansätze und Perspektiven ein zwischen 2.887,47 € (bei Frühgeborenen bis 27 SSW) und 6.891,51 € (bei Kindern zwischen 32 und 35 SSW) erhöhter Nettonutzen pro Kind ergibt.

Aufgrund dieser Divergenzen ist es deshalb äußerst wichtig, zum einen die in der Evaluation berücksichtigten Kosten- und Nutzenkomponenten mit ihren Bewertungsgrößen explizit auszuweisen, zum anderen eine möglichst umfassende und somit aussagekräftige Darstellung der Kosten und Nutzen der zu bewertenden Maßnahme zu erarbeiten. So wird auch den (politischen) Entscheidungsträgern im Hinblick auf eine effiziente Ressourcenallokation ermöglicht, selbst zu bestimmen, welche Indikatoren bei ihrer Beurteilung Berücksichtigung finden sollen.

10.2 *Schlussfolgerung*

Diese Arbeit kann als Beitrag zur Diskussion gesundheitsökonomischer Analyseverfahren wie auch zur (Weiter-)Entwicklung von Versorgungsmodellen zur Verbesserung der Integration und Vernetzung der Institutionen und Akteure des Gesundheitswesens verstanden werden. Die Ergebnisse der vergleichenden Evaluation der Nachsorge durch den *Bunten Kreis* ergeben dabei ein in der Tendenz positives, aber dennoch differenziertes Bild. Bezieht man sich auf die reichlich vorliegenden ökonomischen wie auch sozialen Indikatoren, so zeigen sich – abhängig vom Reifealter der Kinder wie auch der zugrunde gelegten Analyseperspektive – durchaus beachtenswerte Kosteneinsparungen. Die aus der gesamtgesellschaftlichen Perspektive vorgenommenen Rechnungen sind dabei insofern eher vorsichtig angelegt, als die Vergleiche anhand einheitlicher Pflegesätze vorgenommen wurden. Diese Vorgehensweise führte zwingend dazu, dass die Mengenangaben aus den Kinderkliniken der Kontrollgruppen mit niedrigeren „Preiskomponenten" gewichtet wurden als ihre tatsächlichen Pflegesätze. Für die Gruppen, deren ausgewiesene Kosten mit ambulanter Nachsorge geringer sind als ohne, bedeutet dies somit eine Unterschätzung der für den *Bunten Kreis* günstigen Bilanz. Legt man in diesem Zusammenhang bei der Gruppe der sehr unreifen Frühgeborenen die für den stationären Erstaufenthalt tatsächlich abgerechneten Kosten zugrunde, so ergibt sich sogar bei dieser Subgruppe ein positiver direkter medizinischer Nutzen.

Bezogen auf die zukünftige Entwicklung im Gesundheitswesen ist jedoch auch eine andere Überlegung anzustellen: Die längeren durchschnittlichen Verweildauern in der Kinderklinik Augsburg, die vor allem bei den sehr kleinen Frühgeborenen sehr ausgeprägt sind, werden sich möglicherweise bei einem über die Kliniken hinweg einheitlichen Honorierungssystem der DRG verändert gestalten. Die Kliniken mit bislang relativ längeren Verweildauern und tendenziell niedrigeren Pflegesätzen werden sich bei ökonomisch rationalem Verhalten an einheitliche Honorierungsformen durch eine Verkürzung der Liegezeiten anpassen müssen. Die ambulante Nachsorge wird dies erleichtern. Andererseits zeigt die Tatsache, dass bislang die Pflegesätze und somit vermutlich auch die Kosten per diem in der Kinderklinik Augsburg geringer waren als in den Kooperationskliniken, dass sich auch bei einheitlichen DRG die Kinderklinik Augsburg künftig längere Liegezeiten „leisten" können wird als die beiden Vergleichskliniken.

Im Hinblick auf die intangiblen Effekte der Nachsorge zeigte sich, dass die Eltern insbesondere mit umfangreicher Betreuung durch den *Bunten Kreis* viele der hier berücksichtigten Aspekte besser beurteilen als die Kontrolleltern ohne Nachsorge. In Zeiten knapper Kassen werden solche Auswirkungen allerdings nur dann beachtet, wenn sie nicht von gegenläufigen Kosten begleitet werden. Auch wenn durch die fehlende Monetarisierung dieser psychosozialen Effekte die Nutzenparameter nicht direkt vergleichbar sind, erwies sich eine mehrdimensionale, interdisziplinäre Analyseform unter Berücksichtigung der Spezifität des Untersuchungsgegenstandes trotzdem durchaus als sinnvoll und aussagefähig.

Die vergleichsweise geringen Kosten der Kurzzeitnachsorge, der durchaus positive Effekte gegenüberstehen, sollten somit Anlass dazu geben, allgemein ein solches Nachsorgeangebot in das Leistungsspektrum der Krankenhäuser zu integrieren. Auch wenn die Versorgung durch den *Bunten Kreis* bei den sehr unreifen Frühgeborenen nicht unbedingt große monetäre Einsparungen bewirken kann, so scheint diese Betreuung aufgrund ihrer psychosozialen Komponenten trotzdem als vergleichsweise kostengünstiges Angebot auch wirtschaftlich als empfehlenswert.

Somit konnte durch die Evaluation dieses Modellvorhabens beispielhaft demonstriert werden, dass durch eine fallorientierte, interdisziplinäre Koordination der Gesundheitsversorgung im Sinne des *Case Management*-Ansatzes die Wirtschaftlichkeit, aber auch die Behandlungsqualität verbessert werden kann. Gerade im Hinblick auf eine engere Verzahnung der Sektoren des Gesundheitswesens im Sinne der Strukturreformen kann durch diese neue Versorgungsform die Kontinuität im Versorgungsprozess eher gewährleistet werden.

Weiterhin erwies sich die hier angewandte Verfahrensweise zur umfassenden Evaluation der Nachsorgeleistungen des *Bunten* Kreises für die Zielgruppe der Früh- und Risikogeborenen grundsätzlich als geeignet. Trotzdem können bezüglich der eingesetzten Methodik einige Anmerkungen gemacht werden:

Die Schwächen einer Fall-Kontroll-Studie gegenüber einer prospektiven kontrollierten Untersuchung mit Randomisierung besteht darin, dass bei mangelnder Strukturgleichheit die Ergebnisse verzerrend beeinflusst werden. So konnten beispielsweise unterschiedliches Entlassungsmanagement, unterschiedliche Behandlungsstrategien wie auch die Anwendung bestimmter (informeller) Leitlinien in den verschiedenen beteiligten Kinderkliniken – unabhängig von der untersuchten Nachsorgeleistung des *Bunten Kreises* – zu Unterschieden in der Interventions- und Vergleichsgruppe führen. Trotzdem war der hier verwendete multizentrische Studientyp insofern gerechtfertigt, als es ethisch bedenklich und ökonomisch wenig sinnvoll gewesen wäre, nicht allen betroffenen Familien aus dem Einzugsgebiet Augsburg – trotz ausreichend verfügbarer Kapazitäten – Nachsorge zu gewähren.

Außerdem ist für künftige Evaluationen im Hinblick auf die Erfassung des direkten medizinischen Nutzens zu überlegen, ob der vergleichsweise geringe Anteil der ambulanten ärztlichen Kosten, dessen Erhebung mit einem sehr hohen Aufwand verbunden ist, nicht eine auf die stationären Kosteneinsparungen reduzierte Analyse rechtfertigen würde.

10.3 Ausblick auf weitere Forschungsfragen

Die in dieser Arbeit aufgezeigte gesundheitsökonomische und sozialwissenschaftliche Evaluation kann schließlich als Basis für folgende weitere Forschungsansätze fungieren:

Zum einen bezieht sich diese Studie lediglich auf die Zielgruppe der Früh- und Risikogeborenen. Da jedoch das Nachsorgeangebot des *Bunten Kreises* für Familien mit chronisch-, krebs- und schwerstkranken Kindern verschiedenster Diagnosegruppen zur Verfügung steht, wäre eine Erweiterung der Evaluationsperspektive auf die Leistungen für weitere Zielgruppen empfehlenswert. Zum anderen wird die komplette ökonomische Relevanz häufig erst langfristig sichtbar.[391] Da zudem unter Umständen während der Betrachtungsperiode bis zum korrigierten Alter des Kindes von sechs Monaten manche Outcomes gar nicht erfasst werden konnten, erscheint es sinnvoll, weitere Daten auch zu den langfristigen Wirkungen der Nachsorge zu erheben und auszuwerten.

Wie bereits erwähnt, begann außerdem während des Erhebungszeitraumes dieser empirischen Studie in Bonn eine prospektive kontrollierte Untersuchung mit Randomisierung (die so genannte PRIMA-Studie)[392], in der im Hinblick auf das Nachsorgemodell u. a. auch Informationen zu ökonomisch relevanten Aspekten erfasst wurden. Es bietet sich daher an, mit Hilfe dieser Daten eine weiterführende Evaluation – ohne verzerrende Einflüsse aufgrund einer multizentrischen Vorgehensweise – durchzuführen.

Das Gesundheitswesen soll schließlich (mehr als manch andere Bereiche öffentlichen Handelns) nicht nur ökonomische, sondern auch darüber hinausgehende psychosoziale Nutzenkomponenten im Rahmen von Wirtschaftlichkeitsuntersuchungen berücksichtigen. Diese werden jedoch in den gängigen Analyseinstrumenten – unter intangible Nutzen subsumiert – nicht hinreichend und vor allem nicht angemessen theoriefundiert erfasst. Dies stellt zum einen eine Herausforderung an die Integration der ökonomischen und der sozialwissenschaftlichen theoretischen Ansätze dar. Zum anderen hat die Verwendung angemessener Analyseverfahren praktische Konsequenzen, da die Ergebnisse einer Wirtschaftlichkeits- und Effektivitätsanalyse entscheidend darauf Einfluss haben können, ob neue Versorgungsformen in den Leistungskatalog aufgenommen werden – bzw. künftig obsolete wegfallen.

[391] Vgl. dazu GREINER 2002:160;
[392] Vgl. dazu auch Kapitel 7.2.2.1;

Literaturverzeichnis

ABELE-BREHM, A./BREHM, W. (1986): Zur Konzeptualisierung und Messung von Befindlichkeit, in: Diagnostica: Zeitschrift für psychologische Diagnostik und differentielle Psychologie, Heft 3, Jg. 32, S. 209-228;

ANGERMEYER, M. C./KLUSMANN, D. (1989): Einführung, in: ANGERMEYER, M. C./KLUSMANN, D. (Hrsg.): Soziales Netzwerk – ein neues Konzept für die Psychiatrie, Berlin et al.: Springer, S. 1-13;

ANGERMEYER, M. C./KLUSMANN, D. (Hrsg.) (1989): Soziales Netzwerk – ein neues Konzept für die Psychiatrie, Berlin et al.: Springer;

ARNOLD, M. (1993): Solidarität 2000: Die medizinische Versorgung und ihre Finanzierung nach der Jahrtausendwende, Stuttgart: Ferdinand Enke;

ARNOLD, M/LAUTERBACH, K./PREUß, K.-J. (Hrsg.) (1997): Managed Care: Ursachen, Prinzipien, Formen und Effekte, Stuttgart, New York: Schattauer;

BAILER, J. H. (1989): Bewältigung familiärer und beruflicher Belastungen, Konstanz: Hartung – Gorre;

BAPST, L. (1986): Die mehrdimensionale Kosten-Nutzen-Analyse als Evaluationsinstrument im Gesundheitswesen, in: HORISBERGER, B./EIMEREN, W. VAN (Hrsg.): Die Kosten-Nutzen-Analyse, Berlin et al.: Springer, S. 1-49;

BECHER, HEIKO (1987): Beiträge zur Methodik in multizentrischen Fall-Kontroll-Studien (Dissertation), Dortmund: Universität Dortmund;

BECKER-BERKE, S. (1999): Stichwort Gesundheitswesen: Ein Lexikon für Einsteiger und Insider, Bonn: KomPort Verlagsgesellschaft;

BERNECKER, M. et al. (2000): Morbidität von Frühgeborenen im ersten Jahr und Zufriedenheit der Eltern nach früher Entlassung aus dem Krankenhaus, in: Monatsschrift Kinderheilkunde Heft 12-2000, S. 1079-1086;

BESKE, F./HALLAUER, J.F. (2001): Das Gesundheitswesen in Deutschland: Struktur – Leistung – Weiterentwicklung, 3., völlig neu bearb. und erw. Aufl.-Nachdruck, Köln: Deutscher Ärzte Verlag;

BETA INSTITUT FÜR SOZIALMEDIZINISCHE FORSCHUNG UND ENTWICKLUNG (Hrsg.) (2001): Jahresbericht 2001, Augsburg: beta Institutsverlag;

BETAPHARM ARZNEIMITTEL GMBH (Hrsg.) (2002): betaListe – Sozialführer im Gesundheitswesen von A-Z, 2. Ausgabe, Neu-Isenburg: MediMedia;

BITZER, E. M. (2003): Die Perspektive der Patienten – Lebensqualität und Patientenzufriedenheit, in: SCHWARTZ, F. W. (2003): Public Health: Gesundheit und Gesundheitswesen, 2. Auflage, München, Jena: Urban & Fischer, S. 453-460;

BOESE, J. et al. (1979): Ansatzpunkte zur Analyse der Wirtschaftlichkeit ambulanter Versorgung, in: SCHWEFEL, D./BRENNER, G./ SCHWARTZ, F. W. (Hrsg.): Beiträge zur Analyse der Wirtschaftlichkeit ambulanter Versorgung, Köln-Lövenich: Deutscher Ärzte-Verlag, S. 9-51;

BÖHM-BAWERK, E. von (1921 a): Kapital und Kapitalzins – zweite Abteilung der positiven Theorie des Kapitals, Band 1, Jena: Gustav Fischer;

BÖHM-BAWERK, E. von (1921 b). Kapital und Kapitalzins – zweite Abteilung der positiven Theorie des Kapitals, Band 2: Exkurse, Jena: Gustav Fischer;

BORBÉLY, A. (1991): Das Geheimnis des Schlafs: Neue Wege und Erkenntnisse der Forschung, Frankfurt a. M.; Berlin: Ullstein Sachbuch;

BRANDTSTÄDTER, J. (1982): Kern- und Leitbegriffe psychologischer Prävention, in: BRANDTSTÄDTER, J./EYE, A. VON (Hrsg.): Psychologische Prävention: Grundlagen, Programme, Methoden, Bern, Stuttgart, Wien: Huber; S. 81-118;

BREYER, F./ZWEIFEL, P./KIFMANN, M. (2003): Gesundheitsökonomie, 4., neu bearbeitete und erweiterte Auflage, Berlin et al.: Springer;

BRISCH, K.-H. et al. (1996): Präventives psychotherapeutisches Interventionsprogramm für Eltern nach der Geburt eines sehr kleinen Frühgeborenen – Ulmer Modell, in: Monatsschrift Kinderheilkunde, Heft 144, S. 1206-1212;

BRISCH, K.-H. et al. (2003): Early preventive attachment-oriented psychotherapeutic intervention program with parents of a very low birth weight premature infant: Results of attachment and neurological development, in: Attachment and Human Development, Heft 2, Jg. 5, S. 120-135;

BRÜGGEMANN, J. H. (1993): Zu früh ins Leben? Was alle Eltern über Risiko- und Frühgeburt wissen sollten, Stuttgart: TRIAS-Thieme, Hippokrates, Enke;

BRÜGGENJÜRGEN, B. (1994): Lebensqualität und volkswirtschaftliche Kosten der Migräne in Deutschland, Sankt Augustin: Asgard-Verlag Dr. Werner Hippe;

BRYAN, S. et al. (2000): Preference measurement using Conjoint Methods: an empirical investigation of reliability, in: Health Economics, Heft 9, S. 385-395;

BUCHBORN, E. (1993): Probleme der Lebensqualität bei chronischen Erkrankungen, in: HAMMER, C./SCHUBERT, V. (Hrsg.): Chronische Erkrankungen und ihre Bewältigung, Starnberg: Schulz, S. 17-33;

BULLINGER, M. (Hrsg.) (1997): Lebensqualitätsforschung: Bedeutung – Anforderung-Akzeptanz, Stuttgart; New York: Schattauer;

BULLINGER, M. (2000 a): Lebensqualität – Aktueller Stand und neuere Entwicklungen der internationalen Lebensqualitätsforschung. in: RAVENS-SIEBERER, U./CIEZA, A. (Hrsg.): Lebensqualität und Gesundheitsökonomie in der Medizin: Konzepte, Methoden, Anwendung, Landsberg: ecomed, S. 13-24;

BULLINGER, M. (2000 b): Wahrgenommene Umweltbelastung und gesundheitsbezogene Lebensqualität von Müttern und Kindern, in: BULLINGER, M./SIEGRIST, J. /RAVENS-SIEBERER, U. (Hrsg.): Lebensqualitätsforschung aus medizinpsychologischer und -soziologischer Perspektive, Göttingen et al.: Hogrefe – Verlag für Psychologie, S. 354-367;

BULLINGER, M. (2002): Der SF-36 Health Survey als krankheitsübergreifendes Profilinstrument, in: SCHÖFFSKI, O. / SCHULENBURG, J.-M. GRAF V. D. (Hrsg.): Gesundheitsökonomische Evaluationen, 2. Auflage, Berlin et al.: Springer, S. 331-344;

BULLINGER, M./KIRCHBERGER, I./STEINBÜCHEL, N. VON (2000): Die Münchner-Lebensqualitäts-Dimensionen-Liste (MLDL) und der Fragebogen "Alltagsleben", in: RAVENS-SIEBERER, U./CIEZA, A. (Hrsg.): Lebensqualität und Gesundheitsökonomie in der Medizin: Konzepte, Methoden, Anwendung, Landsberg: ecomed, S. 111-123;

BULLINGER, M./RAVENS-SIEBERER, U./SIEGRIST, J. (2000): Gesundheitsbezogene Lebensqualität in der Medizin – eine Einführung, in: BULLINGER, M./SIEGRIST, J./RAVENS-SIEBERER, U. (Hrsg.): Lebensqualitätsforschung aus medizinpsychologischer und -soziologischer Perspektive, Göttingen et al.: Hogrefe – Verlag für Psychologie; S. 11-21

BULLINGER, M./SIEGRIST, J./RAVENS-SIEBERER, U. (Hrsg.) (2000): Lebensqualitätsforschung aus medizinpsychologischer und -soziologischer Perspektive, Göttingen et al.: Hogrefe – Verlag für Psychologie;

BUNDESVERBAND „DAS FRÜHGEBORENE KIND E.V." (Hrsg.) (1997): Frühgeborene und ihre Eltern in der Klinik, herausgegeben zum 150jährigen Jubiläum des Dr. von Haunerschen Kinderspitals der Universität München am 19. Juli 1997;

BUSCH, S./BRUNS, A./PFAFF, A. B. (2000): Ambulante und stationäre Versorgung und deren Zusammenwirken. Arbeitsunterlage (Stand: Oktober 1999) im Rahmen des Forschungsvorhabens „Aufbau einer Gesundheitsberichterstattung des Bundes" des Statistischen Bundesamts, Spezialbericht, Wiesbaden: Statistisches Bundesamt;

BUSCHNER, G./FOCKE, K./HANSIS, M. L. (2001): Fehlbelegung und DRG, in: SCHÖNBACH, K.-H./KNIEPS, F. (Hrsg.): Arbeit und Sozialpolitik; Heft 9-10; 55. Jg., S. 22-29;

CASE MANAGEMENT SOCIETY OF AMERICA (CMSA) (2002): Standards of Practice for Case Management, Little Rock: SOP Reprint Dep.;

CLAUß, G. et al. (Hrsg.) (1995): Fachlexikon ABC Psychologie, 5., völlig überarbeitete Auflage, Thun, Frankfurt a. M.: Harri Deutsch;

COHEN, S./WILLS, T. A. (1985): Stress, social support and the buffering hypothesis, in: Psychological Bulletin, Heft 98; S. 310-357;

DANISH, S./D'AUGELLI, A. R. (1995): Kompetenzerhöhung als Ziel der Intervention in Entwicklungsverläufe über die Lebensspanne, in: FILIPP, S.-H. (Hrsg.): Kritische Lebensereignisse, 3. Auflage, Weinheim: Psychologie Verlags Union, S. 156-173;

DEUTSCHER BUNDESTAG (Referat Öffentlichkeitsarbeit) (Hrsg.) (2002): Enquête-Kommission Demographischer Wandel: Herausforderungen unserer älter werdenden Gesellschaft an den Einzelnen und die Politik, Paderborn: Media-Print;

DICHTL, E./ISSING, O. (Hrsg.) (1993 a): Vahlens großes Wirtschaftslexikon, Band 1, 2., überarb. und erw. Auflage, München: C. H. Beck/Franz Vahlen;

DICHTL, E./ISSING, O. (Hrsg.) (1993 b): Vahlens großes Wirtschaftslexikon, Band 2, 2., überabr., und erw. Auflage, München: C. H. Beck/Franz Vahlen;

DIEKMANN, A. (1999): Empirische Sozialforschung, 5., durchgesehene A., Reinbek bei Hamburg: Rowohlt Taschenbuch Verlag;

DIETEL, M. (2001): DRGs – Der Riesen-Graus, in: Forschung & Lehre, Heft 7/2001; S. 368-369;

DIEWALD, M. (1991): Soziale Beziehungen: Verlust oder Liberalisierung? Soziale Unterstützung in informellen Netzwerken, Berlin: Edition Sigma;

DRUMMOND, M. F. (2000): Methods for the Economic Evaluation of Health Care Programmes, 2. Auflage, Oxford et al.: Oxford University Press;

EDER-DEBYE, R. (1988): Social Support und medizinische Versorgung. Der Einfluß von social support auf Inanspruchnahme medizinischer Dienste und Krankheitsverlauf aus sozialpsychologischer und gesundheitsökonomischer Sicht, Regensburg: Roderer;

FAYERS, P./MACHIN, D. (2000): Quality of life: assessment, analysis and interpretation, Chichester et al.: John Wiley & Sons, Ltd.;

FILIPP, S.-H. (1995a): Ein allgemeines Modell für die Analyse kritischer Lebensereignisse, in: FILIPP, S.-H. (Hrsg.): Kritische Lebensereignisse, 3. Auflage, Weinheim: Psychologie Verlags Union, S. 3-52;

FILIPP, S.-H. (Hrsg.)(1995b): Kritische Lebensereignisse, 3. Auflage, Weinheim: Psychologie Verlags Union;

FILIPP, S.-H./AYMANNS, P. (1987): Die Bedeutung sozialer und personaler Ressourcen in der Auseinandersetzung mit kritischen Lebensereignissen, in: Zeitschrift für Klinische Psychologie, Heft 4, Bd. XVI, S. 383-396;

FISCHER, J./BÖLSCHER, J./SCHULENBURG, J.-M. GRAF V. D. (2001): Gesundheitsökonomische Aspekte des Krankheitsbildes Depression, Göttingen: Cuvillier;

FLETCHER, R./FLETCHER, S./WAGNER, E. (1999): Klinische Epidemiologie: Grundlagen und Anwendung, Wiesbaden: Ullstein Medical;

FÖRDERKREIS KINDERKLINIK AUGSBURG (1998): Der Bunte Kreis – Augsburg - Projektbeschreibung zur Pflege und Psychosozialen Nachsorge von Familien mit hochrisiko- und chronischkranken Kindern, in PSAPOH-Journal 1998, 1 (1), S. 21-29;

FRICKE, F.-U. (2002): Der gesundheitspolitische Nutzen von Evaluationsstudien, in: SCHÖFFSKI, O. / SCHULENBURG, J.-M. GRAF V. D. (Hrsg.): Gesundheitsökonomische Evaluationen, 2. Auflage, Berlin et al.: Springer, S. 471-495;

FRICKE, F.-U./SCHÖFFSKI, O. (2002): Evaluationsforschung, in: SCHÖFFSKI, O./FRICKE, F.-U./HARTMANN, W. (Hrsg.): Pharmabetriebslehre, Berlin et al.: Springer, S. 101-115;

FRIES, H. (2002): Case Management als Gesundheitsdienstleistung, in: LÖCHERBACH, P. et al. (Hrsg.): Case Management: Fall- und Systemsteuerung in Theorie und Praxis, Neuwied, Kriftel: Luchterhand, S. 101-118;

FRITSCH, M./WEIN, T./EWERS, H.-J. (1999): Marktversagen und Wirtschaftspolitik – mikroökonomische Grundlagen staatlichen Handelns, 3., völlig überarb. und erw. Aufl., München: Franz Vahlen;

GÄFGEN,G./OBERENDER, P. (Hrsg.) (1991): Evaluation gesundheitspolitischer Maßnahmen, Baden-Baden: Nomos;

GARBE, W. (2002): Das Frühchen-Buch, 3. überarbeitete Auflage, Stuttgart: Georg Thieme;

GLAESKE, G. (1997): Klinische Wirksamkeit, patientenbezogener Nutzen und Lebensqualität aus der Sicht der Krankenkassen, in BULLINGER, M. (Hrsg.) (1997): Lebensqualitätsforschung: Bedeutung – Anforderung – Akzeptanz, Stuttgart; New York: Schattauer; S.

GLENNIE, J. L. et al. (1999): The Revised Canadian Guidelines for the Economic Evaluation of Pharmaceuticals, in: Pharmacoeconomics Mai 1999; Heft 15(5), S. 459-468;

GREENBERG, P. E. et al. (1993): The economic burden of depression, in: Journal of clinical psychiatry, Nr. 54:11, S. 405-417;

GREINER, W. (1999): Ökonomische Evaluationen von Gesundheitsleistungen, Baden-Baden: Nomos Verlagsgesellschaft;

GREINER, W. (2002): Die Berechnung von Kosten und Nutzen im Gesundheitswesen, in: SCHÖFFSKI, O. / SCHULENBURG, J.-M. GRAF V. D. (Hrsg.): Gesundheitsökonomische Evaluationen, 2. Auflage, Berlin et al.: Springer, S. 159-173;

GREINER, W./ SCHULENBURG J.-M. GRAF VON DER (1995): Ansätze der Lebensqualitätsmessung bei Leber- und Nierentransplantation, in: OBERENDER, P. (Hrsg.): Transplantationsmedizin-ökonomische, ethische und medizinische Aspekte, Baden-Baden: Nomos, S. 79-114;

GREINER, W./UBER, A. (2000): Gesundheitsökonomische Studien und der Einsatz von Lebensqualitätsindices am Beispiel des LQ-Indexes EQ-5D, in: RAVENS-SIEBERER, U./CIEZA, A. (Hrsg.): Lebensqualität und Gesundheitsökonomie in der Medizin: Konzepte, Methoden, Anwendung, Landsberg: ecomed, S. 336-351;

HAHN, B./ERHARDT, H. (2003): Gezielte Qualifizierung von Case-Managern, in: PORZ, F./ERHARDT, H. (Hrsg.): Case-Management in der Kinder- und Jugendmedizin, Stuttgart, New York: Georg Thieme, S. 53-55;

HANUSCH, H. (1994): Nutzen-Kosten-Analyse, 2., überarb. Aufl., München: Franz Vahlen;

HEEL, S./STEINBÜCHEL, N. VON (2000): Epilepsie, in: RAVENS-SIEBERER, U./CIEZA, A. (Hrsg.): Lebensqualität und Gesundheitsökonomie in der Medizin: Konzepte, Methoden, Anwendung, Landsberg: ecomed, S. 243-258;

HERDER-DORNEICH, P. (1994): Ökonomische Theorie des Gesundheitswesens: Problemgeschichte, Problembereiche, Theoretische Grundlagen, Baden-Baden: Nomos;

HOFFMANN, C./SCHÖFFSKI, O. (2002): Lebensqualität als Ergebnisparameter in gesundheitsökonomischen Studien, in: SCHÖFFSKI, O./SCHULENBURG, J.-M. GRAF V. D. (Hrsg.): Gesundheitsökonomische Evaluationen, 2. Auflage, Berlin et al.: Springer, S. 247-260;

HOFFMANN, C./SCHÖFFSKI, O./SCHULENBURG, J.-M. GRAF V. D. (2002): Die Standardisierung der Methodik im In- und Ausland, in : SCHÖFFSKI, O./SCHULENBURG, J.-M. GRAF V. D. (Hrsg.): Gesundheitsökonomische Evaluationen, 2. Auflage, Berlin et al.: Springer, S. 421-470;

HOFFMANN-LA ROCHE AG/URBAN & SCHWARZENBERG (Hrsg.) (1984): Roche: Lexikon Medizin, München, Wien, Baltimore: Urban & Schwarzenberg;

HORISBERGER, B./EIMEREN, W. VAN (Hrsg.) (1986): Die Kosten-Nutzen-Analyse, Berlin et al.: Springer;

JESSOP, D. J./STEIN R. E.K. (1991): Who Benefits From a Pediatric Home Care Program?, in: Pediatrics Vol. 88, No. 3, S. 497-505;

JOTZO, M./SCHMITZ, B. (2002): Traumatisierung der Eltern durch die Frühgeburt des Kindes, in: Psychotraumatologie, 38, DOI: 10.1055/s-2002-33383, (Internetzeitschrift);

JOTZO, M. et al. (2003): Posttraumatische Symptome bei Eltern Frühgeborener bei Entlassung des Kindes, in: Zeitschrift für Geburtshilfe und Neonatologie, Heft 207, Stuttgart, New York: Thieme, S. 67-68;

KEUN, F. (2001): Einführung in die Krankenhaus-Kostenrechnung: Anpassung an neue Rahmenbedingungen, 4., überarbeitete Auflage, Wiesbaden: Gabler;

KLEIN, T. et al. (2002): Soziale Beziehungen, Stress und Mortalität, in: Zeitschrift für Gerontologie und Geriatrie; Band 35; Heft 5, S. 441-449;

KLUSMANN, D. (1989): Methoden zur Untersuchung sozialer Unterstützung und persönlicher Netzwerke, in: ANGERMEYER, M. C./KLUSMANN, D. (Hrsg.): Soziales Netzwerk – ein neues Konzept für die Psychiatrie, Berlin et al.: Springer; S. 17-63;

KOHLMANN, T. et al. (2000): Empfehlungen zur Auswahl und Anwendung von Erhebungsinstrumenten und Auswertungsverfahren, in: Public Health Forum, Heft 29; 8. Jg., S. 11-13

KRAUTH, C./RIEGER, J. (2000): Patientennutzen, Zahlungsbereitschaft und Lebensqualität, in: RAVENS-SIEBERER, U./CIEZA, A. (Hrsg.): Lebensqualität und Gesundheitsökonomie in der Medizin: Konzepte, Methoden, Anwendung, Landsberg: ecomed, S. 352-364;

KRÖGER, F./HENDRISCHKE, A. (2002): Kooperation im Gesundheitswesen, in: Psychotherapie im Dialog, Heft 1, 3. Jg., S. 13-20;

KRÜGER, W./MÜLLER, P./STEGEMANN, K. (1998): Kosten-Nutzen-Analyse von Gesundheitsförderungsmaßnahmen, Bremerhaven: Wirtschaftsverlag NW;

KUPSCH, S./KERN, A. O./HALLAUER, J. F. (1998): Versorgung von Patienten mit Nierenersatztherapie in Deutschland – Epidemiologische, medizinische und ökonomische, Würzburg: Triltsch;

LAMNEK, SIEGFRIED (1995a): Qualitative Sozialforschung, Band 1: Methodologie, 3., korrigierte Auflage, Weinheim: Beltz, Psychologie Verlags Union;

LAMNEK, SIEGFRIED (1995b): Qualitative Sozialforschung, Band 2: Methoden und Techniken, 3., korrigierte Auflage, Weinheim: Beltz, Psychologie Verlags Union;

LAUCHT, M. et al. (1998): Viereinhalb Jahre danach: Mannheimer Risikokinder im Vorschulalter, in: Zeitschrift Kinder-Jugendpsychiatrie, Heft 24, S. 67-81;

LAZARUS, R. S. (1995): Streß und Streßbewältigung – ein Paradigma; in: FILIPP, S.-H. (Hrsg.): Kritische Lebensereignisse, 3. Auflage, Weinheim: Psychologie Verlags Union, S. 198-232;

LAZARUS, R. S./FOLKMAN, SUSAN (1984): Stress, appraisal and coping, New York: Springer;

LEIDL, R. (2003): Der Effizienz auf der Spur: Eine Einführung in die ökonomische Evaluation, in: SCHWARTZ, F. W. et al. (Hrsg.): Public Health – Gesundheit und Gesundheitswesen, 2., völlig neu bearbeitete und erweiterte Auflage, München, Jena: Urban & Fischer, S. 461 – 484;

LEU, R. E./GERFIN, M./SPYCHER, S. (1990): The validity of the MIMIC health index – some empirical evidence, in: ZWEIFEL, P./FRECH, H. E.(Hrsg.): Health economics worldwide; Dortrecht (NL): Kluwer Academic Publishers; S. 109-142;

LÖCHERBACH, P. et al. (Hrsg.) (2002): Case Management: Fall- und Systemsteuerung in Theorie und Praxis, Neuwied; Kriftel: Luchterhand;

LOEWENICH, V. VON (1995): Die Grenzen des Machbaren in der Neonatologie; in: FRICK-BRUDER, V./ KENTENICH, H./SCHEELE, M. (Hrsg.): Psychosomatische Gynäkologie und Geburtshilfe, Beiträge der Jahrestagung 1994/95, Gießen: Psychosozial, S. 122-130;

McCORMICK, M. C. et al. (1993): Maternal Rating of Child Health at school age: Does the vulnerable child syndrome persist?, in: Pedriatics Vol. 92 No. 3, S. 380-388;

McGAUHEY, P. J. et. al. (1991): Social Enviroment and Vulnerability of Low Birth Weight Children: A Social-Epidemiological Perspective, in: Pediatrics Vol. 88, No. 5, S. 943-953

MÖLLER, R. (1983): Interpersonelle Nutzenvergleiche, Göttingen: Vandenhoeck & Ruprecht;

MORRIS, S. et al. (2001): Economic evaluation of strategies für amanging crying and sleeping problems, in: Arch Dis Child, Heft 84; S. 15-19;

MÖSER, K. (1997): Verbesserte Methoden der Kosten-Nutzen-Analyse bei Therapievergleichen – Eine gesundheitsökonomische Evaluation am Beispiel schwerer Angstkrankheiten, Dissertation, Dresden: Technische Universität;

MUNDENBRUCH/BECHTOLD (2003): BMÄ – E-GO – EBM: Gegenüberstellung mit Abrechnungshinweisen, 33. neu bearbeitete Auflage, Dachau: Bechtold;

NEUBERT, D./ROBBERS, J. (2001): Krankenhausrecht, Düsseldorf: Deutsche Krankenhaus Verlagsgesellschaft;

NEUFFER, M. (2002): Case Management: Soziale Arbeit mit Einzelnen und Familien, Weinheim; München: Juventa;

NORD, E. (1999): Cost-Value-Analysis in Health Care: Making Sense out of QUALYs, Cambridge et al.: Cambridge University Press;

o. A. (2000): Sozialgesetzbuch (SGB IV; V, XI), Essen: Fachverlag CW Haarfeld;

OBERENDER, P. (1991): Kosten-Nutzen-Analyse der medikamentösen Angina-Pectoris-Prophylaxe in der Bundesrepublik Deutschland, in: GÄFGEN,G./OBERENDER, P. (Hrsg.): Evaluation gesundheitspolitischer Maßnahmen, Baden-Baden: Nomos; S. 143-166;

OBERENDER, P./BÜCHNER, K./DINKEL, R. (1988): Kosten und Nutzen der medikamentösen Angina-pectoris-Prophylaxe, Bern, Stuttgart: Paul Haupt;

OBERENDER, P./ECKER, THOMAS (2001): Grundelemente der Gesundheitsökonomie, Bayreuth: Verlag P.C.O.;

ORGANSIATION MONDIALE DE LA SANTÉ (1946):Constitution de L'Organsiation Mondiale de la Santé, Genève;

PERRIN, E. C. et. al. (1989): Is My Child Normal Yet? Correlates of Vulnerability, in: Pediatrics, Vol. 83, No. 3, S. 355-363;

PFAFF, A. B./BUSCH, S./RINDSFÜßER; C. (1994): Kostendämpfung in der gesetzlichen Krankenversicherung: Auswirkungen der Reformgesetzgebung 1989 und 1993 auf die Versicherten, Frankfurt a. M., New York: Campus;

PFAFF, H./BENTZ, J. (2003): Qualitative und quantitative Methoden der Datengewinnung, in: SCHWARTZ, F. W.: Public Health: Gesundheit und Gesundheitswesen, 2. Auflage, München, Jena: Urban & Fischer, S. 419-435;

PFAFF, M. (1982): Finanzierungs- und Ausgabenströme im Gesundheitssektor: Eine realtypische Betrachtung fiskalischer Systeme, Augsburg;

PIGOU, A. C. (1951): Some aspects of welfare economics, in: American Economic Review, Vol. XLI, S. 287-302;

PORZ, F. (2003 a): Case-Management in der Pädiatrie, in: PORZ, F./ ERHARDT, H. (Hrsg.): Case-Management in der Kinder- und Jugendmedizin, Stuttgart, New York: Georg Thieme, S. 1-10;

PORZ, F. (2003 b): Case-Management in der Nachsorge bei Frühgeborenen und Risikoneugeborenen nach dem Augsburger Modell, in : PORZ, F./ ERHARDT, H. (Hrsg.): Case-Management in der Kinder- und Jugendmedizin, Stuttgart, New York: Georg Thieme, S. 31-34;

PORZ, F./ERHARDT, H. (1999): Neue Wege in der Nachsorge: Das Augsburger Nachsorgemodell – Case-Management in der Sozialpädiatrie, Augsburg: betapharm GmbH;

PORZ, F./ERHARDT, H. (2000): Neue Wege in der Nachsorge: Case-Management in der Sozialpädiatrie, 3. überarbeitete Auflage, Augsburg: betapharm Institutsverlag;

PORZ, F./ERHARDT, H. (Hrsg.) (2003): Case-Management in der Kinder- und Jugendmedizin, Stuttgart, New York: Georg Thieme;

PORZ, F./PODESWIK, A./ERHARDT, H. (2003): Organisationsformen und Finanzierungsmöglichkeiten einer Nachsorgeeinrichtung nach dem Case-Management-Konzept, in: PORZ, F./ ERHARDT, H. (Hrsg.): Case-Management in der Kinder- und Jugendmedizin, Stuttgart, New York: Georg Thieme, S. 47-52;

PORZ, F./PODESWKI, A./ERHARDT, H. (2002): Case-Management in der Sozialpädiatrie – Das Augsburger Modell, in: LÖCHERBACH, P. et al. (Hrsg.): Case Management: Fall- und Systemsteuerung in Theorie und Praxis, Neuwied; Kriftel: Luchterhand, S. 81-100;

PORZ, F./VONDERLIN, E./FREUD, W. E. (1998): Psychosoziale Betreuung Frühgeborener und deren Eltern, in: International Journal Prenatal and Prenatal Psychology and Medicine, Jg. 10, Heft 1, S. 89-96;

PORZSOLT, F./RIST, C. (1997): Lebensqualitätsforschung in der Onkologie: Instrumente und Anwendung, in: BULLINGER, M. (Hrsg.): Lebensqualitätsforschung: Bedeutung – Anforderung – Akzeptanz, Stuttgart, New York: Schattauer; S. 19-21;

PSCHYREMBEL, W. (1986): Klinisches Wörterbuch, 255., völlig überarb. und stark erw. Aufl., Berlin et al.: de Gruyter;

RAIFF, N./SHORE, B. (1997): Fortschritte im Case Management, Freiburg im Breisgau: Lambertus;

RAVENS-SIEBERER, U. (2000): Lebensqualitätsansätze in der Pädiatrie, in: RAVENS-SIEBERER, U./CIEZA, A. (Hrsg.): Lebensqualität und Gesundheitsökonomie in der Medizin: Konzepte, Methoden, Anwendung, Landsberg: ecomed, S. 277-292;

RAVENS-SIEBERER, U./CIEZA, A. (Hrsg.) (2000): Lebensqualität und Gesundheitsökonomie in der Medizin: Konzepte, Methoden, Anwendung, Landsberg: ecomed;

RICHARD, S. (2001): Integrierte Versorgung: Chancen und Perspektiven, in: Arbeit und Sozialpolitik, Heft 1-2, S. 8-13;

RIEGEL, K. et al. (1995): Die Entwicklung gefährdet geborener Kinder bis zum fünften Lebensjahr – die Arvo-Ylippö-Neugeborenen-Nachsfolgestudie in Südbayern und Südfinnland, Stuttgart: Enke;

ROSCH INGLEHART, M. (1988): Kritische Lebensereignisse: Eine sozialpsychologische Analyse, Stuttgart et al.: Kohlhammer;

ROSEN, S. (1988): The value of changes in life expectancy, in: Journal of Risk and Uncertainty; Bd. 1, S. 285-304;

ROSSI, H. (1994): Die Partnerschaft der Eltern krebskranker Kinder – Studie zur Krisenbewältigung, Dissertation, Münster (Westfahlen);

RYCHLIK, R. (1999): Gesundheitsökonomie: Grundlagen und Praxis, Stuttgart: Ferdinand Enke;

SACHS, L. (2002): Angewandte Statistik: Anwendung statistischer Methoden, 10., überarbeitete und aktualisierte Auflage, Berlin et al.: Springer;

SACHVERSTÄNDIGENRAT FÜR DIE KONZERTIERTE AKTION IM GESUNDHEITSWESEN (1994): Gesundheitsversorgung und Krankenversicherung 2000. Eigenverantwortung, Subsidiarität und Solidarität bei sich ändernden Rahmenbedingungen, Sachstandsbericht 1994, Baden-Baden: Nomos;

SACHVERSTÄNDIGENRAT FÜR DIE KONZERTIERTE AKTION IM GESUNDHEITSWESEN (1995): Gesundheitsversorgung und Krankenversicherung 2000: mehr Ergebnisorientierung, mehr Qualität und Wirtschaftlichkeit, Kurzfassung und Empfehlungen, Sondergutachten 1995, 5., unveränderte Aufl., Bonn;

SACHVERSTÄNDIGENRAT FÜR DIE KONZERTIERTE AKTION IM GESUNDHEITSWESEN (2002): Bedarfsgerechtigkeit und Wirtschaftlichkeit, Band III.1: Über-, Unter- und Fehlversorgung - Grundlagen, Übersichten, Versorgung chronisch Kranker, Gutachten 2000/2001, Baden-Baden: Nomos;

SACHVERSTÄNDIGENRAT FÜR DIE KONZERTIERTE AKTION IM GESUNDHEITSWESEN (2003): Finanzierung, Nutzerorientierung und Qualität, Gutachten 2003, redaktionell überarbeitete Version der Ministerfassung vom 24. Februar 2003;

SARIMSKI, K. (o. J. a): Entwicklungsprognose frühgeborener Kinder, Broschüre des Bundesverbandes „Das Frühgeborene Kind“ e.V.;

SARIMSKI, K. (o.J. b): Frühgeborene in den ersten Lebenswochen, Broschüre des Bundesverbandes „Das Frühgeborene Kind“ e.V.;

SARIMSKI, K. (o.J. c): Frühgeborene nach der Entlassung, Broschüre des Bundesverbandes „Das Frühgeborene Kind“ e.V.;

SARIMSKI, K. (1996): Belastung von Eltern frühgeborener Babys nach der Entlassung aus der stationären Pflege, in: Frühförderung interdisziplinär, 15. Jg., München, Basel: Reinhardt, S. 28-36;

SCHILTE, C./AUZOUY, F. (1993): Das Wunder Schwangerschaft, Ravensburg: Maier;

SCHÖFFSKI, O. (2002 a): Einführung, in: SCHÖFFSKI, O./SCHULENBURG, J.-M. GRAF V. D. (Hrsg.): Gesundheitsökonomische Evaluationen, 2. Auflage, Berlin et al.: Springer, S. 3-13;

SCHÖFFSKI, O. (2002 b): Nutzentheoretische Lebensqualitätsmessung, in: SCHÖFFSKI, O./SCHULENBURG, J.-M. GRAF V. D. (Hrsg.): Gesundheitsökonomische Evaluationen, 2. Auflage, Berlin et al.: Springer, S. 261-308;

SCHÖFFSKI, O./FRICKE, F.-U./HARTMANN, W. (Hrsg.) (2002): Pharmabetriebslehre, Berlin et al.; Springer;

SCHÖFFSKI, O./GREINER, W. (2002): Das QALY-Konzept zur Verknüpfung von Lebensaualitätseffekten mit ökonomischen Daten, in: SCHÖFFSKI, O./SCHULENBURG, J.-M. GRAF V. D. (Hrsg.): Gesundheitsökonomische Evaluationen, 2. Auflage, Berlin et al.: Springer, S. 367-399;

SCHÖFFSKI, O./SCHULENBURG, J.-MATTHIAS. GRAF V. D. (Hrsg.) (2002): Gesundheitsökonomische Evaluationen, 2. Auflage, Berlin et al.: Springer;

SCHÖFFSKI, O./UBER, ANDREA (2002): Grundformen gesundheitsökonomischer Evaluationen, in: SCHÖFFSKI / SCHULENBURG (2002): Gesundheitsökonomische Evaluationen, Berlin et al.: Springer, S. 175-203;

SCHULENBURG, M. GRAF V. D./GREINER, W. (2000): Gesundheitsökonomik, Tübingen: Mohr Siebeck;

SCHULZE-GATTERMANN, H. (2000): Kosten-Nutzen-Analyse der Cochlea-Implantation bei Kindern; Dissertation; Hannover;

SCHWARTZ, F. W. (1992): Schwerpunkte einer Evaluation im Gesundheitswesen, in: BRENNECKE, R. (Hrsg.): Sozialmedizinische Ansätze der Evaluation im Gesundheitswesen: Grundlagen und Versorgungsforschung, Berlin et al.: Springer, S. 9-25;

SCHWARTZ, F. W. et al. (Hrsg.) (2003): Public Health – Gesundheit und Gesundheitswesen, 2., völlig neu bearbeitete und erweiterte Auflage, München, Jena: Urban & Fischer;

SCHWARTZ, F. W./BUSSE, R. (2003): Denken in Zusammenhängen: Gesundheitssystemforschung, in: SCHWARTZ, F. W. (2003): Public Health: Gesundheit und Gesundheitswesen, 2. Auflage, München, Jena: Urban & Fischer, S. 518-545;

SCHWARTZ, F. W. /KLEIN-LANGE, M. (2003): Ärztliche Versorgung, in: SCHWARTZ, F. W. (2003): Public Health: Gesundheit und Gesundheitswesen, 2. Auflage, München, Jena: Urban & Fischer, S. 277-293;

SCHWARZER, R./WALSCHBURGER, P. (1985): Streß, Angst und Hilflosigkeit; in: SCHWARZER, R. (Hrsg.): Stress and Social Support, Research Report 4, Department of Psychology – Educational Psychology – Freie Universität Berlin, S. 1-28;

SEITZ, R./KÖNIG, H.-H./STILLFRIED, D. GRAF VON (1997): Grundlagen von Managed Care, in: ARNOLD, M./LAUTERBACH, K./PREUß, K.-J. (Hrsg.): Managed Care: Ursachen, Prinzipien, Formen und Effekte, Stuttgart, New York: Schattauer; S. 3-23;

SIEGRIST, J. et al. (2000): Soziale Lage und gesundheitsbezogene Lebensqualität: Befragungsergebnisse einer repräsentativen Stichprobe der deutschen Bevölkerung, in: BULLINGER, M./SIEGRIST, J./RAVENS-SIEBERER, U. (Hrsg.): Lebensqualitätsforschung aus medizinpsychologischer und -soziologischer Perspektive, Göttingen et al.: Hogrefe – Verlag für Psychologie, S. 307-319;

SMITH, T. C./BROOKS, A. M. T. (1999): Redefining Quality, in: COHEN, E. L./DE BACH, V. (Hrsg.): The outcome mandate case management in health care today, St. Luis, S. 198-206;

SOMMER, G./FRYDRICH, T. (1989): Soziale Unterstützung, Diagnostik, Konzepte, F-SOZU, Tübingen: Deutsche Gesellschaft für Verhaltentherapie;

SPENK, C. (2003): Acht Fragen der Krankenkassen an die Versorgungsforschung, in: Gesundheits- und Sozialpolitik; Heft 7/8, 57. Jg., S. 33-39;

STATISTISCHES BUNDESAMT (1997): Fachserientabelle 9.27 und 9.28 (unveröffentlicht), Wiesbaden;

STATISTISCHES BUNDESAMT (2002): Fachserientabelle 9.27 und 9.28 (unveröffentlicht), Wiesbaden;

STEIN, R./JESSOP, D. J. (1991): Long-term Mental Health Effects of a Pediatric Home Care Program, in: Pediatrics Vol. 88, No. 3, S. 490-496

SZATHMARY, B. (1999): Neue Versorgungskonzepte im deutschen Gesundheitswesen, Neuwied, Kriftel: Luchterhand;

TELSER, H. (2002): Nutzenmessung im Gesundheitswesen, Hamburg: Verlag Dr. Kovač;

THEISEN, M. R. (1997): Wissenschaftliches Arbeiten: Technik – Methodik – Form, 8., aktualisierte und erweiterte Auflage, München: Vahlen;

THYEN, U. (2003): Chronisch kranke Kinder: Betreuungslücken beim Übergang vom stationären in den ambulanten Bereich, in: PORZ, F./ ERHARDT, H. (Hrsg.): Case-Management in der Kinder- und Jugendmedizin, Stuttgart, New York: Georg Thieme, S. 11 – 14;

VONDERLIN, E.-M. (1999): Frühgeburt: Elterliche Belastung und Bewältigung, Heidelberg: Uni-Verlag C. Winter;

WALKER, S. R. (1988): Quality of life – principles and methodology, in: EIMEREN,W. VAN/HORISBERGER, B. (Hrsg.): Socioeconomic evaluation of drug therapy, Berlin et al.: Springer, S. 151-165;

WALTZ, E. M. (1981): Soziale Faktoren bei der Entstehung und Bewältigung von Krankheit – ein Überblick über die empirische Literatur, in: BADURA, B. (Hrsg.): Soziale Unterstützung und chronische Krankheit. Zum Stand sozialepidemiologischer Forschung, Frankfurt a. M.: Suhrkamp, S. 40-119;

WALTZ, M. (1987): Krankheit und Lebensqualität, in: BADURA, B. et al. (Hrsg.): Leben mit dem Herzinfarkt – eine sozialepidemiologische Studie, Berlin et al.: Springer, S. 87-125;

WASEM, J./ HESSEL, F. (2000): Gesundheitsbezogene Lebensqualität und Gesundheitsökonomie, in: RAVENS-SIEBERER, U./CIEZA, A. (2000): Lebensqualität und Gesundheitsökonomie in der Medizin, Landsberg: ecomed, S. 319-335;

WASSENER, D. (1995): Das Gesundheits-Strukturgesetz 1993 und die Organisationsreform der gesetzlichen Krankenversicherung: Eine Analyse der Rahmenbedingungen und der Ausgestaltung des Risikostrukturausgleichs, Frankfurt a. M. et al.: Peter Lang;

WEISBROD, B. A. (1979): A guide to benefit-cost-analysis, as seen through a controlled experiment in treating the mentally ill, Working Paper, Madison, Wisconsin: University of Wisconsin;

WEISBROD, B. A. (1983): Economics and medical research, Washington, London: American Enterprise Institute for Public;

WEIß, CHRISTEL (2002): Basiswissen medizinische Statistik, 2., überarbeitete und erweiterte Auflage, Berlin et. al.: Springer;

WENDT, W. R. (2001): Case Management im Sozial- und Gesundheitswesen: Eine Einführung, 3. ergänzte Auflage, Freiburg im Breisgau: Lambertus;

WERNER, R. (1996): Dem ökonomischen Wert auf der Spur? Von den Grenzen zu den Möglichkeiten der ressourcenökonomischen Bewertung, Frankfurt a. M. et al.: Peter Lang;

WITZEL, A. (1989): Das problemzentrierte Interview, in: JÜTTEMANN, G. (Hrsg.): Qualitative Forschung in der Psychologie; Grundfragen, Verfahrensweisen, Anwendungsfelder, 2. Auflage; Heidelberg: Asanger, S. 227-255;

WOLFF, F. / ROTH, B. (1997): Risikogeburt und Risikoneugeborenes – Möglichkeiten und Ergebnisse der Regionalisierung, Empfehlung zur Zusammenarbeit, in: Der Gynäkologe, Heft 30(1), Berlin et al.: Springer, S. 10-16;

WOLKE, D. (1991): Psycho-biologische Aspekte der Pflege von Frühgeborenen, in: Deutsche Krankenpflegezeitschrift Heft 7/1991, S. 478-483;

WOLKE, D. (1996): Die Entwicklung frühgeborener Kinder bis zum neunten Lebensjahr: Die Bayerisch-Finnische Entwicklungsstudie (Phase I) und die Bayerische Entwicklungsstudie (Phase II), in: PARITÄTISCHES BILDUNGSWERK BUNDESVERBAND E.V. (Hrsg.): Sanfte, individuelle Pflege von Frühgeborenen – der bessere Start ins Leben? Dokumentation einer Fachtagung der Fortbildungsreihe „Start ins Leben“, Heidelberg: Mattes, S. 63-91;

WOLKE, D./MEYER M. (1994): Psychologische Langzeitbefunde bei sehr Frühgeborenen; Bayerische Entwicklungsstudie II, Dr. von Haunersches Kinderspital der Universität München, in: PerinatalMedizin, Heft 6, S. 121-123;

WOLKE, D./MEYER R. (1999): Ergebnisse der bayerischen Entwicklungsstudie: Implikationen für Theorie und Praxis, in: Kindheit und Entwicklung, Heft 8, S. 23 – 35;

Internetquellen

BUNDESGESETZBLATT (2003) Teil I Nr. 55: www.bundesgesetzblatt.de

BUNDESMINISTERIUM FÜR GESUNDHEIT (2001): Gesundheitsreform 2000: www.bmgs.bund.de

BUNDESMINISTERIUM FÜR GESUNDHEIT (2002): Stellungnahme des Bundesministeriums zum Gutachten des Sachverständigenrates für die Konzertierte Aktion im Gesundheitswesen „Bedarfsgerechtigkeit und Wirtschaftlichkeit“: www.bmgs.bund.de

DIALOG GESUNDHEIT (1999): www.dialog-gesundheit.de/AufeinenBlick

HOFFMANN-LA ROCHE AG (Hrsg.) (1999): Roche-Lexikon Medizin, 4., neu bearbeitete und erweiterte Auflage, München, Jena: Urban & Fischer: www.gesundheit.de/roche

STATISTISCHES BUNDESAMT (2002): www.destatis.de/basis/d/gesu

ZVFK (2003): www.zvfk.de/content/e323/e338/index_ger.html

ANHANG

Teststatistische Kennwerte der Folgeskalen zur Messung der gesundheitsbezogenen Lebensqualität der Eltern

Befindlichkeitsskalen - zweiter und dritter Fragebogen

Ladungszahlen der Items auf Faktor 1 (negative Befindlichkeit) und Faktor 2 (positive Befindlichkeit)

Zweites Interview	Faktor 1		Faktor 2	
Ich fühle mich / Ich bin …	Mutter	Vater	Mutter	Vater
… ängstlich.	0,80	--	--	--
… besorgt.	0,73	--	--	--
… verkrampft.	0,90	0,73	--	--
… frustriert.	0,47	0,85	--	--
… nervös.	0,87	0,68	--	--
… deprimiert.	--	0,84	--	--
… angespannt.	0,67	--	--	--
… fröhlich	--	--	0,57	0,81
… zufrieden.	--	--	0,79	0,82
… wohl.	--	--	0,85	0,84
… glücklich.	--	--	0,86	0,66
… entspannt.	--	--	0,78	0,79
… ruhig.	--	--	0,66	0,81

Quelle: Eigene Darstellung und Berechnung – Gesundheitsökonomische Evaluation *Bunter Kreis*

Teststatistische Kennwerte der Befindlichkeitsskalen (2. Befragung)

n = 32/29 Ich fühle mich / Ich bin ...	Trennschärfekoeffizienten	
	Mutter	Vater
... ängstlich. (umgepolt)	0,61	--
... angespannt. (umgepolt)	0,89	--
... nervös. (umgepolt)	0,77	0,58
... besorgt. (umgepolt)	0,80	--
... deprimiert. (umgepolt)	--	0,69
... verkrampft. (umgepolt)	0,79	0,37
... frustriert. (umgepolt)	0,54	0,50
... fröhlich.	0,56	0,73
... entspannt.	0,85	0,53
... ruhig.	0,76	0,73
... zufrieden.	0,62	0,83
... glücklich.	0,67	0,82
... wohl.	0,72	0,82
CRONBACHS-α – 12 bzw. 10 Items	0,91	0,85

Quelle: Eigene Darstellung und Berechnung – Gesundheitsökonomische Evaluation *Bunter Kreis*

Ladungszahlen der Items auf Faktor 1 (negative Befindlichkeit) und Faktor 2 (positive Befindlichkeit)

Drittes Interview Ich fühle mich / Ich bin ...	Faktor 1		Faktor 2	
	Mutter	Vater	Mutter	Vater
... ängstlich.	0,86	0,83	--	--
... besorgt.	0,66	0,78	--	--
... verkrampft.	--	--	--	--
... frustriert.	--	--	--	--
... nervös.	0,85	--	--	- 0,68
... deprimiert.	--	--	--	--
... angespannt.	0,51	0,63	--	--
... fröhlich	--	--	0,90	0,82
... zufrieden.	--	--	0,70	0,90
... wohl.	--	--	0,74	0,84
... glücklich.	--	--	0,84	0,77
... entspannt.	--	--	0,82	0,83
... ruhig.	--	--	0,76	0,64

Quelle: Eigene Darstellung und Berechnung – Gesundheitsökonomische Evaluation *Bunter Kreis*

Teststatistische Kennwerte der Befindlichkeitsskalen (3. Befragung)

n = 30/28 Ich fühle mich / Ich bin …	Trennschärfekoeffizienten	
	Mutter	Vater
… ängstlich. (umgepolt)	0,55	0,27
… angespannt. (umgepolt)	0,82	0,65
… nervös. (umgepolt)	0,74	0,77
… besorgt. (umgepolt)	0,62	0,46
… deprimiert. (umgepolt)	--	--
… verkrampft. (umgepolt)	--	--
… frustriert. (umgepolt)	--	--
… fröhlich.	0,82	0,76
… entspannt.	0,85	0,83
… ruhig.	0,82	0,57
… zufrieden.	0,70	0,80
… glücklich.	0,65	0,62
… wohl.	0,67	0,82
CRONBACHS-α – 10 Items	0,89	0,84

Quelle: Eigene Darstellung und Berechnung – Gesundheitsökonomische Evaluation *Bunter Kreis*

Belastungsskalen - zweiter und dritter Fragebogen

Ladungszahlen der Items auf Faktor 1 („Stresssymptome“) und Faktor 2 („depressive Stimmung“)

Zweites Interview	Faktor 1		Faktor 2	
	Mutter	Vater	Mutter	Vater
Ich konnte längere körperliche/geistige Anstrengungen nicht mehr aushalten.	0,60	--	--	--
Abends war ich erschöpft und ausgebrannt.	0,70	0,83	--	--
In letzter Zeit bin ich schneller aus dem Gleichgewicht geraten als früher.	0,62	--	--	0,59
Ich konnte keine innere Ruhe finden.	0,87	--	--	0,75
Ich war angespannt.	0,79	0,84	--	--
Ich war ruhelos.	0,76	--	--	0,79
Ich hatte Schlafstörungen.	--	--	--	--
Ich fühlte mich traurig.	--	--	0,83	0,74
Ich hatte ein Gefühl von Hoffnungslosigkeit.	--	--	0,87	0,80
Ich fühlte mich unglücklich.	--	--	0,90	0,88
Ich fühlte mich einsam.	--	--	0,81	--

Quelle: Eigene Darstellung und Berechnung – Gesundheitsökonomische Evaluation *Bunter Kreis*

Teststatistische Kennwerte der Belastungsskalen (2. Befragung)

n = 32/29	Trennschärfekoeffizienten	
	Mutter	Vater
Ich konnte längere körperliche/geistige Anstrengungen nicht mehr aushalten.	0,66	--
Abends war ich erschöpft und ausgebrannt.	0,70	0,86
In letzter Zeit bin ich schneller aus dem Gleichgewicht geraten als früher.	0,65	0,73
Ich konnte keine innere Ruhe finden.	0,90	0,87
Ich war angespannt.	0,81	0,87
Ich war ruhelos.	0,79	0,85
Ich hatte Schlafstörungen.	--	--
Ich fühlte mich traurig.	0,92	0,72
Ich hatte ein Gefühl von Hoffnungslosigkeit.	0,87	0,70
Ich fühlte mich unglücklich.	0,91	0,86
Ich fühlte mich einsam.	0,83	--
CRONBACHS-α – Stressskala / Depressionsskala	0,85/0,90	0,66/0,87

Quelle: Eigene Darstellung und Berechnung – Gesundheitsökonomische Evaluation *Bunter Kreis*

Ladungszahlen der Items auf Faktor 1 („Stresssymptome“) und Faktor 2 („depressive Stimmung“)

Drittes Interview	Faktor 1		Faktor 2	
	Mutter	Vater	Mutter	Vater
Ich konnte längere körperliche/geistige Anstrengungen nicht mehr aushalten.	0,75	--	--	--
Abends war ich erschöpft und ausgebrannt.	0,79	0,82	--	--
In letzter Zeit bin ich schneller aus dem Gleichgewicht geraten als früher.	0,72	0,84	--	--

Drittes Interview	Faktor 1		Faktor 2	
	Mutter	Vater	Mutter	Vater
Ich konnte keine innere Ruhe finden.	--	0,75	0,71	--
Ich war angespannt.	0,79	0,87	--	--
Ich war ruhelos.	0,81	0,83	--	--
Ich hatte Schlafstörungen.	--		--	0,80
Ich fühlte mich traurig.	--	--	0,83	0,87
Ich hatte ein Gefühl von Hoffnungslosigkeit.	--	--	0,83	0,80
Ich fühlte mich unglücklich.	--	--	0,92	0,81
Ich fühlte mich einsam.	--	--	0,85	0,59

Quelle: Eigene Darstellung und Berechnung – Gesundheitsökonomische Evaluation *Bunter Kreis*

Teststatistische Kennwerte der Belastungsskalen (3. Befragung)

n = 30/28	Trennschärfekoeffizienten	
	Mutter	Vater
Ich konnte längere körperliche/geistige Anstrengungen nicht mehr aushalten.	0,76	--
Abends war ich erschöpft und ausgebrannt.	0,74	0,89
In letzter Zeit bin ich schneller aus dem Gleichgewicht geraten als früher.	0,85	0,91
Ich konnte keine innere Ruhe finden.	0,86	0,88
Ich war angespannt.	0,85	0,88
Ich war ruhelos.	0,89	0,82
Ich hatte Schlafstörungen.	--	0,85
Ich fühlte mich traurig.	0,86	0,87
Ich hatte ein Gefühl von Hoffnungslosigkeit.	0,82	0,82
Ich fühlte mich unglücklich.	0,93	0,89
Ich fühlte mich einsam.	0,90	0,69
CRONBACHS-α – Stressskala / Depressionsskala	0,88/0,92	0,92/0,87

Quelle: Eigene Darstellung und Berechnung – Gesundheitsökonomische Evaluation *Bunter Kreis*

Skalen zur Messung der sozialen Unterstützung durch die Familie - zweiter und dritter Fragebogen

Ladungszahlen der Items auf Faktor 1 und Faktor 2

Zweites Interview	Faktor 1		Faktor 2	
	Mutter	Vater	Mutter	Vater
Ich wünsche mir von Angehörigen und Freunden mehr Verständnis und Zuwendung.	0,51	--	--	--
Ein frühgeborenes Kind zu haben hat mehr Probleme für meine Partnerschaft gebracht, als ich gedacht habe.	0,46	--	--	--
Angehörige, Freunde und Bekannte behandeln uns wegen unseres frühgeborenen Kindes anders.	0,74	0,79	--	--
Wegen der Frühgeburtlichkeit unseres Kindes sehen wir unsere Familie und/oder unsere Freunde seltener.	0,79	0,79	--	--
Ich kann seit der Geburt meines Kindes auf die tatkräftige Hilfe von Freunden und Verwandten zählen.	--	--	0,69	0,66
Ich kann mit meinem Partner offen über alle Probleme sprechen.	--	--	0,68	0,86
Mein Partner ist mir jetzt eine große Hilfe.	--	--	0,79	0,79

Quelle: Eigene Darstellung und Berechnung – Gesundheitsökonomische Evaluation *Bunter Kreis*

Teststatistische Kennwerte der Skala zur sozialen Unterstützung (2. Befragung)

n = 32/29	Trennschärfekoeffizienten	
	Mutter	Vater
Ich wünsche mir von Angehörigen und Freunden mehr Verständnis und Zuwendung. (umgepolt)	0,74	--
Ein frühgeborenes Kind zu haben hat mehr Probleme für meine Partnerschaft gebracht, als ich gedacht habe. (umgepolt)	0,59	--
Angehörige, Freunde und Bekannte behandeln uns wegen unseres frühgeborenen Kindes anders.	0,45	0,70
Wegen der Frühgeburtlichkeit unseres Kindes sehen wir unsere Familie und/oder unsere Freunde seltener.	0,70	0,62
Ich kann seit der Geburt meines Kindes auf die tatkräftige Hilfe von Freunden und Verwandten zählen.	0,63	0,67
Ich kann mit meinem Partner offen über alle Probleme sprechen.	0,67	0,31
Mein Partner ist mir jetzt eine große Hilfe.	0,46	0,35
CRONBACHS-α	0,71	0,41

Quelle: Eigene Darstellung und Berechnung – Gesundheitsökonomische Evaluation *Bunter Kreis*

Ladungszahlen der Items auf Faktor 1 und Faktor 2

Drittes Interview	Faktor 1		Faktor 2	
	Mutter	Vater	Mutter	Vater
Ich wünsche mir von Angehörigen und Freunden mehr Verständnis und Zuwendung.	0,61	0,87	--	--
Ein frühgeborenes Kind zu haben hat mehr Probleme für meine Partnerschaft gebracht, als ich gedacht habe.	0,85	--	--	--
Wegen der Frühgeburtlichkeit unseres Kindes sehen wir unsere Familie und/oder unsere Freunde seltener.	0,85	--	--	0,99
Ich kann seit der Geburt meines Kindes auf die tatkräftige Hilfe von Freunden und Verwandten zählen.	--	-0,83	--	--
Ich kann mit meinem Partner offen über alle Probleme sprechen.	--	--	0,89	--

Drittes Interview	Faktor 1 Mutter	Faktor 1 Vater	Faktor 2 Mutter	Faktor 2 Vater
Mein Partner ist mir jetzt eine große Hilfe.	--	--	0,92	--

Quelle: Eigene Darstellung und Berechnung – Gesundheitsökonomische Evaluation *Bunter Kreis*

Teststatistische Kennwerte der Skala zur sozialen Unterstützung (3. Befragung)

n = 30/28	Trennschärfekoeffizienten	
	Mutter	Vater
Ich wünsche mir von Angehörigen und Freunden mehr Verständnis und Zuwendung. (umgepolt)	0,67	0,66
Ein frühgeborenes Kind zu haben hat mehr Probleme für meine Partnerschaft gebracht, als ich gedacht habe. (umgepolt)	0,78	--
Wegen der Frühgeburtlichkeit unseres Kindes sehen wir unsere Familie und/oder unsere Freunde seltener.	0,78	0,67
Ich kann seit der Geburt meines Kindes auf die tatkräftige Hilfe von Freunden und Verwandten zählen.	--	0,74
Ich kann mit meinem Partner offen über alle Probleme sprechen.	0,68	--
Mein Partner ist mir jetzt eine große Hilfe.	0,56	--
CRONBACHS-α	0,72	0,43

Quelle: Eigene Darstellung und Berechnung – Gesundheitsökonomische Evaluation *Bunter Kreis*

Peter Lang · Europäischer Verlag der Wissenschaften

Stephan Meyer

Zählt die Zufriedenheit des Patienten?

Zur Berücksichtigung der Präferenzen des Patienten bei der Vergütung ambulanter ärztlicher Leistung im System der GKV

Frankfurt am Main, Berlin, Bern, Bruxelles, New York, Oxford, Wien, 2003.
X, 290 S.
ISBN 3-631-51706-8 · br. € 51.50*

Die zumindest teilweise Vergütung der ambulant ärztlichen Leistungen in Abhängigkeit von der Patientenzufriedenheit kann im Rahmen der modernen, auf Kundenorientierung ausgerichteten Betriebswirtschaftslehre nahezu als Selbstverständlichkeit gelten. Im geltenden Gesundheitssicherungssystem, das durch GKV und das bilaterale Monopol von GKV und KV charakterisiert ist, ist der Vorschlag jedoch nahezu revolutionär und scheinbar utopisch. Der Autor überprüft diesen Vorschlag in seiner Arbeit Schritt für Schritt, und es gelingt ihm, ihn von Schritt zu Schritt überzeugender werden zu lassen.

Aus dem Inhalt: Die Rolle der Präferenzen des Patienten für die Gesundheitsversorgung als System der sozialen Sicherung · Einflußfaktoren, Anreizwirkungen und Rahmenbedingungen für die Vergütung ambulanter ärztlicher Leistung · Die Meinung des Kunden zählt: Zufriedenheit als wichtiges Evaluationskriterium einer Dienstleistung berücksichtigt die Präferenzen des Kunden · Die Patientenzufriedenheit als wichtiges Ergebnis der ärztlichen Behandlung · Die Patientenzufriedenheit als Maßstab für eine ergebnisorientierte Vergütung

Frankfurt am Main · Berlin · Bern · Bruxelles · New York · Oxford · Wien
Auslieferung: Verlag Peter Lang AG
Moosstr. 1, CH-2542 Pieterlen
Telefax 00 41 (0) 32 / 376 17 27

*inklusive der in Deutschland gültigen Mehrwertsteuer
Preisänderungen vorbehalten

Homepage http://www.peterlang.de

Wirtschaftlichkeit und Effektivität verbesserter ambulant-stationärer Verzahnung durch Case Management

Eine Fall-Kontroll-Studie der Versorgung
Früh- und Risikogeborener durch den *Bunten Kreis*

Dissertation
zur Erlangung des Doktorgrades
der Wirtschaftswissenschaftlichen Fakultät
der Universität Augsburg

von
Dipl.-Hdl. Tanja Carmen Wiedemann

Augsburg, im Januar 2004

Erstgutachterin:	Frau Prof. Dr. Anita B. Pfaff
Zweitgutachter:	Herr Prof. Dr. Fritz Böhle
Vorsitzender der mündlichen Prüfung:	Herr Prof. Dr. Axel Tuma
Weiteres Mitglied der Prüfungskommission:	Herr Prof. Dr. Martin Pfaff

Tag der mündlichen Prüfung:	11. Februar 2004

Dipl.-Hdl. Tanja Carmen Wiedemann,
geboren 1973 in Augsburg.

1983 – 1992	Holbein Gymnasium, Augsburg
1992 – 1994	Deutsche Bank AG, Filiale Augsburg Berufsausbildung zur Bankkauffrau
1994 – 1999	Studium der Wirtschaftspädagogik an der Friedrich-Alexander-Universität Erlangen-Nürnberg
09/1999 – 07/2000	Vorbereitungsdienst für das Lehramt an beruflichen Schulen
08/2000 – 05/2003	Wissenschaftliche Mitarbeiterin am Institut für Volkswirtschaftslehre der Universität Augsburg (Frau Prof. Dr. Anita B. Pfaff)
06/2003 – 01/2004	„Allgemeine Promotionsförderung" des Hochschul- und Wissenschaftsprogramms (HWP)
02/2004 –06/2004	Wissenschaftliche Mitarbeiterin am Institut für Volkswirtschaftslehre der Universität Augsburg (Frau Prof. Dr. Anita B. Pfaff)
seit 07/2004	„Stipendium für Postdoktorandinnen" des Hochschul- und Wissenschaftsprogramms (HWP) Thema: Die Berücksichtigung psychosozialer Effekte als intangible Nutzen im Rahmen gesundheitsökonomischer Evaluationen sektorenübergreifender Versorgung – Theoretische Ansätze und empirische Überprüfung

Bobingen, 10.12.2004 Tanja C. Wiedemann